AF518849

अष्टावक्र महागीता भाग 7

समर्पित स्वतंत्रता

अष्टावक्र महागीता भाग 7

समर्पित स्वतंत्रता

ओशो द्वारा अष्टावक्र-संहिता के 298 सूत्रों में से
197 से 226 सूत्रों पर प्रश्नोत्तर सहित दिए गए
दस प्रवचनों का संकलन

फ्यूजन बुक्स

प्रकाशक

फ्यूजन बुक्स

X-30, ओखला इंडस्ट्रियल एरिया, फेज-II
नई दिल्ली-110020
फोन : 011-40712200
ई-मेल : sales@dpb.in
वेबसाइट : www.diamondbook.in

Samarpit Swatantra
)riginally published in Hindi "Ashtavakra Mahageeta, Vol. 7, Chapter

For more information: www.osho.com
A comprehensive multilingual web site featuring Osho's meditations, books and tapes and an online tour of the meditation resort at Osho Commune International.
"For sale in India, Sri Lanka, Nepal, Bangladesh, Bhutan and Maldives only"

Samarpit Swatantra

अनुक्रम

प्रवचन : 61

शुष्कपर्णवत जीयो

11 जनवरी, 1977

अष्टावक्र उवाच

निर्वासनो निरालंबः स्वच्छंदो मुक्तबंधनः।
क्षिप्तः संसारवातेन चेष्टते शुष्कपर्णवत्।।197।।
असंसारस्य तु क्वापि न हर्षो न विषादता।
स शीतलमना नित्यं विदेह इव राजते।।198।।
कुत्रापि न जिहासाऽस्ति नाशो वापि न कुत्रचित्।
आत्मारामस्य धीरस्य शीतलाच्छतरात्मनः।।199।।
प्रकृत्या शून्यचित्तस्य कुर्वतोऽस्य यदृच्छया।
प्राकृतस्येव धीरस्य न मानो नावमानता।।200।।
कृतं देहेन कर्मेदं न मया शुद्धरूपिणा।
इति चिंतानुरोधी यः कुर्वन्नपि करोति न।।201।।
अतद्वादीव कुरुते न भवेदपि बालिशः।
जीवन्मुक्वतः सुखी श्रीमान् संसरन्नपि शोभते।।202।।
नानाविचारसुश्रांतो धीरो विश्रांतिमागतः।
न कल्पते न जानाति न शृणोति न पश्यति।।203।।

निर्वासनो निरालंबः स्वच्छंदो मुक्तबंधनः।
क्षिप्तः संसारवातेन चेष्टते शुष्कपर्णवत्।।

इन छोटी सी दो पंक्तियों में ज्ञान की परम व्याख्या समाहित है। इन दो पंक्तियों को भी कोई जान ले और जी ले तो सब हो गया। शेष करने को कुछ बचता नहीं।

अष्टावक्र के सूत्र ऐसे नहीं हैं कि पूरा शास्त्र समझें तो काम के होंगे। एक सूत्र भी पकड़ लिया तो पर्याप्त है। एक-एक सूत्र अपने में पूरा शास्त्र है। इस छोटे से लेकिन अपूर्व सूत्र को समझने की कोशिश करें।

'वासनामुक्त, स्वतंत्र, स्वच्छंदचारी और बंधनरहित पुरुष प्रारब्धरूपी हवा से प्रेरित होकर शुष्क पत्ते की भांति व्यवहार करता है।'

लाओत्सु के जीवन में उल्लेख है : कि वर्षों तक खोज में लगा रह कर भी सत्य की कोई झलक न पा सका। सब चेष्टाएं कीं, सब प्रयास, सब उपाय, सब निष्फल गए। थक कर हारा—पराजित एक दिन बैठा है—पतझड़ के दिन हैं—वृक्ष के नीचे। अब न कहीं जाना है, न कुछ पाना है। हार पूरी हो गई। आशा भी नहीं बची है। आशा का कोई तंतु-जाल नहीं है जिसके सहारे भविष्य को फैलाया जा सके। अतीत व्यर्थ हुआ, भविष्य भी व्यर्थ हो गया है, यही क्षण बस काफी है। इसके पार वासना के कोई पंख नहीं कि उड़े। संसार तो व्यर्थ हुआ ही, मोक्ष, सत्य, परमात्मा भी व्यर्थ हो गए हैं।

ऐसा बैठा है चुपचाप। कुछ करने को नहीं है। कुछ करने जैसा नहीं है। और तभी एक पत्ता सूखा वृक्ष से गिरा। देखता रहा गिरते पत्ते को—धीरे-धीरे, हवा पर डोलता वृक्ष का पत्ता नीचे गिर गया। हवा का आया अंधड़, फिर उठ गया पत्ता ऊपर, फिर गिरा। पूरब गई हवा तो पूरब गया, पश्चिम गई तो पश्चिम गया।

और कहते हैं, वहीं उस सूखे पत्ते को देख कर लाओत्सु समाधि को उपलब्ध हुआ। सूखे पत्ते के व्यवहार में ज्ञान की किरण मिल गई। लाओत्सु ने कहा, बस ऐसा ही मैं भी हो रहूं। जहां ले जायें हवाएं, चला जाऊं। जो करवाए प्रकृति, कर लूं। अपनी मर्जी न रखूं। अपनी आकांक्षा न थोपूं। मेरी निजी कोई आकांक्षा ही न हो। यह जो विराट का खेल चलता, इस विराट के खेल में मैं एक तरंग मात्र की भांति सम्मिलित हो जाऊं। विराट की योजना ही मेरी योजना हो और विराट का संकल्प ही मेरा संकल्प। और जहां जाता हो यह अनंत, वहीं मैं भी चल पडूं; उससे अन्यथा मेरी कोई मंजिल नहीं। डुबाए तो डूबूं, उबारे तो उबरूं। डुबाए तो डूबना ही मंजिल; और जहां डुबा दे वहीं किनारा।

और कहते हैं, लाओत्सु उसी क्षण परम ज्ञान को उपलब्ध हो गया।

यह सूत्र, पहला सूत्र अष्टावक्र का—निर्वासनो। हिंदी में अनुवाद किया गया : वासनामुक्त। उतना ठीक नहीं। निर्वासना का अर्थ होता है, वासनाशून्य; वासनामुक्त नहीं। क्योंकि मुक्त में तो फिर भाव आ गया कि जैसे कुछ चेष्टा हुई है। मुक्त में तो भाव आ गया, जैसे कुछ संयम साधा है। मुक्त में तो भाव आ गया अनुशासन का, योग का, विधि-विधान का। मुक्त का तो अर्थ हुआ, जैसे कि बंधन थे और उनको तोड़ा है। जैसे कि कारागृह वास्तविक था और हम बाहर निकले हैं।

नहीं, वासनाशून्य—निर्वासनो। वासना-रहित; मुक्त नहीं, वासनाशून्य। जिसने वासना को गौर से देखा और पाया कि वासना है ही नहीं। ऐसे वासना के अभाव को जिसने अनुभव कर लिया है। फर्क को समझ लेना। फर्क बारीक है।

यहीं योग और सांख्य का भेद है। यहीं साधक और सिद्ध का भेद है। साधक कहता है, साधूंगा, चेष्टा करूंगा; बंधन है, गिराऊंगा, काटूंगा, लडूंगा। उपाय से होगा। विधि-विधान, यम-नियम, ध्यान-धारणा—विस्तार है प्रक्रिया का; उससे तोड़ दूंगा बंधन को।

सिद्ध की घोषणा है कि बंधन है नहीं। उपाय की जरूरत नहीं है। आंख खोल कर देखना भर पर्याप्त है। जो नहीं है उसे काटोगे कैसे?

तो दुनिया में दो तरह के लोग हैं : एक, संसार में बंधन है ऐसा मान कर तड़फ रहे हैं। एक, संसार का बंधन तोड़ना है ऐसा मान कर लड़ रहे हैं। और बंधन नहीं है। ऐसा समझो कि रात के अंधेरे में राह पर पड़ी रस्सी को सांप समझ लिया है। एक है, जो भाग रहा है; पसीना-पसीना है। छाती धड़क रही है, घबड़ा रहा है कि सांप है। भागो! बचो! और दूसरा कहता है, घबड़ाओ मत। लकड़ियां लाओ, मारो। एक भाग रहा है, एक सांप को मार रहा है। दोनों ही भ्रांति में हैं। क्योंकि सांप है नहीं; सिर्फ दीया जलाने की बात है। न भागना है, न मारना है। रोशनी में दिख जाए कि रस्सी पड़ी है तो तुम हंसोगे।

अष्टावक्र की सारी चेष्टा तीसरी है : रोशनी। आंख खोल कर देख लो। थोड़े शांत बैठ कर देख लो। थोड़े निश्चल-मन होकर देख लो। कहीं कुछ बंधन नहीं है। वासना है नहीं, प्रतीत होती है। फिर प्रतीति को अगर सच मान लिया तो दो उपाय हैं : संसारी हो जाओ या योगी हो जाओ; भोगी हो जाओ या योगी हो जाओ। भोगी हो गए तो भागो सांप को मान कर; तड़फो। योगी हो गए तो लड़ो।

अष्टावक्र कहते हैं, इन दोनों के बीच में एक तीसरा ही मार्ग है, एक अनूठा ही मार्ग है—न भोग का, न त्याग का; देखने का, द्रष्टा का, साक्षी का। जागो!

इसलिए मैं निर्वासना का अनुवाद वासनामुक्त न करूंगा। निर्वासना में जो व्यक्ति है वह वासनामुक्त है यह सच है, लेकिन अनुवाद 'वासनामुक्त' करना ठीक

नहीं। क्योंकि वह भाषा योगी की है—वासनामुक्त। वासनाशून्य, वासनारिक्त, निर्वासना—जिसने जान लिया कि वासना नहीं है। जाग कर देखा और पाया कि कारागृह नहीं है; नहीं था, नहीं हो सकता है। जैसे रात सपना देखा था—पड़े थे कारागृह में, हथकड़ियां पड़ी थीं, और सुबह आंख खुली। जाना कि झूठ था सब। जाना कि सपना था। अपना ही माना था। अपना ही निर्मित किया था।

लेकिन लोग सपनों में खो जाते हैं। अपने सपनों की तो छोड़ो, दूसरों के सपनों में खो जाते हैं। अपना पागलपन प्रभावित करता है यह तो ठीक ही है, दूसरा भी पागल हो रहा हो तो तुम आवेष्टित हो जाते हो।

मैंने सुना है कि मुल्ला नसरुद्दीन अपने एक मित्र के साथ, कड़ी धूप है और वृक्ष की छाया में बैठा है। झटके से उठ कर बैठ गया और कहने लगा कि प्रभु करे कभी वे दिन भी आएं। आएंगे जरूर। देर है, अंधेर तो नहीं है। जब अपना भी महल होगा, सुंदर झील होगी, घने वृक्षों की छाया होगी। विश्राम करेंगे वृक्षों की छाया में। झील पर तैरेंगे। और ढेर की ढेर आइसक्रीम!

मित्र भी उठ कर बैठ गया। उसने कहा, एक बात बड़े मियां, अगर मैं आऊं तो आइसक्रीम में मुझे भी भागीदार बनाओगे या नहीं? मुल्ला ने कहा, इतना ही कह सकते हैं कि अभी कुछ न कह सकेंगे। अभी कुछ नहीं कह सकते। अभी तुम बात मत उठाओ। उस आदमी ने कहा, चलो छोड़ो आइसक्रीम। वृक्ष की छाया में तो विश्राम करने दोगे, झील पर तो तैरने दोगे। मुल्ला सोच में पड़ गया। उसने कहा कि नहीं, अभी तो इतना ही कह सकते हैं कि अभी हम कुछ नहीं कह सकते।

वह आदमी बोला, अरे हद हो गई! वृक्षों की छाया में विश्राम भी न करने दोगे? नसरुद्दीन ने कहा, आदमी कैसे हो? आलस्य की भी सीमा होती है। अरे, अपनी कल्पना के घोड़े दौड़ाओ, मेरे घोड़ों पर क्यों सवार होते हो? न कोई महल है, न कोई झील है, अपने घोड़े भी नहीं दौड़ा सकते? इसमें भी उधारी? इसमें भी तुम मेरे घोड़ों पर सवार हो रहे हो?

आदमी पर खुद की कल्पना तो चढ़ ही जाती है, दूसरों की भी चढ़ जाती है। आदमी इतना बेहोश है। तुम पर अपनी महत्वाकांक्षा तो चढ़ ही जाती है, दूसरे की महत्वाकांक्षा भी चढ़ जाती है। महत्वाकांक्षी के पास बैठो, कि तुम्हारे भीतर भी महत्वाकांक्षा सरसरी लेने लगेगी। संक्रामक है। हम बेहोश हैं।

निर्वासना का अर्थ होना है: अब कल्पना के रंग चढ़ते नहीं। अब आकांक्षाएं प्रभावित नहीं करतीं। अब महत्वाकांक्षाओं के झूठे सतरंगे महल प्रभाव नहीं लाते। टूट गए वे इंद्रधनुष। कितने ही रंगीन हों, जान लिए गए, पहचान लिए गए। झूठे थे।

अपनी ही आंखों का फैलाव थे। अपनी ही वासना की तरंगें थे। कहीं थे नहीं; और हम नाहक ही उनके कारण सुखी और दुखी होते थे।

निर्वासना का अर्थ है: वासना नग्न देख ली गई और पाई नहीं गई। शून्य हो गया चित्त।

निर्वासनो निरालंबः।

निरालंब के लिए हिंदी में अनुवाद किया जाता है: स्वतंत्र; वह भी ठीक नहीं है। निरालंब का अर्थ होता है निराधार। स्वतंत्र में थोड़ी भनक है लेकिन सच नहीं है, पूरी-पूरी नहीं। स्वतंत्र का अर्थ होता है: अपने ही आधार पर, अपने ही तंत्र पर। निरालंब का अर्थ होता है: जिसका कोई आधार नहीं—न अपना, न पराया। आधार ही नहीं; जो निराधार हुआ।

अष्टावक्र कहते हैं कि जब तक कुछ भी आधार है तब तक डगमगाओगे। बुनियाद है तो भवन गिरेगा। देर से गिरे, मजबूत होगी बुनियाद तो; कमजोर होगी तो जल्दी गिरे, लेकिन आधार है तो गिरेगा। सिर्फ निराधार का भवन नहीं गिरता। कैसे गिरेगा, आधार ही नहीं! आधार है तो आज नहीं कल पछताओगे, साथ-संग छूटेगा। सिर्फ निराधार नहीं पछताता। है ही नहीं, जिससे साथ छूट जाए, संग छूट जाए। कोई हाथ में ही हाथ नहीं।

परमात्मा तक का आधार मत लेना; ऐसी अष्टावक्र की देशना है। क्योंकि परमात्मा के आधार भी तुम्हारी कल्पना के ही खेल हैं। कैसा परमात्मा? किसने देखा? कब जाना? तुम्हीं फैला लोगे। पहले संसार का जाल बुनते रहे, निष्णात हो बड़ी कल्पना में; फिर तुम परमात्मा की प्रतिमा खड़ी कर लेते हो। पहले संसार में खोजते रहे, संसार से चूक गए, नहीं मिला। नहीं मिला क्योंकि वह भी कल्पना का जाल था, मिलता कैसे? अब परमात्मा का कल्पना-जाल फैलाते हो। अब तुम कृष्ण को सजा कर खड़े हो। अब उनके मुंह पर बांसुरी रख दी है। गीत तुम्हारा है। ये कृष्ण भी तुम्हारे हैं, यह बांसुरी भी तुम्हारी, यह गुनगुनाहट भी तुम्हारी। ये मूर्ति तुम्हारी है और फिर इसी के सामने घुटने टेक कर झुके हो। ये शास्त्र तुमने रच लिए हैं और फिर इन शास्त्रों को छाती से लगाए बैठे हो। ये स्वर्ग और नरक, और यह मोक्ष और ये इतने दूर-दूर के जो तुमने बड़े वितान ताने हैं, ये तुम्हारी ही आकांक्षाओं के खेल हैं।

संसार से थक गए लेकिन वस्तुतः वासना से नहीं थके हो। यहां से तंबू उखाड़ दिया तो मोक्ष में लगा दिया है। स्त्री के सौंदर्य से ऊब गए, पुरुष के सौंदर्य से ऊब गए तो अप्सराओं के सौंदर्य को देख रहे हो। या राम की, कृष्ण की मूर्ति को सजा कर शृंगार कर रहे हो। मगर खेल जारी है। खिलौने बदल गए, खेल जारी है। खिलौने बदलने से कुछ भी नहीं होता। खेल बंद होना चाहिए।

अष्टावक्र कहते हैं, 'निर्वासनो, निरालंबः।'

जिसकी वासना गिर गई उसका आश्रय भी गिर गया। अब आश्रय कहां खोजना है? वह खड़े होने को जगह भी नहीं मांगता। वह इस अतल अस्तित्व में शून्यवत हो जाता है। वह कहता है मुझे कोई आधार नहीं चाहिए।

आधार का अर्थ ही है कि मैं बचना चाहता हूं, मुझे सहारा चाहिए। ज्ञानी ने तो जान लिया कि मैं हूं कहां? जो है, है ही। उसके लिए कोई सहारे की जरूरत नहीं है। यह जो मेरा मैं है इसको सहारे की जरूरत है क्योंकि यह है नहीं। बिना सहारे के न टिकेगा। यह लंगड़ा-लूला है; इसे बैसाखी चाहिए।

निरालंब का अर्थ होता है : अब मुझे कोई बैसाखी नहीं चाहिए। अब कहीं जाना ही नहीं है, कोई मंजिल न रही तो बैसाखी की जरूरत क्या? पैर भी नहीं चाहिए। अब कोई यान नहीं चाहिए। अब तो डूबने की भी मेरी तैयारी है उतनी ही, जितनी उबरने की। अब तो जो करवा दे अस्तित्व, वही करने को तैयार हूं। तो अब नाव भी नहीं चाहिए। अब डूबते वक्त ऐसा थोड़े ही, कि मैं चिल्लाऊंगा कि बचाओ।

ज्ञानी तो डूबेगा तो समग्रमना डूब जाएगा। डूबते क्षण में एक क्षण को भी ऐसा भाव न उठेगा कि यह क्या हो रहा है? ऐसा नहीं होना चाहिए। जो हो रहा है, वही हो रहा है। उससे अन्यथा न हो सकता है, न होने की कोई आकांक्षा है। फिर आश्रय कैसा?

तुम परमात्मा का आश्रय किसलिए खोजते हो, कभी तुमने खयाल किया? कभी विषण किया? परमात्मा का भी आसरा तुम किन्हीं वासनाओं के लिए खोजते हो। कुछ अधूरे रह गए हैं स्वप्न; तुमसे तो किए पूरे नहीं होते, शायद परमात्मा के सहारे पूरे हो जाएं। तुम तो हार गए; तो अब परमात्मा के कंधे पर बंदूक रख कर चलाने की योजना बनाते हो। तुम तो थक गए और गिरने लगे; अब तुम कहते हो, प्रभु अब तू सम्हाल। असहाय का सहारा है तू। दीन का दयाल है तू। पतित-पावन है तू। हम तो गिरे। अब तू सम्हाल।

लेकिन अभी सम्हलने की आकांक्षा बनी है। इसे अगर गौर से देखोगे तो इसका अर्थ हुआ, तुम परमात्मा की भी सेवा लेने के लिए तत्पर हो अब। यह कोई प्रार्थना न हुई। यह परमात्मा के शोषण का नया आयोजन हुआ। वासना तुम्हारी है, वासना की तृप्ति की आकांक्षा तुम्हारी है। अब तुम परमात्मा का भी सेवक की तरह उपयोग कर लेना चाहते हो। अब तुम चाहते हो, तू भी जुट जा मेरे इस रथ में। मेरे खिंचे नहीं खिंचता, अब तू भी जुट जा। अब तू भी जुते तो ही खिंचेगा। हालांकि तुम कहते बड़े अच्छे शब्दों में हो। लफ्फाजी सुंदर है।

तुम्हारी प्रार्थनाएं, तुम्हारी स्तुतियां अगर गौर से खोजी जाएं तो तुम्हारी वासनाओं के नये-नये आडंबर हैं। मगर तुम मौजूद हो। तुम्हारी स्तुति में तुम मौजूद हो। और तुम्हारी स्तुति परमात्मा की स्तुति नहीं, परमात्मा की खुशामद है, ताकि किसी वासना में तुम उसे संलग्न कर लो; ताकि उसके सहारे कुछ पूरा हो जाए जो अकेले-अकेले नहीं हो सका।

मेरे पास लोग आ जाते हैं, वे कहते हैं कि संन्यास दे दें। मैं पूछता हूं किसलिए? वे कहते हैं, अपने से तो कुछ नहीं पा सके; अब आपके सहारे...मगर पाकर रहेंगे। जीवन को ऐसे ही थोड़े चले जाने देंगे।

पाने की दौड़ कायम है। नहीं पा सके तो साधन बदल लेंगे, सिद्धांत बदल लेंगे, शास्त्र बदल लेंगे, लेकिन पाकर रहेंगे। हिंदू मुसलमान हो जाते हैं, मुसलमान ईसाई हो जाते हैं, ईसाई बौद्ध हो जाते हैं—पाकर रहेंगे। शास्त्र बदल लेंगे, साधन बदल लेंगे, लेकिन पाकर रहेंगे।

ज्ञानी वही है, जिसने जाग कर देखा कि पाने को यहां कुछ नहीं है। जिसे हम पाने चले हैं वह पाया हुआ है। फिर आश्रय की भी क्या खोज! फिर आदमी निराश्रय, निरालंब होने को तत्पर हो जाता है। उस निरालंब दशा का नाम ही संन्यास है।

निर्वासनो निरालंबः स्वच्छंदो...।

और जो स्वयं के छंद को उपलब्ध हो गया है।

इस शब्द को खूब-खूब समझ लेना; क्योंकि इस शब्द के साथ बड़ा अनाचार हुआ है। शब्द भी हैं संसार में जिनके साथ बड़ा अनाचार हो जाता है। स्वच्छंद उन शब्दों में से एक है, जिसके साथ लोगों ने बड़ा दुर्व्यवहार किया है।

स्वच्छंद का लोग अर्थ ही करते हैं, स्वेच्छाचारी। स्वच्छंद का लोग अर्थ ही करते हैं, उच्छृंखल। ऐसा भाषाकोशों में देखोगे तो मिल जाएगा। स्वच्छंद बड़ा प्यारा शब्द है। इसका अर्थ उच्छृंखल नहीं होता। इसका अर्थ इतना ही होता है: जिसने अपने भीतर के छंद को पा लिया, गीत को पा लिया। जो स्वयं के छंद को उपलब्ध हो गया। जो अब किसी और का गीत गाने में उत्सुक नहीं। जो शरीर का गीत भी गाने में उत्सुक नहीं, मन का गीत भी गाने में उत्सुक नहीं; जिसने स्वयं के गीत को पा लिया। जिसने अपने अंतर्तम के गीत को पा लिया। जिसे अंतर्तम की लय उपलब्ध हो गई। जो अब उस लय के साथ नाच रहा है।

हममें से कुछ शरीर का गीत गा रहे हैं। दुखी हम होंगे ही। क्योंकि वह हमारा गीत नहीं। हममें से कुछ शरीर की ही वासनाओं को पूरा करने में लगे हैं। वे कभी पूरी नहीं होतीं। वे कभी पूरी हो नहीं सकतीं। क्योंकि शरीर का स्वभाव क्षणभंगुर है। आज

भूख लगती है, भर दो पेट, कल फिर भूख लगेगी। कोई एक दफा पेट भर देने से भूख थोड़े ही मिट जाएगी! भूख तो फिर-फिर लगेगी। आज प्यास है, पानी पी लो, फिर घड़ी भर बाद प्यास लगेगी। आज कामवासना जगी है, कामवासना में डूब लो, फिर घड़ी भर बाद कामवासना जगेगी।

शरीर का स्वभाव क्षणभंगुर है। वहां तृप्ति कभी स्थिर हो नहीं सकती। अतृप्ति वहां बनी ही रहेगी। लाख तुम करो उपाय, तुम्हारे उपाय से कुछ न होगा। शरीर का स्वभाव नहीं है।

यह तो ऐसे ही है जैसे कोई आदमी आग को ठंडा करने में लगा हो; कि रेत से तेल निचोड़ने में लगा हो। तुम कहोगे पागल है। आग कहीं ठंडी हुई? आग का स्वभाव गर्म होना है। कि रेत से कहीं तेल निचुड़ा? रेत में तेल है ही नहीं। पागल मत बनो।

शरीर से जो तृप्ति की आकांक्षा कर रहा है वह नासमझ है। उसने शरीर के स्वभाव में झांक कर नहीं देखा। शरीर क्षणभंगुर है। बना ही क्षणभंगुर से है। भंगुरता शरीर का स्वभाव है। जिन-जिन चीजों से मिला है वे सभी चीजें बिखरने को तत्पर हैं; बिखरेंगी। शाश्वत जब तक न हो तब तक तृप्ति कहां? सनातन न मिले तब तक सुख कहां?

नहीं, शरीर के छंद को जिसने अपना छंद मान लिया, जिसने ऐसा गलत तादात्म्य किया वह भटकेगा, वह रोएगा, वह तड़फेगा। और शरीर के छंद को अपना छंद मान लिया तो अपना छंद जो भीतर गूंज रहा है अहर्निश, सुनाई ही न पड़ेगा। शरीर के नगाड़ों में, बैंड-बाजों में, क्षणभंगुर की चीख-पुकार में, शोरगुल में, बाजार में, वह जो भीतर अहर्निश बज रही वीणा स्वयं की, वह सुनाई ही न पड़ेगी।

वह सुर बड़ा धीमा है। वह सुर शोरगुल वाला नहीं है। उसे सुनने के लिए शांति चाहिए; निश्चल चित्त चाहिए; मौन अवधारणा चाहिए; निगूढ़ वासनाशून्यता चाहिए। आना-जाना न हो, आपाधापी न हो, भाग-दौड़ न हो; बैठ गए हो, कुछ करने को न हो, ऐसी निष्क्रिय दशा में, ऐसे शांत प्रवाह में उसका आविर्भाव होता है। फूटती है भीतर की किरण। आती है सुगंध। जब आती है तो खूब आती है। एक बार द्वार-दरवाजा खुल जाए तो रग-रग रोआं-रोआं आनंदित हो उठता है।

उस भीतर के गीत के फूटने का नाम है स्वच्छंद। स्वच्छंद का अर्थ है : जो अपने गीत से जीता। न तो समाज के गीत से जीता, न राष्ट्र के गीत से जीता। राष्ट्रगीत उसका गीत नहीं। समाज का गीत उसका गीत नहीं। संप्रदाय, मंदिर, मस्जिद, पंडित-पुरोहित उसका गीत नहीं।

ये तो दूर की बातें हैं, अपने शरीर की भी लय में लय नहीं बांधता। शरीर को कहता है, तू ठीक, तेरा काम ठीक। भूख लगे, रोटी ले। प्यास लगे, पानी ले। लेकिन इतना मैंने जान लिया कि तेरे साथ शाश्वत का कोई संबंध नहीं है।

शरीर की भी छोड़ें, मन का गीत भी नहीं गुनगुनाता। क्योंकि देख लिया कि मन भी क्षण-क्षण बदल रहा है। एक क्षण ठहरता नहीं। जो ठहरता ही नहीं वह सुख को कैसे उपलब्ध होगा? बिना ठहराव के सुख कैसे संभव है? जो रुकता ही नहीं, जो भागा ही चला जाता है, वह कैसे विश्रांति पाएगा? भागना जिसका गुणधर्म है। मन का गुणधर्म भागना है। मन ठहरा कि मरा। जब तक भागता है तभी तक जीता है। मन तो साइकिल जैसा है—बाइसिकल। पैडल मारते रहे, चलती रहती है। पैडल रुके, कि गिरे। मन दौड़ता रहे तो चलता रहता है। रुके कि गिरा। जो रुकने से मिट जाता है वहां विश्राम कैसे होगा? वहां विराम कैसे होगा?

स्वच्छंद का अर्थ है : अब मन का छंद भी अपना छंद नहीं। अब तो हम उस छंद को गाते, जो हमारे आत्यंतिक स्वभाव से उठ रहा है। वही है अनाहत नाद, ओंकार। नाम उसे कुछ भी दो। बुद्ध उसे निर्वाण कहते हैं, महावीर उसे कैवल्यदशा कहते हैं। अष्टावक्र का शब्द है, स्वच्छंदता। और बड़ा प्यारा शब्द है।

निर्वासनो निरालंबः स्वच्छंदो...।

स्वच्छंद को जो उपलब्ध हो गया।

...मुक्तबंधनः।

वही, केवल वही बंधन से मुक्त है।

इस बात को भी खयाल में लेना। बंधनमुक्ति कोई नकारात्मक बात नहीं है, विधायक बात है। स्वयं के छंद को जो उपलब्ध हो गया वही बंधनमुक्त है। बंधनमुक्ति जंजीरों का टूटना नहीं है मात्र। क्योंकि ऐसा भी हो सकता है कि तुम किसी व्यक्ति को कारागृह से खींच कर बाहर ले आओ; जबरदस्ती खींच कर बाहर ले आओ; वह आना भी न चाहे और खींच कर बाहर ले आओ; उसकी जंजीरें तोड़ दो; उसे धक्के देकर कारागृह के बाहर कर दो; लेकिन क्या तुम सोचते हो, इससे वह स्वतंत्रता को उपलब्ध हो गया, मुक्त हो गया?

जो आना भी न चाहता था, जो जंजीरें तोड़ना भी न चाहता था, जिसे कारागृह के बाहर लाने में भी धक्के देने पड़े। यह तो करागृह के बाहर लाना न हुआ। क्योंकि जहां धक्के देकर लाना पड़े उसी का नाम तो कारागृह है। यह तो बड़ा कारागृह आ गया। इसमें धक्के देकर ले आए। पहले धक्के देकर छोटे कारागृह में लाए थे, अब धक्के देकर जरा बड़े कारागृह में ले आए। दीवालें जरा दूर हैं, इससे क्या फर्क पड़ता है? लेकिन जहां धक्के देकर लाना पड़ता है वहीं तो कारागृह है। जबरदस्ती में बंधन है।

अब तुम देखते हो, कोई आदमी जबरदस्ती उपवास कर रहा है इससे थोड़े ही स्वच्छंदता मिलेगी। और जितना ही तड़फता है भूख से उतनी ही जबरदस्ती करता है; क्योंकि सोचता है, लड़ रहा हूं, धक्के दे रहा हूं, आत्मज्ञान की यात्रा कर रहा हूं। कोई आदमी कांटों पर लेटा है, कोई कोड़े मार रहा है शरीर को। कोई रात सोता नहीं, जागा है, खड़ा है। धूप-ताप में खड़ा है। सता रहा है। अनाचार कर रहा है। स्वयं को पीड़ा दे रहा है, इस आशा में कि इसी तरह तो मुक्ति होगी।

नहीं, अष्टावक्र कहते हैं, यह मुक्त होने का उपाय नहीं। यह तो मुक्ति बंधन से भी बदतर हो जाएगी। जबरदस्ती कहीं मुक्ति हुई?

तो मुक्ति नकारात्मक नहीं है। मुक्ति बंधन के टूटने में ही नहीं है। मुक्ति स्वातंत्र्य की उपलब्धि में है, स्वच्छंदता की उपलब्धि में है। जो स्वच्छंद को उपलब्ध हो जाता है उसके बंधन ऐसे ही गिर जाते हैं, जैसे कभी थे ही नहीं।

ठीक से समझें तो इसका अर्थ होता है कि हम बंधे हैं क्योंकि हमें अपनी आंतरिक स्वतंत्रता का कोई पता नहीं। आंतरिक स्वतंत्रता का पता चल जाए, बंधन गिर जाते हैं। बांधा हमें किसी और ने नहीं है इसलिए लड़ने का कोई सवाल नहीं है। बंधे हैं हम क्योंकि हमने स्वयं को जाना नहीं। हमने अपने को ही बांधा है। किसी ने हमें बांधा नहीं है। यह हमारी धारणा है।

तुमने कभी देखा किसी सम्मोहनविद को किसी व्यक्ति को सम्मोहित करते? सम्मोहनविद जब किसी व्यक्ति को सम्मोहित कर देता है तो उससे जैसा कह देता है, सम्मोहित व्यक्ति वैसा ही मान लेता है। अगर पुरुष को कहे कि तू स्त्री हो गया, अब तू चल मंच पर, तो वह स्त्री की तरह चलता है। कठिन है स्त्री की तरह चलना। पुरुष स्त्री की तरह चले, बहुत कठिन है। क्योंकि स्त्री की तरह चलने के लिए भीतर पूरे शरीर की रचना भिन्न होनी चाहिए। गर्भाशय होना चाहिए तो ही स्त्री की तरह कोई चल सकता है। नहीं तो बहुत मुश्किल है। बड़े अभ्यास की जरूरत है।

लेकिन यह आदमी तो कभी अभ्यास किया भी नहीं। अचानक इसको सम्मोहित करके कह दिया कि तू स्त्री है, चल। और वह स्त्री की तरह चलता है। क्या हो गया?—एक मान्यता।

तुम चकित होओगे, आधुनिक मनस्विद सम्मोहन पर बड़ी खोजें कर रहे हैं। अगर सम्मोहित व्यक्ति के हाथ में साधारण सा कंकड़ उठा कर रख दिया जाए, ठंडा कंकड़, और कह दिया जाए अंगारा है तो हाथ में फफोला आ जाता है। अंगारा तो रखा नहीं, फफोला आता कैसे?

इसी सूत्र के आधार पर लंका में बौद्ध भिक्षु अंगार पर चलते हैं। इससे उलटा सूत्र। अगर तुमने मान रखा है कि अंगार नहीं जलाएगा, तो नहीं जला सकेगा। तुम्हारी

मान्यता चीन की दीवाल बन जाती है। तुमने अगर मान लिया है कि कंकड़ भी अंगारा है तो कंकड़ से भी फफोला आ जाता है। तुम्हारी मान्यता!

सूफियों में कहानी है कि बगदाद के बाहर खलीफा उमर शिकार को गया था। और उसने एक बड़े अंधड़ की तरह एक काली छाया को आते देखा। तो उसने रोका। उसने कहा, रुक! मैं खलीफा उमर हूं। और बगदाद में प्रवेश के पहले मेरी आज्ञा चाहिए। तू है कौन? उसने कहा, क्षमा करें मैं मृत्यु हूं। और पांच हजार लोगों को मरना है बगदाद में। और मृत्यु किसी की आज्ञा नहीं मानती। खलीफा आप होंगे। क्षमा करें। पांच हजार लोग मरने को हैं, इतना आपको कह देती हूं।

महाप्लेग फैली। और कहते हैं, पचास हजार लोग मरे। खलीफा बहुत नाराज हुआ। वह बाहर राह देखता रहा। जब प्लेग खतम होने लगी और गांव से बीमारी समाप्त होने लगी तो वह बाहर आकर खड़ा रहा। फिर अंधड़ की तरह निकली मौत और उसने पूछा, रुक। आज्ञा न मान, ठीक; लेकिन मौत होकर झूठ बोलना कब से सीखा? तूने कहा, पांच हजार मारने हैं, पचास हजार मर गए। उसने कहा, क्षमा करें, मैंने पांच हजार ही मारे। बाकी पैंतालीस हजार अपने ही भय से मर गए। मैंने उनको छुआ ही नहीं है।

आदमी की हजार बीमारियों में नौ सौ निन्यानबे अपनी ही पैदा की होती हैं। मान लेता है। मान लेता है तो घटना घट जाती है। तुम्हारी मान्यता छोटी-मोटी बात नहीं है।

नागार्जुन एक बौद्ध भिक्षु हुआ। एक युवक ने आकर नागार्जुन को कहा कि मुझे भी मुक्ति का कुछ स्वाद दें। तो नागार्जुन ने कहा, इसके पहले कि मुक्ति का स्वाद ले सको, एक सत्य को जानना पड़ेगा कि बंधन तुमने पैदा किए हैं। उसने कहा, मैं और अपने बंधन करूंगा पैदा? आप भी क्या बात कर रहे हैं! कोई अपने बंधन अपने हाथ से पैदा करता? यह बात तर्कयुक्त नहीं है। बंधन कौन डालना चाहता है? सब मुक्ति चाहते हैं।

नागार्जुन ने कहा, तू भूल यह बात। मेरे देखे मुक्ति शायद ही कोई चाहता है। लोग बंधन ही चाहते हैं। लोग बंधनों से प्रेम करते हैं। पर वह युवक न माना तो नागार्जुन ने कहा, फिर तू एक काम कर, यह सामने गुफा है, तू इसमें भीतर चला जा। और तीन दिन अब न तो पानी, न भूख; बस तीन दिन तू एक ही बात का विचार करता रह कि तू आदमी नहीं है, भैंस है। उसने कहा, इससे क्या होगा? तीन दिन बाद नागार्जुन ने कहा, हम देखेंगे। अगर तीन दिन तू टिक गया तो बात हो जाएगी।

युवक जिद्दी था। युवक था। चला गया गुफा में। लग गया रटन में। न दिन देखा, न रात; न भूख देखी, न प्यास। बाहर आया नहीं। आंख नहीं खोली। दोहराता

रहा कि मैं भैंस हूं, मैं भैंस हूं...। पहले तो पागलपन लगा। घंटे-दो घंटे तो बिलकुल व्यर्थ की बकवास लगी। लेकिन धीरे-धीरे हैरान होना शुरू हुआ। भैंस भीतर से प्रकट होने लगी। भाव आने लगा। आंख खोल कर देखी तो आदमी जैसा आदमी है। आंख बंद करे तो कुछ-कुछ भैंस की धारणा। स्थूल देह...वजन होने लगा।

तीन दिन पूरे होते-होते...तीसरे दिन सुबह जब नागार्जुन ने उसके पास जाकर द्वार पर खड़े होकर कहा कि बाहर आ, तो उसने निकलने की कोशिश की और उसने कहा, क्षमा करें, सींग के कारण निकल नहीं सकता हूं। सींग अटकते हैं।

नागार्जुन ने जोर से उसे चांटा मारा और कहा, आंख खोल। कैसे सींग? आंख खोली तिलमिला कर—न कोई सींग हैं, न कोई बात है, लेकिन क्षणभर पहले निकल नहीं पा रहा था। नागार्जुन ने कहा, मान्यता...। यह सम्मोहन का एक प्रयोग था।

हम अपने बंधन स्वयं माने बैठे हैं।

मुक्तबंधन का अर्थ होता है: हमने स्वयं के छंद को अनुभव किया। हमने स्वतंत्रता का स्वाद और रस लिया। रस लेते ही फिर हम बंधन अपने निर्मित नहीं करते। कोई और तुम्हारा कारागृह नहीं बना रहा है, तुम ही अपने कारागृह के निर्माता हो। तुम्हीं कैदी हो, तुम्हीं जेलर। तुम्हीं पड़े हो सीखचों के भीतर और सीखचे तुमने ही ढाले हैं। हथकड़ियां, बेड़ियां जरूर तुम्हारे पैरों पर हैं लेकिन किसी और के द्वारा निर्मित नहीं हैं: उन हथकड़ियों-बेड़ियों पर तुम्हारे ही हस्ताक्षर हैं।

एक बड़ी प्रसिद्ध सूफी कथा है। एक बहुत बड़ा लोहार था। बड़ा प्रसिद्ध लोहार था। वह जो भी बनाता था, सारे संसार में उसकी बनाई गई चीजों की ख्याति थी। वह जो भी बनाता था उस पर अपने हस्ताक्षर कर देता था। फिर एक बार उसकी राजधानी पर हमला हुआ। वह पकड़ लिया गया। गांव के सभी प्रमुख प्रतिष्ठित लोग पकड़ लिए गए, उनमें वह भी पकड़ लिया गया। उसके हाथ में जंजीरें डाल दी गईं, पैर में बेड़ियां डाल दी गईं और पहाड़ी खंदकों में उसे फिंकवा दिया गया और प्रतिष्ठित नागरिकों के साथ।

और सब तो बड़े रो रहे थे और घबड़ा रहे थे लेकिन वह निश्चिंत था। उस नगर के वजीर ने उससे कहा कि भाई, हम सब घबड़ा रहे हैं कि अब क्या होगा, लेकिन तू निश्चिंत है? उसने कहा, मैं लोहार हूं। जीवन भर हथकड़ियां मैंने ढालीं; तोड़ भी सकता हूं। ये हथकड़ियां मुझे कुछ रोक न पाएंगी। आप घबड़ाएं मत। अगर मैंने अपनी हथकड़ियां तोड़ लीं तो तुम्हारी भी तोड़ दूंगा। एक दफा इनको हमें फेंक कर चले जाने दें।

वजीर भी हिम्मत से भर गया, राजा भी हिम्मत से भर गया। जब दुश्मन उन्हें खंदकों में फेंक कर लौट गए तो वजीर ने कहा, अब क्या विचार है? लेकिन अचानक लोहार उदास हो गया और रोने लगा। उसने कहा, क्या मामला है? तू अब तक तो

हिम्मत बांधे था, अब क्या हुआ? उसने कहा, अब मुश्किल है। मैंने हथकड़ी गौर से देखी, इस पर तो मेरे हस्ताक्षर हैं। यह तो मेरी ही बनाई हुई है। यह नहीं टूट सकती। यह असंभव है। मैंने कमजोर चीज कभी बनाई ही नहीं। मैं हमेशा मजबूत से मजबूत चीज ही बनाता रहा हूं। वही मेरी ख्याति है। यह किसी और की बनाई होती तो मैंने तोड़ दी होती। अब यह टूटनेवाली नहीं। क्षमा करें। इस पर मेरे हस्ताक्षर हैं।

मैं तुमसे कहता हूं, तुम्हारी हर हथकड़ी पर तुम्हारे हस्ताक्षर हैं। कोई और तो ढालेगा भी कैसे? और मैं तुमसे यह कहना चाहता हूं कि रोने की कोई जरूरत नहीं है। कितनी ही मजबूत हो, तुम्हारी ही बनाई हुई है। और बनानेवाले से बनाई गई चीज कभी भी बड़ी नहीं होती। हो नहीं सकती।

कितना ही बड़ा चित्र कोई बनाए चित्रकार, लेकिन चित्रकार चित्र से बड़ा रहता है। और कितना ही बड़ा गीत कोई गाए गीतकार, लेकिन गायक गीत से बड़ा रहता है। और कितना ही मधुर कोई नाचे नर्तक, लेकिन नर्तक नृत्य से बड़ा रहता है। इसीलिए तो परमात्मा संसार से बड़ा है। और इसीलिए तो आत्मा शरीर से बड़ी है।

चिंता न लेना। यह बात, कि जीवन के सारे बंधन हमारे ही बनाए हुए हैं, घबड़ाने वाली नहीं है, मुक्तिदायी है। हम तोड़ सकते हैं।

और मजा तो यह है कि बंधन काल्पनिक हैं। वस्तुतः नहीं हैं, स्वप्नवत हैं, सम्मोहन के हैं।

निर्वासनो निरालंबः स्वच्छंदो मुक्तबंधनः।
क्षिप्तः संसारवातेन चेष्टते शुष्कपर्णवत्।।

'वासनामुक्त, वासनाशून्य, स्वतंत्र, निरालंब, स्वयं के छंद को उपलब्ध बंधनरहित जो पुरुष है'—फिर अनुवाद में थोड़ी भूल है—'प्रारब्धरूपी हवा से प्रेरित होकर शुष्क पत्ते की भांति व्यवहार करता है।'

मूल है: संसारवातेन—संसार की हवा से—प्रारब्ध का कोई सवाल नहीं है। भाग्य का कोई सवाल नहीं है। संसार की गति है, उस संसार की गति में सूखे पत्ते की तरह...हवा में जैसे सूखा पत्ता पूरब-पश्चिम जाता, ऊपर-नीचे गिरता; ऐसे ही पूर्ण ज्ञानी पुरुष बहुत से व्यवहारों में संलग्न होता मालूम पड़ता है, लेकिन तुम यह नहीं कह सकते कि वह करता है।

जब सूखा पत्ता पूरब की तरफ जाता है तो तुम यह थोड़े ही कहोगे कि सूखा पत्ता पूरब की तरफ जा रहा है। सूखा पत्ता तो कहीं नहीं जा रहा है, हवा पूरब की तरफ जा रही है। हवा दिखाई नहीं पड़ती, सूखा पत्ता दिखाई पड़ता है। लेकिन सूखा पत्ता तो कहीं नहीं जा रहा है। हवा न चले, सूखा पत्ता गिर जाएगा। ज्ञानी अपने को छोड़ देता अस्तित्व के सागर में जहां ले जाए। उसकी अपनी कोई निजी आकांक्षा नहीं है।

और इस सूत्र में समाधि का सारा सार है। चलो, उठो, बैठो—संसारवातेन। तुम अपनी आकांक्षा से नहीं। जो होता हो, जैसा होता हो, वैसा होने दो। दुकान करते हो, दुकान करते रहो। युद्ध के मैदान में खड़े हो तो युद्ध के मैदान में जूझते रहो। जैसे हो, जहां हो, छोड़ दो अपने को वहीं। वहीं समर्पित हो जाओ। बहने दो संसार की हवाएं; तुम सूखे पत्ते हो जाओ।

क्षिप्तः संसारवातेन चेष्टते शुष्कपर्णवत्।

बस, फिर सब अपने से हो जाएगा। फिर कुछ और करने को नहीं है। तुम सूखे पत्ते क्या हुए, तुम्हारे जीवन में सारे अमृत की वर्षा हो जाएगी।

जहां अपनी कोई आकांक्षा नहीं रहती वहां कोई दुख नहीं रह जाता। वहां कोई पराजय नहीं, विषाद नहीं। वहां कोई मान नहीं, सम्मान नहीं, अपमान नहीं। वहां कोई हार नहीं, जीत नहीं। क्षण-क्षण वहां परमात्मा बरसता है। उस परमात्मा का नाम ही स्वयं का छंद है। वह तुम्हारा ही गीत है जो तुम भूल बैठे। गुनगुनाओगे, फिर याद आ जाएगा।

असंसारस्य तु क्वापि न हर्षो न विषादता।

और जो सूखे पत्ते की भांति हो गया, ऐसे जिसके भीतर संसार न रहा—असंसारस्य।

स शीतलमना नित्यं विदेह इव राजते।

'संसारमुक्त पुरुष को न तो कभी हर्ष है और न विषाद। वह शांतमना सदा विदेह की भांति शोभता है।'

अनुवाद में कुछ खो जाता लगता है। असंसारस्य—अनुवाद में कहा है संसार-मुक्त पुरुष को। असंसारस्य का अर्थ होता है, जिसके भीतर संसार न रहा; या जिसके लिए संसार न रहा।

संसार का अर्थ ही क्या है? ये वृक्ष, ये चांद-तारे, ये थोड़े ही संसार हैं! संसार का अर्थ है, भीतर बसी वासनाएं, कामनाएं, इच्छाएं—उनका जाल। कुछ पाने की इच्छा संसार है। कुछ होने की इच्छा संसार है। महत्वाकांक्षा संसार है।

असंसारस्य—जिसके भीतर संसार न रहा, जिसमें संसार न रहा; या जो संसार में रह कर भी अब संसार का नहीं है। ऐसे व्यक्ति को कहां हर्ष, कहां विषाद!

स शीतलमना नित्यं विदेह इव राजते।

ऐसे पुरुष का मन हो गया शीतल—शीतलमना।

इसे भी समझना। जब तक जीवन में हर्ष और विषाद है तब तक तुम शीतल न हो सकोगे। क्योंकि हर्ष और विषाद, सुख और दुख, सफलता-असफलता ज्वर लाते हैं, उत्तेजना लाते हैं, उद्वेग लाते हैं। जब तुम दुखी होते हो तब तो बीमार होते ही हो, जब तुम सुखी होते हो तब भी बीमार होते हो। सुख भी बीमारी है, क्योंकि

उत्तेजक है। सुख में शांति कहां? तुमने एक बात तो जान ली है कि दुख में शांति कहां? दूसरी बात जाननी है कि सुख में भी शांति कहां? सुख में भी उत्तेजना हो जाती है। चित्त में खलल हो जाती है।

तुमने देखा न? आदमी दुख में तो बच जाता है, कभी-कभी सुख में मर जाता है।

मैंने सुना, एक आदमी को दस लाख रुपये मिल गए लाटरी में। खबर आई तो पत्नी घबड़ा गई। पत्नी ने कहा, पति आते ही होंगे...दस लाख! दस रुपये का नोट भी कभी इकट्ठा इनके हाथ में नहीं पड़ा। दस लाख! सह न सकेंगे इस सुख को। बहुत डर गई। ईसाई थी। पास में ही पादरी था, भागी गई। कहा कि आप कुछ उपाय करिए। पति आएं, इसके पहले कुछ उपाय करिए। दस लाख! अचानक! हृदय की गति बंद हो जाएगी। मेरे पति को बचाइए।

पुरोहित ने कहा, घबड़ाओ मत। पादरी ने कहा, मैं आता हूं। सब सम्हाल लेंगे। पादरी आकर बैठ गया। आया पति घर, तो पादरी ने हिसाब से बात की। उसने कहा कि सुनो, तुम्हें लाटरी मिली, एक लाख रुपया जीते...धीरे-धीरे उसने सोचा, ऐसा हिसाब करके धीरे-धीरे कहेंगे। लाख सह लेगा तो फिर लाख और बताएंगे; फिर लाख सह लेगा तो फिर लाख और बताएंगे। वह आदमी बड़ा प्रसन्न हो गया। उसने कहा कि अगर लाख रुपये मुझे मिले तो पचास हजार चर्च को दान करता हूं।

कहते हैं, पादरी वहीं गिर पड़ा, हार्ट फेल हो गया। पचास हजार...! कभी देखे नहीं, सुने नहीं।

सुख भी गहरी उत्तेजना लाता है। सुख का भी ज्वर है। दुख का तो ज्वर है ही; और दुख को तो हम झेल भी लेते हैं, क्योंकि दुख के हम आदी हो गए हैं। और सुख को तो हम झेल भी नहीं पाते, क्योंकि सुख का हमें कोई अभ्यास ही नहीं है। मिलता ही कहां सुख कि अभ्यास हो जाए?

तो न तो आदमी दुख को झेल पाता, न सुख को झेल पाता है। और दोनों ही स्थिति में आदमी का चित्त उत्तेजना से भर जाता है। उत्तेजना यानी गर्मी। शीतलता खो जाती है। और शीतलता में शांति है।

असंसारस्य तु क्वापि न हर्षो न विषादता।
स शीतलमना नित्यं विदेह इव राजते।।

और जो शीतलमन हो गया, अब जहां सुख-दुख नहीं आते, अब जहां सुख और दुख के पक्षी बसेरा नहीं करते; ऐसा जो अपनी स्वच्छंदता में शीतल हो गया है; जिसके भीतर बाहर से अब कोई उत्तेजना नहीं आती; हार और जीत की कोई खबरें अब अर्थ नहीं रखतीं; सम्मान कोई करे और अपमान कोई करे, भीतर कुछ अंतर नहीं

पड़ता। भीतर एकरसता बनी रहती है। ऐसा जो शीतलमन हो गया है, वह व्यक्ति शांतमना सदा विदेह की भांति शोभता है। वह तो राजसिंहासन पर बैठ गया।

नित्यं विदेह इव राजते।

वह तो देह नहीं रहा अब, विदेह हो गया। क्योंकि सुख और दुख से जो प्रभावित नहीं होता है वह देह के पार हो गया। सुख और दुख से देह ही प्रभावित होती है। ये सब देह के ही गुणधर्म हैं: सुख और दुख से आंदोलित हो जाना। विदेह हो गया। देह के पार हो गया, अतिक्रमण हो गया।

कुत्रापि न जिहासाऽस्ति नाशो वापि न कुत्रचित्।
आत्मारामस्य धीरस्य शीतलाच्छतरात्मनः।।

'आत्मा में रमण करने वाले और शीतल तथा शुद्ध चित्तवाले धीरपुरुष की न कहीं त्याग की इच्छा है और न कहीं पाने की इच्छा है।'

अब न कुछ पकड़ना है, न कुछ छोड़ना है। अब तो उसे जान लिया जो है। पकड़ना-छोड़ना तो तभी तक है जब तक हमें अपना पता नहीं। अपना पता हो गया तो क्या पकड़ना है? क्या छोड़ना है? क्योंकि पकड़ने से अब कुछ बढ़ेगा नहीं और छोड़ने से अब कुछ घटेगा नहीं। अब जिसे अपना पता हो गया उसे तो सब मिल गया। अब सब पकड़ना-छोड़ना व्यर्थ है।

अब तो ऐसा ही है, जैसे सारे जगत का साम्राज्य मिल गया, वह कंकड़-पत्थर बीनता फिरे। जो सारे साम्राज्य का मालिक हो गया, विराट के सिंहासन पर बैठ गया, अब वह चुनाव में खड़ा हो जाए, कि म्युनिसपल में मेंबर बनना है! बेमानी बातें हैं। अब उसका कुछ अर्थ न रहा।

जिसे अंतर की प्रतिष्ठा मिल गई अब वह किसी और की प्रतिष्ठा चाहे, यह बात ही खतम हो गई। सच तो यह है, दूसरे के द्वारा दी गई प्रतिष्ठा कोई प्रतिष्ठा थोड़े ही है। क्योंकि दूसरे के हाथ में है। जब चाहे तब खींच लेगा। दूसरे के द्वारा मिली प्रतिष्ठा तो एक तरह की गुलामी है। अगर तुमने मुझे प्रतिष्ठा दी तो मैं तुम्हारा गुलाम हुआ। क्योंकि तुम किसी दिन खींच लोगे तो मैं क्या करूंगा? तुम्हारी दी थी, तुम्हारा दान था, मैं तो भिखारी था। तुम्हारा दिल बदल गया, तुम्हारा मन बदल गया, हवा बदल गई, मौसम बदल गया। तुम और ढंग से सोचने लगे। दूसरे के द्वारा दी गई प्रतिष्ठा तो भीख है।

स्वच्छंद में जो जीता है उसकी एक और ही प्रतिष्ठा है। वह एक और ही सिंहासन है। वह अपना ही सिंहासन है। उसे कोई छीन नहीं सकता। उसे कोई चोर चुरा नहीं सकता, डाकू लूट नहीं सकते, आग जला नहीं सकती। मृत्यु भी उसे नहीं छीन सकती, औरों की तो बात ही क्या!

और ऐसा व्यक्ति आत्मा में रमण करने वाला हो जाता है। स्वच्छंद आत्मा में रमण करने वाला—आत्मारामस्य।

हम सब दूसरे में रमण कर रहे हैं। कोई धन में रमण कर रहा है। सोचता है और लाख, दस लाख, और करोड़ हो जाएं। उसका रमण धन में चल रहा है। कोई पद में रमण कर रहा है : इससे बड़ी कुर्सी, उससे बड़ी कुर्सी, कुर्सियों पर कुर्सियां चढ़ता चला जाता है।

अलग-अलग तरह के लोग हैं, लेकिन एक बात में समान हैं कि रमण अपने से बाहर हो रहा है—पर-संभोग। यह संसारी का लक्षण है। स्व-संभोग, आत्मरति, आत्मा में रमण, यह धार्मिक का लक्षण है। धार्मिक वही है, जिसे यह कला आ गई कि अपना रस अपने भीतर है; और जो अपने ही रस को चूसने लगा।

अब यह बड़े मजे की बात है कि जब हम दूसरे का रस भी चूसते हैं, तब भी वस्तुतः हम दूसरे का रस नहीं चूसते, तब भी रस तो अपना ही होता है।

जैसे कुत्ता सूखी हड्डी चूसता है और बड़ा प्रसन्न होता है। तुम हड्डी छुड़ाओ, छोड़ेगा नहीं। हालांकि हड्डी में कुछ भी नहीं है, रस तो है नहीं। हड्[illegible] रस कहां? लेकिन कुत्ते को कुछ मिलता जरूर है। मिलता यह है कि सूखी हड्डी उसके मुंह में घाव बना देती है। खुद का ही खून बहने लगता है। खुद के ही खून का स्वाद आने लगता है। वही खुद का खून कंठ में उतरने लगता है, कुत्ता सोचता है रस हड्डी से आ रहा है।

सब रस तुमने जो अब तक जाने हैं, तुमसे ही आए। और हड्डी के कारण नाहक तुमने घाव बनाए। हड्डी छोड़ दो, घाव से छुटकारा हो जाएगा। रस तो तुम्हारा है। रस बाहर से आता ही नहीं।

एक अमीर आदमी अपनी तिजोड़ी में सोने की ईंटें रखे था। रोज खोल कर देख लेता था। अंबार लगा रखा था सोने की ईंटों का। फिर बंद कर देता था। बड़ा प्रसन्न होता था। उसका बेटा यह देखता था। सारा घर परेशान था। लोग जरूरत की चीजें भी पा नहीं सकते थे और वह ईंटें जमाए बैठा था। घर के लोग ही दरिद्रता में जी रहे थे।

आखिर बेटे ने धीरे-धीरे करके एक-एक ईंट खिसकानी शुरू कर दी और ईंट की जगह पीतल की ईंटें रखता गया—सोने की ईंट की जगह। बाप की प्रसन्नता जारी रही। धीरे-धीरे सब ईंटें नदारद हो गईं। लेकिन बाप रोज खोल लेता तिजोड़ी, देखता ईंटें रखी हैं, प्रसन्न होकर ताला बंद कर देता। जिस दिन मर रहा था, उस दिन बेटे ने कहा, एक बात आपसे कहनी है। यह मजा आप भीतर ही भीतर का ले रहे हैं। ईंटें वहां हैं नहीं, क्योंकि ईंटें तो हम खिसका चुके हैं बहुत पहले। तत्क्षण बाप दुखी हो गया; छाती पीटने लगा। जिंदगी गुजर गई मजे में, अब यह मरते वक्त दुखी हो गया।

सोने की ईंट में थोड़े ही सुख है, तुम्हारी मान्यता, कि सोने की ईंट है, बहुमूल्य है, अपनी है, मैं मालिक, अपने पास है, इसमें सुख है। सुख तो तुम्हारा भीतर है, हड्डी तुम कोई भी चुन लो।

धार्मिक व्यक्ति वही है जिसने हड्डी छोड़ दी, क्योंकि हड्डी के कारण घाव बनते हैं। और जिसने कहा, जब सुख भीतर ही है तो सीधा-सीधा ही क्यों न ले लें? बैठेंगे आंख बंद करके; डूबेंगे। नाचेंगे भीतर। बजाएंगे वीणा भीतर की। गुनगुनाएंगे भीतर। डुबकी लेंगे प्रेम में। डूबेंगे भीतर रस में।

इतना ही फर्क है संसारी और असंसारी में। संसारी सोचता है, बाहर कहीं है। जब तुम किसी सुंदर स्त्री को देख कर प्रसन्न होते हो तब भी प्रसन्नता तुम्हारे भीतर से ही आती है। और जब तुम, लोग तुम्हें फूलमालाएं पहनाते हैं तब तुम प्रसन्न होते हो, तब भी प्रसन्नता तुम्हारे भीतर से ही आती है। और जब कोई तुम्हें किसी भी तरह का सुख देता है, तब जरा गौर से देखना, सुख वहां से आता है कि कहीं भीतर से ही झरता? बाहर तो निमित्त हैं, स्रोत भीतर है। बाहर तो बहाने हैं, मूल स्रोत भीतर है।

बहानों से मुक्त होकर जो व्यक्ति रस लेने लगता है उसको अष्टावक्र कहते हैं, 'आत्मारामस्य'। आत्मा में ही अब अपना रस लेने लगा। अब इसके ऊपर कोई बंधन न रहा। अब दुनिया में कोई इसे दुखी नहीं कर सकता। और अब इसकी सारी भ्रांतियां टूट गईं। इसने मूल स्रोत को पा लिया।

यह स्रोत भीतर है। हम जरा चक्कर लगा कर पाते हैं। और चक्कर लगाने के कारण बहुत सी उलझनें खड़ी कर लेते हैं। कभी-कभी तो ऐसा हो जाता है कि जिन निमित्तों के कारण हम इस सुख को पाना चाहता हैं, वे निमित्त ही इतने बड़े बाधा बन जाते हैं कि हम इस तक पहुंच ही नहीं पाते।

प्रकृत्या शून्यचित्तस्य कुर्वतोऽस्य यदृच्छया।
प्राकृतस्येव धीरस्य न मानो नावमानता।।

'स्वाभाविक रूप से जो शून्यचित्त है और सहज रूप से कर्म करता है, उस धीरपुरुष के सामान्य जन की तरह न मान है और न अपमान है।'

'स्वाभाविक रूप से जो शून्यचित्त है...।'

क्या अर्थ हुआ, स्वाभाविक रूप से शून्यचित्त? चेष्टा से नहीं, प्रयास से नहीं, अभ्यास से नहीं, यत्न से नहीं; स्वभावतः, समझ से, बोध से, जागरूकता से जिसने इस सत्य को समझा कि सुख मेरे भीतर है। इसे तुम देखो। इसे तुम पहचानो। इसे तुम जगह-जगह जांचो, परखो। इसके लिए कसौटी सजग रखो।

देखा तुमने? रात पूर्णिमा का चांद है, तुम बैठे हो, बड़ा सुख मिल रहा है। तुम जरा आंख बंद करके खयाल करो, चांद निमित्त है या चांद से सुख आ रहा?

क्योंकि तुम्हारे पड़ोस में ही दूसरा आदमी भी बैठा है और उसको चांद से बिलकुल सुख नहीं मिल रहा। उसकी पत्नी मर गई है, वह रो रहा है। चांद को देख कर उसे क्रोध आ रहा है, सुख नहीं आ रहा। चांद पर उसे नाराजगी आ रही है। वह कह रहा है कि आज ही पूर्णिमा होनी थी? यह भी कोई बात हुई? इधर मेरी पत्नी मरी और आज ही तुम्हें पूरा होना था? और आज ही रात ऐसी चांदनी से भरनी थी? यह व्यंग हो रहा है मेरे ऊपर, यह मजाक हो रहा है मेरे ऊपर। यह कोई वक्त था? चार दिन रुक जाते तो कुछ हर्ज था?

जिसकी प्रेयसी मिल गई है, उसको अमावस की रात में भी पूर्णिमा मालूम पड़ती है और जिसकी प्रेयसी खो गई है, पूर्णिमा की रात भी अमावस हो जाती है। कहते हैं भूखा आदमी अगर देखता हो आकाश में तो चांद भी रोटी जैसा लगता है, जैसे रोटी तैर रही है।

जर्मनी के एक बहुत बड़े कवि हेनरिक हेन ने लिखा है कि वह तीन दिन के लिए जंगल में खो गया एक बार। इतना भूखा, इतना भूखा, कि जब पूर्णिमा का चांद निकला तो उसे लगा कि रोटी तैर रही है। वह बड़ा हैरान हुआ। उसने कविताएं पहले बहुत लिखी थीं, कभी भी नहीं सोचा था कि चांद में और रोटी दिखाई पड़ेगी। हमेशा किसी सुंदरी का मुख दिखाई पड़ता था। आज एकदम रोटी दिखाई पड़ने लगी। उसने बहुत चेष्टा भी की कि सुंदरी का मुख देखे, लेकिन जब पेट भूखा हो, तीन दिन से भूखा हो, पांव में छाले पड़े हों और जान जोखिम में हो, कहां की सुंदर स्त्री! ये सब तो सुख-सुविधा की बातें हैं। चांद दिखता है कि रोटी तैर रही है। आकाश में रोटी तैर रही है।

तुम्हें बाहर से जो मिलता है वह भीतर का ही प्रक्षेपण है। रस भीतर है। जीवन का सारा सार भीतर है।

'स्वाभाविक रूप से जो शून्यचित्त है—प्रकृत्या शून्यचित्तस्य।'

और जबरदस्ती चेष्टा मत करना। जबरदस्ती की चेष्टा काम नहीं आती। तुम जबरदस्ती अपने को बिठाल लो पद्मासन लगा कर, आंख बंद करके, पत्थर की तरह मूर्ति बन कर बैठ जाओ, इससे कुछ भी न होगा। तुम भीतर उबलते रहोगे, आग जलती रहेगी। भागदौड़ जारी रहेगी। वासना का तूफान उठेगा, अंधड़ उठेंगे। कुछ भी बदलेगा नहीं।

प्रकृत्या—तुम्हें धीरे-धीरे समझपूर्वक, चेष्टा से नहीं, जबरदस्ती आरोपण से नहीं। कबीर कहते हैं, साधो सहज समाधि भली। सहजता से। समझो जीवन को। देखो। जहां-जहां सुख मिलता हो वहां-वहां आंख बंद करके गौर से देखो—भीतर से आ रहा, बाहर से? तुम सदा पाओगे, भीतर से आ रहा है। और जहां-जहां जीवन में दुख मिलता हो वहां भी गौर से देखना; तुम सदा पाओगे, दुख का अर्थ ही इतना होता है, भीतर से संबंध छूट गया।

सुख का इतना ही अर्थ होता है, भीतर से संबंध जुड़ गया। किस बहाने जुड़ता है यह बात महत्वपूर्ण नहीं है। भीतर से जब भी संबंध जुड़ जाता है, सुख मिलता है। और भीतर से जब भी संबंध छूट जाता है, दुख मिलता है।

किसी ने गाली दे दी, दुख मिलता है। लेकिन तुम समझना, गाली केवल इतना ही करती है कि तुम भूल जाते हो अपने को। तुम्हारा भीतर से संबंध छूट जाता है। गाली तुम्हें इतना उत्तेजित कर देती है कि तुम्हें याद ही नहीं रह जाती कि तुम कौन हो। एक क्षण में तुम बावले हो जाते! उद्विग्न, विक्षिप्त। टूट गया संबंध भीतर से।

मित्र आ गया बहुत दिन का बिछुड़ा, वर्षों की याद! हाथ में हाथ ले लिया, गले से गले लग गए। एक क्षण को भीतर से संबंध जुड़ गया। इस मधुर क्षण में, इस मित्र की मौजूदगी में तुम अपने से जुड़ गए। एक क्षण को भूल गईं चिंताएं, दिन के भार, दिन के बोझ खो गए। एक क्षण को तुम अपने में डूब गए। यह मित्र केवल बहाना है। यह केवल निमित्त हो गया।

जिस घड़ी में भी तुम अपने से जुड़ जाते, सुख बरस जाता। जिस घड़ी तुम अपने से टूट जाते, दुख बरस जाता।

इस सत्य को धीरे-धीरे पहचानने लगता है जब कोई, तो धीरे-धीरे निमित्त को त्यागने लगता है। फिर बैठ जाता है अकेला। इसी का नाम ध्यान है। फिर वह यह फिकर नहीं करता कि मित्र आए तब सुखी होंगे। ऐसे रोज मित्र आते नहीं। और रोज आने लगें तो सुख भी न आएगा; वे कभी-कभी आते हैं तो ही आता है। ऐसे घर में ही ठहर जाएं तो फिर बिलकुल न आएगा।

फिर ऐसा व्यक्ति इसकी चिंता नहीं करता कि चांद जब निकलेगा तब सुखी होंगे; कि जब बसंत आएगा और फूल खिलेंगे तब सुखी होंगे। ऐसी भी क्या कंजूसी? जब सुख भीतर ही है तो धीरे-धीरे बिना निमित्त के व्यक्ति अपने को अपने से जोड़ने लगता है। इसी का नाम ध्यान। ऐसे बैठ जाता है शांत, अपने से जोड़ लेता है—बिना निमित्त के। निमित्तशून्यता में अपने से जोड़ लेता।

और जब कभी एक बार भी बिना निमित्त के तुम अपने से जुड़ जाते हो, तो घटना घट गई। कुंजी मिल गई। अब तुम जानते हो, अब किसी पर निर्भर रहने की जरूरत नहीं है। जब चाहो तब ताला खुलेगा। जब चाहो तब भीतर का द्वार उपलब्ध है। बीच बाजार में तुम आंख बंद करके खड़े हो सकते हो और डूब जा सकते हो अपने में।

फिर धीरे-धीरे आंख बंद करने की भी जरूरत नहीं रह जाती, क्योंकि वह भी निमित्त ही है। फिर आंख खुली रखे तुम अपने में डूब जाते हो। फिर तुम काम करते-करते भी डूब जाते हो। फिर ऐसा भी नहीं है कि पद्मासन में ही बैठना पड़े, कि पूजागृह

में बैठना पड़े, कि मंदिर-मस्जिद में बैठना पड़े। फिर तुम बाजार में, खेत में, खलिहान में काम करते-करते भी अपने में डूब जाते हो।

धीरे-धीरे यह तुम्हारा इतना सहज भाव हो जाता कि इसमें बाहर आना, भीतर आना जरा भी अड़चन नहीं देता। एक घड़ी ऐसी आती कि तुम अपने भीतर के स्रोत में डूबे ही रहते हो। करते रहते हो काम, चलता रहता है बाजार, दुकान भी चलती है, ग्राहक से बात भी चलती, खेत-खलिहान भी चलता, गड्ढा भी खोदते जमीन में, बीज भी बोते, फसल भी काटते, बात भी करते, चीत भी सुनते, सब चलता रहता है और तुम अपने में डूबे खड़े रहते हो। ऐसे रसलीन जो हो गया वही सिद्ध-पुरुष है।

'स्वाभाविक रूप से जो शून्यचित्त है और सहज रूप से कर्म करता है, उस धीरपुरुष के सामान्य जन की तरह न मान है न अपमान।'

कृतं देहेन कर्मेदं न मया शुद्धरूपिणा।
इति चिंतानुरोधी यः कुर्वन्नपि करोति न।।

'यह कर्म शरीर से किया गया है, मुझ शुद्धस्वरूप द्वारा नहीं, ऐसी चिंतना का जो अनुगमन करता है, वह कर्म करता हुआ भी नहीं करता है।'

और अब तो जब तुम अपने स्वरूप में डूब जाते हो तो तुम्हें पता चलता है, जो हो रहा है, या तो शरीर का है या मन का है; या शरीर और मन के बाहर फैली प्रकृति का है। मेरा किया हुआ कुछ भी नहीं। मैं अकर्ता हूं। मैं केवल साक्षी मात्र हूं। ऐसी चिंतना की धारा तुम्हारे भीतर बह जाती। ऐसा सूत्र, ऐसी चिंतामणि तुम्हारे हाथ लग जाती।

जब तुम देखते हो कि भूख लगी तो शरीर में घटना घटती है और तुम देखनेवाले ही बने रहते हो। तुम्हारी सुखधार में जरा भी भेद नहीं पड़ता। इसका यह अर्थ नहीं कि तुम भूखे मरते रहते हो। तुम उठते हो, तुम शरीर को कुछ भोजन का इंतजाम करते हो। प्यास लगती है तो शरीर को पानी देते हो। यह तुम्हारा मंदिर है। इसमें तुम्हारे देवता बसे हैं। तुम इसकी चिंता लेते, फिकर लेते, लेकिन अब तुम तादात्म्य नहीं करते। अब तुम ऐसा नहीं कहते कि मुझे भूख लगी है। अब तुम कहते हो, शरीर को भूख लगी है। अब तुम चिंता करते हो लेकिन चिंता का रूप बदल गया। अब शरीर तृप्त हो जाता है, तो तुम कहते हो शरीर तृप्त हुआ। शरीर को प्यास लगी, पानी दिया। शरीर को नींद आ गई, शरीर को विश्राम दिया। लेकिन तुम अलिप्त, अलग-अलग, दूर-दूर, पार-पार रहते।

तुम फिकर कर लेते हो, जैसे कोई अपने घर की फिकर करता है। जिस घर में तुम रहते हो, स्वच्छ भी करते हो, कभी रंग-रोगन भी करते हो, दीवाली पर सफेदा भी पुतवाते हो, कपड़े भी धुलवाते हो, परदे भी साफ करते हो, फर्नीचर भी बदल

लेते हो; यह सब...लेकिन इससे तुम यह भ्रांति नहीं लेते कि मैं मकान हूं। तुम मकान के मालिक ही रहते हो; निवास करते हो। तुम कभी इसके साथ इतने ज्यादा संयुक्त नहीं हो जाते कि मकान गिर जाए तो तुम समझो कि मैं मर गया; कि छप्पर गिर जाए तो तुम समझो कि अपने प्राण गए; कि मकान में आग लग जाए तो तुम चिल्लाओ कि मैं जला।

ऐसी ही घटना घटती है ज्ञानी की। जैसे-जैसे भीतर का रस स्पष्ट होता, भीतर का साक्षी जागता, वैसे देह तुम्हारा गृह रह जाती।

अगर ठीक से समझो तो गृहस्थ का यही अर्थ है : जिसने देह को अपना होना समझ लिया, वह गृहस्थ। और जिसने देह को देह समझा और अपने को पृथक समझा, वही संन्यस्त।

'यह कर्म शरीर से किया गया, मुझ शुद्धस्वरूप द्वारा नहीं, ऐसी चिंतना का जो अनुगमन करता, वह कर्म करता हुआ भी नहीं करता है।'

और यह महाघोष—कि फिर उस व्यक्ति के कोई कर्म नहीं हैं। उसे कोई कर्म छूता नहीं। वह अकर्ता हो गया। करते हुए अकर्ता हो गया।

'जीवन्मुक्त उस सामान्य जन की ही तरह कर्म करता है, जो कहता कुछ है और करता कुछ और है'—इस सूत्र को समझना—'तो भी वह मूढ़ नहीं होता है। और वह सुखी श्रीमान संसार में रह कर भी शोभायमान होता है।'

अतद्वादीव कुरुते न भवेदपि बालिशः।
जीवन्मुक्तः सुखी श्रीमान् संसरन्नपि शोभते।।

यह सूत्र थोड़ा जटिल है; फिर से सुनें।

'जीवनमुक्त उस सामान्य जन की तरह ही कर्म करता है, जो कहता कुछ है और करता कुछ और है...।'

सामान्य आदमी का क्या लक्षण है? हम कहते हैं, बेईमान है; कहता कुछ, करता कुछ। अष्टावक्र कहते हैं, यही हालत मुक्त पुरुष की भी है—कहता कुछ, करता कुछ। मगर एक बड़ा फर्क है; और फर्क बड़ा बुनियादी है।

अज्ञानी कहता कुछ, करता कुछ। अज्ञानी जो करता, वही उसकी सचाई है; जो कहता वह झूठ। फर्क समझ लेना। अज्ञानी जो कहता, वह झूठ। वह धोखा दे रहा है। कहने में मामला उसका सच नहीं है, वह झूठ बोल रहा है। जो करता है, वही उसकी सचाई है। तुम उसके कर्म से ही उसे पहचानना।

ज्ञानी के मामले में सिक्का बिलकुल उलटा है। ज्ञानी जो कहता, बिलकुल सच; जो करता, वह झूठ। फर्क खयाल में आया? ज्ञानी जो कहता, बिलकुल सच कहता। कहने में जरा भी भूल-चूक नहीं होती उसकी। लेकिन वह जो करता है, उस

पर तुम ज्यादा जोर मत देना। क्योंकि भूख लगेगी तो वह भी भोजन करेगा। आग लगेगी मकान में तो वह भी निकल कर बाहर आएगा।

वह भी कुछ कहेगा और करेगा कुछ। पूछने जाओगे तो वह कहेगा कि मैं कहां जल सकता? 'नैनं छिंदन्ति शस्त्राणि नैनं दहति पावकः।' कहां आग जला सकती और कहां शस्त्र मुझे छेद सकते! लेकिन मकान में आग लगेगी तो तुम उसे भागते बाहर देखोगे। इससे तुम यह मत सोचना कि यह आदमी बेईमान है। वह जो कहता है, सच कहता है। उसके करने पर ध्यान मत देना, उसके कहने पर ध्यान देना। यह सच है, वह जो कह रहा है कि कहां मुझे कौन जला सकता? उसे कोई जलाता भी नहीं। देह जलेगी, वह नहीं जलेगा। लेकिन देह में जब तक तुम हो, देह तुम्हारा मंदिर है; तुम्हारे देवता का आवास, उसकी चिंता लेना।

अज्ञानी की हालत भी ऐसी ही लगती है कि कुछ कहता, कुछ करता। लेकिन उसके करने पर ध्यान देना। वह जो करता है वही उसकी सचाई है; वह कहे कुछ भी। उसके करने में तुम सत्य को पाओगे, ज्ञानी के ज्ञान में तुम सत्य को पाओगे। ज्ञानी ज्ञान में जीता, कर्म में नहीं। अज्ञानी कर्म में जीता, ज्ञान में नहीं।

'जो धीरपुरुष अनेक प्रकार के विचारों से थक कर शांति को उपलब्ध होता है, वह न कल्पना करता है, न जानता है, न सुनता है, न देखता है।'

नानाविचारसुश्रांतो धीरो विश्रांतिमागतः।
न कल्पते न जानाति न श्रृणोति न पश्यति।।

'जो धीरपुरुष अनेक प्रकार के विचारों से थक कर शांति को उपलब्ध होता है...।'

और जल्दी मत करना। जल्दबाजी खतरनाक है, महंगी है। अधैर्य मत करना। अगर अभी विचारों में रस हो तो विचार खूब कर लेना, थक जाना। अगर संसार में रस हो तो जल्दी नहीं है कुछ। परमात्मा प्रतीक्षा कर सकता है अनंत काल तक। घबड़ाओ मत। जल्दी मत करना। संसार में रस हो तो थका लेना रस को। अगर बिना थके संसार से आ गए भाग कर और छिप गए संन्यास में तो मन दौड़ता रहेगा। शांति न मिलेगी।

अगर विचारों में मन अभी लगा था और मन डांवाडोल होता था, और तुम किसी तरह बांध कर ले आए जबरदस्ती तो भाग-भाग जाएगा। सपने उठेंगे। कल्पना-जाल उठेगा। मोह फिर पैदा होंगे। नये-नये ढंगों से पुरानी विकृतियां फिर वापस आएंगी; पीछे के दरवाजों से आ जाएंगी, बाहर के दरवाजे बंद कर आओगे तो। इससे कुछ लाभ न होगा।

अष्टावक्र कहते हैं, जीवन को ठीक-ठीक जान लो। थक जाओ। जहां-जहां रस हो, वहां-वहां थक जाओ। जाओ। गहनता से जाओ। भय की कोई जरूरत नहीं है। खोना कुछ संभव नहीं। तुम कुछ खो सकते नहीं। जो तुम्हारा है, सदा तुम्हारा है। तुम कितने ही गहन संसार में उतर जाओ, तुम्हारी आत्मा अलिप्त रहेगी। जाओ। खोज लो अंधेरी रात को। इसमें रस है, इसे पूरा कर लो। इसे विरस हो जाने दो। तुम्हारे ओंठ ही तुमसे कह दें, तुम्हारी जीभ तुमसे कह दे कि बस, अब तिक्त हो गया स्वाद। किसी और की सुन कर मत भाग खड़े होना।

कोई बुद्धपुरुष मिल जाए और कह दे कि संसार सब असार है...और जब बुद्धपुरुष कहते हैं तो उनकी बात में बल तो होता ही है। उनकी बात में चमत्कार तो होता ही है। उनकी बात के पीछे उनके प्राण तो होते ही हैं। उनकी बात के पीछे उनकी पूरी ऊर्जा होती है, जीवन का अनुभव होता है। तो जब कोई बुद्धपुरुष कुछ कहता है तो उसके वचन तीर की तरह चले जाते हैं। मगर इससे काम न होगा। तुम किसी बुद्धपुरुष की मान कर पीछे मत चले जाना, नहीं तो तुम भटकोगे, पछताओगे। फिर-फिर लौटोगे। इस संसार की प्रक्रिया को ठीक से थका ही डालो। जहां तुम्हारा रस हो वहां चले ही जाओ। उसे भोग ही लो।

जब विचार स्वयं थक जाते हैं और मन स्वयं ही थक कर क्षीण होने लगता है तभी...।

'जो धीर पुरुष अनेक प्रकारों के विचारों से थक कर'—थक कर, खयाल रखना—'शांति को उपलब्ध होता है, वह न कल्पना करता है, न जानता है, न सुनता है, न देखता है।'

फिर कोई अड़चन नहीं रह जाती। जो थक कर आया है वह बैठते ही शांत हो जाता है। जिसका रस अभी कहीं अटका रह गया है वह शांत नहीं हो पाता। वह मंदिर में भी चला जाएगा तो दुकान की सोचेगा। वह प्रार्थना भी करेगा, पूजा भी करेगा तो दूसरे विचारों की तरंगें आती रहेंगी। ऊपर-ऊपर होगी प्रार्थना, भीतर-भीतर होगी वासना। ऊपर-ऊपर होगा राम, भीतर-भीतर होगा काम। उससे कुछ लाभ न होगा, क्योंकि जो भीतर है वही सच है। जो ऊपर है वह किसी मूल्य का नहीं। दो कौड़ी उसका मूल्य है। तुम कितना ही राम-राम दोहराओ इससे कुछ भी नहीं होता। तुम्हारे दोहराने का सवाल नहीं है, तुम्हारे अनुभव का; अनुभवसिक्त हो जाने का।

नानाविचारसुश्रांतो धीरो विश्रांतिमागतः।

तभी मिलती है विश्रांति, विराम, जब नाना विचारों में दौड़ कर थक गए तुम। जीवन का अनुभव लेकर लौट आए घर। बाजार, दुकान, व्यर्थ। सबको खोज डाला, कहीं पाया नहीं। सब तरह से हार कर लौटे। हारे को हरिनाम! और तब हरि का जो नाम उठता है, जो हरिकीर्तन उठता है, उसकी सुगंध और, उसकी सुवास और।

जब तक हार न गए हो, आधी यात्रा से मत लौट आना। नहीं तो मन तो यात्रा करता ही रहेगा। इस जीवन में बड़े से बड़े संकटों में एक संकट है, अपरिपक्व अवस्था में ध्यान, समाधि, धर्म में उत्सुक हो जाना। ऐसे, जैसे कच्चा फल कोई तोड़ ले। पका नहीं था अभी। जब पक जाता है फल तो अपने से गिरता है। उसमें एक सौंदर्य है, एक लालित्य है, एक प्रसाद है। न तो वृक्ष को पता चलता है कि कब फल गिर गया। न फल को पता चलता है कि कब गिर गया। न कोई चोट फल को लगती, न वृक्ष को लगती। चुपचाप अलग हो जाता है। बिना किसी संघर्ष के अलग हो जाता है। सहज, प्रकृत्या— चुपचाप अलग हो जाता है।

पको! पक कर ही गिरो।

और इसीलिए मेरा जोर इस बात पर है कि संसार से भागो ही मत। क्योंकि भागने में बड़ा आकर्षण है। क्योंकि संसार में दुख है यह सच है। संसार में सुख भी है यह भी सच है। दुख देख कर तुम भाग जाओगे, लेकिन जब कुटी में बैठोगे जाकर जंगल की तो सुख याद आएगा।

बड़ी पुरानी कथा है : ईश्वर ने आदमी को बनाया। आदमी अकेला था। उसने प्रार्थना की कि मैं अकेला हूं, मन नहीं लगता, तो ईश्वर ने स्त्री को बनाया। सब काम पूरा हो चुका था, ईश्वर सारी बनावट पूरी कर चुका था। सामान बचा नहीं था बनाने को तो उसने कई-कई जगह से सामान लिया। थोड़ी चांदनी चांद से ले ली, थोड़ी रोशनी सूरज से ले ली, थोड़े रंग मोर से ले लिए, थोड़ी तेजी सिंह से ले ली। ऐसा सामान चारों तरफ से, सब तरफ से इकट्ठा करके उसने स्त्री बनाई, क्योंकि सब काम पूरा हो चुका था। वह आदमी बना चुका था, तब आखिर में ये सज्जन आए, कहने लगे, अकेले में मन नहीं लगता।

तो स्त्री बना दी उसने लेकिन स्त्री उपद्रव थी। क्योंकि कभी-कभी वह गीत गाती तो कोयल जैसा! और कभी-कभी सिंहनी जैसी दहाड़ती भी। कभी-कभी चांद जैसी शीतल, और कभी-कभी सूरज जैसी उत्तप्त हो जाती। जब क्रोध में होती तो सूरज हो जाती, जब प्रेम में होती तो चांदनी हो जाती। तीन दिन में आदमी थक गया। उसने कहा, यह तो मुसीबत है। इससे तो अकेले बेहतर थे। तीन दिन स्त्री के साथ रह कर पता चला कि एकांत में बड़ा मजा है। एकांत का मजा बिना स्त्री के चलता ही नहीं पता। ब्रह्मचर्य का आनंद गृहस्थ हुए बिना पता चलता ही नहीं।

वह भागा, वापस गया। उसने ईश्वर से कहा, कि क्षमा करें, भूल हो गई। मैंने जो मांगा, वह गलती हो गई। आप यह स्त्री वापस ले लें, मुझे नहीं चाहिए। यह तो बड़ा उपद्रव है। और यह तो मुझे पागल कर छोड़ेगी। और यह भरोसे योग्य नहीं है। कभी गाती और कभी क्रोधित हो जाती। और कब कैसे बदल जाती यह कुछ समझ में नहीं आता। यह अतर्क्य है। यह आप ही सम्हालें।

ईश्वर ने कहा, जैसी मर्जी।

तीन दिन छोड़ गया ईश्वर के पास स्त्री को। घर जाकर लेटा, बिस्तर पर पड़ा, याद आने लगी। उसके मधुर गीत! उसका गले में हाथ डाल कर झूलना! उसकी सुंदर आंखें! तीन दिन बाद भागा पहुंचा। उसने कहा कि क्षमा करें, वह स्त्री मुझे वापस दे दें। सुंदर थी। गीत गाती थी। घर में थोड़ी गुनगुन थी। सब उदास हो गया। अब जंगल से लौटता हूं हारा-थका, लकड़ी काट कर, जानवर मार कर, कोई स्वागत करने को नहीं। घर थी तो चाय-कॉफी तैयार रखती थी। द्वार पर खड़ी मिलती थी। प्रतीक्षा करती थी। नहीं, बड़ी उदासी लगती है। क्षमा करें, भूल हो गई। मुझे वापस दे दें।

ईश्वर ने कहा, जैसी तुम्हारी मर्जी।

तीन दिन में फिर हालत खराब हो गई। तीन दिन बाद वह फिर आ गया। ईश्वर ने कहा, अब बकवास बंद। तुम न स्त्री के बिना रह सकते हो, न स्त्री के साथ रह सकते हो। तो अब जैसे भी हो, गुजारो।

तब से आदमी जैसे भी हो वैसे गुजार रहा है!

तुम अगर बाजार में हो तो आश्रम बड़ा प्रीतिकर लगेगा। अगर तुम आश्रम में हो तो बाजार की याद आने लगेगी। अगर तुम बंबई में हो तो कश्मीर, अगर कश्मीर में हो तो बंबई।

संसार में सुख और दुख मिश्रित हैं। वहां चांद भी है और सूरज भी। और मोर भी नाचते हैं और सिंह भी दहाड़ते हैं। तो जब तुम मौजूद होते हो संसार में तो सब उसका दुख दिखाई पड़ता है; वह उभर कर आ जाता है। जब तुम दूर हट जाते हो तो सब याद आती हैं सुख की बातें।

इसलिए मैं कहता हूं मेरे संन्यासी को, भागना मत। वहीं रहना। पकना। भागना मत, पकना। पक कर गिरना। थक जाने देना। अपने से होने देना। तुम जल्दी मत करना।

जो सहज हो जाए वही सुंदर है।

साधो सहज समाधि भली।

आज इतना ही।

* * *

प्रवचन : 62

घन बरसे

12 जनवरी, 1977

पहला प्रश्न : आप कहते हैं कि समझ पैदा हो जाए तो कुछ भी करने की जरूरत नहीं है। आप जिस समझ की तरफ इशारा करते हैं, क्या वह बुद्धि की समझ से भिन्न है? असली समझ पर कुछ प्रकाश डालने की अनुकंपा करें।

बुद्धि की समझ तो समझ ही नहीं। बुद्धि की समझ तो समझ का धोखा है। बुद्धि की समझ तो

तरकीब है अपने को नासमझ रखने की। बुद्धि का अर्थ होता है : जो तुम जानते हो उस सबका संग्रह। जाने हुए के माध्यम से अगर सुना तो तुम सुनोगे ही नहीं। जाने हुए के माध्यम से सुना तो तुम ऐसे ही सूरज की तरफ देख रहे हो, जैसे कोई आंख बंद करके देखे।

जो तुम जाने हुए बैठे हो—तुम्हारा पक्षपात, तुम्हारी धारणाएं, तुम्हारे सिद्धांत, तुम्हारा शास्त्र, तुम्हारे संप्रदाय—अगर तुमने उनके माध्यम से सुना तो तुम सुनोगे कैसे? तुम्हारे कान तो बहरे हैं। शब्द तो भरे पड़े हैं। कुछ का कुछ सुन लोगे। वही सुन लोगे जो सुनना चाहते हो।

बुद्धि का अर्थ है : तुम्हारा अतीत—अब तक तुमने जो जाना, समझा, गुना है। समझ का अतीत से कोई संबंध नहीं। समझ तो उसे पैदा होती है जो अतीत को

सरका कर रख देता है नीचे; और सीधा वर्तमान के क्षण को देखता है—अतीत के माध्यम से नहीं, सीधा-सीधा, प्रत्यक्ष, परोक्ष नहीं। बीच में कोई माध्यम नहीं होता।

तुम अगर हिंदू हो और मुझे सुनते वक्त हिंदू बने रहे तो तुम जो सुनोगे वह बुद्धि से सुना। मुसलमान बने रहे तो जो सुना, बुद्धि से सुना। गीता भीतर गूंजती रही, कुरान भीतर गुनगुनाते रहे और सुना, तो बुद्धि से सुना। गीता बंद हो गई, कुरान बंद हो गया, हिंदू-मुसलमान चले गए, तुम खाली हो गए निर्मल दर्पण की भांति, जिस पर कोई रेखा नहीं विचार की, अतीत की कोई राख नहीं; तुमने सीधा मेरी तरफ देखा खुली आंखों से, कोई पर्दा नहीं, और सुना तो एक समझ पैदा होगी।

उस समझ का नाम ही प्रज्ञा, विवेक। वही समझ रूपांतरण लाती है। बुद्धि से सुना तो सहमत हो जाओगे, असहमत हो जाओगे। बुद्धि को हटा कर सुना, रूपांतरित हो जाओगे; सहमति-असहमति का सवाल ही नहीं।

सत्य के साथ कोई सहमत होता, असहमत होता? सत्य के साथ बोलो कैसे सहमत होओगे? सत्य के साथ सहमत होने का तो यह अर्थ होगा कि तुम पहले से ही जानते थे। सुना, राजी हो गए। तुमने कहा, ठीक; यही तो सच है। यह तो प्रत्यभिज्ञा हुई। यह तो तुम मानते थे पहले से, जानते थे पहले से। गुलाब का फूल देखा, तुमने कहा गुलाब का फूल है। जानते तो तुम पहले से थे ही; नहीं तो गुलाब का फूल कैसे पहचानते?

सत्य को तुम जानते हो? जानते होते तो सहमत हो सकते थे। जानते होते और कोई गेंदे के फूल को गुलाब कहता तो असहमत हो सकते थे। जानते तो नहीं हो। जानते नहीं हो इसीलिए तो खोज रहे हो। इस सत्य को समझो कि जानते नहीं हो। तुमने अभी गुलाब का फूल देखा नहीं। इसलिए कैसे तो सहमति भरो, कैसे असहमति भरो? न तो सिर हिलाओ सहमति में, न असहमति में। सिर ही मत हिलाओ। बिना हिले सुनो।

और जल्दी क्या है? इतनी जल्दी हमें रहती है कि हम जल्दी से पकड़ लें—क्या ठीक, क्या गलत। उसी जल्दी के कारण चूके चले जाते हैं। निष्कर्ष की जल्दी मत करो। सत्य के साथ ऐसा अधैर्य का व्यवहार मत करो। सुन लो। जल्दी नहीं है सहमत-असहमत होने की।

और जब मैं कहता हूं सुन लो, तो तुम यह भ्रांति मत लेना कि मैं तुमसे कह रहा हूं, मुझसे राजी हो जाओ। बहुतों को यह डर रहता है कि अगर सुना और अपनी बुद्धि एक तरफ रख दी तो फिर तो राजी हो जाएंगे। बुद्धि एक तरफ रख दी तो राजी होओगे कैसे? बुद्धि ही राजी होती, न-राजी होती। बुद्धि एक तरफ रख दी तो सिर्फ सुना।

पक्षियों की सुबह की गुनगुनाहट है—तुम राजी होते? सहमत होते? असहमत होते? निर्झर की झरझर है, कि हवा के झोंके का गुजर जाना है वृक्षों की शाखाओं से—तुम राजी होते? न राजी होते? सहमत-असहमति का सवाल नहीं। तुम सुन लेते। आकाश में बादल घुमड़ते, तुम सुन लेते। ऐसे ही सुनो सत्य को, क्योंकि सत्य आकाश में घुमड़ते बादलों जैसा है। ऐसे ही सुनो सत्य को, क्योंकि सत्य जलप्रपातों के नाद जैसा है। ऐसे ही सुनो सत्य को क्योंकि सत्य मनुष्यों की भाषा जैसा नहीं, पक्षियों के कलरव जैसा है।

संगीत है सत्य; शब्द नहीं।

निःशब्द है सत्य; सिद्धांत नहीं।

शून्य है सत्य; शास्त्र नहीं।

इसलिए सुनने की बड़ी अनूठी कला सीखनी जरूरी है। जो ठीक से सुनना सीख गया उसमें समझ पैदा होती। तुम ठीक से तो सुनते ही नहीं।

मुल्ला नसरुद्दीन से एक दिन पूछा कि तू पागल की तरह बचाए चला जाता है। रद्दी-खद्दी चीजें भी फेंकता नहीं। कूड़ा-कर्कट भी इकट्ठा कर लेता है। सालों के अखबारों के अंबार लगाए बैठा है। कुछ कभी तेरे घर से बाहर जाता ही नहीं। यह तूने बचाने का पागलपन कहां से सीखा? उसने कहा, एक बुजुर्ग की शिक्षा से। मैं थोड़ा चौंका। क्योंकि मुल्ला नसरुद्दीन ऐसा आदमी नहीं कि किसी से कुछ सीख ले। तो मैंने कहा, मुझे पूरे ब्योरे से कह; विस्तार से कह। किस बुजुर्ग की शिक्षा से?

उसने कहा, मैं नदी के किनारे बैठा था। एक बुजुर्ग पानी में गिर गए और जोर-जोर से चिल्लाने लगे, 'बचाओ! बचाओ!' उसी दिन से मैंने बचाना शुरू कर दिया

तुम वही सुन लोगे जो सुनना चाहते हो।

कवि जी को आई जम्हाई
बोले, हे मां!
सुन कर कविपत्नी भभकी
बोली, होकर तीन बच्चों के बाप
नाम रट रहे हेमा का?
सत्यानाश हो सिनेमा का

हम जो सुनना चाहते हैं, सुन लेते हैं। वही थोड़े ही सुनते हैं जो कहा जाता है। हमारा सुनना शुद्ध नहीं है, विकृत है।

बुद्धि से सुना गया, सुना ही नहीं गया। सुनने का धोखा हुआ, आभास हुआ। लगता था, सुना। तुम्हारे विचार बीच में आ गए। तुम्हारी बुद्धि ने आकर सब रूपांतरित

कर दिया; अपना रंग उंडेल दिया। काले को पीला कर दिया, पीले को काला कर दिया। फिर तुम तक जो पहुंचा, वह वही नहीं था जो दिया गया था। वह बिलकुल ही विनष्ट होकर पहुंचा, विकृत होकर पहुंचा।

इसलिए पहली बात : बुद्धि की समझ कोई समझ नहीं है। एक और समझ है, वही समझ रूपांतरण लाती है। उसको कहो ध्यान की समझ। बुद्धि की नहीं, विचार की नहीं, निर्विचार की समझ। तर्क की नहीं, शांत भाव की; विवाद की नहीं, संवाद की।

तुम मुझे सुनो बुद्धि से तो सतत विवाद चलता है। ठीक कह रहे, गलत कह रहे, अपने शास्त्र के अनुसार कह रहे कि विपरीत कह रहे, मैं राजी होऊं कि न राजी होऊं, अब तक मेरी मान्यताओं के तराजू पर बात तुलती है या नहीं तुलती है, ऐसी सतत भीतर तौल चल रही है।

यह विवाद है। तुम राजी भी हो जाओ तो भी दो कौड़ी का है तुम्हारा राजी होना। क्योंकि विवाद से कहीं कोई सहमति आयी? विवाद की सहमति दो कौड़ी की है; उसका कोई मूल्य नहीं।—संवाद! संवाद का अर्थ है, जब मैं कह रहा हूं तब तुम मेरे साथ लीन हो गए। तुमने दूर खड़े रह कर न सुना, तुम मेरे पास आ गए। तुम मेरे हृदय के पास धड़के। तुम मेरे हृदय की तरह धड़के। तुमने अपने हिसाब-किताब को एक तरफ हटा दिया और तुमने कहा, थोड़ी देर झरोखे को खाली रखेंगे। थोड़ी देर दर्पण बनेंगे।

दर्पण बन कर जो सुनता है वही सुनता है। और दर्पण बन कर जो सुनता है उसमें समझ अनायास पैदा होती है। दर्पण बन कर जो सुनता है वही शिष्य है; वही सीखने में समर्थ है। जो दर्पण बन कर सुनता है वह ज्ञान के आधार से नहीं सुनता। वह तो इस परम भाव से सुनता है कि मुझे कुछ भी पता नहीं। मैं अज्ञानी हूं। मुझे क, ख, ग भी पता नहीं है। इसलिए क्या विवाद?

पंडित तो कभी सुनता ही नहीं। पंडित का तो अपना ही शोरगुल इतना है कि सुनेगा कैसे? मीन-मेख निकालता, आलोचना में लीन रहता भीतर। अगर राजी भी होता है तो मजबूरी में राजी होता है। और जब राजी भी होता है तो वह अपने से ही राजी होता है। जो सुना गया उससे राजी नहीं होता।

अगर मैंने कुछ बात कही, जो कुरान से मेल खाती थी, मुसलमान राजी हो गया। वह मुझसे थोड़े ही राजी हुआ! वह कुरान से राजी था, कुरान से राजी रहा। वह मुसलमान था, मुसलमान रहा। इतना ही उसने मान लिया कि यह आदमी भी कुरान की ही बात कहता है। तो ठीक है, कुरान ठीक है, यह इसलिए आदमी भी ठीक है।

जो मुझे सुनेगा उसकी प्रक्रिया बिलकुल उलटी होगी। वह मुझे सुनेगा। सुनते वक्त विचार नहीं करेगा। सुनते वक्त तो सिर्फ पीएगा, आत्मसात करेगा। और यह मजा है आत्मसात करने का कि जब कोई सत्य आत्मसात हो जाता है, अगर ठीक होता है तो मांस-मज्जा बन जाता है। तुम्हें सहमत नहीं होना पड़ता, तुम्हारे प्राणों का प्राण हो जाता है। तुम्हें राजी नहीं होना होता, तुम्हारी श्वास-श्वास में बस जाता है।

और अगर सत्य नहीं होता तो यह चमत्कार है...सत्य की यह खूबी है : अगर सत्य हो और तुम सुन लो तो तुम्हारे प्राणों में बस जाता है। अगर सत्य न हो और तुम मौन और ध्यान से सुन रहे हो, तुमसे अपने आप बाहर निकल जाता है। असत्य पचता नहीं। अगर शांत कोई सुनता हो तो शांति में असत्य पचता नहीं। शांति असत्य को छोड़ देती है। असहमत होती है ऐसा नहीं—इस बात को खयाल में ले लेना—शांति असहमत-सहमत होना जानती ही नहीं। शांति के साथ सत्य का मेल जुड़ जाता है, गठबंधन हो जाता, भांवर पड़ जाती है। और अशांति के साथ असत्य की भांवर पड़ जाती है।

अशांति के साथ सत्य की भांवर पड़नी कठिन है और शांति के साथ असत्य की भांवर पड़नी असंभव है। इसलिए असली सवाल है : शांति से सुनो। जो सत्य होगा उससे भांवर पड़ जाएगी। जो असत्य होगा उससे छुटकारा हो गया। तुम्हें ऐसा सोचना भी न पड़ेगा, क्या ठीक है, क्या गलत है। जो ठीक-ठीक है वह तुम्हारे प्राणों में निनाद बन जाएगा।

और ध्यान रखना, जब सत्य तुम्हारे भीतर गूंजता है तो वह मेरा नहीं होता। अगर तुम उसे गूंजने दो, तुम्हारा हो गया। सत्य किसी का थोड़े ही होता है। जिसके भीतर गूंजा उसी का हो जाता है। असत्य व्यक्तियों के होते हैं; सत्य थोड़े ही किसी का होता है! सत्य पर किसी की बपौती नहीं। सत्य का कोई दावेदार नहीं।

असत्य अलग-अलग होते हैं। तुम्हारा असत्य तुम्हारा, मेरा असत्य मेरा। असत्य निजी होते हैं। झूठ हरेक का अलग होता है। इसलिए सब संप्रदाय झूठ। धर्म का कोई संप्रदाय नहीं, क्योंकि सत्य का कोई संप्रदाय नहीं हो सकता। सत्य तो एक है, अनिर्वचनीय है। सत्य तो किसी का भी नहीं—हिंदू का नहीं, मुसलमान का नहीं, सिक्ख का नहीं, पारसी का नहीं। सत्य तो पुरुष का नहीं, स्त्री का नहीं। सत्य तो वेद का नहीं, कुरान का नहीं। सत्य तो बस सत्य का है।

तुम जब शांत हो तब तुम भी सत्य के हो गए। उस घड़ी में भांवर पड़ जाती। उस भांवर में ही क्रांति है। सम्यक श्रवण, शांतिपूर्वक सुनना; और निष्कर्ष की जल्दी नहीं—तो तुम्हारे भीतर वह समझ पैदा होगी जिसकी मैं बात करता हूं।

तुम्हारी बुद्धि के निखार में कुछ सार नहीं है। तुम्हारा तर्क कितना ही पैना हो जाए, तुम कितनी ही धार रख लो, इससे कुछ भी न होगा। विवाद करने में कुशल हो जाओगे, थोड़ा पांडित्य का प्रदर्शन करने की क्षमता आ जाएगी, किसी से झगड़ोगे, लड़ोगे तो दबा दोगे, किसी को चुप करने की कला आ जाएगी, लेकिन कुछ मिलेगा नहीं।

मिलता तो उसे है, जो चुप होकर पीता है।

दूसरा प्रश्न : आपको पाने के बाद मुझमें बहुत कुछ रूपांतरण हुआ; और ऐसा भी लगता है कि कुछ भी नहीं हुआ है। इस विरोधाभास को स्पष्ट करने की कृपा करें।

स्वाभाविक है। ऐसा ही होगा। ऐसा ही प्रत्येक को लगेगा। क्योंकि जिस रूपांतरण की हम चेष्टा कर रहे हैं, इस रूपांतरण में कुछ अनूठी बात है, जो समझ लेना। यहां तुम्हें वही बनाने का उपाय किया जा रहा है जो तुम हो। यहां तुम्हें अन्यथा बनाने की चेष्टा नहीं चल रही है। तुम्हें तुम्हारे स्वाभाविक रूप में ले जाने का उपाय हो रहा है। तुम्हें वही देना है जो तुम्हारे पास है।

तो जब मिलेगा तो एक तरफ से तो लगेगा कि अपूर्व मिलन हो गया, क्रांति घटी। अहोभाव! और दूसरी तरफ यह भी लगेगा कि जो मिला वह कुछ नया तो नहीं है। वह तो कुछ पहचाना लगता है। वह तो कुछ अपना ही लगता है। वह तो जैसे था ही अपने भीतर, और याद न रही थी।

बुद्ध को जब ज्ञान हुआ और देवताओं ने उनसे पूछा कि क्या मिला? तो कथा कहती है, बुद्ध हंसे और उन्होंने कहा, मिला कुछ भी नहीं। जो मिला ही हुआ था उसका पता चला। जो प्राप्त ही था लेकिन भूल बैठे थे।

जैसे कभी आदमी चश्मा लगाए और अपने चश्मे को खोजने लगता है। और चश्मे से ही खोज रहा है। आंख पर चश्मा लगाए है और खोज रहा कि चश्मा कहां गया है। विस्मरण! याददाश्त खो गई है। सत्य नहीं खोया है सिर्फ याद खो गई है।

तो जब याद जागेगी तो ऐसा भी लगेगा कि कुछ मिला, अपूर्व मिला; क्योंकि इसके पहले याद तो नहीं थी। तो भिखारी बने फिर रहे थे। सम्राट थे और अपने को भिखारी समझा था। और ऐसा भी लगेगा कि कुछ भी तो नहीं मिला। सम्राट तो थे ही। इसी की याद आ गई।

विरोधाभास नहीं है। अगर तुम्हें ऐसा लगे कि कुछ एकदम नवीन मिला है तो समझना कि कुछ झूठ मिल गया। ऐसा लगे कि कुछ नवीन मिला है जो अति प्राचीन

भी है, तो ही समझना कि सच मिला। अगर ऐसा लगे कि सनातन और चिर नूतन; सदा से है और अभी-अभी ताजा घटा है, ऐसी दोनों बातें एक साथ जब लगें तभी समझना कि सत्य के पास आए। सत्य के द्वार में प्रवेश मिला है।

तुम्हें अन्यथा बनाने की चेष्टा बहुत की गई है। कोई नहीं चाहता कि तुम वही हो जाओ, जो तुम हो। कोई चाहता है तुम कृष्ण बन जाओ, कोई चाहता है तुम क्राइस्ट बन जाओ, कोई चाहता है महावीर बनो, कोई चाहता है बुद्ध बनो। लेकिन तुमने खयाल किया? कभी दुबारा कोई आदमी बुद्ध बन सका? एक बार एक आदमी बुद्ध बना, बस। एक बार एक आदमी कृष्ण बना, बस। अनंत काल बीत गया, दुबारा कोई कृष्ण नहीं बना।

इससे तुम्हें कुछ समझ नहीं आती? इससे कुछ बोध नहीं होता? कि तुम लाख उपाय करो कृष्ण बनने के—रासलीला में बनना हो, बात अलग; असली कृष्ण न बन सकोगे। लाख उपाय करो राम बनने के, रखो धनुषबाण, चले जंगल की तरफ, ले लो सीता को भी साथ और लक्ष्मण को भी; रामलीला होगी, असली राम न बन सकोगे।

असली तो तुम एक ही चीज बन सकते हो, जो अभी तक तुम बने नहीं। और कोई नहीं बना है। असली तो तुम एक ही चीज बन सकते हो जो तुम्हारे भीतर पड़ी है; जो तुम्हारी नियति है; जो तुम्हारा अंतरतम भाग्य है; जो तुम्हारे बीज की तरह छिपा है और वृक्ष की तरह खिलने को आतुर है। और तुम्हें कुछ भी पता नहीं कि वह क्या है। क्योंकि जब तक तुम बन न जाओ, कैसे पता हो? तुमने जिनकी खबरें सुनी हैं उनमें से कोई भी तुम बनने वाले नहीं हो।

बुद्ध, बुद्ध बने। बुद्ध को भी तो राम का पता था। राम नहीं बने बुद्ध। बुद्ध को कृष्ण का पता था, कृष्ण नहीं बने बुद्ध। बुद्ध, बुद्ध बने। तुम, तुम बनोगे। तुम तुम ही बन सकते हो, बस। और कुछ बनने की कोशिश की, झूठ हो जाएगा, विकृति हो जाएगी। आरोपण हो जाएगा। पाखंड बनेगा फिर। परमात्मा तो दूर, और दूर हो जाएगा। तुम पाखंडी हो जाओगे।

मेरी सारी चेष्टा एक है: तुम्हें इस बात की याद दिलानी, कि तुम तुम ही बन सकते हो।

तो मैं यहां तुम्हें कुछ अन्यथा बनाने की कोशिश या उपाय नहीं कर रहा हूं। मेरी कोई चेष्टा ही नहीं कि तुम्हें कुछ और बना दूं। मेरी सिर्फ इतनी ही चेष्टा है कि तुम्हें इतना याद दिला दूं कि तुम कुछ और बनने की चेष्टा में मत उलझ जाना, अन्यथा चूक जाओगे। समय खोएगा। शक्ति व्यय होगी। और तुम्हारा जीवन संकट और दुख और दारिद्र्य से भरा रह जाएगा।

तुम्हारे भीतर एक फूल छिपा है। और कोई भी नहीं जानता कि वह फूल कैसा होगा। जब खिलेगा तभी जाना जा सकता है। जब तक बुद्ध न हुए थे, किसी को पता न था कि यह गौतम सिद्धार्थ कैसा फूल बनेगा। हां, कृष्ण का फूल पता था, राम का फूल पता था। लेकिन बुद्ध का फूल तो तब तक हुआ न था। अब हमें पता है। लेकिन तुम्हारा फूल अभी भी पता नहीं है। तुम्हारे भीतर कैसा कमल खिलेगा, कितनी पंखुड़ियां होंगी उसकी, कैसा रंग होगा, कैसी सुगंध होगी। नहीं, कोई भी नहीं जानता।

तुम्हारा भविष्य गहन अंधेरे में पड़ा है। तुम्हारा भविष्य बीज में छिपा है। बीज टूटे, बीज की तंद्रा मिटे, बीज जागे, अंकुरित हो, खिले, तो तुम भी जानोगे और जगत भी जानेगा। उसी जानने में जानना हो सकता है। उसके पहले जानने का कोई उपाय नहीं।

इसलिए मैं तुमसे यह भी नहीं कह सकता कि तुम क्या बन जाओगे। भविष्यवाणी नहीं हो सकती। और यही आदमी की महिमा है कि उसके संबंध में कोई भविष्यवाणी नहीं हो सकती। आदमी कोई मशीन थोड़े ही है कि भविष्यवाणी हो सके। मशीन की भविष्यवाणी होती है। सब तय है। मशीन मुर्दा है। आदमी परम स्वातंत्र्य है; स्वच्छंदता है।

और एक आदमी बस अपने जैसा अकेला है, अद्वितीय है। दूसरा उस जैसा न कभी हुआ, न कभी होगा, न हो सकता है। इस महिमा पर ध्यान दो। इस महिमा के लिए धन्यभागी समझो। परमात्मा ने तुम जैसा कभी कोई नहीं बनाया। परमात्मा दोहराता नहीं। तुम अनूठी कृति हो।

लेकिन जब तुम्हारे भीतर फूल खिलना शुरू होगा तो यह विरोधाभास तुम्हें मालूम होगा। तुम्हें यह लगेगा...पूछा है : 'आपको पाने के बाद मुझमें बहुत-बहुत रूपांतरण हुआ। और ऐसा भी लगता है कि कुछ भी नहीं हुआ।'

बिलकुल ठीक हो रहा है; तभी ऐसा लग रहा है। रूपांतरण भी होगा। महाक्रांति भी घटित होगी। तुम बिलकुल नये हो जाओगे। और उस नये होने में ही अचानक तुम पाओगे, 'अरे! यह तो मैं सदा से था। यह खजाना मेरा ही है।' यह सितार तुम्हारे भीतर ही पड़ा था, तुमने इसके तार न छेड़े थे। मैं तुम्हें तार छेड़ना सिखा रहा हूं। जब तुम तार छेड़ोगे तो तुम पाओगे कि कुछ नया घट रहा है संगीत। लेकिन तुम यह भी तो पाओगे कि यह सितार मेरे भीतर ही पड़ा था। यह संगीत मेरे भीतर सोया था। छेड़ने की बात थी, जाग सकता था।

और शायद किन्हीं अनजाने क्षणों में, धुंधले-धुंधले तुमने यह संगीत कभी सुना भी हो। क्योंकि कभी-कभी अंधेरे में भी, अनजाने भी तुम इन तारों से टकरा गए

हो और संगीत हुआ है। कभी बिना चेष्टा के भी, अनायास ही तुम्हारे हाथ इन तारों पर घूम गए हैं। हवा का एक झोंका आया है और तार कंप गए हैं और तुम्हारे भीतर संगीत की गूंज हुई है!

अब तुम अचानक जब तार बजेंगे तब तुम पहचान पाओगे, जन्मों-जन्मों में बहुत बार कभी-कभी सपने में, कभी-कभी प्रेम के किसी क्षण में, कभी सूरज को उगते देख कर, कभी रात चांद को देखकर, कभी किसी की आंखों में झांककर, कभी मंदिर के घंटनाद में, कभी पूजा का थाल सजाए...ऐसा कुछ संगीत, नहीं इतना पूरा, लेकिन कुछ ऐसा-ऐसा सुना था। सब यादें ताजी हो जाएंगी। सब स्मृतियां संगृहीत हो जाएंगी।

अचानक तुम पाओगे कि नहीं, नया कुछ भी नहीं हुआ है। जो सदा से हो रहा था, धीमे-धीमे होता था। सचेष्ट नहीं था मैं। जाग्रत नहीं था मैं। जैसे नींद में किसी ने संगीत सुना हो, कोई सोया हो और कोई उस कमरे में गीत गा रहा हो या तार बजा रहा हो, नींद में भनक पड़ती हो, कान में आवाज आती हो। कुछ साफ न होता हो। फिर तुम जाग कर सुनो और पहचान लो कि ठीक, यही मैंने सुना था, नींद में सुना था। तब पहचान न थी, अब पहचान पूरी हो गई।

ऐसा ही होगा। जब तुम्हारे भीतर की स्मृति जागेगी, सुगंध बिखरेगी, तुम्हारे नासापुट तुम्हारी ही सुवास से भरेंगे तो तुम निश्चित पहचानोगे, नया भी हुआ है और पुरातन से पुरातन। नित नूतन और सनातन। शाश्वत घटा है क्षण में।

विरोधाभास जरा भी नहीं है।

तीसरा प्रश्न : एक ओर आप कहते हैं कि वासना स्वभाव से दुष्पूर है। वह सदा अतृप्त की अतृप्त बनी रहती है। और दूसरी ओर आप यह भी कहते हैं कि यदि संसार में रस बाकी रह गया हो तो उसे पूरा भोग लेना भी अपेक्षित है। इस विरोधाभास को दूर करने की अनुकंपा करें।

विरोधाभास दिखाई पड़ते हैं, क्योंकि तुम्हें दिखाई नहीं पड़ता। विरोधाभास मालूम पड़ते हैं, क्योंकि तुम्हारी आंख खुली हुई नहीं है। अंधेरे में टटोलते हो, इसलिए विरोधाभास दिखाई पड़ते हैं। अन्यथा कोई विरोधाभास नहीं है। समझो।

निश्चित ही वासना दुष्पूर है; ऐसा बुद्ध का वचन है। ऐसा समस्त बुद्धों का वचन है। वासना दुष्पूर है, इसका अर्थ होता, वासना को भरा नहीं जा सकता। तुम लाख उपाय करो।

दस रुपये हैं तो बीस रुपये चाहिए। दस हजार हैं तो बीस हजार चाहिए। और दस लाख हैं तो बीस लाख चाहिए। जो अंतर है दस और बीस का; कायम रहता है। वासना दुष्पूर है, इसका अर्थ हुआ कि तुम्हारी अतृप्ति का जो अनुपात है, सदा कायम रहता है। उसमें कोई फर्क नहीं पड़ता। तुम कितना कमा लोगे इससे कोई फर्क नहीं पड़ता। तुम्हारी वासना उतनी ही आगे बढ़ जाएगी। वासना क्षितिज की भांति है। दिखाई पड़ता है यह दस मील, बारह मील दूर मिलता हुआ पृथ्वी से। भागो, लगता है घड़ी में, दो घड़ी में पहुंच जाएंगे। भागते रहो जन्मों-जन्मों तक, कभी न पहुंचोगे। तुम जितने भागे उतना ही क्षितिज आगे हट गया। तुम्हारे और क्षितिज के बीच का फासला सदा वही का वही।

वासना दुष्पूर है इसका अर्थ, कि वासना को भरने का कोई उपाय नहीं।

यह सत्य है। अब तुम्हें विरोधाभास लगता है क्योंकि दूसरी बात मैं कहता हूं, कि जब तक रस बाकी रह गया हो तब तक कठिनाई है। रस को पूरा ही कर लेना। मैं तुमसे कहता हूं वासना दुष्पूर है; मैंने तुमसे यह नहीं कहा कि रस समाप्त नहीं होगा। रस विरस हो जाएगा। वासना तो दुष्पूर है। तुम्हारा रस सूख जाएगा।

सच तो यह है, वासना दुष्पूर है ऐसा जान कर ही रस विरस हो जाएगा। विरोधाभास नहीं है। जिस दिन तुम जानोगे कि वासना भर ही नहीं सकती। दौड़-दौड़ थकोगे, दौड़-दौड़ गिरोगे। सब उपाय कर लोगे, वासना भरती नहीं। कोई उपाय नहीं दिखाई पड़ता। असंभव है। हो ही नहीं सकता। तो धीरे-धीरे तुम पाओगे कि जो हो ही नहीं सकता, जो कभी हुआ ही नहीं है, उसमें रस विक्षिप्तता है।

जैसे कोई आदमी दो और दो को तीन करना चाहता हो और कहता हो, मुझे बड़ा रस है, मैं दो और दो को तीन करना चाहता हूं। तो हम कहेंगे, करो। दो और दो तीन होंगे नहीं। तुम करो। दो और दो तीन होंगे नहीं तुम्हारे करने से, एक दिन तुम ही जागोगे और तुम्हारा रस ही मूढ़तापूर्ण सिद्ध हो जाएगा। और तुम ही कहोगे कि यह होनेवाला नहीं, क्योंकि यह हो ही नहीं सकता। मेरे रस में ही मूढ़ता है। तुम्हारा रस ही खंडित हो जाएगा।

जब तुम्हारा रस खंडित होगा, तब भी तुम यह मत सोचना कि दो और दो तीन हो जाएंगे। तब भी दो और दो तीन नहीं होते लेकिन अब तुम्हारा रस न रहा। रस का अर्थ ही है कि तुम्हें आशा है कि शायद कोई विधि होगी, कोई तरकीब होगी, कोई जादू होगा, कोई चमत्कार होगा जिससे दो और दो तीन हो सकेंगे। दूसरों को पता न होगा। सिकंदर हार गया माना, नेपोलियन हार गया माना, लेकिन मैं भी हारूंगा यह क्या पक्का है? शायद कोई तरकीब रह गई हो, जो उन्होंने काम में न लाई हो। सच है कि

बुद्ध हार गए और महावीर हार गए, लेकिन यह कहां पक्का पता है कि उन्होंने सभी उपाय कर लिए थे और सभी विधियां खोज ली थीं? अगर एक हजार विधियां खोजी हों और एक भी बाकी रह गई हो, कौन जाने उस एक से ही द्वार खुलता हो! उस एक में ही कुंजी छिपी हो।

रस का अर्थ है, आशा बाकी है। रस का अर्थ है, शायद हो जाए। कभी नहीं हुआ सच है, लेकिन कभी नहीं होगा यह क्या जरूरी है? जो कल तक नहीं हुई थीं चीजें, आज हो रही हैं। जो कभी नहीं हुई थीं वह कभी हो सकती हैं। अतीत में नहीं हुईं, भविष्य में नहीं होंगी ऐसा क्या पक्का है? आदमी और भी महत्वपूर्ण विधियां खोज ले सकता है। नये तकनीक, नये कौशल, नये उपाय; या नई तालियां गढ़ ले या ताले को तोड़ने का उपाय कर ले।

आशा! रस का अर्थ है, आशा। रस का अर्थ है, अभी मैं थका नहीं। अभी मैं थोड़ी और चेष्टा करूंगा। अभी लगता है कि कहीं से कोई न कोई मार्ग मिल जाएगा।

वासना दुष्पूर है, यह तो पक्का। और रस भी विरस हो जाता है यह भी पक्का। लेकिन रस विरस तभी होता है जब तुम रस में पूरे जाओ; नहीं तो विरस नहीं होता। जैसे बीच से कोई भाग आए, अधूरा भाग आए, जंगल में बैठ जाए तो मुश्किल खड़ी होगी। बार-बार मन में होगा, शायद एक बार और चुनाव लड़ लेता। कौन जाने जीत जाता!

कहानियां हैं, गौरी अठारह दफे हारा, उन्नीसवीं बार जीत गया। और कैसे जीता पता है? भाग गया था। छिपा था एक जंगल में एक खोह में, गुफा में। और बैठा था थका हुआ, घबड़ाया हुआ कि अब क्या होगा? सब हार गया। और एक मकड़ी को जाला बुनते देखा। मकड़ी जाला बुनती रही, सत्रह बार गिरी और अठारहवीं बार जाला पूरा हो गया।

गौरी उठ कर खड़ा हो गया। उसने कहा, जो मकड़ी के लिए हो सकता है, मुझे क्यों नहीं हो सकता? एक बार और कोशिश कर लूं। और गौरी कोशिश किया और जीत गया।

तुम अगर अधूरे भाग गए तो कोई न कोई मकड़ी को गिरते देख कर, जाला बुनते देख कर तुम लौट आओगे। कौन जाने! उपाय पूरा नहीं हो पाया था इसलिए हार गया। जाऊं, उपाय पूरा कर लूं।

और तुम न भी लौटे तो भी मन तुम्हारा लौटता रहेगा। तुम चाहे बैठे रहो गुफा में, मन तुम्हारा बाजारों में भरमेगा, धन-तिजोड़ियों की चिंता करेगा, स्त्रियों-पुरुषों के सपने देखेगा, पद-प्रतिष्ठा के रस में तल्लीन होगा। गुफा में बैठने से क्या फर्क होता

है? मन को गुफा में बिठा देना इतना आसान थोड़े ही है! शरीर को बिठा देना आसान है। जंजीरें डाल दो, कहीं भी बैठ जाएगा।

मैंने सुना है, एक ईसाई फकीर के दर्शन करने लोग आते थे बड़े दूर-दूर से। वह मिस्र के पास एक रेगिस्तान में, एक गुफा में रहता था। हजारों मील से लोग उसके दर्शन करने आते थे। लोग बड़े चकित होते थे उसकी तपश्चर्या, उसका त्याग देख कर। एक दिन एक फकीर भी उसके दर्शन को आया था, वह देख कर हंसने लगा। उसने पूछा, मैं समझा नहीं। आप हंस क्यों रहे हैं? उस फकीर ने कहा कि मैं यह देख कर हंस रहा हूं कि तुमने अपने हाथ में जंजीरें और पैरों में बेड़ियां क्यों डाल रखी हैं?

वह जो फकीर था गुफा में रहने वाला, उसने अपने पैरों में जंजीरें डाल रखी थीं और गुफा के साथ जोड़ रखी थीं जंजीरें; और हाथ में जंजीरें थीं। मैं इसलिए हंस रहा हूं कि तुमने ये जंजीरें क्यों डाल रखी हैं? उस फकीर ने कहा, इसलिए कि कभी-कभी मन में कमजोरी के क्षण आते हैं और भाग जाने का मन होता है। संसार में लौट जाने की इच्छा प्रबल हो जाती है। तब ये जंजीरें रोक लेती हैं। थोड़ी देर ही रुकती है वह कमजोरी; फिर अपने को सम्हाल लेता हूं। उतनी देर के लिए जंजीरें काम दे जाती हैं क्योंकि जंजीरें खोलना आसान नहीं। ये मैंने सदा के लिए बंद करवा दी हैं। तो कमजोरी के क्षण में सहारा मिल जाता है।

लेकिन यह भी कोई बात हुई? जंजीरों के सहारे अगर रुके रहे गुफा में...। और ऐसा नहीं है कि सभी संन्यासी इस तरह की स्थूल जंजीरें बांधते हैं, सूक्ष्म जंजीरें हैं। कोई जैन मुनि हो गया; अब बीस साल प्रतिष्ठा, तीस साल प्रतिष्ठा, सम्मान, चरणस्पर्श, लोगों का मान, पूजा, आदर...। अब आज अचानक अगर लौटना चाहे तो यह सारा पूजा-आदर जो तीस साल मिला है, यह जंजीर बन जाता है। आज हिम्मत नहीं होती कि लौट कर जाऊं संसार में, लोग क्या कहेंगे? अहंकार बाधा बन जाता है। यह बड़ी सूक्ष्म जंजीर है।

इसलिए तो त्यागी को आदर दिया जाता है। यह संसारी की तरकीब है उसको गुफा में रखने की। भाग न सको। बच्चू, एक दफा आ गए गुफा में, निकलने न देंगे। ऐसी सूक्ष्म जंजीरें हैं। इतना शोरगुल मचाएंगे, इतना बैंडबाजा बजाएंगे, शोभा यात्रा निकालेंगे, लाखों खर्च करेंगे। लगा दी उन्होंने मुहर। अब तुम्हें भागने न देंगे। क्योंकि ध्यान रखना, जितना सम्मान दिया इतना ही अपमान होगा।

सम्मान की तुलना में ही अपमान होता है। इसलिए जैन मुनि भागना बहुत मुश्किल पाता है। हिंदू संन्यासी इतना मुश्किल नहीं पाता, क्योंकि इतना सम्मान कभी किसी ने दिया भी नहीं। तो उसी मात्रा में अपमान है। मेरे संन्यासी को तो कोई दिक्कत

नहीं। वह किसी भी दिन संन्यास छोड़ दे। क्योंकि किसी ने कोई सम्मान दिया नहीं था; अपमान कोई देगा नहीं। अपमान का कोई कारण नहीं है। अपमान उसी मात्रा में मिलता है जिस मात्रा में सम्मान ले लिया। सम्मान जंजीर बन जाता है।

अगर तुम सच में समझदार हो तो कभी अपने ध्यान, अपने संन्यास के लिए किसी तरह का सम्मान मत लेना। क्योंकि जो सम्मान दे रहा है वह तुम्हारा जेलर बन जाएगा। उससे कह देना, सम्मान नहीं। क्षमा करो। धन्यवाद। क्योंकि कल अगर मैं लौटना चाहूं तो मैं कोई जंजीरें नहीं रखना चाहता अपने ऊपर। मैं जैसा मुक्त संन्यास में आया था उतना ही मुक्त रहना चाहता हूं अगर संन्यास के बाहर मुझे जाना हो।

तो कुछ तो गुफाओं में स्थूल जंजीरें बांध लेते हैं, कुछ सूक्ष्म जंजीरें; मगर जंजीरें हैं। और ये जंजीरें रोके रखती हैं। यह कोई रुकना हुआ? जंजीरों से रुके, यह कोई रुकना हुआ?

आनंद से रुको, जंजीरों से नहीं। अहोभाव से रुको, अपमान के भय से नहीं। सम्मान की आकांक्षा से नहीं, समाधि के रस से।

लेकिन यह तभी संभव होगा जब संसार का रस चुक गया हो। इसलिए मेरा जोर है कि कच्चे मत भागना। अधूरे-अधूरे मत भागना। बीच से मत उठ आना महफिल से। महफिल पूरी हो जाने दो। यह गीत पूरा सुन ही लो। इसमें कुछ सार नहीं है। घबड़ाना कुछ है भी नहीं। यह नाच पूरा हो ही जाने दो। कहीं ऐसा न हो कि घर जाकर सोचने लगो कि पता नहीं...। यह कहानी पूरी हो जाने दो। अंतिम परदा गिर जाने दो। कहीं ऐसा न हो कि बीच से उठ जाओ और फिर मन पछताए। और मन सोचे कि पता नहीं, असली दृश्य देखने को रह ही गए हों। अभी तो कहानी शुरू ही हुई थी। पता नहीं अंत में क्या आता है।

इसलिए मैं कहता हूं कि जीवन को जीयो। भरपूर जीयो। डर कुछ भी नहीं है, क्योंकि वासना दुष्पूर है। तुम मेरा मतलब समझो। मैं तुमसे यह कह रहा हूं कि चूंकि वासना दुष्पूर है, तुम लाख जीयो, आज नहीं कल तुम संन्यासी बनोगे। संन्यास से बचने का उपाय नहीं है।

संन्यास संसार के अनुभव का नाम है।

जिसने संसार का ठीक अनुभव ले लिया वह करेगा क्या और? संन्यास संसार के अनुभव की निष्पत्ति है, सार है। मैं संन्यास को संसार का विरोधी नहीं मानता हूं। यह उसी जीवन की सारी अनूभूति का सार-निचोड़ है। जीकर देखा कि वहां कुछ भी नहीं है। जीकर देखा कि वासना भरती नहीं है। जीकर देखा कि वासना भूखा का भूखा रखती है, तृप्त नहीं होने देती। जीकर देखा कि दुख ही दुख है; नर्क ही नर्क है। इसी

अनुभव से आदमी ऊपर उठता और इसी अनुभव से जीवेषणा विसर्जित हो जाती; जीने की आकांक्षा चली जाती।

जीने की आकांक्षा के चले जाने का नाम ही मुमुक्षा है : मोक्ष की आकांक्षा। मोक्ष का क्या अर्थ होता है? अब और नहीं जीना चाहता। बहुत जी लिया। नहीं, अब और नहीं जीना चाहता। देख लिया सब, जो देखने को था। सब नाटक पूरे हुए। सब कथाएं पूरी पढ़ लीं। जीवन का पाठ अपने अंतिम निष्कर्ष पर आ गया।

संन्यास संसार के प्रगाढ़ अनुभव का नाम है।

इसलिए कहता हूं कि अनुभव से कच्चे मत भागना। संसार से कच्चे भागे तो संन्यास भी कच्चा रह जाएगा। और कच्चा संन्यास दो कौड़ी का है। यह संसार की आग में तुम्हारा घड़ा पके। तुम पक कर बाहर आओ।

पूछते हो, 'वासना स्वभाव से दुष्पूर है, ऐसा आप कहते हैं। और फिर यह भी कहते हैं कि रस को पूरा भोग लो, इनमें विरोधाभास दिखाई पड़ता है।'

दिखाई पड़ता है, क्योंकि तुम्हें दिखाई नहीं पड़ता। ये दोनों एक ही सिक्के के दो पहलू हैं। वासना दुष्पूर है, इसीलिए रस से मुक्त हुआ जा सकता है।

और जब रस से मुक्त हुआ जा सकता है और वासना भरती ही नहीं तो जल्दी क्या है? घबड़ाहट क्या है? इतना अधैर्य क्या है? इस संसार में कितने ही गहरे जाओ, कुछ हाथ न लगेगा। इसलिए मैं कहता हूं, दिल भर कर जाओ।

वे जो तुमसे कहते हैं कि मत जाओ, संसार में जाने में खतरा है, मुझे लगता है, उन्हें अभी पक्का पता नहीं। उन्हें एक डर है कि कहीं ऐसा न हो कि तुम भरम जाओ। उन्हें भय है। उन्हें लगता है, कहीं ऐसा न हो कि तुम्हारी वासना तृप्त ही न हो जाए; कहीं फिर तुम मोक्ष की आकांक्षा ही न करो। उन्हें डर है कि कहीं यह क्षितिज मिल ही न जाए। मिल गया तो फिर तुम न लौटोगे।

उनका भय तुम समझते हो? उनका भय उनका अज्ञान है। मैं तुमसे कहता हूं, जाओ। जहां जाना हो जाओ। भोगो। भटको। लौट आओगे। भटकने में कंजूसी मत करो। तो जब तुम लौटोगे, पूरे लौटोगे। फिर तुम पीछे लौट कर भी न देखोगे। फिर संसार ऐसे गिर जाता है, जैसे सांप अपने पुराने वेश को छोड़ देता है; अपनी पुरानी चमड़ी को छोड़ देता है। सरक जाता। बाहर निकल जाता। पीछे लौट कर भी नहीं देखता।

ठीक ऐसा ही जब संन्यास सहज घटता है तब उसकी अपूर्व महिमा है।

चौथा प्रश्न : किसी व्यक्ति-विशेष के प्रति समर्पण करना क्या निजी अस्तित्व और स्वतंत्रता को खो देना नहीं है? व्यक्तित्व की पूजा न कर व्यक्ति की पूजा करना कहां तक उचित है?

पहली बात: तुम वही खो सकते हो, जो तुम्हारे पास हो। उसे तो तुम कैसे खोओगे जो तुम्हारे पास नहीं है? इसे समझना।

अक्सर ऐसा हो जाता है। कहावत है कि नंगा नहाता नहीं क्योंकि वह कहता है, नहाऊंगा तो निचोडूंगा कहां? निचोड़ने को कुछ है ही नहीं। भिखमंगा रात भर जागता रहता है कि कहीं चोरी न हो जाए। चोरी हो जाए ऐसा कुछ है ही नहीं।

तुम पूछते हो 'किसी व्यक्ति-विशेष के प्रति समर्पण करना क्या निजी अस्तित्व और स्वतंत्रता को खो देना नहीं है?'

अगर है स्वतंत्रता तो, तो कोई जरूरत ही नहीं है किसी के प्रति समर्पण करने की। प्रयोजन क्या है? तुम स्वतंत्रता को उपलब्ध हो गए हो, निजी अस्तित्व तुम्हारा हो गया है, उसी का नाम तो आत्मा है। अब तुम्हें समर्पण की जरूरत क्या है?

लेकिन अक्सर ऐसा होता है, न तो स्वतंत्रता है, न कोई निजी अस्तित्व है और घबड़ा रहे हैं कि कहीं समर्पण करने से खो न जाए। नंगा नहाए तो डर रहा है कि निचोडूंगा कहां? कपड़े सुखाऊंगा कहां?

पहले तो तुम यही सोच लो ठीक से कि तुम्हारे पास स्वतंत्रता है? तुम्हारे पास तुम्हारा अस्तित्व है? तुमने आत्मा का अनुभव किया है? तुमने उस स्वच्छंदता को जाना है, जिसकी अष्टावक्र बात कर रहे हैं? अगर जान लिया तो अब समर्पण करने की जरूरत क्या है? किसको समर्पण करना है? किसके लिए करना है? समर्पण आदमी इसी स्वतंत्रता की खोज में करता है।

और अगर तुम्हारे पास यह स्वतंत्रता नहीं है तो समर्पण सहयोगी है। फिर समर्पण में तुम वही खोओगे जो तुम्हारे पास है—अहंकार है तुम्हारे पास; आत्मा तुम्हारे पास अभी है नहीं। और समर्पण में आत्मा नहीं खोती, अहंकार ही खोता है।

और अहंकार ही तरकीबें निकालता है बचने की। वह कहता अरे, यह क्या करते हो, समर्पण कर रहे? इसमें तो निजता खो जाएगी। यह निजता नाम है अहंकार का। इसे साफ समझ लेना। अगर तुमने अपने को जान लिया, अब कोई जरूरत ही नहीं है। तुम यह प्रश्न ही न पूछते। अगर तुम्हें अपनी स्वतंत्रता मिल गई है, तुम अपनी स्वतंत्रता के मालिक हो गए हो, यह संपदा तुमने पा ली, तो यह प्रश्न तुम किसलिए करते?

मैं तो नहीं करता यह प्रश्न। मैं तो किसी के पास नहीं जाता कहने कि समर्पण करने से मेरी स्वतंत्रता खो जाएगी। समर्पण करना ही किसलिए? कोई प्रयोजन नहीं रहा है।

तुम पूछते हो। साफ है, तुम्हें स्वतंत्रता की कोई सुगंध नहीं मिली है अब तक, सिर्फ शब्द तुमने सीख लिया है। शब्द सीखने में क्या धरा है? तुम्हें आत्मा का कुछ भी पता नहीं है। जिन मित्र ने पूछा है, नये हैं। नाम है उनका 'दौलतराम खोजी।' अभी खोज रहे हो। अभी मिला नहीं है। और दौलतराम भी नहीं हो। दौलत और राम...जरा भी नहीं; खोजी हो, इतना सच है। अभी दौलत है नहीं। और राम के बिना दौलत होती कहां? अभी तुम्हें भीतर के राम का पता नहीं है।

लेकिन डर है कि कहीं समर्पण कियां तो खो न जाए। क्या खो जाएगा? दौलत है नहीं दौलतराम! सिर्फ अहंकार का धुआं है। खो जाने दो। इसके खोने से लाभ होगा। यह खो जाए तो तुम्हारे भीतर, इस धुएं के भीतर छिपी जो दौलत पड़ी है उसके दर्शन होने लगेंगे।

समर्पण तुम्हें स्वतंत्रता देगा अहंकार से। स्वतंत्रता का क्या अर्थ होता है? हम किसी दूसरे से थोड़े ही बंधे हैं; अपनी ही अस्मिता से बंधे हैं। अपने ही अहंकार से बंधे हैं। किसी और ने हमें थोड़े ही बांधा है। अपना ही दंभ हमें बांधे हुए है। समर्पण का अर्थ है, दंभ किसी के चरणों में रख दो, जहां प्रेम जागा हो। किसी के पास अगर परमात्मा की थोड़ी सी झलक मिली हो तो चूको मत मौका। रख दो वहीं चरणों में। यह बहाना अच्छा है। इस आदमी के बहाने अपना अहंकार रख दो। इस अहंकार के रखते ही तुम्हारे भीतर जो छिपा है वह प्रकट हो जाएगा। यह आवरण उतार दिया। तुम नग्न हो जाओगे। उस नग्नता में तुम्हें अपनी आत्मा की पहली झलक मिलेगी।

और उस आत्मा का ही स्वभाव स्वतंत्रता है। अहंकार का स्वभाव स्वतंत्रता नहीं है। इसलिए समर्पण में तो आदमी आत्मवान बनता है, स्वतंत्र बनता है। समर्पण से किसी की स्वतंत्रता थोड़े ही खोती है।—एक बात।

दूसरी बात : जो स्वतंत्रता समर्पण से खो जाए वह दो कौड़ी की है। वह बचाने योग्य ही नहीं है। जो स्वतंत्रता समर्पण करने पर भी बचे वही बचाने योग्य है। इस बात को समझना।

स्वतंत्रता कोई ऐसी कमजोर, लचर चीज थोड़े ही है कि तुमने समर्पण किया, किसी के पैर छू लिए और गई! इतनी सस्ती चीज को बचा कर भी क्या करोगे? जो पैर छूने से चली जाए, जो कहीं सिर झुकाने से चली जाए, इसको बचा कर भी क्या करोगे? इसमें कुछ मूल्य भी नहीं है। यह बड़ी कमजोर है, नपुंसक है।

स्वतंत्रता तो ऐसी अदभुत घटना है कि तुम सारे संसार के चरण छुओ तो भी न जाएगी। तुम कंकड़-पत्थरों के चरण छुओ, झाड़-झाड़, पत्थर-पत्थर सिर झुकाओ तो भी न जाएगी। जा ही नहीं सकती। स्वतंत्रता यानी स्वभाव। जा कैसे सकता है? अपना है जो, उसे खोओगे कैसे? सिर झुक जाएगा, तुम झुक जाओगे और तुम पाओगे, तुम्हारे भीतर स्वतंत्रता प्रगाढ़ होकर जल रही है दीये की भांति। अकंप उसकी लौ है। अकंप उसका प्रकाश है। जितने झुकोगे उतना पाओगे, तुम अचानक पाओगे कि विनम्रता से स्वतंत्रता का विरोध नहीं है। स्वतंत्रता विनम्रता में पलती है, पुसती है, बड़ी होती है, फलती है। विनम्रता स्वतंत्रता के लिए खाद है।

समर्पण तो द्वार है स्वतंत्रता का।

लेकिन मैं तुम्हारा मतलब समझता हूं। तुम्हारी तकलीफ मेरे खयाल में है। तकलीफ है अहंकार की। अपने को कुछ मान बैठे हो, तो कैसे किसी के चरणों में झुका दें? तुम्हें परमात्मा भी मिल जाए तो भी तुम बचाओगे।

बचाने की बहुत तरकीबें हैं। पहले तो तुम यह मानने को राजी न होगे कि यह परमात्मा है। परमात्मा कहीं ऐसे मिलता है? वे पहले जमाने की बातें गईं जब परमात्मा जमीन पर आया करता था। अब थोड़े ही आता है। तुम कुछ न कुछ परमात्मा में भूल-चूक खोज लोगे, जिससे समर्पण करने से बच सको। तुमने राम में भी भूल-चूक खोज ली थी, तुमने कृष्ण में भी खोज ली थी, तुमने बुद्ध में भी खोज ली थी। तुम कुछ न कुछ खोज ही लोगे। तुम अपने को बचा लोगे।

अपने को बचाए-बचाए तुम जन्मों-जन्मों से चले आ रहे हो। यह गांठ जिसे तुम बचा रहे हो, तुम्हारा रोग है। यह गांठ छोड़ो। यह कैंसर की गांठ है। इसी से तो तुम व्याधिग्रस्त हो।

समर्पण का कोई और अर्थ नहीं है। समर्पण तो एक बहाना है। किसी के बहाने तुमने अपनी गांठ उतार कर रख दी। खुद तो उतारने में तुमसे नहीं बनता। खुद तो उतारते नहीं बनता। आदत पुरानी हो गई इसको ढोने की। किसी के बहाने, किसी के सहारे उतार कर रख देते हो। जैसे ही उतार कर रखोगे, तुम पाओगे, अरे! बड़ा पागलपन था। तुम व्यर्थ ही इसे ढो रहे थे। तुम चाहते तो बिना समर्पण के भी उतार कर रख सकते थे। लेकिन यह तुम्हें समर्पण के बाद ही पता चलेगा।

समर्पण तो बहाना है। गुरु तो बहाना है। ऐसा कुछ है नहीं कि बिना गुरु के तुम उतार नहीं सकते। चाहो तो तुम बिना गुरु के भी उतार सकते हो, लेकिन संभावना कम है। तुम तो गुरु से भी बचने की कोशिश कर रहे हो। तो अकेले में तो तुम बच ही जाओगे। अकेले में तुम भूल ही जाओगे उतारने की बात।

यह तो ऐसा ही है, तुम्हें सुबह पांच बजे उठना है, ट्रेन पकड़नी है, तो दो उपाय हैं: या तो तुम अपने पर भरोसा करो कि उठ आऊंगा पांच बजे, या अलार्म घड़ी भर कर रख दो। उठ सकते हो खुद भी। थोड़ा संकल्प का बल चाहिए। अगर तुममें थोड़ी हिम्मत हो तो तुम अपने को रात कह कर सो जा सकते हो कि पांच बजे से एक मिनट भी ज्यादा नहीं सोना है दौलतराम! ऐसा अगर जोर से कह दिया, और तुमने गौर से सुन लिया और धारण कर ली इस बात को, तो पांच बजे से रत्ती भर भी आगे नहीं सो सकोगे। पांच बजे ठीक आंख खुल जाएगी।

अगर अपनी ही बात मान सकते हो, तब तो बहुत ही अच्छा। अगर दौलतराम पर भरोसा न हो, और डर हो कि जब कह रहे हैं तभी जान रहे हैं कि यह कुछ होने वाला थोड़े ही है! कह रहे हैं कि दौलतराम, पांच बजे सुबह उठ आना। लेकिन कहते वक्त भी जान रहे हैं कि यह कहीं होनेवाला थोड़े ही! ऐसे तो कई दफे कह चुके। कभी हुआ?

विवेकानंद अमरीका में एक जगह बोलते थे। तो उन्होंने बाइबिल का उल्लेख किया, जिसमें जीसस ने कहा है, अगर श्रद्धा हो तो पहाड़ भी हट जाएं। अगर श्रद्धा से कह दो, 'हट जाओ पहाड़ो' तो पहाड़ भी हट जाएं।

एक बूढ़ी औरत सामने ही बैठी थी, वह भागी। वह अपने घर भागी। उसके पीछे एक छोटी पहाड़ी थी, जिससे वह बहुत परेशान थी। उसने कहा अरे, इतनी सरल तरकीब! और मुझे अब तक पता नहीं थी। और बाइबिल मेरे घर में पड़ी है। ईसाई थी। और उसने कहा, मैं तो ईसाई हूं और मुझमें श्रद्धा भी है ईसा पर। जाकर अभी निपटा देती हूं इस पहाड़ी को। खिड़की खोल कर उसने आखिरी बार देख ली पहाड़ी कि एक बार और देख लूं। फिर तो यह चली जाएगी। खिड़की बंद करके उसने कहा, हट जा पहाड़ी! श्रद्धा से कहती हूं। ऐसा तीन बार दोहराया। फिर खिड़की खोल कर देखी, हंसने लगी। कहा, मुझे पता ही था, ऐसे कहीं हटती है! पता ही था, ऐसे कहीं हटती है। यह कोई मजाक है कि कह दो, पहाड़ी हट जाए।

मगर अगर पता ही था तो नहीं हटती। भीतर तुम पहले से ही जान रहे हो कि नहीं होने वाला, नहीं होनेवाला। यह अपने से नहीं हो सकता है। तो फिर नहीं होगा। तो फिर अलार्म घड़ी भर कर रख दो। या किसी पड़ोसी को कह दो कि पांच बजे उठा देना। कोई उपाय करो।

गुरु के पास समर्पण का केवल इतना ही अर्थ है कि तुमसे नहीं होता तो अलार्म भर दो। गुरु तो अलार्म है। जगा देगा। तुमसे नहीं बनता तो वह तुम्हें जगा देगा।

एमेन्युएल कांट हुआ जर्मनी का बहुत बड़ा विचारक; वह अकेला रहा जिंदगी भर, शादी नहीं की। लेकिन एक नौकर को अपने पास रखता था। वह धीरे-धीरे

नौकर उसका मालिक हो गया। क्योंकि नौकर पर निर्भर रहना पड़ता। और एमेन्युएल कांट बिलकुल पागल था समय के पीछे। मिनट-मिनट, सेकेंड-सेकेंड का हिसाब रखता था। अगर ग्यारह बजे खाना खाना है तो ग्यारह ही बजे खाना खाना। दो मिनट देर हो गई तो मुश्किल। रात दस बजे सोना है तो दस बजे सो जाना है। कभी-कभी तो ऐसा हुआ कि कोई मिलने आया था, वह बात ही कर रहा है और वह उचक कर अपना कंबल ओढ़ कर सो गया। क्योंकि दस बज गया। घड़ी में देखा। वह इतना भी नहीं कह सकता कि अब मेरे सोने का वक्त हो गया, क्योंकि इसमें भी तो समय लग जाएगा। वह सो ही गया। नौकर आकर कहेगा, अब आप जाइए। मालिक सो गए।

और सुबह तीन बजे उठता था। और तीन बजे उठने में उसे बड़ी अड़चन थी। मगर जिद्दी था। उठता भी था और अड़चन भी थी। अड़चन इतनी थी कि नौकर से मार-पीट हो जाती थी। नौकर उठाता था; और मार-पीट हो जाती। तो नौकर टिकते नहीं थे। क्योंकि नौकर कहते यह भी अजीब बात है। आप कहते हैं कि तीन बजे उठाना। हम उठाते हैं, आप गाली बकते हो। मारने को खड़े हो जाते हो। मगर वह कहता कि यही तो तुम्हारा काम है। तुम चाहो मुझे मारो, तुम चाहो मुझे गाली दो, मगर उठाना। छोड़ना मत;, चाहे कुछ भी हो जाए।

तो एक ही नौकर टिकता था उसके पास। वह उसका मालिक हो गया था। वह तो उसकी पिटाई भी कर देता था।

गुरु तो केवल एक उपाय है। कभी जरूरत होगी तो वह तुम्हारी पिटाई भी करेगा। कभी खींचेगा भी नींद से।

समर्पण का इतना ही अर्थ है कि तुम गुरु से कहते हो कि मुझे पक्का पता है कि मैं तीन बजे उठ न सकूंगा। और मुझे यह भी पता है कि तीन बजे मैं करवट लेकर सो जाऊंगा। मुझे यह भी पता है कि तुम भी उठाओगे तो मैं नाराज होऊंगा। फिर भी तुम कृपा करना और उठाना।

समर्पण का और क्या अर्थ है? समर्पण का इतना सा सीधा सा अर्थ है कि मैं तुम्हारे चरणों में निवेदन करता हूं कि मुझसे तो उठना हो नहीं सकता। और यह भी मुझे पक्का है कि तुम भी मुझे उठाओगे तो मैं बाधा डालूंगा। यह भी मैं नहीं कहता कि मैं बाधा नहीं डालूंगा। मैं सहयोगी होऊंगा यह भी पक्का नहीं है। मगर प्रार्थना है मेरी : तुम मेरी बाधाओं पर ध्यान मत देना। मेरी नासमझियों का हिसाब मत रखना। मैं गाली-गलौज भी बक दूं कभी, क्षमा कर देना। यह मैं तुमसे प्रार्थना कर रहा हूं लेकिन मुझे उठाना। मुझे उठना है। और तुम्हारे सहारे के बिना न उठ सकूंगा।

समर्पण का इतना ही अर्थ है कि तुम अपना अहंकार किसी के चरणों में रख देते हो और उससे निवेदन कर देते हो कि वह तुम्हें खींच ले, उठा ले, जगा ले। तुम्हारी नींद गहरी है; जन्मों-जन्मों की।

अगर तुम स्वयं उठ सको, बड़ा शुभ। कोई जरूरत नहीं। किसी गुरु को कष्ट देने की कोई जरूरत नहीं। कोई गुरु उत्सुक नहीं है। क्योंकि किसी को भी तीन बजे उठाना कोई सस्ता मामला नहीं है, उपद्रव का मामला है। कोई धन्यवाद थोड़े ही देता है!

फिर तुम पूछ रहे हो, 'व्यक्तित्व की पूजा न कर व्यक्ति की पूजा कहां तक उचित है?'

समर्पण और व्यक्ति की पूजा का कोई संबंध नहीं है। जिसके प्रति तुमने समर्पण कर दिया उसके साथ तुम एक हो गए। पूजा कैसी? कौन आराध्य और कौन आराधक? गुरु और शिष्य के बीच पूजा का भाव ही नहीं है। शिष्य ने तो गुरु के साथ अपने को छोड़ दिया। यह तो गुरु के साथ एक हो गया। इसमें पूजा इत्यादि कुछ भी नहीं है। अगर पूजा कायम रह गई तो समझना कि समर्पण पूरा नहीं है।

समर्पण का तो अर्थ ही यह होता है कि मैंने जोड़ दी अपनी नाव तुम्हारी नाव से। मैं अपने को पोंछ लेता हूं; तुम मेरे मालिक हुए। अब तुम ही हो, मैं नहीं हूं। अब पूजा किसकी, कैसी? यह कोई व्यक्ति-पूजा नहीं है।

और इसमें एक बात और समझ लेने की जरूरत है। पूछा है, 'व्यक्तित्व की पूजा न कर व्यक्ति की पूजा कहां तक उचित है?'

आदमी बहुत बेईमान है। आदमी की बेईमानी ऐसी है कि वह तरकीबें खोजता है। अगर तुम उससे कहो, आदमी को प्रेम करो; तो वह कहता है, आदमियत को प्रेम करें तो कैसा? अब आदमियत को खोजोगे कहां? जब भी प्रेम करने जाओगे, आदमी मिलेगा; आदमियत कभी भी न मिलेगी। अब तुम कहो, हम तो आदमियत को प्रेम करेंगे। तो आदमियत कहां...मनुष्यता को कहां पाओगे?

मनुष्यता तो एक शब्द मात्र है, कोरा शब्द। ठोस तो आदमी है। मगर तरकीब काम कर जाएगी। तुम आदमियों को तो घृणा करोगे और मनुष्यता की पूजा करोगे। ऐसा भी हो सकता है कि मनुष्यता के प्रेम के पीछे मनुष्यों की हत्या करनी पड़े तो कर दो। ऐसा ही तो कर रहे हैं लोग। ईश्वर के भक्त हिंदू मुसलमान को मार डालते हैं, मुसलमान हिंदुओं को मार डालते हैं। वे कहते हैं ईश्वर की सेवा कर रहे हैं। ईश्वर कोरा शब्द है। और जो ठोस है उसे तुम विनाश कर रहे हो। और शाब्दिक प्रत्ज्ञ मात्र के लिए, धारणा मात्र के लिए। आदमी बहुत बेईमान है।

अब तुम कहते हो, व्यक्ति की पूजा न करके व्यक्तित्व की पूजा करें। व्यक्तित्व का मतलब क्या होता है? कहां पाओगे व्यक्तित्व को? व्यक्ति से अलग कहीं व्यक्तित्व होता?

तुम कहते हो, नर्तक की हम फिकर नहीं करते; हम तो नृत्य की पूजा करेंगे। लेकिन नर्तक के बिना नृत्य कहीं होता? और जब भी तुम नृत्य की पूजा करने जाओगे तो तुम नर्तक को पाओगे। भाव-भंगिमाएं नर्तन की, नर्तक की भाव-भंगिमाएं हैं।

व्यक्तित्व की पूजा का क्या अर्थ होता है? लेकिन मैं तुमसे कह नहीं रहा कि तुम व्यक्ति की पूजा करो। मैं तुमसे इतना ही कह रहा हूं, शब्दों से बचो, ठोस को ग्रहण करो। ठोस है वास्तविक, यथार्थ। शाब्दिक जाल में मत पड़ो।

अगर बुद्ध तुम्हें मिल जाएं तो तुम यह मत कहना कि हम तो बुद्धत्व की पूजा करेंगे। बुद्धत्व को कहां पाओगे? जब भी पाओगे बुद्ध को पाओगे। और बुद्धत्व अगर कहीं मिलेगा तो बुद्ध की छाया की तरह मिलेगा। तुम कहते हो हम छाया की पूजा करेंगे; मूल की पूजा न करेंगे। तुम कहते हो हम तो जिनत्व की पूजा करेंगे, महावीर से हमें क्या लेना-देना!

लेकिन जरा गौर करना, कहीं अहंकार तुम्हें धोखा तो नहीं दे रहा है? अहंकार तर्क तो नहीं खोज रहा है? अहंकार यह तो नहीं कर रहा है इंतजाम, कि देखो पूजा से बचा दिया, समर्पण से बचा दिया, विनम्र होने से बचा दिया। अब तुम खोजते रहो बुद्धत्व को, जिनत्व को। कहीं मिलेगा नहीं, तो झुकने का कोई सवाल ही न आएगा।

अब यह बड़े मजे की बात है, जीवन के सामान्य तल पर तुम ऐसा नहीं करते। जब तुम किसी स्त्री के प्रेम में पड़ते हो तो तुम स्त्रीत्व को प्रेम नहीं करते, तुम स्त्री के प्रेम में पड़ते हो। तब तुम यह धोखा नहीं करते। तुम यह नहीं कहते कि हम तो स्त्रीत्व को प्रेम करेंगे; स्त्री को क्या करना! कहते हो? तब तुम यह नहीं कहते। तब तो तुम स्त्री के प्रेम में पड़ते हो। तब तुम नहीं शब्द की बात करते, तब तुम सत्य को पकड़ते हो।

जहां तुम पकड़ना चाहते हो वहां तुम सत्य को पकड़ते हो; जहां तुम नहीं पकड़ना चाहते, जहां तुम बचना चाहते हो, वहां तुम शब्दों के जाल फैलाते हो।

जब प्रेम करोगे तो स्त्री को प्रेम करना होगा, स्त्रीत्व को प्रेम नहीं किया जाता। जब प्रेम करना होगा तो गुरु को प्रेम करना होगा, गुरुत्व को प्रेम नहीं किया जाता। और जब करना होगा समर्पण तो बुद्ध को करना होगा, बुद्धत्व को समर्पण नहीं किया जाता।

ये शब्द-जाल हैं। और अहंकार बड़ा कुशल है इन जालों में अपने को छिपा लेने के लिए। तुम इस अहंकार से सावधान रहना।

टूटा सिलसिला
फुनगी पर फूल खिला
झरा तो गहरा
अपना ही मूल मिला

वह जो फुनगी पर फूल खिला है, अगर गिर जाए, झर जाए तो अपनी ही जड़ें पा लेगा। तुम अगर झुक जाओ तो अपना ही मूल पा लोगे।

टूटा सिलसिला
फुनगी पर फूल खिला
झरा तो गहरा
अपना ही मूल मिला

झुको, समर्पण करो तो तुम स्वयं को ही पा लोगे। माध्यम होगा कोई, पाओगे तुम अपने को ही—किसी के द्वार से। गुरु द्वार है। गुरुद्वारा। उसके द्वार से तुम अपने पर ही लौट आओगे।

पांचवां प्रश्न :
मैं किसी को पुकारता हूं, जिसे जानता नहीं
मैं हूं किसी के प्यार में, जिसे पहचानता नहीं
यह क्या, इंतजार के बाद भी आता है इंतजार
या समझूं कि मैं ही तुझे पुकारता नहीं?

सत्य की खोज या सत्य का प्रेम या सत्य की जिज्ञासा उसकी ही खोज है, जिसे हम जानते नहीं। उसकी ही पुकार है, जिसे हम पहचानते नहीं।

जिसे तुम पहचानते हो वह तो झूठा हो गया। जिसे तुम जानते हो उससे तो कुछ भी न पाया। उसे तो जान भी लिया और क्या पाया? अनजान की तलाश है। अपरिचित की खोज है। अज्ञात की यात्रा है।

ऐसा ही है। स्मरण रखना, रोज-रोज जो जान लो उसे छोड़ देना है, ताकि यात्रा दूषित न हो पाए और यात्रा शुद्ध रूप से अनजान, अपरिचित, अज्ञात की बनी रहे। जो जान लो उसे झाड़ देना। वह कचरा हो गया। ज्ञात को इकट्ठा मत करना। ज्ञात से ही तो बुद्धि बनती है। ज्ञात को इकट्ठा ही मत करना। ज्ञात की धूल इकट्ठी मत होने देना, ताकि तुम्हारा चित्त का दर्पण अज्ञात को झलकाता रहे; अज्ञात को पुकारता रहे। अज्ञात का आवाहन और चुनौती आती रहे।

ठीक ऐसा ही है। और यह भी खयाल रखना, यह जो परमात्मा की खोज है यह शुरू तो होती है, पूरी कभी नहीं होती। पूरी हो भी नहीं सकती, क्योंकि परमात्मा अनंत है। इसे तुम पूरा कैसे करोगे? इसे चुकाओगे कैसे? इसे तौलते रहो, तौलते रहो, तौल न पाओगे। अमाप है।

इसलिए रोज-रोज लगेगा पास आए, पास आए; और फिर भी तुम पाओगे, दूर के दूर रहे। रोज-रोज लगेगा मंजिल यह आयी, यह आयी, और फिर भी लगेगा इंतजार जारी है। मगर इंतजार में बड़ा मजा है। मिलने से भी ज्यादा मजा है।

यह जो सतत खोज है और सतत कशिश और खिंचाव है, और यह सतत पुकार है, इसका मजा तो देखो। इसका रस तो अनुभव करो। अगर परमात्मा मिल जाए तो फिर क्या करोगे? बुलाता रहे, दौड़ाता रहे, छिपता रहे। यह छिया-छी चलती रहे। इंतजार जारी रहे।

लेकिन हम बड़े सीमित हैं। हम कहते हैं, अब जल्दी मिल जाओ। इंतजार नहीं चाहिए। हमें पता नहीं हम क्या मांग रहे हैं। अगर यात्रा पूर्ण हो जाए तो फिर मृत्यु के अतिरिक्त कुछ बचता नहीं। पूर्णता तो मृत्यु है। इसलिए यात्रा अपूर्ण रहेगी। क्योंकि मृत्यु है ही नहीं जगत में। अस्तित्व मृत्युविहीन है। यह यात्रा शाश्वत है।

परमात्मा मंजिल नहीं है, यात्रा है। इस तरह सोचना शुरू करो। उसे तुम मंजिल की तरह सोचो ही मत; अन्यथा भ्रांति खड़ी होती है। यात्रा की तरह सोचो। और तब एक नया...नया ही रूप प्रकट होता है। तब कल नहीं है रस; आज है, अभी है, यहीं है। तब ऐसा नहीं है कि किसी दिन पहुंचेंगे और फिर मजा करेंगे, परमात्मा में डूबेंगे और रस लेंगे। प्रतिपल मार्ग पर, राह पर, पक्षियों के गीत में, हवा के झोंकों में, चांद-तारों में, राह की धूल में—सब जगह परमात्मा लिप्त है। सब जगह मौजूद है।

यात्रा है परमात्मा, मंजिल नहीं।

इंतजार बड़ा मधुर है। और यह इंतजार अनंत है। हमारा मन तो मांगता है, जल्दी हो जाए। हमारा मन बड़ा अधीर है।

इतना मत दूर रहो गंध कहीं खो जाए
आने दो आंच रोशनी न मंद हो जाए

देखा तुमको मैंने कितने जन्मों के बाद
चंपे की बदली-सी धूप-छांह आसपास
घूम-सी गई दुनिया यह भी न रहा याद
बह गया है वक्त लिए सारे मेरे पलाश
ले लो ये शब्द, गीत भी न कहीं सो जाए
आने दो आंच रोशनी न मंद हो जाए

उत्सव से तन पर सजा ललचाती महराबें
खींच ली मिठास पर क्यों शीशे की दीवारें

टकरा कर डूब गईं इच्छाओं की नावें
लौट-लौट आई हैं मेरी सब झनकारें
नेह फूल नाजुक न खिलना बंद हो जाए
आने दो आंच रोशनी न मंद हो जाए

क्या कुछ कमी थी मेरे भरपूर दान में?
या कुछ तुम्हारी नजर चूकी पहचान में
या सब कुछ लीला थी तुम्हारे अनुमान में
या मैंने भूल की तुम्हारी मुस्कान में
खोलो देहबंध, मन समाधि-सिंधु हो जाए
आने दो आंच रोशनी न मंद हो जाए

हम बड़े डरे हैं। हम बड़े भयभीत हैं। हम जल्दी मुट्ठी बांध लेना चाहते हैं। हमारा मन बड़ा आतुर है, अशांत है—जल्दी हो।

और कहीं ऐसा न हो कि हम खोजते ही रह जाएं, मिलना ही न हो और यह जीवन खो जाए। कहीं ऐसा न हो कि हम राह की धूल में ही दबे रह जाएं और तेरे द्वार तक कभी पहुंच ही न पाएं। कहीं ऐसा न हो कि हम भटकते ही रहें चांद-तारों में और तेरा घर ही न मिले।

हमारी परमात्मा को देखने की मौलिक दृष्टि भ्रांत है। परमात्मा कहीं और है जहां हमें पहुंचना है, इसमें ही भूल हो रही है। परमात्मा यहां है, अभी है, यहीं है; कहीं और नहीं। यह हमारा ध्यान—'कहीं और' हमें चूका रहा है। परमात्मा यहां है, अभी है, यहीं है। चारों ओर घना है। उसी की रोशनी है। उसी की छाया है। उसी के हरे वृक्ष हैं। उसी के नदी-झरने हैं। उसी के पर्वत-पहाड़ हैं। वही झांक रहा तुम्हारी आंखों से। वही बोलता मुझमें, वही सुनता तुममें। कहीं दूर नहीं है, कहीं पार नहीं है, कहीं और नहीं है; यहीं है, अभी है।

तुम जागो। डूबो इस रस में। इस उत्सव को भोगो। और प्रतिपल क्षुद्र में भी उसे रखो। भोजन करो तो याद रखो, अन्नं ब्रह्म। पानी पीयो, याद रखो, झरने सर-सरिताएं सब उसकी हैं। कंठ में तृप्ति हो, याद रखो वही तृप्त हुआ। गले मिलो प्रियजन के, स्मरण रखो वही आलिंगन कर रहा। ऐसे दूर मंजिल की तरह देखोगे तो दुखी होओगे, परेशान होओगे। और उस परेशानी में जो मौजूद है चारों तरफ, उससे चूकते चले जाओगे।

फिर दोहराता हूं—परमात्मा मंजिल नहीं, मार्ग है; गंतव्य नहीं, गति है; आखिरी पड़ाव नहीं, सभी पड़ाव उसके हैं। आखिरी कोई पड़ाव ही नहीं है। यात्रा ही यात्रा है। अनंत यात्रा है।

खुलता है हरेक रहस्य का दरवाजा दूसरे रहस्य में
प्रत्येक वर्तमान की इति है अशेष भविष्य में

और हर रहस्य का दरवाजा खोल कर जब तुम गहरे उतरोगे, फिर पाओगे नया एक दरवाजा। एक पहाड़ के उत्तुंग शिखर को लांघोगे, सोचोगे आ गए घर, अब और चलना नहीं; पहुंचोगे शिखर पर, पाओगे और बड़ा शिखर प्रतीक्षा कर रहा है। और बड़े शिखर की पुकार आ गई।

और ऐसा ही सदा होता रहेगा। शुभ है। सौभाग्य है कि यात्रा थकती नहीं, चुकती नहीं, अंत नहीं आता। यह खेल शाश्वत है, अनवरत है।

तूफान और आंधी हमको न रोक पाए
वो और थे मुसाफिर जो पथ से लौट आए
संकल्प कर लिया तो संकल्प बन गए हम
मरने के सब इरादे जीने के काम आए
कुछ कल्पनाएं जोड़ीं, कुछ भावनाएं तोड़ीं
दीवानगी में हमने क्या-क्या न गुल खिलाए
आबाद हो गई हैं दुख-दर्द की सभाएं
एक साज की बदौलत सौ तार थरथराए
जाने कहां बसेंगे, जाने कहां लुटेंगे
बादल ने बाग सींचे, बिजली ने घर जलाए
संतोष को सफर में संतोष मिल रहा है
हम भी तो हैं तुम्हारे, कहने लगे पराए
संतोष को सफर में संतोष मिल रहा है
हम भी तो हैं तुम्हारे, कहने लगे पराए

जिस दिन तुम यात्रा को ही गंतव्य मान लोगे उस दिन कोई पराया नहीं, कोई अन्य नहीं, सभी अनन्य हैं। जिस दिन प्रतिपग मंजिल मालूम होने लगेगी उस दिन धन्यभागी हुए; उस दिन प्रभु तुम पर बरसा; उस दिन तुमने पहचाना; उस दिन प्रत्यभिज्ञा हुई।

आखिरी प्रश्न : प्यारे भगवान श्री, हम्मा को बिना सवाल किए जो जवाब दिया, उसे सुन कर मुझे कितनी खुशी हुई यह मैं शब्दों में नहीं कह सकती। आपका आशीर्वाद बरस रहा है।

पहली बात : सवाल हो तो तुम पूछो या न पूछो, जवाब मैं देता हूं। सवाल न हो तो तुम कितना ही पूछो, जवाब मैं नहीं देता। सवाल पूछने से ही जरूरी नहीं है कि सवाल हो। कुछ लोगों को पूछने की बीमारी है। वे बिना पूछे रह नहीं सकते। जैसे खाज खुजलाती है, ऐसी उनकी बीमारी है। वे पूछते चले जाते हैं। उनको इतनी

भी फुरसत नहीं होती कि वे सुनें कि उत्तर क्या दिया। जब मैं उत्तर दे रहा होता हूं तब वे दूसरे प्रश्न बनाते। तब वे सोचते हैं, कल क्या पूछना है। वे आगे पूछने में लग जाते हैं।

कुछ हैं, जिनका धंधा पूछना है। उन्हें उत्तर से कोई प्रयोजन नहीं है। उन्हें प्रश्न पूछना है। उन्हें प्रश्न पूछने में ही सारा रस है।

कुछ हैं, जो उत्तर के लिए प्यासे हैं और पूछते नहीं। उनके लिए भी मैं उत्तर देता हूं। सच तो यह है, वे ही उत्तर पाने के लिए ज्यादा योग्य पात्र हैं। जो पूछते भी नहीं और प्रतीक्षा करते हैं। उत्तर की आकांक्षा है लेकिन प्रश्न पूछने की खुजलाहट नहीं। राह देखते हैं। समय होगा जब, ऋतु आएगी, ठीक-ठीक घड़ी होगी तो भरोसा है उनका कि मैं उत्तर दूंगा।

इसलिए कभी-कभी मैं उनके भी उत्तर देता हूं, जिन्होंने नहीं पूछा। और रोज ही उन बहुतों के उत्तर नहीं देता हूं जो पूछते चले जाते हैं।

असली सवाल पूछना नहीं है, असली सवाल उत्तर को ग्रहण करने की क्षमता। असली सवाल उत्तर को स्वीकार करने की हिम्मत, साहस।

हम्मा ने पूछा नहीं था, उत्तर मैंने दिया। हम्मा को पूछने का कोई आग्रह नहीं है। सुनते हैं। वर्षों से सुनते हैं। चुपचाप सुनते रहते हैं। सुनते हैं—कभी रोते देखता हूं उनको आंसुओं से भरे, कभी हंसते देखता हूं। कभी प्रफुल्लित, कभी आनंदित। लेकिन गहरे सुनते हैं।

ऐसे जो भी सुननेवाले हैं, उनका कोई भी प्रश्न होगा, वे पूछें या न पूछें, मैं उत्तर दूंगा। उनका प्रश्न हो, बस इतना काफी है। ठीक समय पर उन्हें उनका उत्तर मिल जाएगा।

जसु ने कहा कि उसे सुन कर यह बहुत खुश हुई। जसु जानती है। हम्मा उसके पति हैं। जसु उन्हें पहचानती है। वह चौंकी होगी, मैंने जो उत्तर दिया। क्योंकि उसे खयाल है कि हम्मा की जरूरत क्या है। हम्मा को निकट से उसने जाना है। उनकी छाया से परिचित है। उनसे लंबे जीवन का संबंध है।

तो सुन कर चौंकी होगी जब मैंने उत्तर दिया, क्योंकि पूछा नहीं था और दिया। और जो उत्तर दिया वह वही था, जिसकी उन्हें जरूरत थी। और यह भी मैं आपको कहूं—हम्मा ने तो नहीं पूछा था, जसु ने भी नहीं पूछा था, लेकिन जसु पूछना चाहती थी। कहना चाहती थी कि मैं हम्मा को कुछ कहूं। वह उसके प्राणों में था; इसलिए आनंदित हुई।

निश्चित ही शब्दों में कहना मुश्किल है। उसने कहा, आपका आशीर्वाद बरस रहा है।

जब तुम मेरे उत्तर को ग्रहण करने में समर्थ हो जाओगे तो तुम अचानक पाओगे कि आशीर्वाद बरसा। मैं उत्तर नहीं दे रहा हूं, आशीष ही दे रहा हूं। जो इन्हें उत्तर समझते हैं, वे चूक गए। ये कोई शाब्दिक सिद्धांत और शास्त्र की बातें नहीं हैं, जो यहां हो रही हैं। यहां कोई शब्दजाल नहीं है। यहां किन्हीं सिद्धांतों की रचना नहीं की जा रही है और न कोई संप्रदाय गढ़े जा रहे हैं। यहां कोई बौद्धिक उत्तर नहीं खोजे जा रहे।

अगर तुमने मेरा उत्तर ग्रहण कर लिया, अगर तुमने हृदय में उसे जाने दिया, तीर की तरह चुभने दिया तो तुम अनुभव करोगे कि आशीर्वाद की वर्षा हुई। तुम पर निर्भर है।

वर्षा होती है, तुम उल्टे घड़े की तरह भी हो सकते हो। घड़ा रखा रहे खुले आंगन में, वर्षा होती रहे, पानी न भरेगा। तुम फूटे घड़े की भांति भी हो सकते हो। सीधा भी रखा रहे, वर्षा भी होती रहे, पानी भरता भी रहे, फिर भी बचे न।

तुम सीधे और बिन फूटे घड़े की भांति जब स्वीकार करोगे, तुम्हारे मन और मन के विचारों के छिद्र, जब जो मैं तुम्हें दे रहा हूं उसे बहा न ले जाएंगे, जब तुम मुझे निर्विचार होकर सुनोगे तो अछिद्र होकर सुनोगे; उस समय तुम्हारे घड़े में कोई छेद नहीं है। और जब तुम मुझे प्रेम, समर्पण से सुनोगे, श्रद्धा से सुनोगे तो तुम्हारा घड़ा सीधा है। तो वर्षा भर जाएगी। तुम्हें आशीर्वाद का अनुभव होगा।

ये उत्तर नहीं हैं, आशीष ही हैं।

ढोलक ठनके रूठी मन के
रूठे प्रीतम के ढिग बेंसे
घन बरसे
घन बरसे, भीग धरा गमके
घन बरसे
रसधार गिरे, दिन सरस फिरे
पपीहा तरसे न पिया तरसे
घन बरसे
घन बरसे, भीग धरा गमके
घन बरसे

और घन बरस रहा है। रसधार बह रही है। तुम्हारे हाथ में है, कितना पी लो।

तुम मुझे दोषी न ठहरा सकोगे। न पीया तो तुम्हीं जिम्मेवार हो। तुम मुझे उत्तरदायी न ठहरा सकोगे। तुम यह न कह सकोगे कि घन नहीं बरसे थे; कि रसधार नहीं बही थी। यह उपाय तुम्हारे लिए नहीं है। तुम यह न कह सकोगे कि हम बुद्ध के समय में

नहीं थे और क्राइस्ट के समय में नहीं थे, और कृष्ण की बांसुरी को हमने नहीं सुना, क्या करें! तुम यह न कह सकोगे। बांसुरी बज रही है। नहीं सुने तो तुम ही सिर्फ जिम्मेवार हो। सुन लिया तो निश्चित ही आशीर्वाद की वर्षा हो जाएगी। और आशीर्वाद मुक्ति है। आशीष में निर्वाण है।

प्रार्थना में शक्ति है ऐसी
कि वह निष्फल नहीं जाती
जो अगोचर कर चलाते हैं जगत को
उन करों को प्रार्थना नीरव चलाती
प्रार्थना से सुनो। प्रार्थनापूर्ण होकर सुनो।
जो अगोचर कर चलाते हैं जगत को
उन करों को प्रार्थना नीरव चलाती

अगर तुमने प्रार्थनापूर्वक सुन लिया तो तुम्हारे प्राणों से जो भी उठेगा वह परमात्मा को चलाने लगता है। वही तो आशीर्वाद का अर्थ है। उसकी तरफ से आशीर्वाद बरसने लगते हैं।

प्रार्थना में शक्ति है ऐसी
कि वह निष्फल नहीं जाती
जो अगोचर कर चलाते हैं जगत को
उन करों को प्रार्थना नीरव चलाती

कहना भी नहीं पड़ता। बिन कहे भी प्रार्थना पहुंच जाती। बस, हृदय प्रार्थना भरा हो, समर्पित हो, श्रद्धा से आपूर हो, बाढ़ आई हो प्रेम की तो अनंत आशीषों की वर्षा उपलब्ध होगी। आशीष तो बरस ही रहे हैं; तुम्हारा हृदय खुला होगा और तुम उन्हें पाने में समर्थ हो जाओगे।

इसे याद रखना। यहां कोई बौद्धिक निर्वचन नहीं चल रहा है। यहां तो अनिर्वचनीय की बात हो रही है। उसे पाने के लिए भाव ही एकमात्र पात्रता देता है, विचार नहीं। भाव से समझोगे तो ही समझोगे। विचार से समझा तो चूक सुनिश्चित है।

आज इतना ही।

* * *

प्रवचन : 63

महाशय को कैसा मोक्ष!

13 जनवरी, 1977

असमाधेरविक्षेपान्न मुमुक्षुर्न चेतरः।
निश्चित्य कल्पितं पश्यन् ब्रह्मैवास्ते महाशयः।।204।।
यस्यांतः स्यादहंकारो न करोति करोति सः।
निरहंकारधीरेण न किंचिद्धि कृतं कृतम्।।205।।
नोद्विग्नं न च संतुष्टमकर्तृस्पंदवर्जितम्।
निराशं गतसंदेहं चित्तं मुक्तस्य राजते।।206।।
निर्ध्यातुं चेष्टितुं वापि यच्चित्तं न प्रवर्तते।
निर्निमित्तमिदं किंतु निर्ध्यायति विचेष्टते।।207।।
तत्त्वं यथार्थमाकर्ण्य मंदः प्राप्नोति मूढ़ताम्।
अथवाऽऽयाति संकोचममूढ़ः कोऽपि मूढ़वत्।।208।।
एकाग्रता निरोधो वा मूढैरभ्यस्यते भृशम्।
धीराः कृत्यं न पश्यन्ति सुप्तवत् स्वपदे स्थिताः।।209।।

असमाधेरविक्षेपान्न मुमुक्षुर्न चेतरः।
निश्चित्य कल्पितं पश्यन् ब्रह्मैवास्ते महाशयः।।

पहला सूत्रः 'महाशय पुरुष विक्षेपरहित और समाधिरहित होने के कारण न मुमुक्षु है, न गैर-मुमुक्षु है; वह संसार को कल्पित देख ब्रह्मवत रहता है।'

अत्यंत क्रांतिकारी सूत्र है।

साधारण जन परमात्मा के संबंध में कुछ पूछते हैं तो मात्र कुतूहल होता है। कुतूहल से कोई कभी सत्य तक पहुंचता नहीं। कुतूहल तो बड़ी ऊपर-ऊपर की बात है; बचकाना है। जैसे छोटे बच्चे पूछते हैं। जो सामने आ गया उसी के संबंध में प्रश्न पूछ लेते हैं। उत्तर मिले तो ठीक, न मिले तो ठीक। क्षण भर बाद प्रश्न भी भूल जाता है, उत्तर भी भूल जाता है। हवा की तरंग थी, आई और गई। उत्तर दिया तो ठीक, न दिया तो भी कोई चिंता नहीं। उत्तर की कोई गहरी चाह न थी। ऐसे ही प्रश्न उठ गया था। प्रश्न उठाना मन का स्वभाव है।

कुतूहल से कोई कभी सत्य तक नहीं पहुंचता।

कुतूहल से गहरी जाती है जिज्ञासा। जिज्ञासा खोजी बनाती है। जिज्ञासा का अर्थ है, खोज कर रहूंगा। प्रश्न मूल्यवान है। और जब तक इस प्रश्न का उत्तर न मिले तब तक जीवन में अर्थ न होगा।

सुकरात ने कहा है, अपरीक्षित जीवन जीने योग्य नहीं है। जिस जीवन का ठीक से परीक्षण न किया हो और जिस जीवन का अर्थबोध न हो, उसे भी क्या जीना! फिर आदमी और पशु के जीवन में भेद क्या? ठीक विषण, ठीक अर्थबोध, ठीक प्रयोजन का पता चल जाए कि क्यों हूं, तभी जीने का कुछ सार है।

कुतूहल ऊपर-ऊपर है। जिज्ञासा गहरे जाती है, लेकिन फिर भी पूरे प्राणों तक नहीं जाती। अगर जीवन दांव पर लगाना हो तो जिज्ञासु दांव पर नहीं लगाता। उससे भी गहरी जाती है मुमुक्षा।

मुमुक्षा का अर्थ होता है: प्रश्न का उत्तर जीवन से भी ज्यादा मूल्यवान है।

जिज्ञासा का अर्थ होता है: जीवन को जीने के लिए प्रश्न का उत्तर जरूरी है, लेकिन जीवन से ज्यादा मूल्यवान नहीं। अगर कोई कहे कि जीवन को देकर उत्तर मिल सकता है तो क्या सार रहा? जीने के लिए ही उत्तर चाहिए था। अगर जीवन ही गंवा कर उत्तर मिले, उस उत्तर का क्या करेंगे?

मुमुक्षा का अर्थ होता है: मोक्ष की आकांक्षा, परम स्वातंत्र्य की प्रबल अभीप्सा। अब अगर जीवन भी दांव पर लग जाए तो कुछ हर्ज नहीं। इतना महत्वपूर्ण है प्रश्न का उत्तर कि जीवन भी गंवाया जा सकता है; जीवन को भी दांव पर लगाया जा सकता है।

मुमुक्षा और गहरे जाती है। लेकिन यह सूत्र कहता है...ऐसा सूत्र दूसरे किसी शास्त्र में उपलब्ध नहीं है। इसलिए मैं कहता हूं, सूत्र बड़ा क्रांतिकारी है। अष्टावक्र के सूत्र कुछ ऐसे हैं कि किसी शास्त्रकार ने कभी इतने गहरे जाने का साहस नहीं किया।

अष्टावक्र कहते हैं, 'महाशय पुरुष विक्षेपरहित और समाधिरहित होने के कारण न मुमुक्षु है और न गैर-मुमुक्षु है।'

लेकिन एक ऐसी भी दशा है, जहां मुमुक्षा भी नहीं ले जाती। वहां जाने के लिए मुमुक्षा भी छोड़ देनी पड़ती है। तो समझें।

मुमुक्षा का अर्थ होता है: स्वतंत्र होने की आकांक्षा, मोक्ष की आकांक्षा। लेकिन मोक्ष का स्वभाव ऐसा है कि कोई भी आकांक्षा हो तो मोक्ष संभव न हो पाएगा। मोक्ष की आकांक्षा भी बाधा बन जाएगी। आकांक्षा मात्र बंधन बन जाती। धन की आकांक्षा तो बंधन बनती ही है, प्रेम की आकांक्षा तो बंधन बनती ही है, लेकिन मोक्ष की आकांक्षा, परमात्मा को पाने की आकांक्षा भी अंतिम बंधन है; आखिरी बंधन है। बड़ा स्वर्णनिर्मित है बंधन; हीरे-जवाहरातों जड़ा है। धन्यभागी हैं वे जिनके हाथों में मोक्ष का बंधन पड़ा हो, लेकिन है तो बंधन ही। यह खयाल कि मैं मुक्त हो जाऊं, बेचैनी पैदा करेगा। और यह खयाल कि मैं मुक्त हो जाऊं, वर्तमान से अन्यथा ले जाएगा, भविष्य में ले जाएगा। यह तो वासना का फैलाव हो गया। नई वासना है, पर है वासना। सुंदर वासना है, पर है वासना।

और बीमारी कितनी ही बहुमूल्य हो, हीरे-जवाहरातों जड़ी हो, इससे क्या फर्क पड़ता है? चाहे चिकित्सा-शास्त्री कहते हों कि बीमारी साधारण बीमारी नहीं है राजरोग है, सिर्फ राजाओं-महाराजाओं को होता है तो भी क्या फर्क पड़ता है? राजरोग भी रोग ही है।

मोक्ष की वासना भी वासना है। इसे समझने की थोड़ी चेष्टा करें। आदमी बंधा क्यों है? बंधन कहां है? बंधन इस बात में है कि हम जो हैं, उससे हम राजी नहीं, कुछ और होना है। तो जो हैं उसमें हमारी तृप्ति नहीं। जहां हम हैं, जैसे हम हैं, वहां हमारा उत्सव नहीं। कहीं और होंगे तो नाचेंगे। यहां आंगन टेढ़ा है। आज तो नहीं नाच सकते। आज तो सुविधा नहीं है, कल नाचेंगे, परसों नाचेंगे। कल आता नहीं। कल ही नहीं आता तो परसों तो आएगा कैसे? रोज जब भी समय मिलता है वह आज होता है। और जो भी पास आ जाता है वही आंगन टेढ़ा हो जाता है।

हमारे जीवन की धारा भविष्योन्मुख है। कल स्वर्ग में, मोक्ष में, कहीं और सुख है; यहां तो दुख है। वासना का अर्थ है: यहां दुख, सुख कहीं और। सुख सपने में, यथार्थ में दुख। तो हम सपने को उतार लाने की चेष्टा करते हैं। स्वर्ग को उतारना है पृथ्वी पर या अपने को ले जाना है स्वर्ग में। लेकिन आज और अभी और यहीं तो महोत्सव नहीं रच सकता। आज तो बांसुरी नहीं बजेगी। और जिसकी बांसुरी आज नहीं बज रही वही बंधन में है। उसकी बांसुरी कभी नहीं बजेगी। या तो आज, या कभी नहीं। या तो अभी, या कभी नहीं।

बंधन का अर्थ है, हम भविष्य से बंधे हैं। बंधन का अर्थ है, भविष्य की वासना की डोर हमें खींचे लिए जाती है और हम आज मुक्त नहीं हो पाते। भविष्य हमें बांधे है। वर्तमान मुक्त करता है। वर्तमान मुक्ति है। मोक्ष अभी है और संसार कल है।

तुमने अक्सर उलटी बात सुनी है। तुमने सुना है, संसार यहां है और मोक्ष वहां है। मैं तुमसे कहना चाहता हूं मोक्ष यहां है, संसार वहां है। अभी जो मौजूद है यही मुक्ति है। अगर तुम इस क्षण में लीन हो जाओ, तल्लीन हो जाओ, डुबकी लगा लो, तुम मुक्त हो गए। तुम अगर कल की डोर में बंधे खिंचते रहो तो तुम्हारे पैर में जंजीरें पड़ी रहेंगी। तुम कभी नाच न पाओगे। तुम्हारे जीवन में कभी आभार का, आशीष का क्षण न आ पाएगा।

अष्टावक्र कहते हैं, इसका अर्थ हुआ कि मुमुक्षा भी बंधन है। मोक्ष की आकांक्षा भी तो कल में ले जाती है। मोक्ष तो कभी होगा, मरने के बाद होगा, मृत्यु के बाद होता है। अगर जीवन में भी होगा तो आज तो नहीं होना है। बड़ी साधना करनी होगी, बड़े हिमालय के उत्तुंग शिखर चढ़ने होंगे। गहन अभ्यास, महायोग, तप, जप, ध्यान, फिर कहीं अंतिम फल की भांति आएगा मोक्ष। प्रतीक्षा करनी होगी। धीरज रखना होगा। श्रम करना होगा। मोक्ष फल की तरह आएगा।

मोक्ष फल नहीं है, मोक्ष तुम्हारा स्वभाव है। इसलिए मोक्ष कल नहीं है, मोक्ष अभी है, यहीं है। तो मुमुक्षा बाधा बनेगी। जो मुमुक्षा से भरा है वह कुतूहल से तो बेहतर है, जिज्ञासा से भी बेहतर है, लेकिन उससे भी ऊपर एक दशा है। मुमुक्षु के पार, वीत-मुमुक्षा की भी एक दशा है; जहां अब यह भी आकांक्षा न रही कि मोक्ष हो, स्वतंत्रता हो; जहां सारी आकांक्षाएं आमूल गिर गईं। संसार की तो मांग रही ही नहीं, परमात्मा की भी मांग न रही; मांग ही न रही।

उस घड़ी तुम्हारे भीतर जो घटता है वही मोक्ष है। उस घड़ी तुम जिसे जानते हो वही परमात्मा है। उस घड़ी तुम्हारे भीतर जो प्रकाश फैलता है—क्योंकि अब उस प्रकाश को बाधा डालनेवाली कोई दीवाल न रही—वही प्रकाश तुम्हारा स्वभाव है।

तो मुमुक्षा के भी ऊपर जाना है।

'महाशय पुरुष...।'

महाशय का अर्थ होता है, जिसका आशय विराट हो गया, महा-आशय। जिसका आशय आकाश जैसा हो गया, जिसके आशय पर कोई सीमा न रही।

हम तो साधारणतः किसी को भी महाशय कहते हैं। शिष्टाचार तो ठीक है, लेकिन महाशय तो कभी किसी बुद्ध को, अष्टावक्र को, क्राइस्ट को, कृष्ण को, लाओत्सु को ही कहा जा सकता है। सभी को महाशय नहीं कहा जा सकता। कहते हैं, शिष्टाचार है—इस आशा में कि शायद जो आज महाशय नहीं है, कल हो जाएगा। यह हमारी शुभाकांक्षा है, लेकिन सत्य नहीं है।

महाशय का अर्थ होता है: जिसके ऊपर आकांक्षा की कोई सीमा न रही। आकांक्षा से मुक्त जिसका आकाश हो गया वही महाशय है। जिसको अब आकांक्षा

का क्षितिज बांधता नहीं। जिस पर अब कोई सीमा ही नहीं है, असीम है। जिसके भीतर की चैतन्य-दशा अब किसी चीज की प्रतीक्षा नहीं कर रही है।

क्योंकि जिसकी तुम प्रतीक्षा कर रहे हो उसी से अटके हो। जिसकी तुम प्रतीक्षा कर रहे हो उसी पर तुम्हारा सुख-दुख निर्भर है। जिसकी तुम प्रतीक्षा कर रहे हो, मिलेगा तो प्रसन्न हो जाओगे, नहीं मिलेगा तो विषाद से भर जाओगे। पर-निर्भरता जारी रहेगी। मोक्ष का अर्थ है, अब मैं पर-निर्भर नहीं। अब मैं अपने में पूरा हूं, समग्र हूं। अब किसी भी बात की जरूरत नहीं है। जो होना था, जो चाहिए था, है; सदा से है। ऐसी महाशय की दशा।

'महाशय पुरुष विक्षेपरहित...।'

फिर विक्षेप का कोई कारण ही नहीं है। विक्षेप तो पड़ता ही इसलिए है कि हमारी कोई आकांक्षा है। तुम्हें धन चाहिए तो विक्षेप पड़ेगा, क्योंकि और लोगों को भी धन चाहिए। संघर्ष होगा, प्रतिस्पर्धा होगी, दुश्मनी होगी, प्रतियोगिता होगी। पक्का नहीं है कि तुम पा पाओगे। क्योंकि और भी प्रतियोगी हैं, बलशाली प्रतियोगी हैं। यह कोई सहज होने वाला नहीं है। तुम्हें पद चाहिए तो भी उपद्रव होगा, विघ्न खड़े होंगे। हजार बाधाएं आ जाएंगी।

तुम्हें अगर मोक्ष चाहिए तो भी तुम पाओगे कि हजार बाधाएं हैं। शरीर बाधाएं खड़ी करता है, मन बाधाएं खड़ी करता है। वासनाएं उत्तुंग हो जाती हैं, कामनाएं दौड़ती हैं। हजार-हजार विक्षेप खड़े हो जाते हैं। बांधो, सम्हालो, गांठ बंधती नहीं, खुल-खुल जाती है। इधर से सम्हालो, उधर से बिखर जाता। एक तरफ से बसा पाते हो कि दूसरी तरफ से उजड़ जाता है। ऐसे उधेड़बुन में जीवन बीतता।

जब तक तुम्हारे मन में आकांक्षा है तब तक विक्षेप भी रहेगा। विक्षेप तो ऐसा ही है जैसे कि आकांक्षा की आंधी चलती हो तो शांत झील पर लहरें उठती हैं। वे लहरें विक्षेप हैं। जब तुम्हारे चित्त पर आकांक्षा की आंधी चलती है तो लहरें उठती हैं। लहरों से मत लड़ो। लहरों से लड़ कर कुछ सार न होगा। यहीं फर्क है अष्टावक्र और पतंजलि का।

पंतजलि कहते हैं, 'चित्तवृत्तिनिरोध।' चित्त की वृत्तियों का निरोध करने से योग हो जाता है। यही उनकी समाधि की परिभाषा है—वृत्तियों का निरोध। वृत्ति का मतलब हुआ : तरंग, लहर।

अष्टावक्र कहते हैं, वृत्तियों का कैसे निरोध करोगे? आंधी चल रही है, अंधड़ उठा है, तूफान, बवंडर है। तुम छोटी-छोटी ऊर्मियों को शांत कैसे करोगे? एक-एक लहर को शांत करते रहोगे, अनंत काल तक भी न हो पाएगा। आंधी चल ही रही है, वह नई लहरें पैदा कर रही है।

अष्टावक्र कहते हैं, लहरों को शांत करने की फिकर छोड़ो, आंधी से ही छुटकारा पा लो। और आंधी तुम ही पैदा कर रहे हो, यह मज़ा है। आकांक्षा की आंधी, वासना की आंधी, कामना की आंधी। कामना की आंधी चल रही है तो लहरें उठती हैं। अब तुम लहरों को शांत करने में लगे हो। मूल को शांत कर दो, तरंगें अपने से शांत हो जाएंगी। तुम वासना छोड़ दो।

यह तो तुमसे औरों ने भी कहा है, वासना छोड़ दो। लेकिन अष्टावक्र का वक्तव्य परिपूर्ण है। और कहते हैं वासना छोड़ दो, वे कहते हैं संसार की वासना छोड़ दो, प्रभु की वासना करो। तो आंधी का नाम बदल देते हैं। सांसारिक आंधी न रही, असांसारिक आंधी हो गई। धन की आंधी न रही, ध्यान की आंधी हो गई; पर आंधी चलेगी। लेबल बदला, नाम बदला, रंग बदला, लेकिन मूल वही का वही रहा। पहले तुम मांगते थे इस संसार में पद मिल जाए, अब परमपद मांगते हो। मगर मांग जारी है। और तुम भिखमंगे के भिखमंगे हो।

अष्टावक्र कहते हैं छोड़ ही दो। संसार और मोक्ष, ऐसा भेद मत करो। आकांक्षा आकांक्षा है; किसकी है, इससे भेद नहीं पड़ता। धन मांगते, पद मांगते, ध्यान मांगते, कुछ फर्क नहीं पड़ता। मांगते हो, भिखमंगे हो। मांगो मत। मांग ही छोड़ दो।

और मांग छोड़ते ही एक अपूर्व घटना घटती है; क्योंकि जो तुम्हारी ऊर्जा मांग में नियोजित थी, हजारों मांगों में उलझी थी वह मुक्त हो जाती है। वही ऊर्जा मुक्त होकर नाचती है। वही नृत्य महोत्सव है। वही नृत्य है परमानंद, सच्चिदानंद।

कुछ ऊर्जा धन पाने में लगी है, कुछ पद पाने में लगी है, कुछ मंदिर में जाती है, कुछ दूकान पर जाती है। कुछ बचता है थोड़ा-बहुत तो ध्यान में लगाते हो, गीता-कुरान पढ़ते हो, पूजा-प्रार्थना करते हो; ऐसी जगह-जगह उलझी है तुम्हारी ऊर्जा।

अष्टावक्र कहते हैं, महाशय हो जाओ, सब जगह से छोड़ दो। आकांक्षा का स्वभाव समझ लो। आकांक्षा का स्वभाव ही तरंगें उठा रहा है।

कभी तुमने खयाल किया? एक घड़ी को बैठ जाओ, कुछ भी न चाहते हो, उस क्षण कोई तरंग उठ सकती है? कुछ भी न चाहते हो, कोई मांग न बचे तो लहर कैसे उठेगी? तुम कहते हो हम ध्यान करने बैठते हैं लेकिन विचार चलते रहते हैं। उसका कारण यही है कि तुम ध्यान करने तो बैठे हो लेकिन तुम आकांक्षा का स्वरूप नहीं समझे हो। हो सकता है तुम ध्यान करने इसीलिए बैठे होओ कि कुछ आकांक्षाएं पूरी करनी हैं, शायद ध्यान से पूरी हो जाएं।

मेरे पास लोग आते हैं, वे पूछते हैं, अगर ध्यान करेंगे तो सुख-संपत्ति मिलेगी? सुख-संपत्ति मिलेगी, अगर ध्यान करेंगे? अब यह आदमी ध्यान कैसे करेगा? यह तो सुख-संपत्ति चाहने के लिए ही ध्यान करना चाहता है। अब जब यह ध्यान करने बैठे

और सुख-संपत्ति के विचार उठने लगें तो आश्चर्य क्या है? फिर यह कहेगा कि ध्यान नहीं होता क्योंकि विचार चलते हैं। जब ध्यान करने बैठता है तो विचार चलते हैं, तो सोचता है विचार नहीं चलने चाहिए, तो विचारों को रोकता है। और ध्यान करने बैठा ही आकांक्षा से है। क्षुद्र आशय—सुख-संपत्ति!

कोई कहता है ध्यान करेंगे तो स्वास्थ्य मिलेगा? कोई कहता है ध्यान करेंगे तो सफलता हाथ लगेगी? अभी तो विफलता ही विफलता लगती है। ध्यान से जीवन का ढंग बदल जाएगा? सफलता हाथ लगेगी?

अब यह जो आदमी सफलता की आकांक्षा से बैठा पालथी मार कर, आंख बंद करके, इसके भीतर सफलता की तरंगें तो चल ही रही हैं। उलझा रहता था बाजार में तो शायद इतना पता भी न चलता था। अब खाली बैठ गया है सिद्धासन लगा कर, अब कोई काम भी न रहा, तरंगें और शुद्ध होकर चलेंगी। उलझन भी न रही कोई। मगर आंधी तो बह रही है। अंधड़ तो जारी है।

अष्टावक्र कहते हैं, आकांक्षा की आंधी तुम्हें अंधा बनाए हुए है। आकांक्षा की आंधी ने तुम्हें सीमा दे दी है। तुम वही हो गए हो, जो तुमने आकांक्षा पाल ली है। अगर तुम वस्तुओं को संग्रह करने में लगे हो तो अंततः तुम पाओगे, तुम वस्तुओं जैसे ही गए-बीते हो गए हो। किसी कचरेघर में फेंक देने योग्य हो गए। अगर तुमने धन चाहा तो तुम एक दिन पाओगे, कि तुम भी धन के ठीकरे हो गए। जो तुम चाहोगे वैसे ही हो जाओगे। क्योंकि चाह तुम्हारी सीमा बनती है। और चाह का रंग-रंगत तुम पर चढ़ जाती है। तुम वैसे ही हो जाते हो।

तुमने कभी देखा—कंजूस आदमी की आंखें देखीं? उनमें वैसी ही गंदी घिनौनी छाया दिखाई पड़ने लगती है जैसे घिसे-पिटे सिक्कों पर होती है। तुमने कंजूस, कृपण आदमी का चेहरा देखा? उसमें वैसा ही चिकनापन दिखाई पड़ने लगता है घिनौना जैसा सिक्कों पर होता है। घिसते हैं एक हाथ, दूसरे हाथ, उधार चलते रहते हैं, वैसा ही घिनौनापन उसके चेहरे पर आ जाता है।

तुम जो चाहोगे, तुम्हारी जो चाह होगी वही तुम्हारी मूर्ति बन जाएगी। कामी की आंख देखी? उसका चेहरा देखा? उसके चेहरे पर कामवासना प्रगाढ़ होकर मौजूद हो जाती है। उसके मन की भी पूछने की जरूरत नहीं, उसका चेहरा ही बता देगा। क्योंकि चित्त पूरा का पूरा चेहरे पर उंड़ला आता है। चेहरा तो दर्पण है। जो आकांक्षा भीतर चलती है, चेहरे पर उसके चिह्न बन जाते हैं, मिटते नहीं।

बड़ी पुरानी सूफी कथा है। एक सम्राट ने—जो मूसा का भक्त था—अपने चित्रकार को कहा, राज्य के बड़े से बड़े चित्रकार को, कि मूसा की एक तस्वीर बना दो मेरे दरबार में लगाने को। वह चित्रकार गया। मूसा जीवित थे। वह मूसा के पास

रहा, महीनों में तस्वीर पूरी की, फिर वह आया। और वह तस्वीर दरबार में लगी तो राजा नाखुश हुआ। उसने कहा, यह तस्वीर मूसा की नहीं मालूम पड़ती। चेहरे पर तो ऐसे लगता है, जैसे कोई हत्यारा हो। चेहरे पर तो ऐसे लगता है जैसे कोई कामी हो। चेहरे पर शांति की, ध्यान की, समाधि की झलक नहीं है। कुछ भूल हो गई।

चित्रकार ने कहा, मैंने कुछ भूल नहीं की है। जैसा चेहरा था वैसा ही अंकित कर दिया है। सम्राट मूसा को मिलने गया और उसने मूसा को कहा कि मुझे बड़ी बेचैनी होती है उस चित्र को देख कर। वह आपका चित्र नहीं मालूम पड़ता। उस पर तो ऐसा लगता है, जैसे किसी हत्यारे की छाया हो। आंख में जैसे किसी गहन वासना का रोग हो। चेहरे पर आपकी परम आभा और दीप्ति नहीं है।

मूसा हंसने लगे। और मूसा ने कहा, चित्रकार ठीक है। वह मेरे पहले दिनों की कथा है। वे चिह्न गहरे पड़ गए हैं, मिटते नहीं। मैं बदल गया लेकिन चेहरे पर जो चिह्न पड़ गए हैं वे मिटते नहीं। वह मेरे आधे जीवन की कहानी है। अब मैं ध्यान भी करता हूं, अब मैं शांत भी हूं, अब कोई वासना भी नहीं रही है, अब कोई संघर्ष भी नहीं है, हिंसा, क्रोध भी नहीं है लेकिन वह सब था। चित्रकार ने ठीक पकड़ा। उसने चमड़ी के भीतर पकड़ लिया। मैं भी जानता हूं। जब मैं गौर से आईने में अपने को देखता हूं, गौर से देखता हूं तो मुझे भी दिखाई पड़ती हैं वे छायाएं, जो कभी थीं; जिनके चिह्न पड़े रह गए हैं। सांप निकल गया है लेकिन राह पर लकीर पड़ी रह गई है। रस्सी जल गई है, ऐंठ रह गई है।

तुम जो हो—तुम्हारी वासना की छाप, वही हो तुम।

महाशय का अर्थ है, जिसने अंतिम वासना भी छोड़ दी। मोक्ष को पाने की वासना भी छोड़ दी। ऐसा व्यक्ति विक्षेपरहित। और अनूठी बात सुनते हो?

अष्टावक्र कहते हैं, 'और समाधिरहित।'

जब विक्षेप ही न रहा तो समाधि की क्या जरूरत? समाधि तो ऐसी है जैसे औषधि। रोग है तो औषधि की जरूरत है। रोग ही न रहा तो औषधि की क्या जरूरत? समाधि का अर्थ होता है समाधान। समस्या है तो समाधान चाहिए। समस्या ही न रही तो समाधान की क्या जरूरत! तो यह बड़ा अनूठा सूत्र है—

असमाधेरविक्षेपान्न मुमुक्षुर्न चेतरः।

न तो मुमुक्षा है, न न-मुमुक्षा है। न समाधि है, न विक्षेप।

'ऐसा जो महाशय है वह संसार को कल्पित देख कर ब्रह्मवत रहता है।'

इसे भी खयाल रखना। अष्टावक्र कहते हैं, एक ही बात घटती है उस व्यक्ति को, इस महाशय की अवस्था में—संसार स्वप्नवत हो जाता है। नहीं कि मिट जाता

है; खयाल रखना, मिट नहीं जाता। अनेकों को भ्रांति है कि ज्ञानी के लिए संसार मिट जाता है। मिट नहीं जाता, स्वप्नवत हो जाता है। होता है, लेकिन एक बात निश्चित हो जाती है ज्ञानी के भीतर कि आभास मात्र है।

तुमने देखा? एक सीधी लकड़ी को पानी में डाल दो, तिरछी दिखाई पड़ने लगती है। तुम जानते हो सीधी है। खींच कर निकालो, सीधी है। फिर पानी में डालो, अब तुम भलीभांति जानते हो कि पानी में जाकर तिरछी होती नहीं, सिर्फ दिखाई पड़ती है; फिर भी तिरछी ही दिखाई पड़ती है। पानी में हाथ डाल कर लकड़ी को छूकर देख लो, सीधी की सीधी है; मगर दिखाई तिरछी पड़ती है। अब तुम जानते हो कि लकड़ी सीधी है, तिरछी नहीं, सिर्फ आभास होता है। किरण के नियमों के कारण, प्रकाश के नियमों के कारण तिरछी दिखाई पड़ती है। हवा के माध्यम और पानी के माध्यम में फर्क है, इसलिए तिरछी दिखाई पड़ती है।

ज्ञानी को संसार मिट नहीं जाता, स्वप्नवत हो जाता है।

निश्चित्य कल्पितं...।

एक ही बात निश्चित हो जाती है कि कल्पना मात्र है।

पश्यन् ब्रह्मैवास्ते महाशयः।

और ऐसा देख कर...।

पश्यन् ब्रह्मैव आस्ते।

और ऐसा देख कर महाशय, ज्ञानी ब्रह्म में ठहर जाता। अपने ब्रह्मस्वरूप में लीन हो जाता।

पश्यन् ब्रह्मैवास्ते।

डुबकी लगा लेता है। ठहर जाता। केंद्र पर आ जाता। कल्पना है संसार, ऐसा जान कर अब कल्पना के पीछे दौड़ता नहीं।

राम की कथा में तुमने देखा? स्वर्णमृग के पीछे दौड़ गए। कथा मधुर है। कोई भी जानता है कि मृग सोने के होते नहीं। कल्पना ही होगी। धोखा ही होगा। सपना ही होगा। भ्रांति ही होगी। फिर भी राम स्वर्णमृग को खोजने चले गए। ऐसे गए स्वर्णमृग को खोजने, जो नहीं था उसे खोजने गए, सीता को गंवा बैठे।

यह कथा मधुर है, अर्थपूर्ण है। ऐसे ही प्रत्येक व्यक्ति के भीतर का राम स्वर्णमृगों को खोजने चला गया है। और ऐसे ही प्रत्येक व्यक्ति के भीतर के राम ने अपनी सीता को गंवा दिया, अपने स्वभाव को गंवा दिया। जो अपना था वह गंवा दिया। उसके पीछे चले गए हैं, जो नहीं है; जो सिर्फ दिखाई पड़ता है। जिस दिन तुम्हें दिखाई पड़ जाएगा कि स्वर्णमृग वास्तविक नहीं है, धोखा है, भ्रमजाल है, उसी क्षण तुम लौट आओगे। उसी क्षण अपने में ठहर जाओगे।

पश्यन् ब्रह्मैव आस्ते।

उसी क्षण तुम अपने में खड़े हो जाओगे। थिर! स्वस्थ! अब तुम कहीं नहीं जाते। अब तुम जानते हो। ऐसा नहीं है कि स्वर्णमृग अब दिखाई न पड़ेंगे; अब भी दिखाई पड़ेंगे। सुबह की धूप में उनका स्वर्ण चमकेगा। उनका बुलावा अब भी आता रहेगा लेकिन अब तुम जानते हो, एक बात निश्चित हो गई कि संसार कल्पना मात्र है।

जब भी किसी नये सांचे में हम अपने को ढाल रहे हैं
सोना-मढ़े दांत के नीचे जैसे कीड़े चाल रहे हैं

गंगा-जमनी चमक दांत की सिरज रही उन्मुक्त ठहाका
ईर्ष्या की चंचल आंखों में काजल-सा है चिह्न धुआं का
विज्ञापन परिचय के सिगरेटों के दौर उछाल रहे हैं

ये सारे संदर्भ स्वयं में अर्थहीन हो गए जतन के
जैसे रत्नजड़ी तलवारें शयनकक्ष में राजभवन के
हीन ग्रंथियों के विषरस को कंचन के घट पाल रहे हैं

अपने को अभिव्यक्त न कर पाने का दर्द और बढ़ जाता
जब कोई मुसकान व्यथा की सोने का पानी चढ़ जाता
राजा के लक्षण हों जिसमें, हम ऐसे कंगाल रहे हैं
राजा के लक्षण हों जिसमें, हम ऐसे कंगाल रहे हैं

लक्षण तो राजा के हैं, भीख मांग रहे हैं। भिक्षापात्र हाथ में लिए खड़े हैं सम्राट। राम सोने के मृगों में भटक गए हैं और गंवा रहे हैं अपनी सीता को, अपनी आत्मा को।

इतना ही ज्ञानी को हो जाता है। बस इतनी ही घटना घटती है—छोटी कहो, बड़ी कहो, इतनी ही घटना घटती है कि वासना मात्र, कामना मात्र मेरी ही कल्पना का जाल है, ऐसा निश्चय हो जाता है। ऐसा निश्चय होते ही अब न कोई समाधि की जरूरत है, न कोई मुमुक्षा की जरूरत है, न कोई चित्त की तरंगों को शांत करने की। अब चित्तवृत्ति-निरोध नहीं करना है। हो गया निरोध अपने से। मूल को हटा दिया। आंधी को हटा दिया।

और खयाल रखना, आंधी दिखाई नहीं पड़ती, तरंगें दिखाई पड़ती हैं। जो दिखाई पड़ता है उससे लड़ने का मन होता है। जो दिखाई नहीं पड़ता उसकी तो याद ही नहीं आती। इसलिए अष्टावक्र पतंजलि से गहरे जाते हैं। पतंजलि की बात सीधी-साफ है। लहरें दिखाई पड़ रही हैं चित्त की, इनको शांत करो। यम से, नियम

से, आसन से, धारणा से, ध्यान से, समाधि से इन्हें शांत करो। इनके शांत हो जाने से कुछ होगा। योग का मार्ग है चित्त के साथ संघर्ष का।

पतंजलि पूरे होते हैं समाधि पर; और अष्टावक्र की यात्रा ही शुरू होती है समाधि को छोड़ने से। जहां अंत आता है पतंजलि का वहीं प्रारंभ है अष्टावक्र का। अष्टावक्र आखिरी वक्तव्य हैं। इससे ऊपर कोई वक्तव्य कभी दिया नहीं गया। यह इस जगत की पाठशाला में आखिरी पाठ है। और जो अष्टावक्र को समझ ले, उसे फिर कुछ समझने को शेष नहीं रह जाता। उसने सब समझ लिया। और जो अष्टावक्र को समझ कर अनुभव भी कर ले, धन्यभागी है। वह तो फिर ब्रह्म में रम गया।

जब तक तुम आशय में बंधे हो तब तक तुम्हारी सीमा है। जिस दिन तुम आशय से मुक्त हुए उसी दिन सीमा से मुक्त हुए। सीमा तुम्हारी धारणा में है। तुमने खींच रखी है। यह जो लक्ष्मण रेखा तुमने खींच रखी है, किसी और ने नहीं खींची है, तुम्हीं ने खींच रखी है। और अब तुम निकल नहीं पाते। अब तुम कहते हो, लक्ष्मण रेखा के बाहर कैसे जाएं? डर लगता है। घबड़ाहट होती है।

गुरजिएफ ने लिखा है कि वह अपने युवावस्था के दिनों में मध्य एशिया के बहुत से देशों में यात्रा करता रहा सत्य की खोज में। कुर्दिस्तान में उसने एक अनूठी बात देखी। पहाड़ी इलाका है। स्त्रियों को, पुरुषों को बड़ी मेहनत करनी पड़ती है, तब कहीं दो जून रोटी जुटा पाते हैं। तो बच्चों को घर छोड़ जाते हैं। जंगल-पहाड़ में लकड़ी काटने जाते हैं, काम करने जाते हैं। तो उन्होंने एक तरकीब निकाल रखी है। वे बच्चों के चारों तरफ चॉक की मिट्टी से एक लकीर खींच देते हैं, गोल घेरा बना देते हैं। और बच्चे को कह देते हैं, बाहर तू निकल न सकेगा, चाहे कुछ भी कर।

छोटे बचपन से यह बात कही जाती है। धीरे-धीरे बच्चा इसका अभ्यस्त हो जाता है। बस लकीर खींच दो कि वह उसके भीतर बैठा रहता है। जब गुरजिएफ ने यह देखा तो वह बड़ा हैरान हुआ कि दुनिया में यह कहीं नहीं होता, लेकिन कुर्दिस्तान में होता है। और मां-बाप बड़े निश्चिंत जंगल चले जाते हैं अपना काम करने दिन भर। बच्चा रोए, गाए, कुछ भी करे, लेकिन लकीर के बाहर नहीं निकलता।

और बच्चे की तो बात छोड़ दो, जो कि इसी का अभ्यास बचपन से किया जाता है; अगर किसी बड़े आदमी के आस-पास भी तुम लकीर खींच दो और कह दो, तुम बाहर न जा सकोगे, तो वह भी एकदम खड़ा रह जाता है। वह चेष्टा भी करता है तो ऐसा लगता है, कोई अदृश्य दीवाल उसे धक्के दे रही है।

कहीं कोई दीवाल नहीं है, धारणा की दीवाल है। वह निकलने नहीं देती। कभी-कभी कोई चेष्टा भी करता है तो धक्का खाकर गिर पड़ता है। और धक्का खाने को कुछ भी नहीं है, अपना ही भाव—कि निकलना हो नहीं सकता।

यह तुम चकित होओगे जान कर, लेकिन सम्मोहन के ये सामान्य नियम हैं। और इसी तरह तुम्हारा जीवन भी न मालूम कितनी लकीरों से ग्रसित है। वे लकीरें तुमने खींची हैं—तुम्हारे मां-बाप ने, समाज ने, व्यवस्था ने। मगर वे लकीरें सब झूठी हैं। पर एक बार खींच दी तो बस, खिंच गई।

किसी ने लकीर खींच दी कि तुम हिंदू हो। अब तुम हिंदू हो गए। अब तुम हिंदू से इधर-उधर हिल न पाओगे। दीवाल खड़ी है। निकलने की कोशिश की तो चोट खाकर गिरोगे। किसी ने लकीर खींच दी कि तुम मुसलमान हो, तुम मुसलमान हो गए। किसी ने लकीर खींच दी कि जैन हो तो जैन हो गए। ये सब लकीरें हैं। और इन सबके कारण तुम क्षुद्र आशय हो गए हो। तुम्हारा महाशय रूप खो गया। लोग जो कह देते हैं वही तुम हो गए हो।

मनोवैज्ञानिक कहते हैं, अगर किसी बच्चे को घर में भी कहा जाए कि तू गधा है; स्कूल में भी कहा जाए कि तू गधा है, वह गधा हो जाता है। जब इतने लोग कहते हैं तो ठीक ही कहते होंगे। धारणा मजबूत हो जाती है। धारणा एक बार गहरी बैठ जाए तो उखाड़ना बहुत मुश्किल हो जाता है।

तुम जरा जांचना; कितनी-कितनी धारणाओं से तुम भरे हो। और इन धारणाओं को तुमने ही सम्हाल रखा है। अब कोई पकड़े भी नहीं है। तुम्हारे मां-बाप भी तुम्हारे पास नहीं होंगे। समाज भी अब तुम्हें कोई रोज तुम्हारे आस-पास लकीरें नहीं खींच रहा है। खींच चुका; बात आई-गई हो गई। लेकिन अब तुम जीए चले जा रहे हो। अब तुम अपनी ही लकीरों में बंद हो। और तब तुम्हारे जीवन में वह महाक्रांति नहीं घट पाती तो आश्चर्य नहीं।

फूल डाली से गुंथा ही झर गया
घूम आई गंध पर संसार में
फूल तो बंधा है; गंध मुक्त है।
फूल डाली से गुंथा ही झर गया
घूम आई गंध पर संसार में
गंध जैसे बनो। महाशय बनो। फूल जैसे मत रहो, सीमित मत रहो।
था गगन में चांद, लेकिन चांदनी
व्योम से लाई उसे भू पर उतार
बांस की जड़ बांसुरी को एक स्वर
कर गया गुंजित जगत के आरपार
और मिट्टी के दीये को एक लौ
दे गई चिर ज्योति चिर अंधियार में

घूम आई गंध पर संसार में
फूल डाली से गुंथा ही झर गया
बद्ध सीमा में समुंदर था मगर
मेघ बन उसने छुआ जा आसमान
तृप्ति बंधी एक जल-कण में रही
विष अमृत का दे गई पर प्यासदान
कूल जो लिपटा हुआ था धूल से
संग लहर के तैर आया धार में
घूम आई गंध पर संसार में
फूल डाली से गुंथा ही झर गया

तुम पर निर्भर है। फूल बने-बने ही गिर जाओगे, सूख जाओगे या असीम बनोगे—महाशय! गंध की तरह मुक्त! कि घूम आओ सारे संसार में।

गंध बन जाओ तो मैं कहता हूं संन्यासी हो गए। फूल रह जाओ तो गृहस्थ। फूल यानी सीमा है, घर है। फूल यानी परिभाषा है, बंधन है, दीवाल है। संन्यास यानी गंध जैसे मुक्त। सब दिशाएं खुल गईं। सारी हवाएं तुम्हारी हुईं। सारा आकाश तुम्हारा हुआ।

'जिसके अंतःकरण में अहंकार है, वह जब कर्म नहीं करता है तो भी करता है। और अहंकाररहित धीरपुरुष जब कर्म करता है तो भी नहीं करता है।'

यस्यांतः स्यादहंकारो न करोति करोति सः।
निरहंकारधीरेण न किंचिद्धि कृतं कृतम्।।

अहंकार है तो तुम कुछ न करो तो भी कर्म हो रहा है। क्योंकि अहंकार का अर्थ ही यह भाव है कि मैं कर्ता हूं। और अगर अहंकार गिर गया तो तुम लाख कर्म करो तो भी कुछ नहीं हो रहा है। क्योंकि अहंकार के गिरने का अर्थ है कि परमात्मा कर्ता है, मैं नहीं।

इस बात को खयाल में लेना। ऊपर-ऊपर से भागने से कुछ भी नहीं होता।

मुझे एक गांव में जाना पड़ा। गांव में एक बाबाजी आए हुए थे। लोगों ने कहा कि देखिए, बाबाजी कुछ भी नहीं करते, बस दिन भर बैठे रहते हैं। मैंने भी देखा, बैठे थे भभूत इत्यादि लगाए हुए, बड़े-बड़े टीका लगाए हुए, धूनी रमाए हुए। तो मैंने कहा, भभूत तो लगाते होंगे, टीका इत्यादि तो लगाते होंगे, तुम कहते, बाबाजी कुछ भी नहीं करते? कुछ तो करते ही होंगे। कुछ न करना तो असंभव है। पालथी मार कर बैठे हैं, यह भी कर्म हो गया। जंगल भाग कर जाओ तो भागना कृत्य हो गया।

उपवास करो तो कृत्य हो गया। रात सोओ मत, जागते रहो तो कृत्य हो गया। जीने का नाम कृत्य है। जब तक जी रहे हो, कुछ तो करोगे।

और मैंने कहा, यह भभूत इत्यादि किसलिए रमाए बैठे हैं? ये तुम्हारी राह देख रहे हैं। ये उनकी राह देख रहे हैं कि जो भभूत की पूजा करते हैं वे आते होंगे। चरण छुएंगे, पैसे चढ़ाएंगे। ये तुम्हारी प्रतीक्षा कर रहे हैं। और कोई आ जाएगा धनीमानी तो गांजा-भांग का भी इंतजाम करेगा।

वे आदमी चौंक गए, जो मुझसे कह रहे थे। कहने लगे, आपको कैसे पता चला कि बाबाजी गांजा पीते हैं? पीते तो हैं। मैंने कहा, करेंगे क्या यहां बै.ठे-बैंठे? यह धूनी रमाए बैठे हैं, करेंगे क्या? किसलिए रमाए बैठे हैं! कुछ तो कर ही रहे हैं। तुम कहते, बाबाजी कुछ भी नहीं करते।

जब तक जीवन है तब तक कृत्य है : एक बात तो खयाल में ले लेना। कर्म से भागने का तो कोई उपाय नहीं। जो भी करोगे वही कर्म होगा। इसलिए कर्म से तो भागने की चेष्टा करना ही मत। उसमें तो धोखा बढ़ेगा। असली काम दूसरा है : अहंकार से मुक्त होना। कर्ता के भाव को गिराना। कर्म को गिराने से कुछ अर्थ नहीं है, कर्ता को जाने दो; फिर जो परमात्मा तुमसे करवाएगा, करवा लेगा। नहीं करवाएगा, नहीं करवाएगा। खाली बिठाना होगा, खाली बिठा देगा। चलाना होगा, चलाता रहेगा। लेकिन तुम न अपने हाथ से चलोगे, न अपने हाथ से बैठोगे।

इसको ही तो अष्टावक्र ने कहा, सूखे पत्ते की भांति। हवाएं जहां ले जाएं, सूखा पत्ता चला जाता है। वह नहीं कहता है कि मुझे पूरब जाना है, यह क्या अत्याचार हो रहा है कि तुम मुझे पश्चिम लिए जा रहे हो? मुझे पूरब जाना है। सूखा पत्ता कहता ही नहीं कि मुझे कहां जाना है। पूरब तो पूरब, पश्चिम तो पश्चिम। ले जाओ तो ठीक, न ले जाओ तो ठीक। छोड़ दो राह पर तो वहीं घर। उठा लो आकाश में तो गौरवान्वित नहीं होता, गिरा दो कूड़े-कर्कट में तो अपमानित नहीं होता।

सूखे पत्ते की भांति जो हो गया वही ज्ञानी है। और इस दशा को ही निर-अहंकार कहा है।

यस्यांतः स्यादहंकारो न करोति करोति सः।

'जिसके अंतःकरण में अहंकार है, वह जब कर्म नहीं करता तो भी करता है।'

तुम अगर खाली बैठोगे अहंकार से भरे हुए तो तुम्हारे मन में यह भाव उठेगा कि देखो, कुछ भी नहीं कर रहे हैं। तुम्हारे मन में यह भाव उठेगा कि देखो, सारी दुनिया मरी जा रही है आपा-धापी में; हमको देखो कैसे शांत बैठे हैं! ध्यान कर रहे हैं। जब कि सारी दुनिया धन के पीछे मरी जा रही है, हम ध्यान कर रहे हैं; हमको देखो! यह नया कर्ता का भाव पैदा हुआ।

अष्टावक्र कहते हैं, अगर अहंकार है तो कर्म है। कर्ता है तो कर्म है। और अगर अहंकाररहित धीरपुरुष बन गए तुम, तो फिर कर्म भी हो तो भी कर्म नहीं।

निरहंकारधीरेण न किंचिद्धि कृतं कृतम्।

फिर तुम करते रहो तो भी कर्म नहीं होता।

मूल ध्यान रखना: कर्म को अकर्म में नहीं बदलना है, कर्ता को अकर्ता में बदलना है।

कर्म को अकर्म में बदलने के कारण इस देश में बड़ी मूढ़ता पैदा हुई। जमाने भर के काहिल, सुस्त, अपंग महात्मा हो गए। जिनके जीवन में कोई ऊर्जा न थी और जिनके जीवन में कोई मेधा न थी ऐसे व्यर्थ के लोग परमहंस मालूम होने लगे। इस देश में बड़ी दुर्घटना घटी है। प्रतिभाहीन, सृजनशून्य, जड़बुद्धि लोग समादर को उपलब्ध हो गए। क्योंकि कर्म छोड़ दिया। और कर्म छोड़ने से यह पूरा देश दीन और दरिद्र हो गया। और कर्म छोड़ने से इस देश की सारी महिमा खो गई।

तुम अगर गरीब हो, भूखे हो, बीमार हो, परेशान हो, सारी दुनिया में दीन-हीन हो तो तुम्हीं जिम्मेदार हो, कोई और नहीं। तुम्हारे महात्मा जिम्मेवार हैं और तुम्हारे तथाकथित पंडित जिम्मेवार हैं, पुरोहित जिम्मेवार हैं, जिन्होंने गलत व्याख्या दी। और जिन्होंने समझाया कि कर्म छोड़ दो। जिन्होंने कहा, संन्यास अकर्म का नाम है।

संन्यास अकर्म का नाम नहीं है। सुनो अष्टावक्र को। काश, तुमने अष्टावक्र को सुना होता तो इस देश की कथा दूसरी होती। करो; सिर्फ अहंकार न भरे बस, मैं-भाव न रहे। परमात्मा को करने दो तुम्हारे भीतर से। तुम बांस की पोंगरी हो जाओ। गाने दो उसे गीत। गुनगुनाने दो। जो वह गुनगुनाना चाहे, गुनगुनाने दो। छोड़ दो उसे पूरा स्वतंत्र। कहो कि मैं राजी हूं। तू जो गुनगुनाए, गुनगुनाऊंगा। तुझे जो करवाना हो, करूंगा।

जीवन कर्म है, ऊर्जा है। इसलिए अकर्म तो ठीक नहीं। अकर्म तो आत्मघात है। हां, अकर्ता बन जाओ तो तुम्हारे कर्म में परमात्मा की महिमा प्रवाहित होने लगती है। तुम्हारा कर्म भी दैदीप्यमान हो जाता है। तुम्हारे कर्म में एक ओज, एक दूसरे ही आयाम की झलक आ जाती है। तुम्हारे छोटे से कर्म के आंगन में परमात्मा का आकाश झांकने लगता है।

ऐसा व्यक्ति सारी स्थितियों में परमात्मा को देखने लगता है। सारे कृत्यों में उसकी ही छाया पाने लगता है। और जो भी करता है, अनुभव करता है, उसी के लिए समर्पित है।

यह कलियों की आनाकानी
यह अलियों की छीनाजोरी
यह बादल की बूंदाबांदी
यह बिजली की चोराचोरी

यह काजल का जादूटोना
यह पायल का सादीगोना
यह कोयल की कानाफूसी
यह मैना की सीनाजोरी
हर क्रीड़ा तेरी क्रीड़ा है
हर पीड़ा तेरी पीड़ा है
मैं कोई खेलूं खेल
दांव तेरे ही साथ लगाता हूं
हर दर्पण तेरा ही दर्पण है
मैं कोई खेलूं खेल
दांव तेरे ही साथ लगाता हूं
हर दर्पण तेरा ही दर्पण है

फिर सारा रहस्य, सारी लीला परमात्मा की है। फिर न भागना है, न कुछ वर्जना है, न कुछ त्यागना है। त्यागना है एक बात; उसे तो हम त्यागते नहीं। हम सब त्यागने को तैयार हैं। धन छोड़ने को तैयार हैं, पद छोड़ने को तैयार हैं, पत्नी-बच्चे छोड़ने को तैयार हैं। एक चीज छोड़ने को तैयार नहीं—मैं को छोड़ने को तैयार नहीं।

इसलिए तुम बड़े चकित होओगे; आदमी ने धन छोड़ दिया, पद छोड़ दिया, मकान छोड़ दिया, घर-गृहस्थी छोड़ दी, वस्त्र छोड़ दिए, नग्न खड़ा हो गया। और देखो भीतर—दहकता अंगारा अहंकार का। वह नहीं छूटा जो छूटना था। तुम्हारे संन्यासी में जैसा अहंकार प्रकट होता है वैसा किसी में प्रकट नहीं होता। अगर तुम्हें असली शुद्ध अहंकारी देखने हों तो साधु-संन्यासी, मुनि-महाराजों में देखना। संसार में तो तुम्हें अशुद्ध अहंकारी मिलेंगे। मिलावट है संसार में बहुत। शुद्ध अहंकारी तुम्हें मंदिरों में, पूजागृहों में मिलेंगे। वहां मिलावट भी नहीं है। वहां बिलकुल शुद्ध अहंकार है, जहर ही जहर है।

छोड़ना है अहंकार, लोग छोड़ते हैं कर्म। कर्म छोड़ना आसान है। कौन नहीं छोड़ना चाहता? सचाई तो यह है, कर्म से तो सभी भागना चाहते हैं। कौन नहीं चाहता कि छुटकारा मिले कर्म से? कर्ता को कोई नहीं छोड़ना चाहता। जिसको कोई नहीं छोड़ना चाहता उसी को छोड़ने में गौरव है।

और आदमी ऐसा है कि हर जगह से अहंकार को बनाने के बहाने खोज लेता है।

मुल्ला नसरुद्दीन को लाटरी में पहला इनाम मिल गया। स्वयं तो पढ़ा-लिखा है नहीं। तो जो स्वयं पढ़े-लिखे नहीं होते उनको अपने बेटे-बच्चों को पढ़ाने की बड़ी धुन होती है। उनके बहाने ही कम से कम पढ़े-लिखों के मां-बाप हो जाएं। लाटरी में

पैसा हाथ लग गया तो उसको एकदम धुन सवार हुई कि सुपुत्र को खूब पढ़ाना है। किसी ने सलाह दी कि जब पढ़ा ही रहे हो तो विदेशी भाषाएं पढ़ाओ। तो मुल्ला ने कहा, यह बिलकुल ठीक सुझाव है। अतः विदेशी भाषा सिखाने वाले विश्वविद्यालय में पहुंचा। उपकुलपति से बोला, मैं अपने पुत्र को विदेशी भाषा सिखाना चाहता हूं। खर्च की फिकर न करें। जो खर्च होगा, दूंगा। उपकुलपति ने पूछा, महानुभाव, कौन सी विदेशी भाषा सिखाना चाहते हैं—फ्रेंच, जर्मन, स्पेनिश, इटालियन? मुल्ला नसरुद्दीन ने कहा, इस सब विस्तार में मत पड़ो। इनमें जो भी सबसे ज्यादा विदेशी हो वही सिखाना चाहता हूं। मेरा बेटा ऐसी-वैसी विदेशी भाषा नहीं सीखेगा, सबसे ज्यादा विदेशी...!

अब सबसे ज्यादा विदेशी क्या होता है? लेकिन अहंकार रास्ते खोजता है। अहंकार को हर जगह प्रथम होना चाहिए। तो एक बड़ी मजे की घटना घटती है, आदमी विनम्रता तक में अहंकार खोज लेता है। वह कहता है, मुझसे विनम्र कोई भी नहीं। मुझसे विनम्र कोई भी नहीं! तो यहां भी अहंकार मजे ले रहा है। यहां भी प्रतिस्पर्धा जारी है।

बस, तुम एक बात छोड़ दो तो संन्यास घट गया। तुम यह मैं-भाव छोड़ दो।

और मजा तो यह है, इसको छोड़ कर कुछ छूटेगा नहीं, इसको छोड़ कर तुम बहुत कुछ पाओगे। इसको पकड़ने के कारण सब छूटा हुआ है। इसको पकड़ने के कारण तुम दीन-दरिद्र बने हो। इसको पकड़ने के कारण तुम्हें सीमा मिल गई है। इसको छोड़ते ही फूल मुक्त हो जाएगा, गंध हवाओं में उड़ेगी। इसको छोड़ते ही बूंद सागर बनेगी। इसको छोड़ते ही तुम परमात्मा के आवास हो जाओगे।

तीसरा सूत्र—पुनः अत्यंत क्रांतिकारी।

'मुक्त पुरुष का उद्वेगरहित, संतोषरहित, कर्तृत्वरहित, स्पंदरहित, आशारहित और संदेहरहित चित्त ही शोभायमान है।'

नोद्विग्नं न च संतुष्टमकर्तृस्पंदवर्जितम्।
निराशं गतसंदेहं चित्तं मुक्तस्य राजते।।

एक-एक शब्द को समझने की चेष्टा करें।

'मुक्त पुरुष का उद्वेगरहित...।'

यह तो समझ में आता है। यह तो और शास्त्र भी कहते हैं कि मुक्त पुरुष में कोई उद्वेग न होगा, परम शांति होगी। लेकिन तत्क्षण अष्टावक्र कहते हैं: संतोषरहित।

हम तो आमतौर से सोचते हैं कि जो शांत है वह संतुष्ट होगा। हमारा तो संतोष का अर्थ ही होता है, शांत व्यक्ति को हम कहते हैं, बड़ा संतुष्ट, बड़ा शांत, बड़ा सुखी। संतोषी सदा सुखी। अष्टावक्र कुछ गहरी बात कह रहे हैं। अष्टावक्र कहते हैं,

संतोष भी उद्वेग की छाया है। जो उद्विग्न होता है वह कभी-कभी संतुष्ट भी होता है। लेकिन जिसका उद्वेग ही चला गया, अब कैसा संतोष! जहां असंतोष न रहा वहां कैसा संतोष! जब असंतोष ही न रहा तो संतोष भी गया।

तुम जरा ऐसा समझो; जो आदमी सदा से स्वस्थ रहा है, जो कभी बीमार नहीं हुआ, उसे स्वस्थ होने का पता भी नहीं चलता। चल भी नहीं सकता। पता चलने के लिए बीमारी जरूरी है। बीमारी खटके, बीमारी दुख दे तो स्वास्थ्य का पता चलता है। अगर बीमारी हो ही न तो स्वास्थ्य कैसा। जिस दिन बीमारी गई उसी दिन स्वास्थ्य भी गया। स्वास्थ्य और बीमारी साथ-साथ; एक ही सिक्के के दो पहलू। असंतोष-संतोष साथ-साथ। अशांति-शांति साथ-साथ। सुख-दुख साथ-साथ; एक ही सिक्के के दो पहलू।

इसलिए पहली बात जब वे कहते हैं उद्वेगरहित, तो उन्होंने बड़ी महत्वपूर्ण बात कह दी। आगे के लिए अब वे साफ करते हैं, संतोषरहित। क्योंकि कहीं भूल न हो जाए। कहीं तुम यह न समझ लो कि उद्वेगरहित आदमी का अर्थ होता है संतोषी। संतोष वहां कहां? संतोष तो असंतुष्ट आदमी की लक्षणा है।

जब कोई आदमी मेरे पास आकर कहता है कि मैं तो बिलकुल संतुष्ट हूं, तभी मुझे लगता है यह आदमी असंतुष्ट होना चाहिए। नहीं तो यह संतोष की बात ही क्यों कर रहा है? खोज-बीन करता हूं तो फौरन पता चल जाता है, है तो असंतुष्ट, अपने को मना-बुझा कर संतुष्ट कर लिया है। ठोंक-पीट कर, जमा-जमू कर बैठ गए हैं। है तो असंतोष गहरा, लेकिन अब करें क्या? असहाय हैं। जो कर सकते थे, करके देख लिया; उससे कुछ होता नहीं। उछल-कूद बहुत कर ली, अंगूरों तक पहुंच नहीं पाए। अब कहते हैं, खट्टे हैं। अब कहते हैं, हम तो संतुष्ट हैं।

हमें धन ज्यादा नहीं चाहिए। ऐसा नहीं कि नहीं चाहिए, अगर आज पड़ा मिल जाए राह के किनारे तो उठा लेंगे। कहते हैं, हमें कोई पद नहीं चाहिए, लेकिन अगर आज छींका टूटे बिल्ली के भाग्य से और कोई पद सिर पर आ बैठे तो मगन हो जाएंगे। प्रतीक्षा ही कर रहे थे। वह संतोष इत्यादि सब समाप्त हो जाएगा। अगर कुछ मिल जाए तो अभी तैयार हैं। लेकिन सब चेष्टा करके देख ली, मिलता नहीं। अब अहंकार को बचाने का एक ही उपाय है : संतोष।

इसे थोड़ा समझना। संतोष कहीं तुम्हारे अहंकार को बचाने के लिए उपाय न हो। अक्सर तो होता है। क्योंकि दौड़ते हैं और हर बार हारते हैं। तो हर बार पीड़ा होती है और अहंकार टूटता है, बिखरता है। अब दौड़ना ही छोड़ दिया। अब कहने लगे, हमें दौड़ में रस ही नहीं है। हम तो संतोषी आदमी। हमें क्या दौड़ में लेना-देना! यह तो पागलों का काम है कि दौड़ते रहो।

यह तरकीब न हो। यह कहीं उपाय न हो। यह आड़ न हो। जानते तो हैं कि दौड़ेंगे तो गिरेंगे। जानते हैं, कि दौड़ेंगे तो जीत न सकेंगे। तो अब दौड़ते ही नहीं। लेकिन मन को समझाने के लिए कोई उपाय तो चाहिए। दूसरों को समझाने के लिए कोई उपाय तो चाहिए—कोई रैशनलाइजेशन, कोई तर्क। अब उन्होंने तर्क खोज लिया है कि हमें रस ही नहीं है।

तुम अपने संन्यासियों में, मुनियों में, साधु-महाराजों में निन्यानबे प्रतिशत ऐसे लोग देखोगे जो हारे हुए लोग हैं। जो जीवन में जीत नहीं सकते थे; जिनके पास प्रतिभा जीतने योग्य थी भी नहीं। वे बैठ गए। वे कहते हैं, अंगूर खट्टे हैं। अब वे दूसरों को समझा रहे हैं। जो दौड़ रहे हैं उनको समझा रहे हैं कि दौड़ो मत। इसमें कुछ सार नहीं है, सब असार है। दौड़ना वे खुद भी चाहते हैं, मगर जानते हैं कि अपनी सामर्थ्य नहीं, अपनी सीमा नहीं। इसलिए अब निंदा करो।

संसार की जो निंदा कर रहा हो, खूब गौर से देखना, कहीं न कहीं उसका संसार में रस अटका होगा। नहीं तो निंदा भी क्यों करेगा? मैं तो तुमसे कहता हूं कि जाओ संसार में, दिल खोल कर जाओ। जूझ लो। देख ही लो, अगर कुछ हो देखने को। पा ही लो अगर कुछ पाने को हो। ऐसे अधूरे मत लौट आना।

अधूरे लौटने का आकर्षण है। बीच में रुक जाने का आकर्षण है। जब देखो कि हारने लगे, और लोग जीतने लगे, जब देखो कि दूसरे पहुंचने लगे, तब बहुत मन होता है ऐसा कि अब यही कह दो कि दौड़ ही बेकार है। कम से कम कुछ तो बचाव हो जाएगा, सुरक्षा हो जाएगी, निंदा कर दो संसार की।

इसलिए अष्टावक्र कहते हैं, ऐसा पुरुष उद्वेगरहित है और संतोषरहित। तत्क्षण जोड़ दिया उन्होंने एक शब्द, जो बड़ा बहुमूल्य है। ऐसे व्यक्ति को तुम यह मत सोच लेना कि उसने संतोष कर लिया है। नहीं, उसने जान ही लिया कि संतोष भी व्यर्थ है, असंतोष भी व्यर्थ है। उसने बीमारी तो फेंकी ही फेंकी, साथ-साथ औषधि और डाक्टर का प्रिस्क्रिप्शन भी फेंक दिया है। अब उसको रखने की कोई जरूरत नहीं है।

ऐसा व्यक्ति निरुद्विग्न है। अब उसके भीतर कोई उद्वेग नहीं है। अब कोई द्वंद्व नहीं उठता। शांति-अशांति, सुख-दुख, सफलता-असफलता, धर्म-अधर्म, संसार-मोक्ष, ऐसे कोई द्वंद्व नहीं उठते। सारे द्वंद्वों के बाहर। ऐसा व्यक्ति परम आनंद में लीन है।

'कर्तृत्वरहित...।'

और ऐसा व्यक्ति अब नहीं देखता कि मेरा कोई कर्तत्व है, कि मुझे कुछ करना है। जो अस्तित्व करा लेता, हवा का झोंका जहां ले जाता सूखे पत्ते को, चला जाता। अब वह कर्तव्य की भाषा में नहीं बोलता। अब वह यह नहीं कहता, यह मेरा कर्तत्व है। मुझे करना है। मुझे करना ही होगा। मैं नहीं करूंगा तो कौन करेगा? मैं नहीं

करूंगा तो संसार का क्या होगा? इस तरह की भाषा नहीं बोलता। वह कहता है, मैं नहीं करूंगा, कोई और करेगा। क्योंकि जिसको करवाना है, इस विराट का जो लीलाधर है, इस विराट के पीछे छिपी हुई जो ऊर्जा शक्ति है, वह मुझसे नहीं तो किसी और से करा लेगी।

यही तो कृष्ण ने अर्जुन से कहा, तू मत भाग क्योंकि अगर उसे मारना ही है...और तू जान कि जिनको तू यहां खड़े देखता है युद्ध में, वे मर ही चुके हैं। तू सिर्फ निमित्त मात्र है। तू नहीं मारेगा, कोई और मारेगा। यह धनुष गांडीव का अगर तेरे कंधे न चढ़ेगा, किसी और के कंधे चढ़ेगा। तेरे भागने से कुछ भी न होगा। जो होना है, होकर रहेगा। जो होना है वही होगा। इसलिए तू भाग, न भाग, कुछ अंतर नहीं पड़ता। नाहक भागने में तेरा अहंकर निर्मित होगा। तू परमात्मा को समर्पित न हो सका। तूने सब न छोड़ दिया। तूने यह न कह दिया कि जो करवाओ, करूंगा। तूने अपने को बचा लिया। तेरा कर्तापन छोड़ दे।

'संतोषरहित, कर्तृत्वरहित, स्पंदरहित...।'

स्पंद उठते ही हैं वासना के कारण, आकांक्षा के कारण। नये-नये स्पंद उठते हैं।

तुमने देखा, अगर कभी जीवन में स्पंद नहीं उठते तो तुम धीरे-धीरे मुर्दा होने लगते हो। तुम्हें नये स्पंद चाहिए। एक धंधा किया, अब ठीक है। अब कोई नया धंधा चाहिए ताकि फिर से स्पंदन उठे, फिर से जीवन-धार बहे। एक दिशा में सफलता पा ली, अब दूसरी दिशा में भी सफलता चाहिए। धन कमा लिया, अब राजनीति में भी पद चाहिए। राजनीति कमा ली, अब ध्यान भी करना है।

नये-नये स्पंदन उठते हैं। वासना नये-नये अंकुर फोड़ती है। वासना तुम्हें कभी ठहरने नहीं देती। इधर एक से चुके नहीं कि दूसरी यात्रा शुरू। एक यात्रा पूरी भी नहीं होती कि दूसरे का आयोजन तैयार हो जाता है।

महाशय व्यक्ति स्पंदनरहित होता है। उसके जीवन में अब कोई स्पंदना नहीं है, कोई उत्तेजना नहीं है। अब कुछ पाने को नहीं है, कुछ जाने को नहीं है, कहीं पहुंचने को नहीं है। पहुंच गया! जहां है वहीं उसकी मंजिल है।

इस सत्य की उदघोषणा अगर तुम्हें समझ में आ जाए तो तुम इसी क्षण नाच उठोगे। तुम जहां हो, ठीक ऐसे ही परिपूर्ण हो। सब स्पंदन मन के धोखे हैं। और स्पंदनों के कारण तुम वह नहीं देख पाते, जो तुम हो। जरा गौर से देखो। और जरा समझपूर्वक अपने भीतर उतरो। क्या कमी है? नाचना है, आनंदित होना है? कुछ भी तो कमी नहीं है। परमात्मा बरस रहा है। इस घड़ी जितना बरस रहा है, इससे ज्यादा कभी भी नहीं बरसेगा। इतना ही बरसता रहा है सदा से, इतना ही सदा बरसेगा। इसलिए कल की प्रतीक्षा मत करो।

'आशारहित...।'

सुनते हैं? अष्टावक्र कहते हैं, ऐसा व्यक्ति आशारहित है। वह कोई आशाएं नहीं बांधता। जब आकांक्षा ही न रही तो आशा कैसी!

निराशं गतसंदेहम्...।

संदेहरहित है। अब उसको कोई संदेह नहीं है कि क्या सच है और क्या झूठ है। एक बात साफ हो गई है, देखने वाला सच है और जो भी दिखाई पड़ रहा है, सब झूठ है। बस इतना ही सत्य है। इतना ही सारे शास्त्रों का सार है : जो भी दिखाई पड़ रहा है, झूठ है; और जो देख रहा है, सच है।

अभी हमारी हालत उलटी है। जो दिखाई पड़ता है वह सच मालूम पड़ता है और जो देख रहा है उसका तो हमें पता ही नहीं। झूठ ही समझो। लोग पूछते हैं, आत्मा कहां है? जो पूछ रहा है वह आत्मा है। लोग पूछते हैं, आत्मा का दर्शन कैसे हो? आत्मा का कहीं दर्शन हो सकता है? जो दर्शन करेगा वही आत्मा है। आत्मा कभी दृश्य नहीं हो सकती। संसार पर तो भरोसा है, अपने पर कोई भरोसा नहीं है। जो दिखाई पड़ रहा है उसके पीछे तो दौड़ रहे हैं और जो देख रहा है उसको छुआ भी नहीं; उसके हाथ में हाथ डाल कर कभी दो क्षण को शांत बैठे नहीं।

इतना ही सारे शास्त्रों का सार है : जो दिखाई पड़ता है, कल्पनावत है; और जो देख रहा है, वही सत्य है।

रात तुम सपना देखते हो। सपने में सपना भी सच मालूम होता है, क्योंकि तुम्हारी आदत खराब हो गई है। तुम्हें जो दिखाई पड़ता है वही सच मालूम होता है। तुमने अभ्यास कर लिया है। जो दिखाई पड़ता है वही सच मालूम होता है। तुमने इस पर कभी विचार किया, कि सपना तक सच मालूम होता है! मूढ़ता की और कोई सीमा होगी? पागलपन और क्या होगा?

और ऐसा नहीं है कि सपना तुमने पहली दफे देखा है इसलिए धोखा खा गए। जिंदगी भर से देख रहे हो। अनेक जिंदगियों से देख रहे हो। रोज सुबह उठ कर पाते हो, झूठ था। और फिर रात, दूसरे दिन फिर...फिर खो गए। आज भी सुबह उठ कर पाया था कि रात जो देखा, झूठ था। क्या तुम पक्का विश्वास दिला सकते हो कि फिर रात आ रही है, फिर सपना आएगा, याद रख सकोगे? इतनी सी बात याद नहीं रहती। इतनी बार दोहरा कर याद नहीं रहती। फिर नींद पकड़ती है, फिर भ्रांति हो जाती है, फिर भूल हो जाती है, फिर सपना सच मालूम होता है।

इसका कारण है। इसका कारण है कि तुम जो देखते हो वही सच मानने की आदत है। गुरजिएफ अपने शिष्यों को कहता था कि अगर तुम्हें सपने को सपने की तरह देखना हो तो सपने के साथ कुछ नहीं करना है, जागरण में कुछ

करना पड़ेगा। और वह एक अभ्यास करवाता था। वह अभ्यास बड़ा कीमती है। वह कहता था कि दिन भर—तीन महीने तक कम से कम—जो भी दिखाई पड़े, होश से समझना कि झूठ है।

जैसे अभी मैं बोल रहा हूं यहां। अब तुम यह सोच सकते हो कि कोई नहीं बोल रहा। यह सब अपना सपना है। कठिन होगा। सच भी नहीं है, मगर यह तीन महीने का अभ्यास। वृक्ष दिखाई पड़ रहे हैं, तुम खयाल रखना कि सपना है, झूठ है। जो भी दिखाई पड़ रहा है, झूठ है।

तीन महीने तक अगर तुम जो भी दिन में देखो, उसे झूठ मानते रहो तो तीन महीने के बाद एक दिन अचानक रात में तुम देखोगे कि सपना दिखाई पड़ रहा है और तुम जान रहे हो कि झूठ है। अभ्यास हो गया। नई बात का अभ्यास हो गया।

यही तो हिंदुओं के माया के सिद्धांत का सारा अर्थ है। गुरजिएफ का जो प्रयोग है वह माया का प्रयोग है। हिंदुओं का यह कहना कि संसार माया है, सिर्फ इतना ही अर्थ रखता है कि तुम अगर जागते में याद कर लो, अभ्यास कर लो तो एक दिन नींद में भी पक्का हो जाएगा कि सपना झूठ है। और रात सपने खो जाएं, दिन में विचार खो जाएं, तो धीरे-धीरे तुम्हें उसकी याद आने लगेगी, जो देख रहा है। अभी तो हम इतने ग्रसित हैं दृश्य के साथ कि द्रष्टा की स्मृति नहीं आती। और वही मूल सत्य है; स्रोत सत्य है। वही हमारी वास्तविक संपदा है। वहीं छिपा है महाशय। वहीं हमारा आकाश छिपा है।

'आशारहित, संदेहरहित चित्त ही शोभायमान है।'

तुम्हारी आशाएं तुम्हारे अतीत का ही प्रक्षेपण है। तुमने जो अतीत में जाना है उसी को छांट-छांट कर, बुरे को काट कर, भले को बचा कर, कतरन जोड़-जोड़ कर तुम भविष्य की आकांक्षाएं बनाते हो। जो-जो दुखद था वह छोड़ देना चाहते हो, जो-जो सुखद था उसको बढ़ा-बढ़ा कर भविष्य में पाना चाहते हो। भविष्य तुम्हारे अतीत की प्रतिध्वनि है।

अंजुरी के फूल झर गए, गंध है अंगुलियों में शेष
अतीत तो गया, जा चुका, लेकिन उसकी यादें रह गई हैं बसी।
अंजुरी के फूल झर गए, गंध है अंगुलियों में शेष

गुजर रहे लोग भीड़ से अपने में खोए-खोए
सहमे-से सोच रहे हम कहां तलक खुद को ढोएं
एक उम्र काटी हमने स्मृति के चुनते अवशेष

रिश्तों के बीच ही कहीं कुचल नहीं जाएं इसलिए
पूछ थके हर अपने से इतने संबंध किसलिए?
क्यों यह असुरक्षा का भय? क्यों यह संबंधों के क्लेश?

कुछ अपने साथ है बची भोगें अनुभव की पूंजी
जिस पर प्रतिध्वनित हो रही कोई अनगूंजन गूंजी
और हम भविष्य की तरफ टकटकी लगाए अनिमेष

अनुभव की पूंजी में से ही हम छांट रहे हैं। फूल तो गए, अंगुलियों में थोड़ी गंध रह गई, स्मृति बची रह गई। स्मृति का ही फिर से फैलाव आशा है। अतीत का ही फिर-फिर फैलाव आशा है।

अतीत को भी छोड़ देना है। जो नहीं है, नहीं हो जाने दो। और अतीत की पुनरुक्ति की आशा भी मत करो। जब अतीत और भविष्य दोनों न होंगे तभी तुम वर्तमान में जागोगे। वही जागरण ध्यान का पहला अनुभव होगा। वही जागरण समाधि की पहली सुगंध होगी।

समाधि यानी वर्तमान। मन यानी अतीत और भविष्य।

मन वर्तमान में होता ही नहीं। वर्तमान में होगी तुम्हारी आत्मा, होगा तुम्हारा परमात्मा। अतीत भी नहीं, भविष्य भी नहीं, दोनों छूट गए। न स्मृति और न कल्पना का जाल। न अतीत के अनुभवों का बोझ, न भविष्य की आशा। किसी क्षण में जब तुम ऐसे वर्तमान में अडिग खड़े हो जाते हो, वहीं-ठीक वहीं सत्य से मिलन होता। अस्तित्व से पहली परख होती। आलिंगन में बंधते हो तुम उसके, जो है।

'मुक्त पुरुष का चित्त ध्यान या कर्म में प्रवृत्त नहीं होता है, लेकिन वह निमित्त या हेतु के बिना ही ध्यान करता और कर्म करता है।'

'मुक्त पुरुष का चित्त ध्यान या कर्म में प्रवृत्त नहीं होता है...।'

अब एक और अनूठी बात अष्टावक्र कहते हैं, न तो उसे कर्म की कोई आकांक्षा है, न ध्यान की कोई आकांक्षा है। आकांक्षा ही नहीं है। न तो वह अशांत होना चाहता है, न वह शांत होना चाहता है। वह कुछ होना ही नहीं चाहता। वह तो जो है उसके साथ राजी है। उसका राजीपन परिपूर्ण है, समग्र है। वह किसी तरह की वासना से ग्रसित नहीं है। उसके भीतर न कोई निमित्त है, न कोई हेतु है। जो प्रभु करवा लेता है, जब। कभी कर्म करवा लेता तो वह कर्म करता, कभी ध्यान करवा लेता तो वह ध्यान करता।

तुम कभी इस अनुभव से थोड़ा गुजरो। एक बार ऐसा कर लो कि तीन महीने के लिए तुम कुछ करोगे ही नहीं अपनी तरफ से। जो प्रभु करवा लेगा, कर दोगे। फिर प्रतीक्षा करने लगोगे। कभी मौन ला देगा तो तुम मौन बैठ जाओगे। कभी वाणी मुखर

कर देगा तो तुम बोलोगे, कभी कोई गीत आएगा तो गाओगे और कभी चुप्पी आ जाएगी तो चुप रह जाओगे।

शुरू-शुरू में कठिन होगा क्योंकि बड़ी बिबूचन होगी। कोई बोलने आया है और प्रभु तुम्हारे भीतर बोलता नहीं तो तुम्हें क्षमा मांगनी होगी। तुम कहोगे, भीतर प्रभु अभी बोलते नहीं। शुरू-शुरू अड़चन होगी। कभी कोई काम का बड़ा जाल सिर पर खड़ा होगा और भीतर से प्रेरणा न उठेगी प्रभु की, तो तुम नहीं करोगे, चाहे कुछ भी हो। कुछ भी खोए, कुछ भी हानि हो। और कभी-कभी व्यर्थ के काम को प्रभु करवाना चाहेगा। ऊर्जा उठेगी, बड़ी प्रेरणा आएगी कि जाओ, सड़क साफ कर डालो; तो तुम सड़क साफ कर डालोगे। लोग पागल कहेंगे। लेकिन अगर तुम तीन महीने भी इस प्रक्रिया से गुजर जाओ तो तुम्हारे जीवन में कुंजी हाथ आ जाएगी।

उसी कुंजी की तरफ अष्टावक्र के सारे सूत्र इशारा हैं। और एक बार तुम्हें आनंद आ जाए...और ऐसा आनंद आएगा, ऐसा अनिर्वचनीय आनंद आएगा जैसा तुमने कभी जाना नहीं। फिर तुम लौट न सकोगे। तीन महीने तुम करो, फिर यह कभी समाप्त होने वाला नहीं है। तीन महीने के बाद तुम इसे बदल न सकोगे। तुम्हें स्वाद लग जाएगा। और यह स्वाद अनूठा है।

इसी को कबीर ने सहज समाधि कहा है। उठूं-बैठूं सो परिक्रमा, खाऊं-पिऊं सो सेवा। अब जो प्रभु करवाता, जैसा करवाता बस वैसा; उससे अन्यथा नहीं।

'मंदमति यथार्थत्व को सुन कर मूढ़ता को ही प्राप्त होता है, लेकिन कोई ज्ञानी मूढ़वत होकर संकोच या समाधि को प्राप्त होता है।'

निर्ध्यातुं चेष्टितुं वापि यच्चित्तं न प्रवर्तते।
निर्निमित्तमिदं किंतु निर्ध्यायति विचेष्टते।।
तत्वं यथार्थमाकर्ण्य मंदः प्राप्नोति मूढ़ताम्।
अथवाऽऽयाति संकोचममूढ़ः कोऽपि मूढ़वत्।।

वह जो मंदबुद्धि है, यथार्थत्व को सुन कर भी मूढ़ता को ही प्राप्त होता है। और जो ज्ञानी है, वह मूढ़वत होकर संकोच या समाधि को प्राप्त होता है।

तुम पर निर्भर है। इन सूत्रों में तो बड़े रहस्य की कुंजियां छिपी हैं लेकिन क्या तुम करोगे, तुम पर निर्भर है। तुम इनके गलत अर्थ कर सकते हो, और बड़ी आसानी से। और जितना महान सूत्र हो। उतनी ही गलत अर्थ करने की संभावना बढ़ जाती है। और अष्टावक्र का एक-एक सूत्र अंगारे की तरह है। चाहो तो तुम्हारे जीवन में ज्योति हो जाए। और अगर मंदबुद्धि से काम लिया तो बुरी तरह जलोगे।

अब जैसे अष्टावक्र कहते हैं, परमात्मा पर छोड़ दो सब। होने दो, जो हो। अब अगर मंदबुद्धि आदमी हुआ तो वह सोचेगा, चलो अब चादर तान कर सोओ।

अब कुछ करने को क्या है? परमात्मा को करने दो। जो करना होगा, करेगा। चादर तान कर सोओ। आलसी व्यक्ति, मंदबुद्धि व्यक्ति इससे आलस्य का सूत्र निकाल लेगा। अकर्ता तो नहीं बनेगा, कर्म छोड़ देगा। वह कहेगा, अभी अपना करने जैसा कुछ है ही नहीं।

अष्टावक्र कहते हैं, समाधि के भी पार चला जाता है महाशय। मूढ़ जो होगा वह कहेगा, अब ध्यान करने से क्या सार! जब समाधि के पार ही जाना है तो क्या सार! ध्यान के भी पार चला जाता है? तो वह कहेगा, छोड़ो ध्यान। मूढ़ व्यक्ति कहेगा कि जब मुमुक्षा भी व्यर्थ है तो क्यों खोजें सत्य को? क्यों खोजें आत्मा को, क्यों परमात्मा को? आदमी पर निर्भर है।

मैंने सुना है, मुल्ला नसरुद्दीन की पत्नी उसे मनोचिकित्सक के पास ले गई और उसने कहा, मेरे पति को हमेशा कुछ न कुछ भूल आने की आदत है। कभी छाता, कभी फाउंटेन पेन, कभी जूते...बात यहां तक हो जाती है कि अगर चश्मा और रूमाल ये ही चीजें भूलते रहें तो भी ठीक है, कभी-कभी मुझे तक भूल आते हैं। साथ ले जाते हैं क्लब में और खुद नदारद हो जाते हैं, घर पहुंच जाते हैं। फिर पीछे कहते हैं, मुझे याद ही न रही।

मनोचिकित्सक ने कहा, घबड़ाओ मत, इलाज हो जाएगा। फिर उसने मुल्ला की तरफ गौर से देखा। मुल्ला को जानता है भलीभांति। उसने कहा, लेकिन एक बात खयाल रखना कि इलाज के बाद कहीं प्रवृत्ति उलट न जाए और यह कहीं कुछ का कुछ घर लाना शुरू न कर दे। छाता ले आए, किसी दूसरे के जूते उठा लाए। पत्नी ने थोड़ा सोचा, फिर बोली तो फिर रहने दें; ऐसे ही ठीक है। अगर दूसरे की पत्नी ले आए! अभी तो भूल आता है, वहां तक ठीक है।

मूढ़ व्यक्ति जो भी करेगा उसमें कुछ न कुछ मूढ़ता रहेगी ही। इसलिए बहुत सावधानी से...इसलिए गुरु का बड़ा अर्थ है। नहीं तो तुम्हारी मूढ़ता से तुम्हें कौन बचाए? ये सारे अनूठे प्रयोग अगर किसी गुरु के सान्निध्य में किए तो खतरा नहीं होगा। कोई नजर रखेगा, कोई खयाल रखेगा कि तुम्हारी मूढ़ता कहीं विपरीत परिणाम न लाने लगे। कोई तुम्हारे ऊपर ज्योतिस्तंभ की तरह खड़ा रहेगा। कोई दर्पण की तरह तुम्हारे चेहरे की सारी आकृतियों को प्रकट करता रहेगा।

एक दिन मुल्ला नसरुद्दीन ने मुझसे पूछा कि आपकी घड़ी में कितने बजे हैं? मैंने कहा, ग्यारह। ग्यारह बजे थे। उसने बहुत हैरानी से मेरी तरफ देखा, अपने माथे पर जोर से हाथ मारा और कहा कि लगता है मैं पागल हो जाऊंगा। मैं भी थोड़ा हैरान हुआ। मैंने कहा, इसमें पागल होने की क्या बात है? ग्यारह बजने से तेरे पागल होने का क्या संबंध? उसने कहा, है! संबंध क्यों नहीं है? आज दिन भर से पूछ रहा हूं,

न मालूम कितने लोगों से पूछ चुका, सबने अलग-अलग समय बतलाया। मैं पागल हो जाऊंगा अगर...कोई एक समय बतलाता ही नहीं। कोई दस बतलाता, कोई नौ, कोई आठ, कोई साढ़े आठ! आखिर आदमी पागल न हो जाए तो करे क्या?

'मंदमति यथार्थ तत्व को सुन कर भी मूढ़ता को ही प्राप्त होता है।'

इसलिए अपनी बुद्धि पर बहुत ध्यान रखना। अगर जरा भी अपनी बुद्धि पर संदेह हो तो किसी सदगुरु का साथ पकड़ लेना। जरा सा भी अगर बुद्धि में शक हो कि अपने पैर से, अपने ही हाथ से हम कुछ गलत कर लेंगे, तो बचना।

'और कोई ज्ञानी मूढ़वत होकर संकोच या समाधि को प्राप्त होता है।'

ऐसी उलटी दुनिया है। यहां मूढ़ तत्व की बात सुन कर भी और मूढ़ हो जाता है और यहां ज्ञानी तो ऐसा कुशल होता कि ज्ञान की बात सुन कर मूढ़वत हो जाता है। संसार में ऐसा व्यवहार करने लगता जैसे मैं कुछ जानता ही नहीं; मूढ़वत हो जाता। और इस तरह संसार से अपने बहुत से व्यर्थ के संबंध छुड़ा लेता है। मूढ़वत हो जाता है तो लोग उसका पीछा ही छोड़ देते। मूढ़वत हो जाता है तो लोग उसकी चिंता नहीं करते। मूढ़वत हो जाता है तो लोग उसे उलझनों में नहीं डालते। मूढ़वत हो जाता है तो कोई उसे किसी काम में नहीं उलझाता।

कहते हैं, महावीर जब संन्यस्त होना चाहते थे तो उन्होंने आज्ञा मांगी। लेकिन मां ने कहा, जब तक मैं जीवित हूं, संन्यास नहीं। तो वे रुक गए। फिर मां चल बसी। मरघट से लौटते थे, भाई से कहा, कि अब मैं संन्यास ले लूं? क्योंकि मां से वादा किया था, वह भी बात हो गई, वह भी चल बसी। भाई ने कहा, यह कोई वक्त है? इधर हम मां के मरने की पीड़ा से मरे जा रहे हैं कि मां चल बसी और तू छोड़ जाने की बात करता है? भूल कर यह बात मत करना।

तो वे चुप हो रहे। लेकिन फिर उन्होंने जीवन का एक ऐसा ढंग अख्तियार किया कि घर में किसी को पता ही नहीं चलता कि वे हैं भी कि नहीं। वे ऐसे चुप हो गए, ऐसे संकोच को उपलब्ध हो गए कि साल-दो साल में घर के लोगों को ऐसा लगने लगा कि उनका घर में रहना—न रहना बराबर है। आखिर घर के लोगों ने ही कहा कि अब हम आपको रोकें, यह ठीक नहीं। आप तो जा ही चुके। देह मात्र यहां है, प्राण-पखेरू तो जा चुके। आपकी आत्मा तो जा चुकी जंगल। अब हम रोकेंगे नहीं। घर के किसी काम में, घर की किसी व्यवस्था में कोई मंतव्य न देते। धीरे-धीरे सरक गए; शून्यवत हो गए। इसका नाम है संकोच।

'लेकिन कोई ज्ञानी मूढ़वत होकर संकोच या समाधि को प्राप्त होता है।'

संकोचममूढः कोऽपि मूढ़वत्।

कोई धीरे-धीरे अपने व्यर्थ के फैलाव को सिकोड़ लेता है, अपने व्यर्थ के व्यापार को सिकोड़ लेता है। जैसे मछुआ अपने जाल को सिकोड़ लेता है, जैसे सांझ

सूरज अपने जाल को सिकोड़ लेता, ऐसा कोई ज्ञानी तत्व की बात सुन लेता है तो मूढ़वत हो जाता है। संसार से अपने को ऐसे तोड़ लेता है जैसे मूढ़ हो गया। अब संसार से कुछ लेना-देना नहीं। और समाधि को प्राप्त हो जाता है।

'अज्ञानी चित्त की एकाग्रता अथवा निरोध का बहुत-बहुत अभ्यास करता है, लेकिन धीरपुरुष सोए हुए व्यक्ति की तरह अपने स्वभाव में स्थित रह कर कुछ करने योग्य नहीं देखता है।'

यह सूत्र भी खूब ध्यानपूर्वक सुनना।

एकाग्रता निरोधो वा मूढ़ैरभ्यस्यते भृशम्।
धीराः कृत्यं न पश्यंति सुप्तवत् स्वपदे स्थिताः।।

अज्ञानी चित्त तो बड़ी एकाग्रता और निरोध का बहुत-बहुत अभ्यास करता है। अज्ञानी को अगर धुन पकड़ जाती है...अज्ञानी बड़ा धुनी होता है, पागल होता है। धन की धुन पकड़ जाए तो धन के पीछे लग जाता है, ध्यान की धुन पकड़ जाए तो ध्यान के पीछे लग जाता है। अज्ञानी जिद्दी होता है, हठी होता है। अज्ञानियों ने ही तो हठ योग पैदा किया है। पागल की तरह लग जाता है। फिर सारा अहंकार उसी में लगा देता है।

'अज्ञानी चित्त की एकाग्रता अथवा निरोध का बहुत-बहुत अभ्यास करता है, लेकिन धीरपुरुष सोए हुए व्यक्ति की तरह अपने स्वभाव में स्थित रह कर कुछ करने योग्य नहीं देखता।'

सुप्तवत् स्वपदे...।

ज्ञानी तो धीरे-धीरे अपने में विश्रांति को पहुंच जाता है। जैसे नींद में, गहरी नींद में तुम्हारा अहंकार कहां होता है? गहरी नींद में जब स्वप्न भी खो जाते हैं तब तुम्हारे विचार कहां होते हैं? गहरी नींद में, जब मन में कोई तरंग नहीं होती, तुम्हारी कौन सी सीमा होती है? गहरी सुषुप्ति में तुम महाशय हो जाते हो। न तुम पति रह जाते न पत्नी, न हिंदू न मुसलमान, न ईसाई न बौद्ध, न स्त्री न पुरुष, न बाप न बेटे, न गरीब न अमीर, न जवान न बूढ़े, न सुंदर न कुरूप। गहरी प्रसुप्ति में तुम्हारे सब विशेषण समाप्त हो जाते हैं। तुम होते हो जरूर लेकिन बड़े विराट हो जाते हो।

अष्टावक्र कह रहे हैं कि ज्ञानी पुरुष ऐसे जीने लगता है जैसे प्रतिपल गहरी सुषुप्ति में है। न अहंकार, न हिंदू न मुसलमान, न ईसाई न बौद्ध, न सुंदर न कुरूप, न धनी न गरीब, न नैतिक न अनैतिक, न साधु न असाधु—कोई भी नहीं।

धीराः कृत्यं न पश्यंति सुप्तवत् स्वपदे स्थिताः।

जैसे गहरी नींद में कोई अपने स्वपद में लीन हो जाता है, ऐसे ही ज्ञानी अपने स्वभाव में लीन हो जाता है। और फिर स्वभाव से जो होता है सहज, वही होने देता है।

करने योग्य...कुछ करना है ऐसी कोई धुन, कुछ करना है ऐसा कोई आग्रह, कुछ करके दिखाना है, कुछ होना है, ऐसी कोई हठवादिता उस में नहीं रह जाती।

और ऐसी अवस्था में तुम सब जगह परमात्मा को पाओगे। अपने स्वपद को जिसने पा लिया उसने सब जगह परमात्मा को पाया है—फूल-फूल, पत्ती-पत्ती में, झरने में, हर आंख में।

तपसिन कुटिया बैरन बगिया
निर्धन खंडहर धनवान महल
शौकीन सड़क गमगीन गली
टेढ़े-मेढ़े गढ़ गेह सरल
रोते दर हंसती दीवारें
नीची छत ऊंची मीनारें
मरघट की बूढ़ी नीरवता
मेलों की क्वांरी चहल-पहल
हर देहरी तेरी देहरी है
हर खिड़की तेरी खिड़की है
मैं किसी भवन को नमन करूं
तुझको ही शीश झुकाता हूं
हर दर्पण तेरा दर्पण है

अपने स्वपद में बैठ गया जो, वह परमात्मा में आ गया। वह घर आ गया। उसे मिल गया जो मिला ही हुआ था। उसने पा लिया, जो उसके भीतर छिपा ही हुआ था। सम्राट हो गया। भिखारीपन गया। गए भिखमंगेपन के दिन।

उसकी गरिमा महान है, उसका आशय महान है। उसकी कोई सीमा नहीं। उसका चैतन्य अमाप है। उसका जीवन अमृत है।

हर देहरी तेरी देहरी है
हर खिड़की तेरी खिड़की है
मैं किसी भवन को नमन करूं
तुझको ही शीश झुकाता हूं
हर दर्पण तेरा दर्पण है

आज इतना ही।

* * *

प्रवचन : 64

एकाकी रमता जोगी

14 जनवरी, 1977

पहला प्रश्न: भीड़ में मन नहीं रमता है और निपट एकाकीपन से भी जी घबड़ाता है। क्या यह विक्षिप्तता का लक्षण है? समझाने की अनुकंपा करें।

एकांत के संबंध में कुछ बातें समझ लेनी चाहिए। एकांत के तीन रूप हैं। पहला: जिसे हम अकेलापन कहते हैं, एकाकीपन। दूसरा: एकांत। और तीसरा: कैवल्य।

अकेलापन नकारात्मक है। अकेलापन वास्तविक अकेलापन नहीं है; दूसरे की याद सता रही है; दूसरा होता तो अच्छा होता; दूसरे की गैर-मौजूदगी खलती है, कांटा चुभता है, दूसरे में मन उलझा है। देखने को अकेले हो, भीतर नहीं; भीतर भीड़ मौजूद है। कोई आएगा तो पाएगा अकेले बैठे हो। लेकिन तुम जानते हो कि तुम अकेले नहीं हो; किसी की याद आती है; किसी में मन लगा है। किसी को बुलावा भेज रहे हो; किसी का स्वप्न संजो रहे हो; किसी की पुकार चल रही है—कोई होता, अकेले न होते! अकेलेपन से राजी नहीं हो। आनंद तो दूर, इस अकेलेपन में शांति भी नहीं। अशांत हो, उद्विग्न हो। जल्दी ही कुछ न कुछ उलझाव खोज लोगे। चले जाओगे मित्र के घर, क्लब में, बाजार में, अखबार पढ़ने लगोगे, रेडियो सुनने लगोगे, कुछ करोगे, कुछ उलझाव बना लोगे। यह अकेलापन नीरस है। यह अकेलापन भौतिक है, मानसिक नहीं; आध्यात्मिक तो बिलकुल ही नहीं।

एकांत दूसरे प्रकार का अकेलापन है। एकांत का अर्थ है : रस आने लगा; अकेले होने में मजा आने लगा; अकेलापन एक गीत की तरह है अब; दूसरे की याद भी नहीं आ रही; अपने होने का मजा आ रहा है; दूसरे की याद भी भूल गई है; दूसरे का कोई प्रयोजन भी नहीं है; व्यस्त होने की कोई आकांक्षा भी नहीं; बड़ी शांति है।

पहला नकारात्मक है; दूसरा विधायक। पहले में दूसरे की अनुपस्थिति खलती है; दूसरे में अपनी उपस्थिति में रस आता है। पहले में तुम अपने से नहीं जुड़े हो; दूसरे में तुम अपने से जुड़े हो। पहले में मन भटक रहा है हजार-हजार स्थानों पर; दूसरे में मन-पंछी अपने घर आ गया।

दूसरा एकांत गहन शांति लाता है—ध्यान की अवस्था है।

फिर तीसरा एकांत है : कैवल्य। पहले अकेलेपन में अपना तो पता ही नहीं है, दूसरे की याद है। दूसरे एकांत में अपनी याद है, दूसरा भूल गया है। कैवल्य में दूसरा भी भूल गया, स्वयं भी भूल गए, कोई भी न बचा—न दूसरा, न स्व; न पर, न स्व। क्योंकि जब तक स्व का भाव बचा है तब तक कहीं कोने-कातर में दूसरा छिपा होगा। क्योंकि स्वयं की लकीर दूसरे की मौजूदगी के बिना खिंच ही नहीं सकती। 'मैं' और 'तू' साथ-साथ होते हैं। पहले में 'तू' प्रगाढ़ है, 'मैं' छिपा है। दूसरे में 'मैं' प्रगाढ़ है, 'तू' छिपा है। ये एक ही सिक्के के दो पहलू हैं। पहले में 'तू' ऊपर, 'मैं' नीचे; दूसरे में 'मैं' ऊपर, 'तू' नीचे। तीसरे में पूरा सिक्का खो गया—न 'मैं' बचा, न 'तू' बचा; कैवल्य बचा, चैतन्य बचा। यह परम एकांत है—समाधि की अवस्था! भीड़ तो गई ही गई, तुम भी गए भीड़ के साथ! तुम भी भीड़ के ही हिस्से थे। तुम भी भीड़ के ही एक अंग थे।

पहली अवस्था में अशांति है; दूसरी अवस्था में शांति; तीसरी अवस्था में आनंद। पहली नकारात्मक, दूसरी विधायक, तीसरी महोत्सव की। सिर्फ विधायक नहीं। सिर्फ विधायक काफी नहीं है। अब विधायकता नाचती हुई है, गीत गाती हुई है। अब विधायकता बड़ी रंगीन है।

इस फर्क को ऐसा समझना। एक आदमी बीमार है; वह नकारात्मक स्थिति में है। दूसरा आदमी बीमार नहीं है। डाक्टर के पास जाता है तो वह निरीक्षण करके कहता है कि कोई बीमारी नहीं, स्वस्थ हो। लेकिन उस आदमी के भीतर स्वास्थ्य का कोई उत्सव नहीं है। वह कहता है : 'आप कहते हैं तो मान लेता हूं, लेकिन मुझे कुछ मजा नहीं आ रहा; स्वास्थ्य की ऊर्जा नाचती हुई नहीं है। बीमारी नहीं है तो आप कहते हैं, स्वस्थ हूं। परिभाषा से स्वस्थ हूं; लेकिन अभी स्वास्थ्य का कोई आंदोलन नहीं है, ऐसा तरंगायित नहीं हूं।'

तो एक तो बीमारी है, दूसरा डाक्टर का स्वास्थ्य है—डाक्टर के निदान से मिला स्वास्थ्य। जांच कर ली, सब जांच-परख कर ली, कहीं कोई बीमारी नहीं। घर भेज

दिया कि कोई बीमारी नहीं, इलाज की कोई जरूरत नहीं है। लेकिन तुम नाचते हुए घर नहीं आ रहे हो। तुम्हारे भीतर उमंग नहीं है, उत्सव नहीं है, हर्षोन्माद नहीं है।

तीसरा एक और स्वास्थ्य है, जब तुम डाक्टर से पूछने ही नहीं जाते; जब तुम्हारा स्वास्थ्य ही ऐसा अहर्निश बरसता है। किससे पूछना है! बीमारी भी गई, डाक्टर का स्वास्थ्य भी गया; अब तुम स्वस्थ हो! तुम इतने स्वस्थ हो कि अब स्वास्थ्य का खयाल भी नहीं आता। स्वास्थ्य का खयाल भी बीमार आदमी को आता है। अब तुम इतने स्वस्थ हो कि विदेह हो गए।

ये तीन अवस्थाएं हैं अकेलेपन की।

पूछा है: 'भीड़ में मन नहीं लगता।'

यह शुभ है। यह यात्रा का पहला सूत्रपात है। जिसका भीड़ में मन लगता है, वह तो बुरी तरह भटका है। वही पागल है। भीड़ में मन लगता है, इसका अर्थ हुआ: अपने में मन नहीं लगता। उसके तो भीतर के मंदिर के द्वार बंद हैं। अच्छा है, तुम्हारा भीड़ में मन नहीं लगता। यह ठीक हुआ। एक कदम ठीक उठा।

दूसरी बात, पूछा है: 'लेकिन निपट एकाकीपन से भी जी घबड़ाता है।'

वह भी स्वाभाविक है। जन्मों-जन्मों तक भीड़ में रहे हो, भीड़ का अभ्यास है; अब बोध तो आ गया है कि भीड़ व्यर्थ है, लेकिन अभ्यास कायम है। बोध से ही अभ्यास मिट नहीं जाता। अभ्यास गहरे उतर गया है, रोएं-रोएं में समा गया है, श्वास-श्वास में भिद गया है। अभ्यास तो भीड़ का है। समझ भी आ गई देख कर कि भीड़ में कुछ सार नहीं, बहुत देख लिया, अब अकेले बैठना चाहते हो; लेकिन अभ्यास बल मारता है। जब अकेले बैठते हो तो एकाकीपन में जी घबड़ाता है। जी तो भीड़ से मिला है। वह भीड़ का हिस्सा है। जिसको तुम जी कहते हो, जिसको तुम मन कहते हो, वह तुम्हारा नहीं है। तुम इस भ्रांति में मत रहना कि मन के तुम मालिक हो। मन का मालिक तो भीड़ है; भीड़ ने ही दिया है। इसलिए तो मन को छोड़ कर ही कोई भीड़ के बाहर जा सकता है। जी नहीं लगता, यह बात तो समझ में आ जाती है। जी लगेगा कैसे? जी तो भीड़ का है। जी तो भीड़ के ही अभ्यास से ही निर्मित हुआ है। इस जी को भी छोड़ना पड़ेगा तो ही एकांत में रस आएगा।

इसलिए तो ध्यान का अर्थ होता है: मन से मुक्ति। भीड़ से मुक्ति शुभ आरंभ है; मन से मुक्ति भी चाहनी होगी। क्योंकि मन भीड़ का ही हिस्सा है तुम्हारे भीतर बैठा हुआ।

तुम जरा अपने मन की जांच करो। तुम्हारे मन में जो भी है, सब भीड़ का ही दिया हुआ है। भीड़ ने कहा कि तुम हिंदू हो तो तुम हिंदू हो। और भीड़ ने कहा कि तुम सुंदर हो तो तुम सुंदर हो। और भीड़ ने कहा कि तुम बड़े बुद्धिमान हो तो बुद्धिमान हो।

ये सब भीड़ की ही मान्यताएं हैं। इन्हीं को इकट्ठा कर लिया, यही तुम्हारा जी है। इस जी को भी छोड़ देना होगा। तुम जी से पार हो। तुम्हारा वास्तविक होना मन के पार है। तुम्हारा वास्तविक होना परमात्मा से आता है, भीड़ से नहीं आता। भीड़ ने तो जो परमात्मा से आया है, उसके ऊपर एक रंग-रोगन की दीवाल खड़ी कर दी है, पर्दा डाल दिया है। उस पर्दे को तुम पकड़े हो।

तो भीड़ से मन ऊब गया, ठीक हुआ। अब यह भी समझो कि भीड़ ने जो-जो दिया है, वह भी छोड़ देना होगा; नहीं तो अकेले में मन न लगेगा। मन कहेगा, वहीं चलो जहां मेरे प्राण हैं। जहां मेरा मूल उदगम है, जहां मेरा स्रोत है, जहां मेरी जड़ें हैं—वहां चलो। मन तो भीड़ में ही ले जाएगा। अ-मन में चलना होगा। इसलिए तो कबीर कहते हैं : अ-मनी दशा! भीड़ से जिसे वस्तुतः मुक्त होना है, वह बिना मन से मुक्त हुए न हो पाएगा।

इसलिए तो मैं तुमसे कहता हूं : जंगल जाने से न होगा। अगर तुम्हें जरा सी समझ हो तो भीड़ में खड़े-खड़े अकेले हो सकते हो। मन छूट जाए बस!

समझो, तुम हिंदुओं की भीड़ में खड़े हो, लेकिन तुमने यह भाव छोड़ दिया कि मैं हिंदू हूं। चारों तरफ हिंदुओं की भीड़ सागर की तरह लहरा रही है या मुसलमानों की या ईसाइयों की; लेकिन तुम उस भीड़ में खड़े हो और तुम्हारे मन में यह भाव नहीं रहा कि मैं हिंदू हूं, मुसलमान हूं, ईसाई हूं। क्या तुम इस भीड़ के हिस्से हो? भीड़ में खड़े हो, दिखाई पड़ते हो; लेकिन बड़े अदृश्य मार्ग से तुम मुक्त हो गए। भीड़ कहती है कि तुम सुंदर हो और तुम यह समझ गए कि दूसरे की बातों से कैसे पता चलेगा कि मैं कौन हूं—सुंदर कि असुंदर, कि स्वस्थ कि अस्वस्थ, कि ईमानदार कि बेईमान, कि नैतिक कि अनैतिक—दूसरे से कैसे पता चलेगा! यह दूसरे के आधार पर मैं अपने को कैसे जानूंगा! ये दूसरे अपने को ही नहीं जानते, ये मुझे ज्ञान दे रहे हैं! आत्मज्ञान को तो सीधे-सीधे पाना होगा, किसी के माध्यम से नहीं। ये उधार बातें आत्मज्ञान नहीं बनेंगी। ऐसा तुम जाग गए और धीरे-धीरे तुमने उधार बातें छोड़ दीं। अब तुम भीड़ में खड़े हो, जहां लोग तुम्हें बुद्धिमान मानते हैं या बड़ा नैतिक पुरुष मानते हैं; लेकिन तुम्हारे मन में अब यह कोई धारणा न रही। तुम जानते हो कि भीड़ को बीच में नहीं लेना है। अब तुम भीड़ के भीतर भी खड़े भीड़ के बाहर हो।

कभी इसका प्रयोग करना। बीच बाजार में खड़े-खड़े खयाल करना कि बाहर हो। क्षण भर को झलक मिलेगी, झरोखा खुलेगा। एक लहर की तरह दौड़ जाएगी तुम्हारे जीवन में एक नई धारा। वही धारा एकांत में ले जाएगी।

ठीक हो रहा है। जी घबड़ाता है, जी को भी छोड़ो। जी को पकड़ा तो जी भीड़ में ले जाएगा। जी भीड़ का गुलाम है, तुम्हारा नहीं। तुम्हारी इस पर कोई मालकियत

नहीं है। यह तो बड़ी सूक्ष्म तरकीब है भीड़ की। उसने तुम्हारे मन को संस्कारित कर दिया है। वस्तुतः उसने जो-जो संस्कार तुम्हारे भीतर रख दिए हैं, उन्हीं के जोड़ का नाम मन है। इसे भी जाने दो। हिम्मत करो। पहला कदम उठाया, अब दूसरा भी उठाओ। दूसरा कदम यही होगा कि घबड़ाने दो जी को और तुम जानो कि मैं जी नहीं हूं, मैं मन नहीं हूं, मैं पार हूं। धीरे-धीरे जैसे भीड़ से ऊब गए हो, ऐसे ही अपने मन से भी ऊब जाओगे। तब दूसरा एकांत पैदा होगा। तब तुम्हें बड़ी शांति मिलेगी। अपूर्व वर्षा हो जाएगी शांति की। जन्मों-जन्मों से जो प्राण प्यासे थे, तृप्त होंगे।

मगर यहां भी रुक मत जाना, क्योंकि बहुत से लोग शांति पर रुक जाते हैं। वे सोचते हैं, आ गया घर। शांति पड़ाव है, मंजिल नहीं। शांति सेतु है, अंत नहीं। अशांति से जाना है, शांति पर पहुंचना नहीं। अशांति से जाना है, शांति से होकर गुजरना है, आनंद पर पहुंचना है। जब तक आनंद न हो जाए...।

शांति बड़ी मुर्दा सी चीज है; अशांति के मुकाबले बड़ी कीमती। अगर अशांति और शांति में चुनना हो, शांति चुनना। लेकिन शांति भी कुछ चुनने जैसी बात है? अगर आनंद और शांति में चुनना हो तो आनंद चुनना। अभी एक और यात्रा बाकी है। दूसरों को तो छोड़ ही दिया, अब अपने को भी छोड़ दो। दूसरे को तो विस्मरण कर दिया, अब अपने को भी विस्मरण कर दो। इस आत्मविस्मरण में, इस अहंकार के त्याग में ही परम घटना घटेगी। तब तुम सुनोगे पहली बार उस बांसुरी को जो आदमी की नहीं है, जो परमात्मा की है। तब तुम पहली बार निमित्त बनोगे—परम ऊर्जा के वाहक! तुम्हारा रोआं-रोआं पुलकित होगा, उमंग से भरेगा। तब कैवल्य की दशा है। चल पड़े हो—रुकना मत, लौटना मत!

दूसरा प्रश्न : जब कोई व्यक्ति अपने जीवन को किसी दिशा विशेष में ले चलने की कोशिश करता है तो इतर दिशाओं का बुलावा विक्षेप बन जाता है। लेकिन क्या यह संभव है कि कोई व्यक्ति अपने जीवन को उसकी सभी दिशाओं में बहने को छोड़ दे और तब क्या विक्षेपरहितता की अवस्था में जीवन के बिखराव का खतरा नहीं खड़ा होगा?

यह प्रश्न स्वाभाविक है, उठेगा ही; एक न एक दिन प्रत्येक के सामने खड़ा होगा ही। अब तक तुम चुन कर जीए हो। जो तुमने चुन लिया है, उससे एक दिशा मिल जाती है; बाकी सब दिशाएं छूट जाती हैं। जो तुमने चुना है उससे तुम्हें अपनी परिभाषा मिल जाती है। तुम्हें पता चल जाता है कि मैं कौन हूं। अगर तुम सत्य को खोज रहे हो तो तुम सत्यार्थी। अगर तुम ध्यान को खोज रहे हो तो ध्यानी। अगर धर्म की यात्रा पर निकले हो तो धार्मिक। अगर पुण्य कर रहे हो तो पुण्यात्मा। एक परिभाषा

मिलती है दिशा से। कुछ चुन लिया, चुनाव के साथ ही साथ तुम्हें लगता है कि तुम कुछ हो। स्पष्ट प्रतीत होने लगता है। और तुम्हारे चुनाव के कारण तुम्हारा अहंकार सघन होता है। इससे खतरा पैदा होगा।

जब अष्टावक्र कहते हैं, चुनाव ही छोड़ दो, सारे चुनाव छोड़ दो, सारा कर्तृत्व छोड़ दो, कर्ता का भाव छोड़ दो, तो तुम घबड़ाओगे : 'इससे बिखराव तो न पैदा हो जाएगा?' बिखराव पैदा होगा। अहंकार के तल पर निश्चित होगा। क्योंकि अहंकार के तल पर तो बिखराव चाहिए ही।

अभी तुमने जिसको आत्मा कहा है, वह तुम्हारी आत्मा नहीं, वह तो तुम्हारे कर्मों, चुनावों का जोड़ है, अहंकार है। अहंकार तो बिखरेगा। अगर तुम सब दिशाओं में अपने को मुक्त छोड़ दो, स्वच्छंद—वही तो देशना है अष्टावक्र की—स्वच्छंद! मत चुनो, मत भविष्य का विचार करो। मत तय करो कि क्या होना है! जीयो क्षण-क्षण। जहां ले जाए जीवन वैसे जीयो। सूखे पत्ते की तरह हो जाओ अंधड़-आंधी में। यह जो जीवन का अंधड़ चल रहा है, इसमें तुम सूखे पत्ते हो जाओ। अब सूखे पत्ते को तो बिखराव होगा ही। सूखे पत्ते का अहंकार बच तो सकता ही नहीं। सूखा पत्ता जा रहा था पूर्व को और आंधी बहने लगी पश्चिम को—तो सूखे पत्ते के अहंकार का क्या होगा? और सूखा पत्ता तड़पेगा : 'यह तो गलत हो रहा है! जो नहीं चाहिए था, वह हो रहा है! मैं कुछ और चाहता था। यह तो असफलता हो रही है, यह तो विषाद का क्षण आ गया। तो मैं हार गया।' तो अहंकार टूटेगा। और सूखे पत्ते इतने चालाक भी नहीं हैं कि अपने अहंकार को बचाने के लिए नई-नई तरकीबें खोजते रहें। आदमी तो बड़ा चालाक है।

मैंने सुना, मुल्ला नसरुद्दीन एक राह से गुजर रहा था और एक बड़े पहलवान जैसे दिखाई पड़नेवाले आदमी ने जोर से उसकी पीठ पर धक्का मारा, धौल जमा दी। वह चारों खाने चित्त जमीन पर गिर पड़ा। उठ कर खड़ा हुआ। बड़ा नाराज था। लेकिन नाराजगी एक क्षण में हवा हो गई—देखा कि पहलवान खड़ा है, एक झंझट की बात है। फिर भी लेकिन आदमी तो कुशल है, चालाक है। उसने कहा : 'महानुभाव! यह आपने मजाक में किया है या गंभीरता से?' उस पहलवान ने कहा : मजाक में नहीं, गंभीरता से किया है। मुल्ला ने कहा फिर ठीक है, क्योंकि ऐसी मजाक मुझे पसंद नहीं। अगर गंभीरता से किया है, फिर कोई हर्जा नहीं। और चल पड़ा। अब झंझट लेनी ठीक नहीं है। इतना बहाना काफी है अपने अहंकार को बचाने को।

आदमी चालाक है बहुत। मजा यह है कि अहंकार को तो रोज ही बिखराव के क्षण झेलने पड़ते हैं। तुम गौर करो! तुम कुछ चाहते हो, कुछ होता है। फिर भी तुम समझा लेते हो। कह देते हो : 'दूसरा बेईमान था, इसलिए जीत गया; हम ईमानदार

थे, इसलिए हार गए।' अहंकार की हार तुम कभी स्वीकार नहीं करते। तुम कहते हो: 'सारी दुनिया मेरे खिलाफ है, इसलिए। अकेला पड़ गया हूं, इसलिए। या मैंने पूरा उपाय ही कहां किया था; मैं तो ऐसे ही गैर-गंभीरता में ले रहा था।' तुम कुछ न कुछ मार्ग खोज लेते हो और अहंकार को बचा लेते हो।

अगर तुम जीवन को गौर से पढ़ो, जीवन के पाठ को ठीक से पढ़ो, तो जीवन रोज तोड़ रहा है। क्योंकि जीवन को तुम्हारे चुनावों से कुछ लेना-देना नहीं। तुम्हारे चुनाव वैयक्तिक हैं; इस समग्र को उनसे कोई प्रयोजन नहीं है। तुम्हारे चुनाव अगर कभी-कभी हल भी हो जाते हैं तो संयोग समझना। यह संयोग की बात है कि तुमने कुछ ऐसी बात चुन ली जिस तरफ अस्तित्व अपने आप जा रहा था, बस। भाग्यवशात! बिल्ली निकलती थी और छींका टूट गया। यह संयोग की बात समझना; कोई बिल्ली के लिए छींका नहीं टूटता है। यह बिलकुल सांयोगिक था कि तुमने चुन ली ऐसी बात जो होने जा रही थी। लेकिन जब तुम्हारी चुनी हुई बात हो जाती है, तब तुम बड़ी अकड़ से भर जाते हो कि देखा, करके दिखा दिया! और जब तुम्हारी बात टूटती है...और तुम्हारी बात सौ में निन्यानबे मौकों पर टूटती है! क्योंकि संयोग तो कभी सौ में एकाध हो सकते हैं, अपवाद हो सकते हैं। उन निन्यानबे मौकों पर तुम कुछ न कुछ तर्कजाल फैला कर अपने को समझा लेते हो। कहीं दोष देकर किसी तरह अपने को निवृत्त कर लेते हो।

जीवन को कोई ठीक से देखेगा तो अहंकार निर्मित ही नहीं हो सकता; बिखराव का तो सवाल ही दूर है। और अगर तुमने अष्टावक्र की बात मान कर चुनावरहितता का प्रयोग किया तो निश्चित बिखराव होगा। लेकिन एक बात खयाल रखना, तुम्हारा नहीं है बिखराव। तुम्हें जैसा परमात्मा ने बनाया है, वैसे का तो कोई बिखराव नहीं है। परमात्मा ने तुम्हें अहंकार शून्य बनाया; अहंकार तुम्हारा ही निर्मित किया हुआ है। वही टूटेगा। जो तुमने बनाया है, वही टूटेगा। जो तुमने नहीं बनाया है, वह कभी टूटने वाला नहीं है। हां, अहंकार बिखर जाएगा। और जब अहंकार बिखरेगा तभी तुम्हें आत्मा का पहली दफे पता चलेगा। और वही वास्तविक बात है।

तो पूछते हो—ठीक पूछते हो—कि 'तब क्या विक्षेपरहितता की अवस्था में जीवन के बिखराव का खतरा नहीं खड़ा होगा?'

अष्टावक्र कहते हैं कि ज्ञान की जो परम अवस्था है, विक्षेपरहित है। विक्षेपरहित का अर्थ होता है, वहां कोई डिस्ट्रेक्शन नहीं। इसका मतलब ही यह हुआ कि अब तुम कुछ चुनाव ही नहीं करते। नहीं तो विक्षेप होगा ही।

समझो, तुम ध्यान करने बैठ गए और एक कुत्ता आकर भौंकने लगा—विक्षेप पैदा होगा। क्योंकि तुम एकाग्र होने की चेष्टा कर रहे थे, अब यह कहां बेवक्त कुत्ता

आ गया! अब तुम समझाते हो कि न मालूम किस जन्म में कौन सा कर्म किया है, इस कुत्ते के साथ कौन सा दुर्व्यवहार किया था कि मैं ध्यान करने बैठता हूं तब इन सज्जन को भौंकने की याद आई है। अब कभी और भौंक लेते, चौबीस घंटे पड़े हैं! तुम ध्यान करने बैठे कि ब़च्चा रोने लगा। तुम्हें बड़ी हैरानी होती है कि बच्चे को पता कैसे चल जाता है कि जब मैं ध्यान करने बैठता हूं तभी रोने लगता है। अबोध बच्चा, झूले में पड़ा हो, वह रोने लगता है। यह तुम्हारे लिए नहीं रो रहा है। लेकिन अभी तुम ध्यान करने बैठे, तुमने एक चुनाव कर लिया कि मैं एकाग्र रहूंगा। एकाग्रता के कारण ही विक्षेप पैदा हो रहा है। तुमने चाहा एकाग्र रहूंगा; और इस जगत में हजारों घटनाएं घट रही हैं! सड़क पर तांगे-घोड़े दौड़ रहे, कारें आवाज कर रहीं, ट्रक जा रहे, हवाई जहाज उड़ रहे, पत्नी चौके में खाना बना रही, बर्तन गिर रहे, बच्चे रो रहे, शोरगुल बच्चे कर रहे, कुत्ते भौंक रहे, कौवे चिल्ला रहे—सब तरफ हजार-हजार चीजें हो रही हैं। तुमने जैसे ही तय किया कि मैं ध्यान में बैठूंगा, अब मैं कोई अपने मन में विकल्प न आने दूंगा, अपने मन में किसी चीज से बाधा न पड़ने दूंगा, निर्बाधा घड़ी भर बैठूंगा—बस बाधा आनी शुरू हो गई! कैसे बाधा आ रही है?

अष्टावक्र कहते हैं: उसने निर्बाधा रहने का जो तय किया, उससे आ रही है।

इसलिए अष्टावक्र एकाग्रता के पक्षपाती नहीं हैं, न मैं हूं। एकाग्रता का मेरा कोई पक्षपात नहीं। एकाग्रता अहंकार का ही फैलाव है। और वास्तविक ध्यान का एकाग्रता से कोई संबंध नहीं है। क्योंकि एकाग्रता से तो विक्षेप पैदा होता है, डिस्ट्रेक्शन पैदा होता है। इससे तो और अशांति बढ़ती है। फिर ध्यान का क्या अर्थ है? साधारण किताबों में—उन लोगों ने जो किताबें लिखी हैं, जिन्होंने ध्यान को बिलकुल जाना नहीं—तुम यही पाओगे, वे लिखते हैं: ध्यान यानी एकाग्रता। उन्हें कुछ भी पता नहीं है। उन्हें क, ख, ग भी पता नहीं है। ध्यान यानी एकाग्रता! बिलकुल नहीं, कभी नहीं, हजार बार नहीं! ध्यान का अर्थ ही होता है: विक्षेपरहितता। एकाग्रता तो कैसे हो सकता है? एकाग्रता का तो अर्थ होगा: विक्षेप पैदा हुए।

ध्यान का अर्थ होता है: अनेकाग्र। ध्यान का अर्थ होता है: जो होगा होने देंगे। बच्चा रोएगा, रोने देंगे। कुत्ता भौंकेगा, भौंकने देंगे। हम हैं कौन बाधा डालनेवाले? इस विराट अस्तित्व में हम विराम लगानेवाले कौन हैं? मैं कौन हूं जो कहूं कि कुत्ता अभी न भौंके और कौवे अभी कांव-कांव न करें और बच्चे अभी रोएं नहीं, गाड़ियां अभी रास्ते पर न चलें, हवाई जहाज आकाश में न उड़ें? मैं कौन हूं विराम लगाने वाला? यह तो बड़े अहंकार की घोषणा है कि मैं विराम लगा दूं। नहीं, मैं कोई भी नहीं हूं! जो होगा मैं उसे स्वीकार करूंगा। कुत्ता भौंकता रहेगा, मैं राजी रहूंगा। कुत्ते के भौंकने की आवाज सुनाई पड़ेगी, गूंजेगी मेरे अंतस्तल में, सुनता रहूंगा, लेकिन मेरा

चूंकि कोई विरोध नहीं है तो विक्षेप पैदा नहीं होगा। मेरी कोई मांग नहीं है कि कुत्ता न भौंके, तो मुझे कोई चोट न लगेगी।

जैसे ही तुमने एकाग्र होना चाहा कि तुमने घाव बना लिया। देखा तुमने, कभी पैर में घाव हो जाता है तो दिन भर उसी पर चोट लगती है। बच्चा आकर पैर पर चढ़ जाता है। तुम चकित होते हो कि इतने दिन हो गए, जिंदगी हो गई, कभी यह बच्चा पैर पर नहीं चढ़ता था, आज पैर पर चढ़ गया! राह से निकलते हो, किसी का धक्का लग जाता है। दरवाजे का धक्का लग जाता है। चीजें गिर पड़ती हैं। ये रोज ही गिरती थीं और यह बच्चा अनेक बार चढ़ा था; लेकिन कभी पता न चला था, क्योंकि घाव न था। आज घाव है तो पता चलता है। कोई ऐसा थोड़े ही है कि तुम्हारा घाव देख कर सारी दुनिया तुम्हारे पैर पर गिरी पड़ रही है। घाव का किसी को पता नहीं है। जब तुम एकाग्र होने को बैठ गए और तुमने चेष्टा की, बस घाव पैदा हो गया। अब छोटी-छोटी चीजें बाधा डालने लगेंगी।

तुमने खयाल किया होगा, ध्यान करने बैठो, कहीं चींटी सरकने लगती है—अभी तक नहीं सरक रही थी, जिंदगी भर नहीं सरकी थी—कहीं खुजलाहट उठती है, कहीं लगता है कि सिर में कोई चींटी चढ़ गई, कहीं पैर सो जाता है। हजार काम एकदम शुरू हो जाते हैं; जैसे सारा संसार तुम्हारे ध्यान के विपरीत है। ध्यान के विपरीत नहीं है, एकाग्रता के विपरीत है। संसार विपरीत है, ऐसा कहना ठीक नहीं; एकाग्रता में तुमने संसार के विपरीत होने की घोषणा कर दी। एकाग्रता की चेष्टा में तुमने कह दिया : मैं दुश्मन हूं। तुमने कह दिया कि अब मैं नहीं चाहता, न चींटियां चलें, न हवाएं चलें, न पक्षी बोलें, न रास्ते पर कोई चले, न बर्तन गिरें—तुमने सारी दुनिया को कह दिया कि अभी मैं ध्यान कर रहा हूं, सब ठहर जाए! तुमने घोषणा कर दी वैपरित्य की। विक्षेप पैदा होगा। हजार-हजार विक्षेप पैदा होंगे। इससे सिर्फ क्रोध पैदा होगा। अशांति पैदा होगी।

ध्यान का वास्तविक अर्थ है : 'अनेकाग्रता! नॉन-कनसनट्रेशन! शांत होकर, शिथिल होकर बैठ गए। जो होता है, होता है। स्वीकार कर लिया।'

इस स्वीकार की दशा में एक चीज बिखरेगी, वह अहंकार है; और एक चीज सम्हलेगी, वह तुम हो। एक चीज जाएगी, वह अहंकार है; एक चीज आएगी—तुम जाओगे, परमात्मा आएगा; या तुम्हारा झूठा रूप जाएगा और तुम्हारा वास्तविक रूप आएगा।

जब तुम्हारा कोई चुनाव नहीं तब जीवन में एक सहजता आती है। साधुओं को कबीर ने कहा है : साधो सहज समाधि भली।

यह कौन-सा मुकाम है!

फलक नहीं, जमीं नहीं
कि शब नहीं, सहर नहीं
कि गम नहीं, खुशी नहीं
कहां यह लेकर आ गई
हवा तेरे दयार की!

अगर तुम ऐसे चुप होकर बैठ गए, अनेकाग्र होकर बैठ गए, तो एक दिन पाओगे—

यह कौन सा मुकाम है!
फलक नहीं, जमीं नहीं
कि शब नहीं, सहर नहीं
कि गम नहीं, खुशी नहीं
कहां यह लेकर आ गई
हवा तेरे दयार की!
तुम्हीं थे मेरे रहनुमां
तुम्हीं थे मेरे हमसफर
तुम्हीं थे मेरी रोशनी
तुम्हीं ने मुझको दी नजर
बिना तुम्हारे जिंदगी
शमा है एक मजार की!

तुम छोड़ दो अपने को परमात्मा के हाथों में। निश्चित कुछ बिखरेगा। जो बिखरेगा वह बिखरने ही के लिए है, बिखरना ही चाहिए। वह बिखरे, यही शुभ है। और कुछ सम्हलेगा। जो सम्हलना चाहिए, वही सम्हलेगा।

अभी गलत तो सम्हला है, सही सोया है। गलत को जाने दो, ताकि सही जाग सके। और सही तभी जागता है जब गलत हट जाए। असार को असार की तरह देख लेने में सार का जन्म है। असत्य को असत्य की तरह पहचान लेने में सत्य की पहली किरण है।

तीसरा प्रश्न : प्रभु को पाने का मार्ग क्या है? प्यास तो है, पर पथ नहीं मिलता। पथ-प्रदर्शन करें!

प्यास हो नहीं सकती। कहते हो प्यास है; है नहीं! क्योंकि प्यास ही तो पथ है। प्यास हो तो पथ मिल ही गया। प्यास से अलग पथ कहां! ये पथ इत्यादि की बातें तो

प्यास की कमी के कारण ही पैदा होती हैं। प्यास नहीं तो हम पूछते हैं : पथ कहां है? प्यास हो, ज्वलंत प्यास हो, रोआं-रोआं जलता हो, आग लगी हो विरह की, लपटें उठी हों खोज की—कोई पथ नहीं पूछता। प्यास पथ बना देती है।

ऐसा समझो, घर में आग लग गई हो, तब तुम थोड़े ही पूछते हो कि द्वार कहां, मुख्य द्वार कहां, कहां से निकलूं, कहां से न निकलूं? खिड़की से कूद जाते हो। फिर तुम यह थोड़े ही देखते हो कि यह मुख्य द्वार नहीं है—जब घर में आग लगी हो—यह खिड़की से कूद रहा हूं, यह शिष्टाचार के विपरीत है! तुम फिर नक्शा थोड़े ही पूछते हो कि नक्शा कहां है? तुम फिर मार्गदर्शन थोड़े ही चाहते हो। तुम फिर रुकते थोड़े ही हो किसी से पूछने को। घर में आग लगी हो तो तुम्हारे प्राण ऐसे आकुल हो जाते हैं निकलने को बाहर कि तुम राह खोज लेते हो। तुम्हारी आकुलता राह बन जाती है।

राह इत्यादि की बातें तो लोग फुरसत में पूछते हैं; असल में जब निकलना नहीं होता तब पूछते हैं, तब वे कहते हैं : 'कैसे निकलें, पहले राह तो पता हो। मांर्गदर्शन तो हो।' फिर मार्गदर्शन भी मिल जाए तो वे पूछते हैं : 'क्या पक्का है कि यह मार्गद्रष्टा सही है? फिर और भी तो मार्गद्रष्टा हैं, अकेले यही तो नहीं। कौन सही है? पहले यह तो तय हो जाए। बुद्ध सही कि महावीर सही कि कृष्ण कि क्राइस्ट कि मोहम्मद—कौन सही है? कुरान सही कि वेद सही, कौन सही है? पहले यह तो पक्का हो जाए। निकलेंगे जरूर। निकलना है। लेकिन जब तक मार्ग साफ न हो, सुनिश्चित न हो, तब तक कैसे चलें?' तब तक तुम घर में बैठे हो मजे से, अपना काम-धाम जारी रखे हो।

ये तरकीबें हैं बचाव की।

तुम कहते हो : 'प्रभु को पाने का मार्ग क्या है? प्यास तो है, पर पथ नहीं मिलता।'

नहीं, जरा अपनी प्यास को फिर से टटोलना। जरा खोल कर फिर देखना—प्यास नहीं होगी। प्यास होती तो मार्ग क्यों न मिलता? प्यास होती तो तुम दांव लगा देते। प्यास होती तो तुम मार्ग खोज लेते। क्योंकि मार्ग तो है; तुम जहां खड़े हो वहीं से मार्ग जाता है। लेकिन जब तक प्यास नहीं, तब तक तुम्हारा उस मार्ग से संबंध नहीं हो पाता है।

तो पहली बात मैं कहना चाहूंगा : बजाय मार्ग खोजने के प्यास को गहरा करो। गहराओ। प्यास को जलाओ। ईंधन बनो कि प्यास की लपटें जोर से उठें। जब तक प्यास विक्षिप्त न हो जाए, जब तक ऐसी घड़ी न आ जाए कि तुम सब दांव पर लगाने को राजी हो, तब तक समझना प्यास नहीं है। अगर मैं तुमसे पूछूं कि क्या दांव पर लगाने को राजी हो, प्यास है तो... ?

सिकंदर भारत से वापस लौटता था, तब वह एक फकीर को मिलने गया। और उस फकीर ने सिकंदर को देखा और वह हंसने लगा। तो सिकंदर ने कहा : 'यह

अपमान है मेरा। जानते हो मैं कौन हूं? सिकंदर महान!' वह फकीर और जोर से हंसने लगा। उसने कहा कि 'मुझे तो कोई महानता दिखाई नहीं पड़ती। मैं तो तुम्हें बड़ा दीन-दरिद्र देखता हूं।' सिकंदर ने कहा कि 'या तो तुम पागल हो और या तुम्हारी मौत आ गई। सारी दुनिया को मैंने जीत लिया है।' उस फकीर ने कहा, 'छोड़ यह बकवास! मैं तुझसे पूछता हूं, अगर मरुस्थल में तू भटक जाए और प्यास तुझे जोर की लगी हो और चारों तरफ आग बरसती हो और कहीं हरियाली न दिखाई पड़ती हो, कहीं किसी मरूद्यान का पता न चलता हो—उस समय एक गिलास पानी के लिए तू इस राज्य में से कितना दे सकेगा?'

सिकंदर ने थोड़ा सोचा। उसने कहा: 'आधा राज्य दे दूंगा।' फकीर ने कहा: 'लेकिन आधे में मैं बेचने को राजी न होऊंगा।' सिकंदर ने फिर सोचा। उसने कहा कि ऐसी हालत अगर होगी तो पूरा राज्य दे दूंगा। तो वह फकीर हंसने लगा। उसने कहा: 'एक गिलास पानी कुल जमा मूल्य है तेरे राज्य का। और ऐसे ही अकड़ा जा रहा है। वक्त पड़ जाए तो एक गिलास पानी में निकल जाएगी सब अकड़। यह राज्य तेरी प्यास भी तो न बुझा सकेगा उस क्षण में। चिल्लाना खूब—महान सिकंदर, महान सिकंदर! कुछ न होगा। मरुस्थल बिलकुल न सुनेगा।'

एक गिलास पानी में राज्य चला जाता हो...! अगर तुमसे कोई कहे कि परमात्मा मिलने को तैयार है, तुम क्या खोने को तैयार हो? तुम क्या दांव पर लगाने को तैयार हो? सिकंदर फिर भी हिम्मतवर था, उसने कहा, आधा राज्य दे दूंगा एक गिलास पानी के लिए। तुम एक गिलास परमात्मा के लिए क्या देने को राजी हो? तुम शायद आधी दुकान भी न दोगे। तुम शायद आधा मकान भी न दोगे। तुम शायद अपनी आधी तिजोड़ी भी न दोगे। तुम कहोगे: 'प्रभु, अभी और बहुत काम करने हैं, तिजोड़ी अभी कैसे दे दूं? अभी लड़की की शादी करनी है, अभी लड़का युनिवर्सिटी में पढ़ रहा है। दे दूंगा एक दिन, लेकिन अभी नहीं दे सकता।' तुम क्या देने को राजी हो?

कभी अपने मन में पूछना, अगर प्रभु द्वार पर खड़ा हो और कहे कि मैं मिलने को राजी हूं, तुम क्या देने को राजी हो? तब तुम क्या दे दोगे निकालकर? तुम्हारे हाथ डरेंगे, खीसे में न जाएंगे।

रवींद्रनाथ की एक बड़ी प्रसिद्ध कविता है। एक भिखारी, जैसा रोज भिक्षा मांगने जाता था वैसा ही भिक्षा मांगने निकला। पूर्णिमा का दिन है, धर्प का कोई दिन है और उसे बड़ी आशा है। और जैसे भिखारी जब भिक्षा मांगने जाते हैं तो घर से थोड़ा सा अपनी झोली में डाल कर निकलते हैं—स्वाभाविक है, जरूरी है। झोली में कुछ पड़ा हो तो लोग दे देते हैं, नहीं तो देते भी नहीं। झोली में पड़ा हो तो उनको जरा संकोच आता है कि दूसरों ने दे दिया है तो हम भी दे दें। जरा बदनामी का भी तो डर लगता है।

मंदिर में पुजारी तक जब आरती के बाद पैसे के लिए थाली फिराता है तो उसमें कुछ पैसे डाल रखता है। क्योंकि अगर थाली खाली हो तो तुम्हारी हिम्मत बिलकुल टूट जाएगी; तुम एक पैसा भी न डाल पाओगे। तुम कहोगे : किसी ने भी नहीं डाला तो हमीं कोई बुद्धू हैं! अगर और भी बुद्धू बन चुके हैं, कुछ पैसे पड़े हैं, तो फिर तुम्हें ऐसा लगता है कि अब न डालें तो जरा कंजूसी मालूम होगी। तो एकाध पैसा तुम डाल देते हो। वह भी खोटे पैसे लेकर लोग मंदिर आते हैं। छोटी से छोटी चिल्लड़ मांगते हैं।

निकला था थोड़े से पैसे डाल कर—थोड़े चने के दाने, थोड़े गेहूं, थोड़े चावल और राह पर आया है कि देखा, राजा का रथ आ रहा है धूल उड़ाता। सुबह सूरज निकला है और उसका स्वर्ण-रथ चमक रहा है। वह तो बड़ा गदगद हो गया। उसने कहा, ऐसा कभी सौभाग्य न मिला था, क्योंकि राजा के महल में तो कभी प्रवेश ही नहीं मिलता था, भिक्षा मांगने का सवाल ही न था। आज राजा राह पर मिल गया है तो खड़ा हो जाऊंगा बीच में झोली फैला कर, धन्यभाग हैं मेरे! कुछ न कुछ आज मिलने को है।

रथ आया, रुका भी। रुका तो भिखारी घबड़ाया भी। कभी राजा के साथ साक्षात्कार भी न हुआ था। और राजा नीचे उतरा भी। उतरा तो भिखारी बिलकुल ही कंप गया। और इसके पहले कि भिखारी होश जुटा पाता, अपनी झोली फैला पाता, राजा ने अपनी झोली उसके सामने फैला दी। और उसने कहा : 'क्षमा करो, ज्योतिषियों ने कहा है कि अगर मैं भिक्षा मांगूं तो राज्य बच सकता है, अन्यथा राज्य पर बड़ा संकट आ रहा है। और ज्योतिषियों ने कहा है, आज सुबह मैं रथ पर निकलूं और जो आदमी पहले मिले, उससे भिक्षा मांग लूं। क्षमा करो, माना कि तुम भिखारी हो और तुम्हें देने में बड़ी कठिनाई होगी, लेकिन अब कोई उपाय नहीं है, राज्य को बचाने का सवाल है। कुछ न कुछ दे दो, इनकार मत कर देना।'

तो भिखारी बड़ा घबड़ाया। कभी उसने दिया तो था ही नहीं, मांगा ही मांगा था। देने की कोई आदत ही न थी, याद ही न आती थी कि कभी उसने कुछ दिया हो।

तुम जरा उसका संकट देखो। ऐसे ही संकट में तुम पड़ जाओगे, परमात्मा अगर झोली फैला कर सामने खड़ा हो जाए। तुमने भी मांगा ही मांगा है। प्रार्थना जो भी तुमने की हैं अब तक, सब मांगों से भरी थीं। तुमने देने के लिए कभी प्रार्थना की? तुम कभी प्रभु के द्वार पर गए कि प्रभु, मैं अपने को देना चाहता हूं, तू ले ले, कृपा करना और मुझे स्वीकार कर ले! तुम कुछ देने गए? तुम सदा मांगने गए। तुम भिखमंगे की तरह गए।

वह भिखमंगा बहुत घबड़ा गया। इंकार भी न कर सका क्योंकि राज्य पर संकट है और राजा अगर नाराज हो जाए...। तो उसने झोली में हाथ डाला। हाथ डालता है, मुट्ठी भरके दे सकता था, लेकिन मुट्ठी भरने की आदत ही न थी। मजबूरी में एक

चावल का दाना निकाल कर उसने डाला। डालना कुछ था, डालना पड़ रहा था—राजा सामने खड़ा था। एक चावल का दाना!

बात आई-गई हो गई। राजा ने झोली बंद की, बैठा रथ पर और चला गया। धूल उड़ती रह गई। तब उसे होश आया कि अरे, मैं तो मांगना ही भूल गया; यह तो उलटा ही हो गया! बड़ा दुखी! दिन भर में खूब भीख मिली, क्योंकि जो देता है वह खूब पाता भी है। हालांकि उसने बहुत कुछ न दिया था, मगर फिर भी दिया तो था ही। भिखमंगे के लिए उतना ही बहुत था। उस दिन खूब भीख मिली; लेकिन फिर भी वह उदास था। एक दाना तो कम था! लाख मिल जाए, इससे क्या फर्क पड़ता है, एक दाना तो कम ही रहेगा! और यह भी कैसा दुर्भाग्य का क्षण कि राजा के साथ मुलाकात हुई तो मांगने की जगह उलटा देना पड़ा। बड़ी पीड़ा थी। बड़े बोझ से भरा था। झोला बहुत भर गया था उसका, लेकिन वह खुशी न थी। वह घर लौटा। पत्नी दौड़ी। ऐसा झोला कभी भर कर न आया था। पत्नी बड़ी खुश हो गई। और उसने कहाः 'धन्यभाग, आज बहुत कुछ मिला है।' उसने कहाः 'छोड़ पागल, तुझे पता नहीं आज क्या गंवाया है! यह कुछ भी नहीं है। एक तो अपने पास का एक दाना गया और इतना ही नहीं, जो मिलना था वह तो मिल ही न पाया। राजा के साथ मिलन हो गया और कुछ मांग न पाया। आज जैसा दुर्भाग्य का क्षण मेरे जीवन में कभी था ही नहीं।'

बड़ी उदासी से उसने झोली उलटाई और तब वह छाती पीट कर रोने लगा, क्योंकि उस झोली में उसने देखा कि एक चावल का दाना सोने का हो गया था। तब वह छाती पीट कर रोने लगा कि मैंने सब क्यों न दे दिया, तो सब सोने का हो जाता।

देने से सोने का होता है। मांगने से तो सोना भी मिट्टी हो जाता है। देने से मिट्टी भी सोना हो जाती है। इसलिए तो शास्त्र दान की इतनी महिमा गाते हैं।

अगर प्यास है तो देने की तैयारी करो; और छोटी-मोटी चीजें देने से न चलेगा, स्वयं को देना पड़ेगा। क्योंकि छोटी-मोटी चीजें तो मौत तुमसे छीन लेगी, उनको देकर तुम कोई परमात्मा पर आभार नहीं कर रहे हो। जो मौत तुमसे न छीन सकेगी वही देने की तैयारी हो तो परमात्मा अभी मिल जाए, इसी क्षण मिल जाए। वह द्वार पर खड़ा है, दस्तक भी दे रहा है; लेकिन तुम डरते हो कि कहीं कोई भिखमंगा न खड़ा हो! तुम अपने बेटे को भेज देते हो कि कह दो कि पिता जी बाहर गए हैं।

तुम कहते हो कि प्यास है। मैं मान नहीं सकता। क्योंकि जिसको भी कभी प्यास पैदा हुई, परमात्मा प्यास के पीछे-पीछे चला आया है।

ओ गीले नयनों वाली ऐसे आंज नयन
जो नजर मिलाए तेरी मूरत बन जाए
ओ प्यासे अधरों वाली इतनी प्यास जगा
बिन जल बरसाए यह घनश्याम न जा पाए
रेशम के झूले डाल रही है झूल धरा
आ-आ कर द्वार बुहार रही है पुरवाई
लेकिन तू धरे कपोल हथेली पर बैठी
है याद कर रही जाने किसकी निठुराई!
जब भरी नदी, तू रीत रही
जी उठी धरा, तू बीत रही
ओ सोलह सावन वाली ऐसे सेज सजा
घर लौट न पाए जो घूंघट से टकराए
ओ प्यासे अधरों वाली इतनी प्यास जगा
बिन जल बरसाए यह घनश्याम न जा पाए

बादल खुद आता नहीं समुंदर से चल कर
सुनो—
बादल खुद आता नहीं समुंदर से चल कर
प्यास ही धरा की उसे बुला कर लाती है
जुगनू में चमक नहीं होती केवल तम को
छूकर, उसकी चेतना ज्वाला बन जाती है
सब खेल यहां पर है धुन का
जग ताना-बाना है गुण का
ओ सौ गुण वाली ऐसी धुन की गांठ लगा
सब बिखरा जल सागर बन-बन कर लहराए
ओ प्यासे अधरों वाली इतनी प्यास जगा
बिन जल बरसाए यह घनश्याम न जा पाए

घनश्याम तो घिरे हैं, बादल तो उमड़-घुमड़ रहे हैं, मेघ तो सदा से मौजूद रहे हैं—तुमने पुकारा नहीं। तुम वस्तुतः प्यासे नहीं। तुम्हारी धरा अभीप्सा से डांवाडोल नहीं। तुम्हारे हृदय में ऐसी पुकार नहीं उठी है कि उस पर सब न्योछावर हो। इसीलिए चूक हो रही है।

मार्ग की पूछते हो? पथ की पूछते हो? ये सब गणित के हिसाब हैं।

बुद्ध से किसी ने पूछा है कि आप कहते हैं, बुद्धपुरुष केवल मार्ग दिखाते हैं; तो फिर बुद्धपुरुषों के सान्निध्य और सत्संग का वस्तुतः लाभ क्या है? तो बुद्ध ने कहा: 'लाभ है कि प्यास लग जाए; लाभ है कि उनके पास धुन जग जाए।'

बुद्ध को देख कर अगर तुम्हारे भीतर प्यास जग जाए, तुम्हारे भीतर एक अभीप्सा का आरोहण हो कि यही मैं भी हो सकता हूं, दांव पर लगाना है! कंजूसी से न चलेगा, आधे-आधे न चलेगा—दांव पर पूरा ही लगाना होगा। परमात्मा के साथ होशियारी न चलेगी।

मैंने सुना है, इनकमटैक्स दफ्तर में एक आदमी का पत्र आया। एक अमरीकन अखबार में मैं कल ही पढ़ रहा था। उस आदमी ने लिखा है कि क्षमा करें, बीस साल पहले मैंने कुछ धोखाधड़ी की थी इनकमटैक्स देने में और तब से मैं ठीक से सो नहीं पाया। तो ये पचास डॉलर भेज रहा हूं। अब क्षमा करो और मुझे सोने दो। अगर नींद न आई तो शेष पचास डॉलर भी भेज दूंगा।

ऐसे आधे-आधे न चलेगा। किसको धोखा दे रहे हो? अब इनकमटैक्स दफ्तर को तो पता भी नहीं है, बीस साल हो गए। बात भी आई-गई हो गई; पता तो तुम्हीं को है, लेकिन फिर भी पचास डॉलर भेज रहे हो! और अगर नींद न आई तो बाकी पचास भी भेज देंगे। तुम्हें तो पता ही है।

देखो, धोखा और सबको दे देना, परमात्मा को मत देना। क्योंकि परमात्मा को दिया गया धोखा फिर तुम्हें सोने न देगा, जागने भी न देगा; उठने न देगा, बैठने न देगा। यह परमात्मा को दिया गया धोखा तो अपने ही भविष्य को दिया गया धोखा है। यह तो अपने ही अंतरतम को दिया गया धोखा है। और हम सब यह धोखा देते हैं। फिर हम पूछते हैं, राह नहीं मिलती। और राह आंख के सामने है। तुम जहां खड़े हो वहीं राह है। सच तो यह है कि राहें बहुत हैं, तुम अकेले हो चलनेवाले। इतनी राहें हैं। प्रेम से चलो, ध्यान से चलो, भक्ति से चलो, ज्ञान से चलो, योग से चलो—कितनी राहें हैं! इतनी तो राहें हैं! इतने तो उपाय हैं! मगर तुम चलते नहीं; तुम बैठे हो चौरस्ते पर, जहां से सब राहें जाती हैं।

पुराने शास्त्र कहते हैं: आदमी चौरस्ता है। जैन शास्त्रों में बड़ा महत्वपूर्ण एक सिद्धांत है आदमी के चौरस्ता होने का। कहते हैं कि देवता को भी अगर मोक्ष जाना हो तो फिर आदमी होना पड़ता है, क्योंकि आदमी चौरस्ते पर है। देवताओं ने तो एक रास्ता पकड़ लिया, स्वर्ग पहुंच गए। स्वर्ग तो टर्मिनस है—विक्टोरिया टर्मिनस। वहां तो गाड़ी खतम। वहां से आगे जाने का कोई उपाय नहीं है, वहां तो रेल की

पटरी ही खतम हो जाती है। अब अगर कहीं और जाना हो, मोक्ष जाना हो, तो लौटना पड़ेगा आदमी पर। आदमी जंक्शन है। तो अदभुत बात कहते हैं जैन शास्त्र कि देवताओं को भी अगर मोक्ष जाना हो...। किसी न किसी दिन जाना ही होगा। क्योंकि जैसे आदमी दुख से ऊब जाता है, वैसे ही सुख से भी ऊब जाता है। पुनरुक्ति उबा देती है। जैसे आदमी दुख से ऊब जाता है—ध्यान रखना—सुख ही सुख मिले, उससे भी ऊब जाता है। सच तो यह कि दुख-सुख दोनों मिलते रहें तो इतनी जल्दी नहीं ऊबता, थोड़ा कंधे बदलता रहता है—कभी सुख, कभी दुख-फिर स्वाद आ जाता है। दुख आ गया, फिर सुख की आकांक्षा आ जाती है। फिर सुख आया, फिर थोड़ा स्वाद लिया, फिर दुख आ गया, ऐसी यात्रा चलती रहती है। लेकिन स्वर्ग में तो सुख ही सुख है। स्वर्ग में तो सभी को सुख के कारण डायबिटीज हो जाता होगा—शक्कर ही शक्कर, शक्कर ही शक्कर! तुम जरा सोचो कैसी मितली और उलटी नहीं आने लगती होगी! सुख ही सुख, शक्कर ही शक्कर! लौट कर आना पड़ता है एक दिन।

आदमी चौराहा है। सब रास्ते तुमसे जाते हैं—नर्क, स्वर्ग, मोक्ष, संसार! सब रास्ते तुमसे जाते हैं। और तुम बैठे चौरस्ते पर पूछते हो कि रास्ता कहां है? न जाना हो न जाओ, कम से कम ऐसे उलटे-सीधे सवाल तो न पूछो। न जाना हो तो कोई तुम्हें भेज भी नहीं सकता। न जाना हो तो कम से कम ईमानदारी तो बरतो; यह कहो कि हमें जाना नहीं है इसलिए नहीं जाते; जब जाना होगा जाएंगे।

लेकिन आदमी बेईमान है। आदमी यह भी मानने को तैयार नहीं है कि मैं ईश्वर की तरफ अभी जाना नहीं चाहता। आदमी बड़ा बेईमान है! हाथ फैलाता संसार में है और कहता है, जाना तो ईश्वर की तरफ चाहते हैं, लेकिन करें क्या, रास्ता नहीं मिलता!

तो पतंजलि ने क्या दिया है? तो अष्टावक्र ने क्या दिया है? तो बुद्ध-महावीर ने क्या दिया? रास्ते दिए हैं। सदियों से तीर्थंकर और बुद्धपुरुष रास्ते दे रहे हैं; तुम कहते हो, रास्ता क्या है! इतने रास्तों में से तुमको नहीं मिलता; एकाध रास्ता मैं और बता दूंगा, तुम सोचते हो, इससे कुछ फर्क पड़ेगा? यही तुम बुद्ध से पूछते रहे, यही तुम महावीर से पूछते रहे, यही तुम मुझसे पूछ रहे हो, यही तुम सदा पूछते रहोगे। समय के अंत तक तुम यही पूछते रहोगे, रास्ता नहीं है।

लेकिन बेईमानी कहीं गहरी है : तुम जाना नहीं चाहते। पहले वहीं साफ-सुथरा कर लो। पहले प्यास को बहुत स्पष्ट कर लो।

मेरे अपने अनुभव में ऐसा है : जो आदमी जाना चाहता है, उसे पूरा संसार भी रोकना चाहे तो नहीं रोक सकता। तुम खोजना चाहो, खोज लोगे। और जब तुम्हारी

प्यास बलवती होती है, लपट की तरह जलती है तो सारा अस्तित्व तुम्हें साथ देता है। अभी तुम खोजते तो धन हो और बातें परमात्मा की करते हो; खोजते तो पद हो, बातें परमात्मा की करते हो, खोजते कुछ हो, बातें कुछ और करते हो। बातों के जरिए तुम एक धुआं पैदा करते हो अपने आस-पास, जिससे दूसरों को भी धोखा पैदा होता है, खुद को भी धोखा पैदा होता है। दूसरों को हो, इसकी मुझे चिंता नहीं; लेकिन खुद को धोखा पैदा हो जाता है। तुमको खुद लगने लगता है कि तुम बड़े धार्मिक आदमी हो, कि देखो कितनी चिंता करते हो, सोच-विचार करते हो!

मैंने सुना है कि लंका में एक बौद्ध भिक्षु हुआ। उसके बड़े भक्त थे, हजारों भक्त थे। जब वह मरने को हुआ, आखिरी दिन उसने खबर भेज दी अपने सारे भक्तों को कि तुम आ जाओ, अब मैं जाने को हूं। काफी उम्र, नब्बे वर्ष का हो गया था। कोई बीस हजार उसके भक्त इकट्ठे हुए। और उसने खड़े होकर पूछा कि देखो, अब मैं जाने को हूं, अब दुबारा मेरा-तुम्हारा मिलना न होगा, इसलिए अगर कोई मेरे साथ निर्वाण में जाना चाहता हो तो खड़ा हो जाए। लोग एक-दूसरे की तरफ देखने लगे। जो जिसको निर्वाण में भेजना चाहता था उसकी तरफ देखने लगा। लोग इशारा करने लगे कि चले जाओ। जो जिसको हटाना चाहता था, उससे कहने लगा: 'अब क्या बैठे देख रहे हो! भई हमें तो अभी दूसरी झंझटें हैं, अभी और काम हैं; मगर तुम क्या कर रहे हो! तुम चले जाओ!'

कोई उठा नहीं। सिर्फ एक आदमी ने हाथ उठाया। वह भी उठा नहीं, हाथ उठाया। तो उस बौद्ध भिक्षु ने पूछा कि मैंने कहा, उठ कर खड़े हो जाएं, हाथ उठाने को नहीं कहा।

उसने कहा: 'इसी डर से तो मैं सिर्फ हाथ उठा रहा हूं। मैं सिर्फ यह पूछना चाहता हूं कि रास्ता क्या है स्वर्ग जाने का, मोक्ष जाने का या निर्वाण जाने का? रास्ता बता दें आप। क्योंकि अभी इसी वक्त जाने की मेरी तैयारी नहीं है। मगर रास्ता पूछ लेता हूं, क्योंकि दुबारा आप मिलें न मिलें। रास्ता काम आएगा; जब जाना चाहूंगा, रास्ते का उपयोग कर लूंगा।'

उस बौद्ध भिक्षु ने कहा कि रास्ता तो मैं आज कोई पचास साल से बता रहा हूं, कोई चलता नहीं। इसलिए मैंने सोचा कि अब जाते वक्त अगर कोई जाने को राजी हो तो लेता जाऊं। अब भी कोई राजी नहीं है।

तुम कहते हो: परमात्मा से मिलना है, प्यास है!

नहीं, अपनी प्यास को फिर जांचना। प्यास नहीं है, अन्यथा तुम मिल गए होते। परमात्मा और तुम्हारे बीच प्यास की कमी ही तो बाधा है। जलती प्यास ही जोड़ देती है। ज्वलंत प्यास ही पथ बन जाती है।

चौथा प्रश्न : मैं देख रहा हूं कि जब स्वामी आनंद तीर्थ अंग्रेजी में सूत्र-पाठ करते हैं तब आप उसे बड़े गौर से सुनते हैं और जब मा कृष्ण चेतना महागीता के सूत्र पढ़ती हैं, तब आप आंखें बंद कर लेते हैं! ऐसा फर्क क्यों? उसका राज क्या है? ऐसा तो नहीं है कि मा चेतना के अशुद्ध पाठ और उच्चारण के कारण उन्हें नहीं सुनते? कृपापूर्वक इसके संबंध में हमें समझाएं।

अंग्रेजी मैं ज्यादा जानता नहीं; सो गौर से सुनता हूं कि कहीं चूक न जाए, और संस्कृत मैं बिलकुल नहीं जानता; सो आंख बंद करके सुनने का मजा ले सकता हूं; चूकने को कुछ है नहीं।

'चेतना' के पाठ में कोई भूल-चूक नहीं, क्योंकि मैं भूल-चूक निकाल ही नहीं सकता; जानता ही नहीं हूं।

फिर, संस्कृत कुछ ऐसी भाषा है कि आंख बंद करके ही सुननी चाहिए। वह अंतर्मुखी भाषा है। अंग्रेजी बहिर्मुखी भाषा है; वह आंख खोल कर ही सुननी चाहिए।

अंग्रेजी पश्चिम से आती है। पश्चिम है बहिर्मुखी। पश्चिम ने जो भी पाया है वह आंख खोल कर पाया है।

संस्कृत पूरब के गहन प्राणों से आती है। पूरब ने जो भी पाया है, आंख बंद करके पाया है। पश्चिम का उपाय है : आंख खोल कर देखो। पूरब का उपाय है : अगर देखना है, आंख बंद करके देखो। क्योंकि पश्चिम देखता है पर को; पूरब देखता है स्व को। दूसरे को देखना हो, आंख खुली चाहिए; स्वयं को देखना हो, खुली आंख बाधा है। स्वयं को देखना हो, आंख बंद चाहिए।

संस्कृत तो स्वयं को देखने वालों की भाषा है।

फिर अंग्रेजी, मौलिक रूप से अर्थ-निर्भर है। संस्कृत मौलिक रूप से ध्वनि-निर्भर है। अंग्रेजी में कोई संगीत नहीं। संस्कृत में संगीत ही संगीत है। पुरानी भाषाएं काव्य की भाषाएं हैं। संस्कृत, अरबी काव्य की भाषाएं हैं। अगर कुरान को पढ़ना हो तो गाकर ही पढ़ा जा सकता है। कुरान काव्य है। संस्कृत काव्य है। उसे सुनना हो तो आंख बंद करके, मौन में, संगीत की भांति सुनना चाहिए। अर्थ-निर्भर नहीं है, ध्वनि-निर्भर है। अंग्रेजी अर्थ-निर्भर है।

अंग्रेजी विज्ञान की भाषा है। संस्कृत धर्म की भाषा है। अंग्रेजी में चेष्टा है प्रत्येक शब्द का साफ-साफ, स्पष्ट-स्पष्ट अर्थ हो। अंग्रेजी बड़ी गणितिक है। संस्कृत में एक-एक शब्द के अनेक अर्थ हैं। बड़ी तरलता है। बड़ा बहाव है! बड़ी सुविधा है।

अगर गीता अंग्रेजी में लिखी गई होती तो एक हजार टीकाएं नहीं हो सकती थीं। कैसे करते! शब्दों के अर्थ तय हैं, सुनिश्चित हैं। गीता संस्कृत में है; एक हजार क्या,

एक लाख टीकाएं हो सकती हैं। क्योंकि शब्द तरल हैं। उनके अनेक अर्थ हैं। एक-एक शब्द के दस-दस बारह-बारह अर्थ हैं। जो मर्जी हो।

अंग्रेजी जैसी भाषाएं सुनने वाले, पढ़ने वाले को बहुत मौका नहीं देतीं। तुम्हारे लिए कुछ छोड़तीं नहीं। जो है वह साफ बाहर है। संस्कृत-अरबी जैसी भाषाएं पूरा नहीं कहतीं; बस शुरुआत मात्र है, फिर बाकी सब तुम पर छोड़ देती हैं। बड़ी स्वतंत्रता है। फिर तुम सोचो। पूरा तुम करो। प्रारंभ है संस्कृत में, पूरा तुम्हें करना होगा। सूत्रपात है। इसीलिए तो इनको हम 'सूत्र' कहते हैं। इन संस्कृत के वचनों को हम 'सूत्र' कहते हैं। सिर्फ धागा। सब साफ नहीं है, जरा सा इशारा है। फिर इशारे का साथ पकड़ कर तुम चल पड़ना। फिर पूरा अर्थ तुम अपने भीतर खोजना। अर्थ बाहर से तैयार चबाया हुआ उपलब्ध नहीं है। तुम्हें पचाना होगा, तुम्हें अर्थ अपने भीतर जन्माना होगा।

पश्चिम की भाषाएं गणित और विज्ञान के साथ-साथ विकसित हुई हैं। इसलिए पाश्चात्य विचारक बड़े हैरान होते हैं कि संस्कृत के एक-एक वचन के कितने ही अर्थ हो सकते हैं, यह कोई भाषा है! भाषा का मतलब होना चाहिए : अर्थ सुनिश्चित हो। नहीं तो गणित और विज्ञान विकसित ही नहीं हो सकते। अगर गणित और विज्ञान में भी भाषा अनिश्चित हो तो बहुत कठिनाई हो जाएगी। सब साफ होना चाहिए। हर शब्द की परिभाषा होनी चाहिए। संस्कृत में कुछ भी परिभाष्य नहीं है! अपरिभाष्य है। एक तरंग दूसरी तरंग में लीन हो जाती है। एक तरंग दूसरी तरंग को पैदा कर जाती है।

इसलिए अंग्रेजी को तो मैं आंख खोल कर सुनता हूं; वह अंग्रेजी का समादर है। संस्कृत को आंख बंद करके सुनता हूं; वह संस्कृत का समादर है। और उच्चारण और पाठ इन सब में मेरा बहुत रस नहीं है, क्योंकि मैं कोई भाषाशास्त्री नहीं हूं। और व्याकरण और पाठ और उच्चारण सब गौण बातें हैं। मुझे रस है संस्कृत के संगीत में। वह जो ध्वनियों का आघात है चेतना पर; वह जो ध्वनियों से पैदा होता हुआ मंत्रोच्चार है; उच्चारण नहीं, उच्चार; व्याकरण नहीं, शब्दों में छिपा हुआ जो संगीत है—उसे पकड़ने की चेष्टा करता हूं।

मैं भाषाशास्त्री नहीं हूं, यह सदा याद रखना।

इसलिए कभी-कभी मैं शब्दों के ऐसे अर्थ करता हूं, जो कि भाषाशास्त्री राजी नहीं होगा। न हो राजी, वह उसका दुर्भाग्य! मुझे कुछ भाषा से लेना-देना नहीं है।

फिर यह जो मैं कह रहा हूं यहां सूत्रों के ऊपर, यह कोई व्याख्या, टिप्पणी-टीका नहीं है। जो मुझे कहना है वह मैं जानता हूं। जो मुझे कहना है, वह मुझे हो गया है। जो मुझे कहना है, उसका मैं स्वयं गवाह हूं। जब मैं एक संस्कृत का सूत्र सुनता हूं तो कुछ ऐसा नहीं है कि इस सूत्र पर व्याख्या करने जा रहा हूं। नहीं, जो मुझे हुआ है,

वह और इस सूत्र का संगीत दोनों को मिल जाने देता हूं—फिर उससे जो पैदा हो जाए। इसको टीका कहनी ठीक नहीं है, इसको व्याख्या कहनी भी ठीक नहीं है। यह तो मेरे भीतर हुई अनुगूंज है।

जैसे कि तुम पहाड़ों में गए और तुमने जोर की आवाज की और घाटियों में गूंज हुई—तुम क्या कहोगे, घाटियों ने व्याख्या की? घाटियां क्या व्याख्या करेंगी? घाटियों ने क्या किया? तुमने एक आवाज की थी, घाटियों ने अपने प्राणों में उस आवाज को ले लिया और वापस बरसा दिया। घाटियों ने अपनी सुगंध उसमें मिला दी, घाटियों ने अपनी शांति उसमें डाल दी, घाटियों ने अपनी नीरवता उसमें प्रविष्ट कर दी। घाटियों ने अपना इतिहास उसमें जोड़ दिया। घाटियों ने अपनी आत्मकथा उसमें सम्मिलित कर दी, बस।

इन सूत्रों के माध्यम से मैं अपनी आत्मकथा इनमें उंडेल देता हूं। जब मैं बोलता हूं तो जो मैं बोलता हूं वह मेरे संबंध में ही है। ये सूत्र तो बहाना हैं, खूंटियां हैं, जिन पर मैं अपने को टांग देता हूं। लेकिन तुमने पूछा, ठीक।

चेतना बड़े प्रेम से गुनगुनाती है। उसका प्रेम देखो! पाठ इत्यादि व्यर्थ की बातें हैं। व्याकरण वगैरह की कोई भूल करती हो तो जो मूढ़ ही यहां होंगे, उनको खटकेगी। मूढ़ों को व्यर्थ की बातें खटकती हैं। तुम उसका प्रेम देखो, उसका भाव देखो, उसका समर्पण देखो! गदगद होकर गाती है, हृदय से गाती है, अपने हृदय को उंडेल देती है।

पांचवां प्रश्न: शास्त्रों में संसार को विषवत कहा है। और आप कहते हैं, संसार से भागो मत! इससे मन में बड़ी उलझन पैदा होती है।

शास्त्रों ने संसार को क्या कहा है, शास्त्र पढ़ कर तुम न जान सकोगे। संसार में जाकर ही जान सकोगे कि शास्त्र सच कहते कि झूठ कहते। कसौटी कहां है? परीक्षा कहां होगी?

शास्त्र संसार को विषवत कहते हैं, ठीक। शास्त्र कहते हैं, इतना तो जान लिया। ठीक कहते हैं कि गलत कहते हैं, यह कैसे जानोगे? शास्त्र में लिखा है, इससे ही ठीक थोड़े ही हो जाएगा। सिर्फ लिखे मात्र होने से कोई चीज ठीक थोड़े ही हो जाती है। लिखे शब्द के दीवाने मत बनो। कुछ पागल ऐसे हैं कि लिखे शब्द के दीवाने हैं; जो चीज लिखी है, वह ठीक होनी चाहिए।

एक सज्जन एक बार मेरे पास आए। उन्होंने कहा, जो आपने कहा, वह शास्त्र में नहीं लिखा है, ठीक कैसे हो सकता है? तो मैंने कहा: मैं लिख कर दे देता हूं। और

क्या करोगे? लिखे पर भरोसा है, तो छपवाओ। छपवा कर दे दूं, कहो। हस्तलिखित पर भरोसा हो तो हस्तलिखित लिख कर दे दूं। और क्या चाहते हो? शास्त्र कैसे बनता है? किसी के लिखने से बनता है। किसी ने तीन हजार साल पहले लिख दिया, इसलिए ठीक हो गया और मैं आज लिख रहा हूं, इसलिए गलत हो जाएगा? तीन हजार साल के फासले से कुछ गलत-सही होने का संबंध है? फिर तो तीन हजार साल पहले चार्वाकों ने भी शास्त्र लिखा है, फिर तो वह भी ठीक हो जाएगा। तीन हजार साल पहले से थोड़े ही कोई चीज ठीक होती है।

मुल्ला नसरुद्दीन, चुनाव आया तो बड़ा नाराज हुआ। उसकी पत्नी का नाम वोटर-लिस्ट में नहीं था। लिया पत्नी को साथ और पहुंचा आफिसर के पास-चुनाव आफिसर के पास। और उसने कहा कि देखें, मेरी पत्नी जिंदा है और वोटर-लिस्ट में लिखा है कि मर गई। झगड़ने को तैयार था। पत्नी भी बहुत नाराज थी। आफिसर ने वोटर-लिस्ट देखी और कहा, भई लिखा तो है कि मर गई। तो पत्नी बोली कि जब लिखा है तो ठीक ही लिखा होगा। अरे लिखनेवाले गलत थोड़े ही लिखेंगे! घर चलो।

जब लिखा है तो ठीक ही लिखा होगा!

कुछ लोग लिखे पर बिलकुल दीवाने की तरह भरोसा करते हैं। शास्त्र में लिखा है, इससे क्या होता है? इससे इतना ही पता चलता है कि जिसने शास्त्र लिखा होगा, उसने जीवन का कुछ अनुभव किया था, अपना अनुभव लिखा है। तुम भी जीवन के अनुभव से ही जांच पाओगे कि सही लिखा है कि गलत लिखा है। कसौटी तो सदा जीवन है। वहीं जाना पड़ेगा। आखिरी परीक्षा तो वहीं होगी।

इसीलिए मैं तुमसे कहता हूं: भागो मत! शास्त्र की सुन कर मत भाग जाना, नहीं तो तुम्हारा शास्त्र कभी पैदा न होगा। अपना शास्त्र जन्माओ। अपने अनुभव को पैदा करो। क्योंकि तुम्हारा शास्त्र ही तुम्हारी मुक्ति बन सकता है। किसी ने तीन हजार साल पहले लिखा था, उसकी मुक्ति हो गई होगी। इससे तुम्हारी थोड़े ही हो जाएगी। उधार थोड़े ही होता है ज्ञान। इतना सस्ता थोड़े ही होता है ज्ञान। जलना पड़ता है, कसना पड़ता है। हजार ठोकरें खानी पड़ती हैं। तब कहीं जीवन के गहन अनुभव से पककर, निखर कर प्रतीतियां जगती हैं।

तो जाओ जीवन में, भागो मत! शास्त्र कहता है, खयाल में रखो। मगर शास्त्र को मान ही मत लेना; नहीं तो जीवन में जाने का कोई प्रयोजन न रह जाएगा। जरा सी कोई कठिनाई आएगी, तुम कहोगे: देखो शास्त्र में लिखा है कि जीवन विषवत। इतनी जल्दबाजी मत करना। जीवन में गहरे जाओ। जीवन के सब रंग परखो। जीवन बड़ा सतरंगा है। उसकी सब आवाजें सुनो। सब कोणों से जांचो-परखो, सब तरफ से

पहचानो। जब तुम जीवन को पूरा देख लो, तब तुम भी जानोगे कि हां, जीवन विषवत है और उस जानने में ही तुम्हारा रूपांतरण हो जाएगा। अभी तुमने शास्त्र से पकड़ लिया, इससे क्या हुआ? तुमने जान लिया जीवन विषवत है, लेकिन इससे हुआ क्या? सुन लिया, पढ़ लिया, याद कर लिया, दोहराने लगे। हुआ क्या? क्या छूटा? क्या बदला? क्रोध वहीं का वहीं है। काम वहीं का वहीं है। लोभ वहीं का वहीं है। धन पर पकड़ वहीं की वहीं है। सब वहीं के वहीं हैं। और जीवन विषवत हो गया। और तुम वैसे के वैसे खड़े हो—बिना जरा से रूपांतरण के।

नहीं, इतनी जल्दी मत करो। और फिर मैं तुमसे यह भी कहता हूं कि यह बात सच है कि जीवन विषवत है। एक और बात भी है जो तुमसे मैं कहता हूं, वह भी शास्त्रों में लिखी है कि जीवन अमृत है। वेद कहते हैं : 'अमृतस्य पुत्रः। तुम अमृत के पुत्र हो!' जीवन अमृत है। शास्त्रों में यह भी लिखा है कि जीवन प्रभु है, परमात्मा है।

तो जरूर जीवन और जीवन में थोड़ा भेद है। एक जीवन है जो तुमने अंधे की तरह देखा, वह विषवत है; और एक जीवन है जो तुम आंख खोल कर देखोगे, वह अमृत है। एक जीवन है जो तुमने माया, मोह, मद, मत्सर के पर्दे से देखा। और एक जीवन है जो तुम ध्यान और समाधि से देखोगे। जीवन तो वही है। एक जीवन है जो तुमने एक विकृति का चश्मा लगा कर देखा। जीवन तो वही है। चश्मा उतार कर देखोगे तो अमृत को पाओगे। इसी जीवन में परमात्मा को छुपे भी तो लोगों ने देखा। यहां पत्ते-पत्ते में वही है, ऐसा कहनेवाले वचन भी तो शास्त्र में हैं। यहां कण-कण में वही है। यहां सब तरफ वही है। पत्थर-पहाड़ उससे भरे हैं, कोई स्थान उससे खाली नहीं है। वही पास है, वही दूर है। यह भी तो शास्त्र में लिखा है।

अब मजा है कि तुम शास्त्र में से भी वही चुन लेते हो, जो तुम चुनना चाहते हो। तुम्हारी बेईमानी हद्द की है। तुम शास्त्रों से भी वही कहलवा लेते हो जो तुम कहना चाहते हो। अभी तुमने पूरा जीवन कहां देखा! अभी कंकड़-पत्थर बीने हैं। जैसे कोई आदमी कुआं खोदता है तो पहले कंकड़-पत्थर हाथ लगते हैं, कूड़ा-कबाड़ हाथ लगता है, कचरा हाथ लगता है; फिर खोदता चला जाए तो धीरे-धीरे अच्छी मिट्टी हाथ लगती है; फिर खोदता चला जाए तो गीली मिट्टी हाथ लगती है; फिर खोदता चला जाए तो जल के स्रोत आ जाते हैं, गंदा जल हाथ लगता है; फिर खोदता चला जाए तो स्वच्छ जल हाथ आ जाता है। ऐसा ही जीवन है। खोदो!

तुमने कहा : 'जीवन विषवत है।' अभी तुमने ऊपर-ऊपर खोदा है। यह कूड़ा-कर्कट जो लोग फेंक जाते हैं सड़कों पर, वही इकट्ठा है जमीन पर। उसी को खोद लिया, कहने लगे : 'जीवन विषवत है।' आ गए घर!

जरा गहरे जाओ।

तुमने कहानी तो पढ़ी है न पुराणों में सागर-मंथन की! पहले विष निकला, फिर अमृत निकला। तुम पढ़ते भी हो, लेकिन अंधे हो। जहां से विष निकला, वहीं से अमृत निकला। पहले विष निकला, फिर अमृत निकला। अंततः अमृत का घट निकला।

खोजे जाओ। जीवन तो सागर-मंथन है। विष से ही थक कर मत बैठ जाना। नहीं तो जीवन की तुमने अधूरी तस्वीर ले ली, झूठी तस्वीर ले ली। और अगर तुमको जीवन में विष ही मिला, तो फिर परमात्मा को कहां खोजोगे? जीवन के अतिरिक्त और तो कोई स्थान नहीं है। कहां जाओगे? फिर तुम्हारा परमात्मा झूठा होगा। नहीं, खोदो! गहरे खोदो! खोदते जाओ। जब तक अमृत का घट न निकल आए, तब तक खोदते जाना।

सच कहते हैं शास्त्र : जीवन में विष है। और सच कहते हैं शास्त्र : जीवन में अमृत है। लेकिन तुम्हारे जीवन के अनुभव से दोनों का तुम्हें साक्षी बनना है।

अभी तुम जो जीवन जानते हो वहां विष ही विष है। लेकिन उसका कारण जीवन नहीं, उसका कारण तुम्हारी गलत जीवन-दशा है; तुम्हारी गलत चैतन्य की दशा है।

नभ की बिंदिया चंदावाली
भूखी अंगिया फूलोंवाली
सावन की ऋतु झूलोंवाली
फागुन की ऋतु भूलोंवाली
कजरारी पलकें शरमीली
निंदियारी अलकें उरझीली
गीतोंवाली गोरी ऊषा
सुधियोंवाली संध्या काली
हर चूनर तेरी चूनर है
हर चादर तेरी चादर है
मैं कोई घूंघट छुऊं
तुझे ही बेपरदा कर आता हूं
हर दर्पण तेरा दर्पण है।
पानी का स्वर रिमझिम-रिमझिम
माटी का रुख रुनझुन-रुनझुन
बातून जनम की कुनुन-मुनुन
खामोश मरण की गुंपुन-चुपुन
नटखट बचपन की चलाचली
लाचार बुढ़ापे की थमथम

दुख का तीखा-तीखा क्रंदन
सुख का मीठा-मीठा गुंजन
हर वाणी तेरी वाणी है
हर वीणा तेरी वीणा है
मैं कोई छेड़ूं तान
तुझे ही बस आवाज लगाता हूं
हर दर्पण तेरा दर्पण है!

खोजो, थोड़ा गहरा खोजो। तुम अपनी पत्नी में ही विष पाओगे और अपनी पत्नी में ही परमात्मा भी, अमृत भी। तुम अपने ही भीतर विष भी पाओगे और अपने ही भीतर अमृत भी। विष ऊपरी पर्त है। शायद सुरक्षा है। शायद सुरक्षा के लिए है। अमृत भीतर छिपा है; अमृत को सुरक्षा चाहिए। विष सुरक्षा करता है।

जैसे देखा न, गुलाब की झाड़ी पर एक फूल और कितने कांटे! कांटे रक्षा करते हैं। कांटे और फूल एक ही स्रोत से आते हैं। कांटों से ही उलझ कर रोकर मत लौट आना; अन्यथा गुलाबों से अपरिचित रह गए तो बहुत पछताओगे। कांटे हैं जरूर, निश्चित; मगर जहां कांटे हैं, वहीं छिपे गुलाब के फूल भी हैं। और कांटे केवल रक्षक हैं।

विष है ज़ीवन में बहुत, पर रक्षक है। और जिस दिन तुम ऐसा देखोगे उसी दिन तुम आस्तिक हुए। जिस दिन विष भी रक्षक मालूम हुआ और कांटे भी फूल के मित्र, संगी-साथी मालूम हुए, उसी दिन तुम आस्तिक हुए। उस दिन तुमने परमात्मा को 'हां' कहा।

आखिरी प्रश्न : जब कभी परिवार के लोग मेरे सामने मेरी शादी का प्रस्ताव रखते हैं तो अनायास मेरे मुंह से निकलता है कि मेरी शादी तो भगवान रजनीश से हो चुकी है; वे ही मेरे गुरु और सब कुछ हैं। इस पर परिवार के लोग मुझ पर हंसते हैं और कहते हैं : 'क्या तुम पागल हो जो ऐसी बातें बोलते हो?' इसे समझाने की अनुकंपा करें!

इसमें समझाने का क्या है? पागल तो तुम हो ही। लेकिन पागल होना शुभ है, सौभाग्य है। सभी पागलपन बुरे नहीं होते और सभी समझदारियां अच्छी नहीं होतीं। कुछ समझदारियां तो सिर्फ अभागे लोगों को ही मिलती हैं और कुछ पागलपन केवल सौभाग्यशीलों को ही...।

अगर तुम मेरे प्रेम में पागल हो तो समझना क्या है? तुम्हारे घर के लोग भी ठीक कहते हैं। और तुम बिलकुल ठीक हो। तुम्हारे घर के लोग ठीक कहते हैं, इसका यह

अर्थ नहीं है कि तुम गलत हो। तुम्हारे घर के लोग ठीक कहते हैं; मगर तुम भी बिलकुल ठीक हो। यह मामला ही पागलपन का है।

सत्य को खोजने समझदार थोड़े ही जाते हैं—समझदार दुकान चलाते हैं, धन कमाते हैं, दिल्ली जाते हैं। समझदार ऐसी उलझनों में नहीं पड़ते हैं। यह तो पागलों के लिए ही यह है।

मीरा ने कहा है : सब लोक-लाज खोई। घर के लोग मीरा के भी, चिंतित हो गए। जहर इसीलिए तो भेजा कि यह मर ही जाए। क्योंकि घर की बदनामी होने लगी। राजघराने की महिला रास्तों पर नाचने लगी। यह बात घर के लोगों को न जंची। घर के लोगों को कष्ट मालूम होने लगा। यह तो कुल की सारी प्रतिष्ठा गंवा देगी। राह-राह नाचने लगी। साधु-सधुक्कड़ों के साथ बैठने लगी। भीड़-भाड़ में खड़ी हो गई। पर्दा उठ गया। कभी नाचते हुए वस्त्र सरक जाते होंगे। संस्कार, संस्कृति, सभ्यता, सब गंवाने लगी। घर के लोगों ने जहर भेजा होगा, निश्चित भेजा होगा—सिर्फ इसीलिए कि यह उपद्रव मिटे। उनके अहंकार को चोट लगने लगी होगी।

मेरे पास तुम हो, लोक-लाज तो गंवानी ही होगी। जिसने पूछा है, संन्यासी हैं : स्वामी रामकृष्ण भारती। तो संन्यासी का तो अर्थ ही यही होता है कि रंग गए अब तुम पागलपन में। ये गैरिक वस्त्र पागलपन के वस्त्र हैं—सदा से, सनातन से। ये मस्तों के वस्त्र हैं। ये धुनियों के वस्त्र हैं—जिन्होंने संसार से पीठ फेर ली और जिन्होंने कहा, हम प्रभु की यात्रा पर जाते हैं और सब दांव पर लगाने के लिए तत्पर हैं। अब ऐसी कोई बात नहीं है जो परमात्मा मांगेगा और हम इनकार करेंगे। यह पागलपन तो है ही। यह कोई दुकानदारी थोड़े ही है। यह तो जुआ है। यह तो जुआरियों का काम है।

इसमें समझाने की फिकर मत करो। घर के लोग ठीक ही कहते हैं। हंसना और नाचना और गाना। घर के लोग गलत नहीं कहते। उनके देखने के अपने मापदंड हैं—शादी करो, नौकरी करो, बच्चे पैदा करो; जो उन्होंने किया वह तुम भी करो। और तुम भी अपने बच्चों को यही समझाना कि यही समझदारी है और यह पहिया चलाते रहना। तुम बच्चे पैदा करना, बच्चों के लिए जीना। बच्चों को कहना : तुम बच्चे पैदा करो, उनके लिए जीयो। और ऐसा ही चलता रहे। न उनमें से कोई जीया है—तुम्हारे मां-बाप में से; न तुम्हारे मां-बाप के मां-बाप में से कोई जीया है। सब स्थगित कर दिए हैं जीवन को।

तो जब भी कोई इस भीड़ में से जीने के लिए तत्पर होता है, भीड़ को लगता है : यह पागल हुआ। अरे, कहीं कोई जीता है, कहीं कोई ध्यान करता है! ये बातें शास्त्रों में लिखी हैं, ठीक हैं। शास्त्र पढ़ लो! बहुत हो, पूजा के दो फूल चढ़ा दो! अगर ऐसा

कोई मिल जाए और बहुत भाव हो जाए तो झुक कर पैर छू लेना और अपने घर आ जाना और भूल जाना। ये बातें पढ़ने की नहीं हैं।

तुमने देखा, तुम्हारे पड़ोसी के बेटे को अगर संन्यास का पागलपन चढ़ जाए तो तुम भी उसके पैर छूने चले जाते हो; लेकिन तुम्हारा बेटा अगर संन्यासी हो जाए तो बड़े नाराज होते हो।

बचपन में मेरे घर संन्यासियों का आवागमन होता रहता था। मेरे पिता को उनमें रस था। एक संन्यासी आए थे। वह मेरी पहली याद है संन्यासियों के बाबत। मेरे पिता उनके पैर छूने गए, तो मैंने उनसे पूछा कि अगर मैं संन्यास ले लूं तो आप आनंदित होंगे? उन्होंने कहा: 'क्या पागलपन की बात है!' तो मैंने कहा: 'इस पागल के पैर छूने आप गए! अगर संन्यासी होना पागलपन है तो पागल के पैर छूना...। इसमें कौन सा तर्क है?' वे थोड़े चौंके। वे थोड़ा सोचने लगे। वे सीधे-सरल आदमी हैं। उन्होंने दूसरे दिन मुझसे कहा कि जरूर इसमें अड़चन है, इसमें असंगति है। मैंने इस पर कभी सोचा नहीं इस भांति। तुम अगर संन्यास लोगे तो मैं बाधा डालूंगा। यह भी तो किसी का बेटा होगा और मैं पैर छूने गया! अगर मेरी निष्ठा सच है तो तुम्हारे संन्यास लेने से मुझे प्रसन्न होना चाहिए। तो यह पैर छूना औपचारिक है; इसमें सचाई नहीं।

दूसरा संन्यासी हो जाए तो तुम प्रसन्न हो। तुम्हारे घर कोई संन्यासी हो जाए तो अड़चन आती है। मीरा से तुम्हें क्या अड़चन! तुम थोड़े जहर का प्याला भेजते हो; वह तो राणा ने भेजा! तुम तो कहते हो: 'मीरा, अरे महाभगत! पहुंची हुई!' राणा से पूछो—पागल! कुल-मर्यादा गंवा दी!

तुम्हारे घर के लोग भी ठीक कहते हैं। वे भी संन्यासी के पैर छूने जाते होंगे और कभी-कभी मीरा की भजन-लहरी सुन कर आनंदित होते होंगे और कहते होंगे: कैसा भावपूर्ण भजन है! लेकिन तुम ऐसा भावपूर्ण भजन गाओगे तो वे पागल कहेंगे। वही मीरा के घर के लोगों ने भी कहा था। सोए हुए लोग हैं। न उन्होंने अपना जीवन जीया है, न उन्हें पता है कि कोई और भी जीवन जी सकता है। जैसा वे रहे हैं, उसी को वे मानते हैं, रहना समझदारी है। उनसे अन्यथा तुम रहोगे, अड़चन होगी। उस अड़चन को ही जाहिर करने के लिए वे कहते हैं: तुम पागल हो।

अब उनकी बात सुन कर तुम घबड़ाना मत और तुम कोई व्याख्याएं भी मत खोजो। तुम यह भी मत पूछो कि इसको कैसे समझाएं! यह समझाने का काम नहीं। यह समझ के थोड़े बाहर जाने की ही बात है। यह समझ से थोड़े ऊपर है बात। तुम उनसे कह दो कि मैं पागल हूं। तुम इसे स्वीकार कर लो।

छिन-छिन ऐसा लगे कि कोई
बिना रंग के खेले होली
यूं मदमाए प्राण कि जैसे
नई बहू की चंदन डोली
जेठ लगे सावन मन भावन
और दुपहरी सांझ बसंती
ऐसा मौसम फिरा, धूल का
ढेला एक रतन लगता है।

तुम्हें देख क्या लिया कि कोई
सूरत दिखती नहीं पराई
तुमने क्या छू दिया बन गई
महाकाव्य गीली चौपाई
कौन करे अब मठ में पूजा
कौन फिराए हाथ सुमिरनी
जीना हमें भजन लगता है
मरना हमें हवन लगता है।
तुम्हें चूमने का गुनाह कर
ऐसा पुण्य कर गई माटी
जनम-जनम के लिए हरी
हो गई प्राण की बंजर घाटी
पाप-पुण्य की बात न छेड़ो
स्वर्ग-नरक की करो न चर्चा
याद किसी की मन में हो तो
मगहर वृंदावन लगता है।

तुम्हारे जीवन में एक स्पर्श हुआ है, तुमने हिम्मत की है। एक किरण तुम्हें छू गई है। तुम्हारे जीवन में वृंदावन उतर रहा है। तुम पागल होने के लिए तैयार रहो और तुम स्वीकार कर लो कि मैं पागल हूं। इस स्वीकृति से तुम्हें भी लाभ होगा; तुम्हारे परिवार के लोगों को भी लाभ होगा।

तुम समझाने को कोशिश मत करना कि मैं सूझदार हूं। समझदार तुम हो ही नहीं। समझदार होते तो संन्यासी बनते? समझदार दुकानें चलाते, धन कमाते,

दिल्ली जाते, पदों पर होते, राजनीति करते। समझदार संन्यासी बनते? यह तो थोड़े से पागलों का काम है।

लेकिन तुम सौभाग्यशाली हो। समझदार अभागे हैं; क्योंकि एक दिन पाते हैं दुकान तो खूब चली, लेकिन खुद चुक गए; एक दिन पाते हैं पद तो मिला, खुद खो गए; एक दिन पाते हैं धन तो जुड़ गया, लेकिन परम धन नहीं जुड़ पाया। एक दिन मौत आती है, दिल्ली छिन जाती है; मरघट ही हाथ लगता है। खाली हाथ आते, खाली हाथ जाते—क्या उनको समझदार कहो! लेकिन संख्या उनकी ज्यादा है। और निश्चित, संख्या जिनकी ज्यादा है वे अपने को समझदार कहेंगे; उनके पास संख्या का बल है।

बुद्ध भी नासमझ समझे गए। इसलिए तो अब भी हम बुद्ध के नाम पर एक गाली चलाते हैं: बुद्धू! बुद्ध को लोगों ने बुद्धू समझा। यह बुद्धू शब्द बुद्ध से बना। लोगों ने कहा: 'यह भी क्या बात हुई! राजमहल छोड़ा, धन-द्वार, साम्राज्य, सुंदर पत्नी, सब छोड़ा। यह आदमी कैसा है!' फिर इस तरह और लोग भी जाने लगे तो लोग कहने लगे: 'ये बुद्धू हुए जा रहे हैं! ये भी बुद्धू हुए अब!' ऐसे तुम्हें याद भी भूल गई कि 'बुद्धू' शब्द बुद्ध से बना।

लेकिन सदा से ऐसा हुआ है। जो सत्य की खोज में गया है, इस भीड़ में निश्चित ही उसे पागल समझा गया है। यह स्वाभाविक है। तुम भीड़ से सन्मान पाने की आशा मत करो। तुमने अगर यह चाहा कि भीड़ तुम्हें समझदार कहे तो एक बात खयाल में रख लो: मेरे संन्यासी मत बनो, फिर तुम और तरह के संन्यासी बनो! जैन संन्यासी बन जाओ, हिंदू संन्यासी बन जाओ! तो भीड़ तुम्हें कम पागल कहेगी; आदर भी देगी। क्योंकि जैन संन्यासी ने संन्यास तो कभी का छोड़ दिया है; वह तो भीड़ की पूजा लेने में ही तल्लीन है। उसने भीतर के अंतर्जगत को तो कभी का छोड़ दिया है; वह तो बाहर की औपचारिकता ही पूरी कर रहा है।

एक महिला मेरे पास आई—जैन है। उसने कहा: 'मेरे पति को आप छुटकारा दें। आपने संन्यास दे दिया! अगर संन्यास ही लेना है तो वे जैन धर्म का संन्यास लें। यह कोई संन्यास है—आपका संन्यास! यह तो झंझट हो गई! संन्यासी होकर और घर में रह रहे हैं, यह कैसे हो सकता है! वह रो रही थी और मुझसे कहने लगी कि आप उनका संन्यास से छुटकारा करवा लें, इतनी मुझ पर कृपा करें! मैंने कहा कि तुझे तो खुश होना चाहिए; अगर जैन संन्यासी होते तो घर से चले जाते। वह कहती है: 'उसके लिए मैं राजी हूं। वे घर से चले जाएं, उसके लिए मैं राजी हूं। मैं सम्हाल लूंगी बच्चों को। उसकी चिंता नहीं है।'

पति खो जाए, इसकी चिंता नहीं है। घर पर मुसीबत आएगी, उसकी चिंता नहीं। लेकिन लोक-सम्मत होगा। समाज को स्वीकृत होगा। लोग आकर समादर तो करेंगे कि धन्यभाग, तेरे पति मुनि हो गए! तूने किन जन्मों में कैसे पुण्य किए थे!

रोएगी भीतर, परेशान होगी; क्योंकि बच्चों को पढ़ाना है, पैसे का इंतजाम करना है, वह सब परेशानी होगी। लेकिन झेलने योग्य है परेशानी; अहंकार तो तृप्त होगा। अब वह मुझसे कहती है : यह आपका संन्यास तो झंझट है। और लोग आकर मुझसे कहने लगे कि तेरे पति का दिमाग खराब हो गया, पागल हो गया! अरे बचा! अभी मौका है, अभी खींच ले हाथ, नहीं तो गड़बड़ हो जाएगा।

पति छोड़ने को वह राजी है; लेकिन पति पागल समझे जाएं, इसके लिए राजी नहीं है। जैन मुनि के होने का तो मतलब होगा कि पति मर गए; वह विधवा हो गई। उसके लिए राजी है!

तुम जरा सोचो, आदमी का मन कैसे अहंकार से चलता है। मेरे संन्यासी का तो अर्थ स्वाभाविक रूप से पागल है। यह तो एक मस्ती है, एक धुन है। और मैं तुम्हें कहता भी नहीं कि तुम समझदार होने की या समझदार सिद्ध करने की चेष्टा करना। तुम इसे स्वीकार कर लेना। तुम आनंद-भाव से स्वीकार कर लेना। तुम स्वयं ही घोषणा कर देना। अच्छा यही है कि तुम स्वयं ही घोषणा कर दो कि मैं पागल हूं।

तुम्हें देख क्या लिया कि कोई
सूरत दिखती नहीं पराई
तुमने क्या छू दिया, बन गई
महाकाव्य गीली चौपाई
कौन करे अब मठ में पूजा
कौन फिराए हाथ सुमिरनी
जीना हमें भजन लगता है,
मरना हमें हवन लगता है!

आज इतना ही।

* * *

प्रवचन : 65

जानो और जागो!

15 जनवरी, 1977

अप्रयत्नात् प्रयत्नाद्वा मूढ़ो नाप्नोति निर्वृतिम्।
तत्वनिश्चयमात्रेण प्राज्ञो भवति निर्वृतः।।210।।
शुद्धं बुद्धं प्रियं पूर्णं निष्प्रपंचं निरामयम्।
आत्मानं तं न जानन्ति तत्राभ्यासपरा जनाः।।211।।
नाप्नोति कर्मणा मोक्षं विमूढ़ोऽभ्यासरूपिणा।
धन्यो विज्ञानमात्रेण मुक्तस्तिष्ठत्यविक्रियः।।212।।
मूढ़ो नाप्नोति तद्ब्रह्म यतो भवितुमिच्छति।
अनिच्छन्नपि धीरो हि परब्रह्मस्वरूपभाक्।।213।।
निराधारा ग्रहव्यग्रा मूढ़ाः संसारपोषकाः।
एतस्यानर्थमूलस्य मूलच्छेदः कृतो बुधैः।।214।।
न शांतिं लभते मूढ़ो यतः शमितुमिच्छति।
धीरस्तत्वं विनिश्चित्य सर्वदा शांतमानसः।।215।।

पहला सूत्र :

अप्रयत्नात् प्रयत्नाद्वा मूढो नाप्नोति निर्वृतिम्।
तत्वनिश्चयमात्रेण प्राज्ञो भवति निर्वृतः।।

अष्टावक्र ने कहा, 'अज्ञानी पुरुष प्रयत्न अथवा अप्रयत्न से सुख को प्राप्त नहीं होता है। और ज्ञानी पुरुष केवल तत्व को निश्चयपूर्वक जान कर सुखी हो जाता है।'

महत्वपूर्ण सूत्र है। और प्रत्येक साधक को गहराई से समझ लेना जरूरी है। प्राथमिक है। यहां भूल हुई तो फिर आगे भूल होती चली जाती है। यहां भूल न हुई तो आधा काम ठीक हो गया। ठीक प्रारंभ यात्रा का आधा हो जाना है।

यह सूत्र बुनियाद का है। अज्ञानी पुरुष बड़े प्रयत्न करता है सुख को पाने के, पाता है दुख। प्रयत्न करता है सुख के, पाता है दुख। सफल होता जरूर है, सुख को पाने में नहीं, दुख को पाने में सफल हो जाता है। कौन नहीं जाना चाहता स्वर्ग? पहुंच सभी नर्क जाते हैं। चेष्टा सभी स्वर्ग की तरफ करते हैं, अंत में जो फल हाथ में आते हैं वे नर्क के हैं।

इन फलों से तुम परिचित हो। ये फल ही तो तुम्हारे जीवन का सार है। यही फल तो तुम्हारा विषाद है। चाहा था अमृत और विष मिला। चाहा था प्रेम और घृणा मिली। सपने देखे थे सफलता के और केवल विषाद ही विषाद प्राणों में भरा रह गया है। जीवन के अंत होते-होते, जीवन के पूरे होते-होते ऐसा प्रतीत होने लगता है कि जैसे सारी प्रकृति तुम्हारे विरोध में काम कर रही है। तुम जीत न सकोगे। तुम्हारी हार सुनिश्चित है।

सुख कौन नहीं चाहता? और सुख मिलता किसको है? यह बहुत आश्चर्यजनक है। सभी सुख चाहते हों और कोई भी सुख उपलब्ध न कर पाता हो तो सोचना पड़ेगा, कहीं कोई बड़ी गहरी भूल हो रही है। कुछ ऐसी गहरी भूल हो रही है, बुनियादी भूल हो रही है; एक से नहीं हो रही है, सभी से हो रही है। वह भूल यही है कि सुख को जिसने सोचा कि पा लूंगा, इस सोचने में ही चूक हो गई।

सुख हमारा स्वभाव है। उसे हम लेकर ही पैदा हुए हैं। सुख के बिना हम पैदा ही नहीं हुए हैं। हमारे जन्म के पूर्व से भी सुख की धारा हमारे भीतर बह रही है।

स्वभाव का अर्थ है: जो हमारा है ही।

जैसे आग जलाती, यह उसका स्वभाव, ऐसे सुखी होना चैतन्य का स्वभाव। सच्चिदानंद हमारे भीतर बसा है। भूल यही हो रही है कि हम सोचते हैं, उसे पा लेंगे बाहर। जो भीतर है उसे हम बाहर खोजते हैं। जो मिला ही हुआ है उसे हम सोचते हैं, उपाय करके पा लेंगे। उपाय से ही सब नष्ट हो जाता है। उपाय में हम इतने उलझ जाते हैं कि जो है उसके दर्शन बंद हो जाते हैं।

ऐसा ही समझो कि तुम्हारे सामने ही धन पड़ा हो और तुम्हारी आंखें दूर आकाश में चांद-तारों में धन को खोज रही हैं। धन सामने पड़ा है लेकिन आंख तो सामने नहीं पड़ती। आंख तो दूर जा रही है। आंख तो दूर का उपाय कर रही है। तुम दूर की यात्रा पर निकले हो और जिसे तुम खोज रहे हो वह पास है। तुम जिसे प्रयत्न से खोज रहे हो वह

स्वभाव से सिद्ध है। सुख किसी को मिलता नहीं। जो प्रयत्न छोड़ देता है, जो दौड़ना छोड़ देता है, जो आंख बंद करके बैठ जाता है, जो थोड़ी देर अपने भीतर रमता है, आत्माराम बनता है; जो कहता है जरा भीतर तो देख लूं, जिसे मैं बाहर खोजने चला हूं। कहीं ऐसा तो नहीं है कि वह बाहर हो ही न, और मैं खोजूं और खोजूं, थकूं और हारूं।

तर्क ऐसा है जीवन का कि जब तुम खोजते हो बाहर, और नहीं मिलता तो और जोर से खोजते हो। स्वभावतः मन में विचार उठते हैं कि शायद मैं पूरे भाव से नहीं खोज रहा हूं, पूरे हृदय से नहीं खोज रहा, पूरी ऊर्जा संलग्न नहीं हो रही है। दौड़ तो रहा हूं लेकिन जितना दौड़ना चाहिए उतना नहीं दौड़ रहा हूं। और बढ़ाओ दौड़ को, और तेज करो।

यह तर्क स्वाभाविक है। अगर दौड़ने से नहीं मिल रहा है तो दौड़ में कहीं कोई कमी होगी। या कि दूसरे लोग ज्यादा बाधा डाल रहे हैं; इसलिए हटाओ बाधाओं को। नष्ट कर दो दूसरों को। जूझ जाओ संघर्ष में। मिटाना पड़े तो मिटा दो दूसरों को, लेकिन अपने सुख को खोज लो। तो एक गलाघोंट प्रतियोगिता शुरू होती है। दूसरे भी उसी नाव में सवार हैं, जिसमें तुम सवार हो। उन्हें भी नहीं मिल रहा। वे भी बड़े नाराज हैं। वे भी सोचते हैं कि तुम शायद बाधा डाल रहे हो। शायद तुम बीच-बीच में आ जाते हो। वे तुम्हें मिटाने में तत्पर हो जाते हैं। इसीलिए जीवन में इतना संघर्ष है, इतना द्वंद्व है, इतनी हिंसा है।

और जब तक तुम भीतर के सुख को न पहचानोगे तब तक अहिंसक न हो सकोगे। कैसे होओगे अहिंसक? पानी छान कर पी लेने से कोई अहिंसक होता? पानी छान कर पी लोगे लेकिन बाजार में दूसरों का खून बिना छाने पी जाओगे। रात भोजन न करोगे इससे कोई अहिंसक होता? ये छोटी-छोटी तरकीबें हैं। किसको धोखा दे रहे हो तुम?

समझना होगा कि हिंसा क्यों है?

हिंसा इसलिए है कि मुझे सुख नहीं मिल रहा और मुझे आभास होता है कि तुम बाधा डाल रहे हो। पड़ोसी बाधा डाल रहा है। और बहुत प्रतियोगी हैं। सभी दिल्ली जा रहे हैं। और मैं दिल्ली नहीं पहुंच पा रहा हूं। भीड़ बहुत है। और आगे लोग, पीछे लोग, चारों तरफ लोग। और इतना घमासान मचा है कि जब तक नहीं उठाऊंगा तलवार हाथ में, रास्ता साफ होने वाला नहीं है। और लगता है कि शायद दूसरे पहुंच गए हैं। तो संघर्ष पैदा होता है, हिंसा पैदा होती है।

हिंसा का मूल है कि जीवन में सुख नहीं मिल रहा है इसलिए हिंसा पैदा होती है। सिर्फ सुखी आदमी हिंसक नहीं होता। क्यों होगा? कोई कारण न रहा। जो चाहिए था मिल गया, फिर हिंसा कैसी!

हिंसा दुखी आदमी का लक्षण है।

इसलिए तुम हिंसा को छोड़ कर सुखी न हो सकोगे। तुम सुखी हो जाओ तो हिंसा छूट जाएगी। यह मौलिक दृष्टि है—आधारभूत। तुम सुखी हो जाओ तो संघर्ष छूट गया। अब संघर्ष क्या करना है! सुख तुम्हारे भीतर लहरें ले रहा है—सुख का सरोवर। किसी से झगड़ा नहीं है, इसे तुम लेकर ही आए हो। इसे कोई छीनना चाहे, छीन नहीं सकता। कोई मिटाना चाहे, मिटा नहीं सकता। इसका दूसरे से कुछ लेना-देना ही नहीं है।

तो दूसरा अर्थहीन हो गया। अब तुम जब चाहो तब आंख बंद करो, डुबकी लगा लो। जब चाहो तब तार छेड़ दो और संगीत उठे। जब चाहो तब क्षीरसागर में शय्या पर विश्राम करो। विष्णु बनो।

और भीतर तुम्हारे है। कहीं जाना नहीं है। इंच भर यात्रा नहीं करनी है। यात्रा के कारण खो रहे हो। दौड़ रहे हो इसलिए खो रहे हो। पाना हो तो दौड़ना छोड़ना होगा। जो दौड़ना छोड़ देता है उसी को हम संन्यासी कहते हैं। जो कहता है दूर नहीं है, पास है। जो कहता है, इतना निकट है कि हाथ भी बढ़ाना नहीं पड़ता। हाथ में ही रखा है। आंख ही खोलने की बात है। जरा सी होश की चिनगारी बस काफी है।

अष्टावक्र कहते हैं, 'अज्ञानी पुरुष प्रयत्न या अप्रयत्न से सुख को प्राप्त नहीं होता।'

पहले तो प्रयत्न से सुख को प्राप्त नहीं होता। बहुत दौड़-धूप करता है। जब प्रयत्न से सुख नहीं मिलता तो अज्ञानी सोचता है, दौड़-धूप बहुत कर ली, मिलता ही नहीं; तो अब अप्रयत्न भी करके देख लें; क्योंकि ज्ञानी कहते हैं, अप्रयत्न से मिलता है।

अज्ञानी फिर भूल कर जाता। अज्ञानी ज्ञानी की भाषा समझने में भूल कर जाता है। क्योंकि अज्ञानी की भूल उसकी दृष्टि में है। तुम उसे सत्य दे दो, वह उसके हाथ में पहुंचते ही असत्य हो जाता है। तुम उसे सोना दे दो, उसने छुआ कि मिट्टी हुआ।

अज्ञानी की मौलिक दृष्टि ऐसी भ्रांत है, ऐसी विकृत है—पहले वह दौड़ता है, भागदौड़ करता है, उससे नहीं मिलता तो वह पूछने लगता है, खोजने लगता है, ज्ञानियों के पास जाता है, बुद्धपुरुषों की शरण बैठता है कि कैसे पा लूं? वहां उसे सुनाई पड़ता है कि प्रयत्न से तो मिलता ही नहीं कभी; अप्रयत्न से मिलता है।

अज्ञानी अप्रयत्न का कैसा अनुवाद करता है वह समझो। अप्रयत्न का अज्ञानी के लिए अनुवाद होता है आलस्य। वह कहता है, तो कुछ नहीं करना? वह करने की भाषा जानता है, दौड़ने की भाषा जानता है। तो वह कहता है, कुछ नहीं करना? कुछ नहीं करने से मिलता है? चलो यह तो अच्छा हुआ। तो चादर ओढ़ कर सो जाता है।

ध्यान रखना, न तो दौड़ने से मिलता है न सोने से मिलता है; बिना दौड़े और जागे रहने से मिलता है। ये दोनों बातें खयाल में ले लेना। दौड़ने में जागना बिलकुल आसान है; क्योंकि दौड़ रहे हो, सोओगे कैसे? और सो गए तो दौड़ना छूट जाता है। वह भी आसान है। सो गए तो दौड़ोगे कैसे? अज्ञानी दो रास्ते जानता है : या तो दौड़ता है या सो जाता है। दिन भर दौड़ता है, रात भर सो जाता है। सुबह उठ कर फिर दौड़ने लगता है, फिर रात सो जाता है।

ज्ञानी जब कहता है अप्रयत्न, तो वह यह नहीं कह रहा है कि तुम सो जाओ। वह आलस्य की बात नहीं कह रहा है। अष्टावक्र ने ज्ञानी के लिए बड़ा अनूठा शब्द चुना है : आलस्य शिरोमणि। ज्ञानी को अष्टावक्र कहते हैं आलस्य शिरोमणि, वह आलसियों में शिरोमणि है। लेकिन आलस्य का अर्थ समझ लेना; इसलिए शिरोमणि शब्द जोड़ा है। वह कोई साधारण आलसी नहीं है, तुम जैसा आलसी नहीं है, बड़ा विशिष्ट आलसी है। दौड़ता नहीं, सोता भी नहीं। दौड़ना और सोना तो जुड़े हैं। वे एक ही सिक्के के दो पहलू हैं। जो दौड़ेगा वह सोएगा; जो सोएगा वह दौड़ेगा। क्योंकि सोकर फिर शक्ति इकट्ठी होगी, करोगे क्या? और दौड़ कर शक्ति चुक जाएगी तो सोओगे नहीं तो शक्ति पाओगे कहां?

तो जागना, दौड़ना, सोना जुड़े हैं। इसलिए तुमने देखा? जो आदमी दिन में ठीक-ठीक मेहनत करता है वह रात बड़ी गहरी नींद सोता है। होना तो नहीं चाहिए ऐसा। तर्क के विपरीत है यह बात। गणित के अनुकूल नहीं है। गणित तो यह होना चाहिए कि जिस आदमी ने दिन भर तकिए-गद्दों पर आराम का अभ्यास किया उसको रात गहरी नींद आनी चाहिए। दिन भर अभ्यास किया बेचारे ने, उसको फल मिलना चाहिए। लेकिन जो दिन भर विश्राम करता है, रात सो ही नहीं पाता।

आखिर धनी व्यक्तियों की नींद क्यों खो जाती है? अगर तर्क से जीवन चलता होता तो धनी आदमी को ही नींद आनी चाहिए; गरीब को तो आनी ही नहीं चाहिए। लेकिन जैसे-जैसे कोई धनी होता है वैसे कुछ चीजें खोती हैं, उनमें से एक नींद अनिवार्य रूप से खो जाती है। उसकी कोई जरूरत नहीं रह जाती। नींद तो श्रम का हिस्सा है। दौड़ो, भागो तो नींद। अगर अमरीका सबसे ज्यादा अनिद्रा से पीड़ित है तो कुछ आश्चर्य नहीं। और अगर अमरीका में सबसे ज्यादा ट्रेंक्वेलाइजर बिकता है तो भी कुछ आश्चर्य नहीं।

आलस्य अनिवार्य है श्रम के साथ। आलस्य श्रम से विपरीत नहीं है, श्रम का परिपूरक है।

तो जब ज्ञानी कहता है अप्रयत्न, नो एफर्ट, तो अज्ञानी क्या समझता है? अज्ञानी समझता है, बिलकुल ठीक, तो दौड़ने से नहीं मिलता। और बुद्ध कहते हैं,

महावीर कहते हैं, अष्टावक्र कहते हैं, बैठ जाओ, दौड़ छोड़ो। दौड़ छोड़ देता है। वह तो खुद ही थक गया। दौड़ छोड़ने को तो राजी ही है। वह चादर ओढ़ कर सो जाता है। फिर भी नहीं मिलता।

न तो अज्ञानी को प्रयत्न से मिलता, न अप्रयत्न से मिलता। अज्ञानी को मिलता ही नहीं, क्योंकि अज्ञानी के देखने का ढंग भ्रांत है। तो अज्ञानी ज्ञानी के पास आकर भी गलत व्याख्याएं कर लेता है। कुछ का कुछ समझ लेता है। कहो कुछ, पकड़ कुछ लेता है।

मेरे पास पत्र आ जाते हैं। एक पत्र मेरे पास आया। पत्र लिखने वाले ने पूछा है कि अष्टावक्र तो कहते हैं, कुछ भी न करो और आप इतना ध्यान करवा रहे हैं। जब कुछ नहीं करना है तो यह ध्यान, नाचना-कूदना, इसकी क्या जरूरत है?

अब यह आदमी क्या कह रहा है? यह आदमी यह कह रहा है, जब अप्रयत्न से मिलता है तो चादर दे दो, हम ओढ़ कर सो जाएं। जब अष्टावक्र कहते हैं, आलस्य शिरोमणि हो जाओ तो अब जरूरत क्या है? ध्यान करने का श्रम कौन उठाए?

फिर तुम भूल कर लिए। पहले प्रयत्न की भूल की, अब अप्रयत्न की भूल की। ज्ञानी की भाषा को बहुत होशपूर्वक सुनना; उसका अनुवाद मत होने देना। तुम अनुवाद मत करना अपनी भाषा में। तुम अपने को तो किनारे रख देना। तुम तो ज्ञानी की भाषा सुनना वैसी ही, जैसी वह कह रहा है—बड़ी समझपूर्वक, बड़ी ईमानदारी से।

एक बात का स्मरण रखना, अपने को मत मिलाना। अपनी भाषा में अनुवाद किया कि तुम चूक जाओगे। फिर तुम जो भी नतीजे लोगे वे नतीजे तुम्हारे हैं, वे ज्ञानी ने नहीं कहे।

इसलिए अष्टावक्र कहते हैं, अज्ञानी पुरुष प्रयत्न और अप्रयत्न दोनों से ही सुख को नहीं पाता है। प्रयत्न में दौड़-धूप रहती है इसलिए चूक जाता है, अप्रयत्न में आलस्य हो जाता है, गहन तंद्रा छा जाती है इसलिए चूक जाता है। दोनों के मध्य में है मार्ग।

आसान है मैंने कहा, दौड़ने में जागना। और आसान है मैंने कहा, सोने में न दौड़ना। दोनों के मध्य मार्ग है। ऐसे जागे रहो जैसा दौड़ने वाला जागता है और ऐसे विश्राम में रहो जैसे सोने वाला रहता है, तो तुमने ज्ञानी की भाषा समझी। जागे रहो ऐसा, जैसा संसारी—कितनी भागदौड़ में लगा है! और इतने विश्राम में, इतने गहन विश्राम में, जैसा सोया हुआ आदमी। चैतन्य जागा रहे, शरीर सो जाए। मन सो जाए, चैतन्य जागा रहे। चेतना की लौ जरा भी मद्धिम न हो।

इसलिए पतंजलि ने समाधि को सुषुप्ति जैसा कहा है—नींद जैसा। लेकिन ध्यान रखना, नींद नहीं कहा है, नींद जैसा। थोड़ा सा फर्क है। नींद जैसा कहा है,

क्योंकि नींद जैसा ही गहरा विश्राम है समाधि में; लेकिन बिलकुल नींद नहीं कहा है। जागने की किरण मौजूद है।

इसलिए कृष्ण गीता में कहते हैं, 'या निशा सर्व भूतानां तस्यां जागर्ति संयमी।'

जो सबके लिए नींद है वहां भी संयमी जागा हुआ। जहां सब भूत सो गए, जहां सब सो जाते हैं वहां भी संयमी की चेतना दीये की तरह जलती रहती है। सब तरफ अंधेरा, सब तरफ निद्रा, सब तरफ विश्राम, लेकिन अंतरतम में, गहन प्रकोष्ठ में, गहरे भीतर के मंदिर में दीया जलता रहता। दीया क्षण भर को भी नहीं बुझता।

तो दौड़ो, नहीं पाओगे। सो जाओ, नहीं पाओगे। दौड़ने से जागरण को बचा लो, सोने से विश्राम को बचा लो। जागरण और विश्राम को जोड़ दो तो समाधि बनती है।

बुद्ध ने इसीलिए कहा है, मध्य मार्ग है—मज्झिम निकाय। बीच से चलो। न बाएं डोलो, न दाएं डोलो। न इस अति पर जाओ, न उस अति पर जाओ। अतियों में संसार है, मध्य में निर्वाण है।

अप्रयत्नात् प्रयत्नाद्वा मूढ़ो नाप्नोति निर्वृतिम्।

अभागा है मूढ़। मूढ़ शब्द को भी समझ लेना। मूढ़ का अर्थ बुद्धिहीन नहीं होता, मूढ़ का अर्थ : सोया-सोया आदमी, तंद्रा में डूबा आदमी, मूर्च्छित आदमी।

मूढ़ बुद्धिमान हो सकता है। इसलिए तुम ऐसा मत सोचना कि मूढ़ सदा बुद्धू होता है। मूढ़ बड़ा पंडित हो सकता है। अक्सर तो मूढ़ ही पंडित होते हैं। शास्त्र का बड़ा ज्ञान हो सकता है मूढ़ को। शब्द का बाहुल्य हो सकता है। सिद्धांतों का बड़ा तर्कजाल हो सकता है। तर्क-प्रवीण हो सकता है, कुशल हो सकता है विवाद में; लेकिन फिर भी मूढ़, मूढ़ है।

मूढ़ का अर्थ यहां खयाल ले लेना। मूढ़ का अर्थ मनोवैज्ञानिक अर्थों में नहीं है। जिसको मनोवैज्ञानिक इंबेसाइल कहते हैं, वह मतलब नहीं है मूढ़ से। यहां मूढ़ का बड़ा आध्यात्मिक अर्थ है। मूढ़ का आध्यात्मिक अर्थ है : ऐसा आदमी, जो जागा हुआ लगता है लेकिन जागा हुआ है नहीं। आभास देता है कि जानता है, और जानता नहीं। भ्रांति खुद को भी पैदा कर ली है, दूसरों को भी पैदा करवा दी है कि मैं जानता हूं, और जानता नहीं।

मूढ़ का अर्थ है, अहंकारी। अहंकार की शराब पीए बैठा है। मूढ़ का अर्थ है, सोया-सोया; तंद्रिल। चलता है लेकिन होशपूर्वक नहीं। बोलता है लेकिन होशपूर्वक नहीं। सुनता है लेकिन होश पूर्वक नहीं। पढ़ता है लेकिन होशपूर्वक नहीं।

तुमने कभी खयाल किया? तुम कुछ पढ़ रहे हो; पूरा पेज पढ़ गए तब अचानक खयाल आता है कि अरे! पढ़ तो गए, लेकिन एक शब्द भी पकड़ में नहीं आया। पढ़ा

तुमने जरूर, आंख शब्दों पर चलती थी। एक-एक शब्द पढ़ लिया। विराम, पूर्णविराम, सब पढ़ लिए। कुछ शब्द छूटा नहीं। लेकिन पेज के अंत पर आकर अचानक तुम्हें खयाल आया, अरे! पढ़ तो लिया लेकिन याद कुछ भी नहीं आता।

क्या हुआ? इस घड़ी तुम मूढ़ थे। मूढ़ता का अर्थ समझा रहा हूं। इस घड़ी तुमने मूढ़ता को ग्रहण कर लिया था। तुम होश में नहीं थे। तुम बेहोश थे। पढ़ भी गए, आंख ने भी काम किया, बुद्धि ने भी काम किया, लेकिन आत्मा के तल पर गहरी मूर्च्छा थी। लगा, कोई देखने वाला होता तो देखता कि बड़े तल्लीनता से पढ़ रहे हो। लेकिन तुम जानते हो कि तल्लीनता तो दूर, जरा सा हाथ नहीं लगा है। सब ऐसे बह गया। फिर से पढ़ोगे, तब शायद थोड़ा-बहुत हाथ लगे।

तुमने कभी खयाल किया? चौबीस घंटे गुजर जाते हैं—सुबह होती, सांझ होती, यूं ही उम्र तमाम होती। तुम कभी ऐसा पाते हो कि कभी थोड़ी-बहुत देर के लिए जागते हो कि नहीं? ऐसे सोए-सोए ही चलते रहते हो। बोल भी देते हो, झगड़ भी लेते हो, प्रेम भी कर लेते हो, शादी-विवाह भी कर लेते हो, धन भी कमा लेते हो। ऐसे सब चलता जाता है। लेकिन कभी तुमने होश से सोचा, यही तुम करना चाहते थे? यही करने को तुम आए थे? यही था प्रयोजन? यही थी तुम्हारी नियति?

तो तुम कंधे बिचकाओगे। तुम कहोगे, कुछ पक्का पता नहीं कि इसीलिए आए थे। किसलिए आए थे? कहां जाना था? कहां नहीं जाना था? धन कमाना था कि नहीं कमाना था? क्या कमाना था इसका भी कुछ पता नहीं है। क्या गंवाना था इसका भी कुछ पता नहीं है। क्या गंवा दिया, क्यों गंवा दिया, क्यों कमा लिया, इसका भी कुछ हिसाब-किताब नहीं है। चल पड़े धक्के में। भीड़ जा रही थी, तुम भी चल पड़े।

तुमने कभी देखा? भीड़ एक तरफ भागी जा रही हो तो तुम हजार काम छोड़ कर भीड़ के साथ जाने लगते हो। अगर हिंदुओं की भीड़ मस्जिद पर हमला कर रही हो तो तुम भी चल पड़ते हो। तुम हजार काम छोड़ देते हो। तुम्हें कुछ खयाल ही नहीं रहता। जाकर मंदिर को तोड़ देते हो या मस्जिद को जला देते हो। और पीछे अगर कोई तुमसे पूछे कि क्या अकेले तुम ऐसा कर सकते थे? तो तुम कहोगे, अकेला तो मैं नहीं कर सकता था। वह तो भीड़ कर रही थी इसलिए मैं कर गुजरा। वह तो भीड़ ने करवा लिया। तो तुम होश में हो या बेहोश हो?

कोई आदमी गाली दे देता है, और तुम उबल गए; और तुम कुछ कर गुजरे। पीछे अदालत में लोग कहते हैं, हत्यारे भी कहते हैं कि हमने किया नहीं, हो गया। तुमने किया नहीं और हो गया? तो किसने किया? तो हत्यारे कहते हैं, हमारे बावजूद हो गया। होश न रहा। बेहोशी में हो गया। क्रोध आ गया। नशा छा गया क्रोध का

और घटना घट गई। करना भी नहीं चाहते थे। उठा लिया पत्थर और इस आदमी के सिर पर मार दिया। सोचा भी नहीं कि यह मर जाएगा।

इसने जो गाली दी है वह क्या इतनी मूल्यवान है कि इसका जीवन ले लो? यह हिसाब-किताब ही न लगाया। असल में यह खयाल ही न था कि यह मर जाएगा। न मारने के लिए पत्थर उठाया था। बस, हो गया। जब मर गया तब तुम घबड़ाए कि यह क्या हो गया? यह मैंने क्या कर लिया? जब हाथ पर खून दिखाई पड़ा।

सौ में से निन्यानबे हत्याएं बेहोशी में होती हैं। हत्यारा वस्तुतः जिम्मेवार नहीं होता। और अगर तुम अपने भीतर गौर से देखोगे तो तुम्हारे भीतर भी यह हत्यारा बैठा हुआ है और कभी भी प्रकट हो सकता है। तुम यह भरोसा मत करना कि तुमने अभी तक हत्या नहीं की है तो कल नहीं करोगे। तुम भी कर सकते हो। बेहोश आदमी का क्या भरोसा! कुछ भी कर सकता है।

न तुमने प्रेम होश में किया है, न घृणा होश में की है। न मित्र होश में बनाए, न शत्रु होश में बनाए। ऐसी बेहोश अवस्था का नाम मूढ़ता है। महावीर ने इस अवस्था को प्रमाद कहा है, बुद्ध ने मूर्च्छा कहा है, अष्टावक्र मूढ़ता कहते हैं।

मूढ़ जरूरी रूप से अज्ञानी नहीं है। अज्ञानी से मेरा मतलब, पंडित हो सकता है मूढ़, बड़ा ज्ञानी हो सकता है, बड़ा जानकार हो सकता है, बड़ी सूचनाओं का धनी हो सकता है, लेकिन फिर भी मूर्च्छित है।

तत्वनिश्चयमात्रेण प्राज्ञो भवति निर्वृतः।

'और ज्ञानी पुरुष केवल तत्व को निश्चयपूर्वक जान कर सुखी हो जाता है।'

कुछ करता नहीं। न तो प्रयत्न करता है, और न अप्रयत्न करता है; करता ही नहीं। इतना जान कर कि सुख मेरा स्वभाव है, बस इतना निश्चयपूर्वक जान कर, ऐसी जानने की एक किरण मात्र— तत्वनिश्चयमात्रेण; बस इतनी सी बात, और ज्ञान को उपलब्ध हो जाता है।

रिंझाई के संबंध में उल्लेख है—एक जापानी झेन फकीर के—वह एक मंदिर के पास से गुजरता था और मंदिर में बौद्धों का एक सूत्र पढ़ा जा रहा था। ऐसे मंदिर के द्वार से गुजरते हुए, सुबह का समय है, अभी पक्षी गुनगुना रहे, सूरज निकला है, सब तरफ शांति और सब तरफ सौंदर्य दिख रहा है। उस मठ के भीतर होती हुई मंत्रों की गूंज! उसे एक मंत्र सुनाई पड़ गया—ऐसे ही निकलते। सुनने भी नहीं आया था, कहीं और जा रहा था, सुबह घूमने निकला होगा। मंत्र था, जिसका अर्थ था कि 'जिसे तुम बाहर खोज रहे हो वह भीतर है।'

साधारण सी बात। ज्ञानी सदा से कहते रहे हैं, प्रभु का राज्य तुम्हारे भीतर है, आनंद तुम्हारे भीतर है, आत्मा तुम्हारे भीतर है। ऐसा ही सूत्र, कि जिसे तुम बाहर खोज रहे हो वह तुम्हारे भीतर है।

कुछ झटका लगा। जैसे किसी ने नींद में चौंका दिया। ठिठक कर खड़ा हो गया। जिसे तुम बाहर खोज रहे हो, तुम्हारे भीतर है? बात तीर की तरह चुभ गई। बात गहरी उतर गई। बात इतनी गहरी उतर गई कि रिंझाई रूपांतरित हो गया। कहते हैं, रिंझाई ज्ञान को उपलब्ध हो गया। समाधि उपलब्ध हो गई।

खोजने भी न गया था। समाधि की कोई चेष्टा भी नहीं थी। सत्य की कोई जिज्ञासा भी नहीं थी। मंदिर से ऐसे ही अनायास गुजरता था। और ये शब्द कोई ऐसे विशिष्ट नहीं हैं। हर मंदिर में ऐसे सूत्र दोहराए जा रहे हैं। और तुम चकित होओगे जान कर, जो पुजारी दोहराता था वह वर्षों से दोहरा रहा था; उसे कुछ भी न हुआ। वह पुजारी ज्ञानी था लेकिन मूढ़ था। वह दोहराता रहा; तोते की तरह दोहराता रहा। जैसे तोता राम-राम, राम-राम रटता रहे। तुम जो सिखा दो वही रटता रहे। इससे तुम यह मत सोचना कि तोता मोक्ष चला जाएगा क्योंकि राम-राम रट रहा है, प्रभुनाम स्मरण कर रहा है।

यह भी हो सकता है—उस दिन हुआ तो नहीं, लेकिन यह हो सकता है—कि मंदिर में कोई पुजारी न रहा हो, ग्रामोफोन रिकॉर्ड लगा हो, और ग्रामोफोन रिकॉर्ड दोहरा रहा हो कि जिसे तुम बाहर खोजते हो वह तुम्हारे भीतर है। ग्रामोफोन रिकॉर्ड को सुन कर भी कोई ज्ञान को उपलब्ध हो सकता है। तुम पर निर्भर है। तुम कितनी प्रज्ञा से सुनते हो। तुम कितने होश से सुनते हो।

उस सुबह की घड़ी में, सूरज की उन किरणों में, जागरण के उस क्षण में अनायास यह व्यक्ति जागा हुआ होगा; होश से भरा हुआ होगा। एक छोटी सी बात क्रांति बन गई। रिंझाई महाज्ञानी हो गया। वह घर लौटा नहीं। वह मंदिर में जाकर दीक्षित होकर संन्यस्त हो गया। पुजारी ने पूछा भी, कि क्या हुआ है? उसने कहा, बात दिखाई पड़ गई। जिसे मैं बाहर खोजता हूं वह भीतर है। निश्चयमात्रेण!

पुजारी कहने लगा, मैं जीवन भर से पढ़ रहा हूं, मुझे नहीं हुआ और तुम्हें कैसे हो गया? उसने कहा, यह मैं नहीं जानता। तुम किस ढंग से पढ़ रहे हो तुम जानो। लेकिन यह मैंने सुना, मेरी आंख बंद हुई और मैंने देखा कि ऐसा है। भीतर सुख का सागर लहरें ले रहा है। मैंने कभी देखा नहीं था। दिखाई पड़ गया। सूत्र बहाना बन गया। सूत्र के बहाने बात हो गई।

रिंझाई जब ज्ञान को उपलब्ध हो गया और रिंझाई का जब खुद बड़ा विस्तार हुआ और हजारों उसके संन्यासी हुए तो उसके मठ में वह सूत्र रोज पढ़ा जाता था, लेकिन फिर ऐसी घटना न घटी। और रिंझाई बड़ा हैरान होता कि इसी सूत्र को पढ़ कर...पढ़ कर भी नहीं, सुन कर मैं ज्ञान को उपलब्ध हुआ, लोग क्यों चूके जाते हैं?

तुम्हारे ऊपर निर्भर है, कैसे तुम सुनते हो। अगर तुम शांत, जाग्रत, होश से भरे सुन रहे हो तो इसी क्षण घटना घट सकती है। फिर न ध्यान करना है, न तप, न जप। फिर कुछ भी नहीं करना है। फिर तो न करना भी नहीं करना है। फिर तो न प्रयत्न और न अप्रयत्न। जो है उसका बोध पर्याप्त है।

तत्वनिश्चयमात्रेण।

वह जो तत्वतः है, वह जो सत्य है, उसका निश्चय मात्र बैठ जाए प्राणों में; हो गई क्रांति, हो गया मूल रूपांतरण।

प्राज्ञो भवति निर्वृतः।

'निश्चय मात्र हो जाने से जो प्रज्ञावान है...।'

मूढ़ के विपरीत प्रज्ञा। मूढ़ के ठीक विपरीत। मूढ़ सोया हुआ; प्रज्ञावान जागा हुआ।

'केवल तत्व को निश्चयपूर्वक जान कर सुखी हो जाता है।'

पाना नहीं है सुख, सिर्फ जानना है। खोजना नहीं है, पहचानना है। कहीं जाना नहीं है, अपने घर आना है। बहुत दूर तुम निकल गए हो अपने से, यही तुम्हारी अड़चन है। जन्मों-जन्मों यात्रा करके तुम बहुत दूर निकल गए हो। लौटो! वापस आओ!

और यह मत पूछना कि कैसे लौटें। क्योंकि तुम्हें सिर्फ खयाल है कि तुम दूर निकल गए हो। दूर निकल कैसे सकते हो? ऐसे ही जैसे तुम अपने घर में बैठे हो और एक कल्पना उठी कि कलकत्ते चले जाएं। चले गए कल्पना में। मगर जा थोड़े ही रहे हो, वस्तुतः थोड़े ही पहुंच गए हो; सिर्फ कल्पना उठी। हो सकता है, कलकत्ते में कलकत्ते के किसी चौरस्ते पर खड़े—स्वप्न में, कल्पना में। अब अगर मैं तुमसे कहूं कि लौट आओ घर अपने तो क्या तुम मुझसे पूछोगे कि कैसे लौटें? कौन सी ट्रेन पकड़ें? कौन सा हवाई जहाज पकड़ें? क्योंकि कलकत्ते के चौरस्ते पर खड़े हैं। लौटना, तो कुछ उपाय तो करना होगा।

नहीं, तुम यह सुन कर कि 'लौट आओ, लौट आओ घर अपने'—लौट आए, अगर तुमने सुन लिया। तुम यह न पूछोगे, कैसे? क्योंकि गए तुम कभी भी न थे। जाने का सिर्फ आभास है। भ्रांति है संसार। माया है संसार। आभास है कि तुम संसार में हो। तुम हो तो बाहर ही। तुम लाख उपाय करो तो भी संसार में हो नहीं सकते।

'इस संसार में अभ्यास-परायण पुरुष उस आत्मा को नहीं जानते हैं, जो शुद्ध-बुद्ध, प्रिय, पूर्ण प्रपंचरहित और दुखरहित है।'

शुद्धं बुद्धं प्रियं पूर्णं निष्प्रपंचं निरामयम्।
आत्मानं तं न जानन्ति तत्राभ्यासपरा जनाः।।

बड़ी अदभुत बात कहते हैं अष्टावक्र। कि जो अभ्यास में पड़ गए हैं, जो अभ्यास में उलझ गए हैं, वे कभी भी उस शुद्ध-बुद्ध आनंदमयी आत्मा को नहीं जान पाते।

बड़ी आश्चर्य की बात। क्योंकि लोग तो पूछते हैं, क्या अभ्यास करें ताकि आत्मज्ञान हो जाए? और अष्टावक्र कहते हैं:

आत्मानं तं न जानन्ति तत्राभ्यासपरा जनाः।

जो व्यक्ति अभ्यास में डूब गए हैं वे कभी आत्मा को नहीं जान पाते। समझना।

अभ्यास का अर्थ ही होता है कुछ, जो तुम नहीं हो, होने की चेष्टा। जो तुम हो उसकी होने की चेष्टा तो नहीं करनी होती न! जो तुम हो वह तो तुम हो ही। अभ्यास तो ऊपर से कुछ ओढ़ने का नाम है। अभ्यास का तो अर्थ ही है विकृति। अभ्यास का तो अर्थ ही है झूठ, धोखा, प्रपंच, पाखंड। अभ्यास का तो अर्थ ही यह है कि तुम कुछ आयोजन से, चेष्टा से अपने ऊपर आरोपित कर रहे हो। जो है वह तो है; उसके अभ्यास की कोई जरूरत नहीं।

गुलाब का फूल अभ्यास तो नहीं करता गुलाब का फूल होने के लिए। न चमेली, न चंपा, न जूही, कोई भी तो अभ्यास नहीं करता। कोयल कोयल है, कौवा कौवा है। कौवा अभ्यास थोड़े ही करता कौवा होने के लिए। कोयल अभ्यास तो नहीं करती कोयल होने के लिए। जो है, जैसा है, उसके लिए तो कोई अभ्यास नहीं करना पड़ता।

लेकिन अगर कोई कौवा पागल हो जाए...होते नहीं कौवे पागल; पागलपन सिर्फ आदमियों में होता है। पागलपन की घटना मनुष्य को छोड़ कर कहीं और घटती ही नहीं। अगर कोई कौवा पागल हो जाए और कोयल होने की चेष्टा करने लगे तो उपद्रव, अभ्यास करना होगा। तो फिर शीर्षासन लगाना होगा, योगाभ्यास करना होगा, आसन-व्यायाम साधने होंगे। कौवा कोयल होना चाहता है। और यह सब अभ्यास ऊपर ही ऊपर रहेगा, क्योंकि स्वभाव को कोई अभ्यास कभी बदल नहीं सकता। समय पड़ने पर कौवा प्रकट हो जाएगा। अभ्यास कर ले, चला जाए किसी संगीत-विद्यालय में, और वहां धीरे-धीरे अभ्यास करके अपने कंठ को भी साध ले, कोकिलकंठी हो जाए, लेकिन किसी मौके पर, जहां अभ्यास को साधने का खयाल न रहेगा—किसी मौके पर बात गड़बड़ हो जाएगी।

ऐसा है कालिदास के जीवन में उल्लेख कि वे जिस राजा भोज के दरबार में थे, एक महापंडित आया। उस महापंडित को तीस भाषाएं आती थीं। और उसने सम्राट भोज के दरबारियों को चुनौती दी कि अगर कोई मेरी मातृभाषा पहचान ले तो मैं एक लक्ष स्वर्ण मुद्राएं भेंट करूंगा। और अगर कोई पहचानने में भूल हुई तो एक लक्ष स्वर्णमुद्राएं उस व्यक्ति को मुझे भेंट करनी पड़ेंगी।

सम्राट भोज को यह चुनौती बड़ी अखरी। क्या मेरे दरबार में ऐसा कोई भी आदमी नहीं, जो इसकी मातृभाषा पहचान ले? चुनौती स्वीकार कर ली गई। एक के बाद एक दरबारी हारते गए। और भोज बड़ा दुखी होने लगा। अंततः उसने कालिदास

से कहा कि कुछ करो। कालिदास ने कहा कि मुझे जरा निरीक्षण करने दो। आदमी गहन अभ्यासी है। जो भाषा बोलता है, ऐसी लगती है कि इसकी मातृभाषा है। वही भूलें करता है, जो सिर्फ मातृभाषा बोलनेवाले लोग करते हैं। उसी ढंग से बोलता है, उसी लहजे में बोलता है, जो मातृभाषावाले बोलते हैं। और सभी भाषाएं! बड़ा मुश्किल है। लेकिन जरा मुझे देखने दो।

ऐसा दो-चार दिन कालिदास उसका निरीक्षण करते रहे। पांचवें दिन सीढ़ियों से उतरता था राजमहल की फिर एक लक्ष मुद्राएं जीत कर और कालिदास ने उसे धक्का दे दिया। राजमहल की सीढ़ियां...धक्का खाया, सीढ़ियों से लौटता हुआ नीचे जा पहुंचा। खड़ा होकर चिल्लाया, नाराज हो गया। कालिदास ने कहा, क्षमा करें, और कोई और उपाय न था। यही आपकी मातृभाषा है।

उस क्षण भूल गया। उस क्षण कौवा प्रकट हो गया। अब जब कोई गाली देता है तो थोड़े ही किसी दूसरे की भाषा में गाली देता है। गाली देने का मजा ही नहीं दूसरे की भाषा में।

मेरे एक मित्र एक अमरीकन युवती से विवाह कर लिए। वे मुझसे कहने लगे, दो बातों में बड़ी अड़चन होती है। झगड़ो, तब गड़बड़ होती है; तब मजा नहीं आता। तब तो दिल होता है कि अपनी मातृभाषा में ही... । मगर वह मजा नहीं आता। और या प्रेम की कुछ गहराइयों में उतरो, तब फिर अड़चन हो जाती। जब कोई प्रेम की गहराई हो तब कोई चाहता है उसी भाषा में बोलो, जो तुम्हारी श्वास-श्वास में रम गई है। या जब क्रोध की गहराई हो तब भी। प्रेम में और युद्ध में मातृभाषा। बीच में कोई भी भाषा चल सकती है।

कालिदास ने कहा, और कोई उपाय न था, क्षमा करें। धक्का देना पड़ा। आप को चोट लग गई हो तो माफ करें, लेकिन यही आपकी मातृभाषा है। और वही मातृभाषा थी।

अभ्यास से हम स्वभाव के ऊपर आरोपण करते हैं।

अष्टावक्र कह रहे हैं, स्वभाव में डूब जाना ही सुख है। इसलिए सुख का तो कोई अभ्यास नहीं हो सकता। तुम जो भी अभ्यास करोगे उससे दुख ही पाओगे। अभ्यास मात्र दुख लाता है, क्योंकि अभ्यास मात्र पाखंड लाता है। इसलिए बड़ा अदभुत सूत्र है :

आत्मानं तं न जानन्ति।

उन अभागों के लिए क्या कहें! वे कभी आत्मा को नहीं जान पाते।

तत्राभ्यासपरा जनाः।

जिनके जीवन में अभ्यास की बीमारी पकड़ गई। जो अभ्यास के रोग से पीड़ित हो गए हैं; जो सदा-सदा अभ्यास ही करते रहते हैं, वे झूठे ही होते चले जाते हैं। मुखौटे ही रह जाते हैं उनके पास।

प्रत्यग्चित भौहों के आगे
समझौते, केवल समझौते

भीतर चुभन सुई की, बाहर
संधिपत्र पर पढ़तीं मुसकानें
जिस पर मेरे हस्ताक्षर हैं
कैसे हैं, ईश्वर ही जाने
आंधी से आतंकित चेहरे
गर्दखोर रंगीन मुखौटे

जी होता आकाश-कुसुम को
एक बार बाहों में भर लें
जी होता एकांत क्षणों में
अपने को संबोधित कर लें
लेकिन भीड़-भरी गलियां हैं
कागल के फूलों के न्यौते

झेल रहा हूं शोभायात्रा में
चलते हाथी का जीवन
जिसके माथे मोती की झालर
लेकिन अंकुश का शासन
अधजल घट-से छलक रहे हैं
पीठ चढ़े जो सजे कठौते
समझौते, केवल समझौते

प्रत्यग्चित भौहों के आगे
समझौते, केवल समझौते

अभ्यास तुम्हें झूठ कर जाता है। अभ्यास समझौता है पर से; स्व के विपरीत। अभ्यास का अर्थ है, भीतर अगर आंसू हैं तो ओठों पर मुसकान। अभ्यास का अर्थ है, भीतर कुछ, बाहर कुछ। धीरे-धीरे भीतर और बाहर दो अलग दुनिया हो जाती हैं।

मनोवैज्ञानिक इसी को स्क्वीजोफ्रेनिया कहते हैं। आदमी दो हो गया—भीतर कुछ, बाहर कुछ। दोनों के बीच ऐसी खाई हो गई कि पुल भी नहीं बन सकता; सेतु भी नहीं बन सकता। अपने से ही संबंध छूट जाता है। क्योंकि धीरे-धीरे तुम अपना मौलिक चेहरा तो भूल जाते हो, मुखौटे को ही अपना चेहरा समझ लेते हो। हाथी के दांत दिखाने के और, खाने के और। तुम्हारे जीवन में ऐसी अड़चन हो जाती। तुम स्वाभाविक न रहे, बस वहीं सुख छिन जाता। सुख है स्वभाव की सुगंध।

ये वृक्ष सुखी हैं। क्योंकि गुलाब का फूल कमल होने की चेष्टा नहीं कर रहा। क्योंकि चंपा चंपा है, चमेली चमेली है। कोई किसी के साथ प्रतिस्पर्धा में नहीं है। कोई कुछ और होने का उपाय नहीं कर रहा है। आदमी पागल है। स्वस्थ आदमी खोजना ही कठिन है। स्वस्थ का अर्थ भी समझ लेना। स्वस्थ शब्द बड़ा कीमती है। इसका मतलब है, स्वयं में स्थित। वही स्वस्थ है जो स्वयं में स्थित है। जो स्वभाव में है वही स्वस्थ है। स्वस्थ आदमी खोजना मुश्किल है। घाव पर घाव, समझौते पर समझौते, मुखौटों पर मुखौटे।

तुमने कभी गौर किया कि तुम कितने मुखौटे ओढ़े हुए हो! पत्नी के सामने एक मुखौटा ओढ़ लेते, बेटे के सामने एक, नौकर के सामने और, मालिक के सामने और—दिन भर बदलते रहते। ऐसे हजारों चेहरे हैं तुम्हारे। अभ्यास ऐसा हो गया है बदलने का कि तुम्हें पता भी नहीं चलता कैसे बदल लेते। चुपचाप बदल लेते।

पति-पत्नी लड़ रहे हैं, कोई मेहमान ने द्वार पर दस्तक दे दी—मुखौटे बदल गए। मेहमान को पता ही न चलेगा। शायद ईर्ष्या से भर जाए कि कितना एक-दूसरे को प्रेम करते हैं। मैं कुछ चूक रहा हूं। मेरे जीवन में ऐसी बात नहीं। मेरी पत्नी क्यों नहीं ऐसा प्रेम करती जैसा यह पत्नी कर रही है? उसे पता नहीं कि घड़ी भर पहले, क्षण भर पहले क्या हो रहा था। उसने जब दस्तक दी थी उसके पहले क्या हो रहा था उसे पता नहीं।

दूसरों को हंसते देख कर हरेक को ऐसा लगता है कि शायद मुझसे ज्यादा दुखी आदमी दुनिया में कोई नहीं। क्योंकि तुम्हें अपने भीतर की असलियत पता है, दूसरों को तो सिर्फ तुम्हारा मुखौटा पता है। तुम सबको धोखा दे लो, अपने को कैसे धोखा दे पाओगे? कितना ही दो, लाख करो उपाय, तुम्हारी असलियत बीच-बीच में उभरती रहेगी और बताती रहेगी कि तुम झूठ हो।

और जब तक तुम झूठ हो तब तक तुम दुखी हो। सच होते ही आदमी सुखी होता है; प्रामाणिक होते ही सुखी होता है।

'इस संसार में अभ्यास-परायण पुरुष उस आत्मा को नहीं जानते हैं, जो शुद्ध है, जो बुद्ध है, जो प्रिय है, जो पूर्ण है, जो प्रपंचरहित है और जो दुखरहित है।'

जिसे तुम लेकर आए हो, जिस संपदा को तुम अपने भीतर लिए बैठे हो उस तिजोड़ी को तुमने खोला ही नहीं। तुमने तिजोड़ी के ऊपर और न मालूम क्या-क्या रंग-रोगन चढ़ा दिया। तुमने तिजोड़ी खोली ही नहीं। तुम्हारे रंग-रोगन के कारण यह भी हो सकता है कि अब ताली भी न लगे। तुमने इतना रंग-रोगन कर दिया हो कि ताली का छेद भी बंद हो गया हो। और तुम जिसे खोज रहे हो वह तुम्हारे भीतर बंद है। तुम उसे लेकर आए हो।

यह विरोधाभास लगेगा, लेकिन इसे याद रखना। इस पृथ्वी पर तुम उसी को खोजने के लिए भेजे गए हो, जो तुम्हें मिला ही हुआ है। इस पृथ्वी पर तुम उससे ही परिचित होने आए हो, जो तुम हो। कुछ और होना नहीं है। जो तुम हो उससे ही पहचान बढ़ानी है; उसके ही आंख में आंख डालनी है; उसका ही हाथ में हाथ लेना है; उसका ही आलिंगन करना है।

और तब तुम पाओगे, तुम कभी अशुद्ध हुए ही नहीं। तुम शुद्ध हो। और तुम कभी बुद्ध से क्षण भर नीचे नहीं उतरे। तुम्हारे भीतर की आत्मा परम बुद्ध की स्थिति में है; परम ज्ञानी की स्थिति में है। वहां रसधार बह रही। वहां अमृत बरस रहा। वहां प्रकाश ही प्रकाश है; अंधकार वहां प्रवेश ही नहीं कर पाया। वहां अंधकार प्रवेश कर भी नहीं सकता। तुम महाचैतन्य के स्रोत हो। तुम्हारे भीतर प्रभु विराजमान है—शुद्ध, बुद्ध, प्रिय, पूर्ण, प्रपंचरहित और दुखरहित।

'अज्ञानी पुरुष अभ्यासरूपी कर्म से मोक्ष को नहीं प्राप्त होता है। क्रियारहित ज्ञानी पुरुष केवल ज्ञान के द्वारा मुक्त हुआ स्थित रहता है।'

मोक्ष कोई लक्ष्य नहीं है, कोई गंतव्य नहीं है। मोक्ष आगे नहीं है, तुम्हारे पीछे है। मोक्ष को हाथ फैला कर नहीं खोजना है, मोक्ष को आंख भीतर डाल कर खोज लेना है। मोक्ष तुम्हारी गहराई में पड़ा हुआ हीरा है। घूमो तट-तट, बीनो शंख-सीपी, हीरा न मिलेगा। हीरा तो लगाओगे डुबकी, जाओगे गहरे अपने में, स्व के सागर में, तो पाओगे।

'अज्ञानी पुरुष अभ्यासरूपी कर्म से मोक्ष को नहीं प्राप्त होता...।'

नाप्नोति कर्मणा मोक्षं विमूढोऽभ्यासरूपिणा।

कितना ही करो अभ्यास—जपो, तपो, उपवास करो; कितना ही करो अभ्यास—छोड़ो संसार, त्याग करो, भाग जाओ हिमालय; कितना ही करो अभ्यास, मोक्ष न पाओगे। क्योंकि तुम्हारी मौलिक दृष्टि तो अभी खुली नहीं कि मोक्ष मेरा स्वभाव है। फिर कहां जाना हिमालय? जो यहां नहीं हो सकता, हिमालय पर भी नहीं होगा। और जो यहां हो सकता है, उसके लिए हिमालय जाने की क्या जरूरत है?

धन ने तुम्हें नहीं रोका है। धन क्या रोकेगा? चांदी के ठीकरे क्या रोक सकते हैं? न मकान ने तुम्हें रोका है, न दुकान ने तुम्हें रोका है, न बच्चे, न पत्नी, न पति ने

तुम्हें रोका है। कोई दूसरा तुम्हें कैसे रोक सकता है? तुम रुके हो अपनी मूढ़ता से। मूढ़ता तोड़ो। और कहीं मत जाओ, और कुछ मत छोड़ो, सिर्फ मूढ़ता तोड़ो।

और जिस दिन मूढ़ता टूटेगी और तुम अपने भीतर देखोगे परमात्मा को विराजमान, परात्परब्रह्म को विराजमान, उस दिन तुम पाओगे पत्नी में भी वही विराजमान है। तुम्हारे बेटे में भी वही विराजमान है। उस दिन पत्नी पत्नी न रहेगी, यह सच है। पत्नी भी परमात्मा हो जाएगी। उस दिन बेटा, बेटा न रहेगा; वह भी परमात्मा हो जाएगा। उस दिन यह सारा जगत वही हो जाता है जो तुम हो। तुम्हारे रंग में रंग जाता है। और उस दिन जो उत्सव होता है, जो रास रचता है, उस दिन जो आनंद मंगल के गीत गाए जाते हैं, वही मोक्ष है।

मोक्ष का अर्थ है: स्वयं की पहचान।

नाप्नोति कर्मणा मोक्षं विमूढ़ोऽभ्यासरूपिणा।
धन्यो विज्ञानमात्रेण मुक्तस्तिष्ठत्य विक्रियः।।

अष्टावक्र कहते हैं, धन्य हैं वे लोग—धन्यो विज्ञानमात्रेण—जो केवल बोध मात्र से, चैतन्य मात्र से मोक्ष को उपलब्ध हो जाते हैं। जरा भी क्रिया नहीं करते। क्रिया करने की बात ही नहीं है।

क्रिया से तो वही मिलता है जो बाहर है। अक्रिया से वही मिलता है जो भीतर है। अक्रिया आलस्य का नाम नहीं है, याद रखना। अक्रिया से मतलब अकर्मण्यता मत समझ लेना। अक्रिया का अर्थ है, क्रिया की शांत दशा। अक्रिया का अर्थ है, क्रिया की अनुद्विग्न दशा। अक्रिया का अर्थ है, जैसे झील शांत है और लहर नहीं उठती। झील है, लहर नहीं उठती। क्रिया में जो ऊर्जा लगती है, शक्ति लगती है वह तो है, लेकिन झील की तरह भरी, भरपूर, लेकिन तरंग नहीं उठती। वासना की तरंग नहीं है और वासना की दौड़ नहीं है। उस भरी हुई ऊर्जा में तुम्हें पहली बार दर्शन होते हैं।

धन्यो विज्ञानमात्रेण।

उस घड़ी को कहो धन्यता, जब तुम्हें बोधमात्र से परमात्मा से मिलन हो जाता है।

मुक्तस्तिष्ठत्य विक्रियः।

और मुक्त...मोक्ष को खोजने से थोड़े ही कोई मुक्त होता है। मुक्त यह जान लेता है कि मैं मुक्त हूं। उसकी उदघोषणा हो जाती है।

उपनिषद कहते हैं, 'अहं ब्रह्मास्मि': मैं ब्रह्म हूं। मंसूर ने कहा है, अनलहक: मैं सत्य हूं। यह कुछ पाने की बात थोड़े ही है। यह सत्य तो मंसूर था ही; आज पहचाना। यह उपनिषद के ऋषि ने कहा, 'अहं ब्रह्मास्मि'—ऐसा थोड़े ही है कि आज हो गए ब्रह्म। जो नहीं थे तो कैसे हो जाते? जो तुम नहीं हो, कभी न हो सकोगे। जो तुम हो वही हो सकोगे। वही हो सकता है। इससे अन्यथा कुछ होता ही नहीं।

अगर तुम देखते हो कि एक दिन बीज फूटा, वृक्ष बना, आम के फल लगे, तो इसका केवल इतना ही अर्थ है कि आम बीज में छिपा ही था; और कुछ अर्थ नहीं है। जो प्रकट हुआ वह मौजूद था। ऐसा नहीं है कि कोई भी बीज बो दो और आम हो जाएगा। आम के ही बीज बोने पड़ेंगे। आम ही बोओगे तो आम मिलेगा।

अगर एक दिन उपनिषद के ऋषि को पता चला, 'अहं ब्रह्मास्मि : मैं ब्रह्म हूं;' और एक दिन गौतम सिद्धार्थ को पता चला कि मैं बुद्ध हूं; और एक दिन वर्धमान महावीर को पता चला कि मैं जिन हूं, तो जो आज पता चला है, आज जो फल लगे हैं, वे सदा से मौजूद थे। पहचान हुई। बीज में छिपे थे, प्रकट हुए। गहरे अंधेरे में हीरा पड़ा था, प्रकाश में लाए। बस, इतनी ही बात है।

धन्यो विज्ञानमात्रेण।

'अज्ञानी जैसे ब्रह्म होने की इच्छा करता है, वैसे ही ब्रह्म नहीं हो पाता है।'

इस बात की इच्छा करना कि मैं ब्रह्म हो जाऊं, इस बात की खबर है कि तुम्हें अभी भी अपने ब्रह्म होने का पता नहीं चला। इच्छा ही सबूत है।

जैसे कोई पुरुष इच्छा करे कि मैं पुरुष हो जाऊं, तो तुम क्या कहोगे? तुम कहोगे, तू पागल है। तू पुरुष है। इसकी इच्छा क्या करनी! वह कहे कि मुझे कुछ रास्ता बताओ कि मैं कैसे पुरुष हो जाऊं? तो तुम क्या करोगे ज्यादा से ज्यादा? आईना दिखा सकते हो कि देख आईना।

सदगुरु इतना ही करता है, एक आईना सामने रख देता है।

पुरानी कथा है: एक सिंहनी छलांग लगाती थी। और छलांग के बीच में ही उसको बच्चा हो गया। वह तो छलांग लगा कर चली भी गई एक टीले से दूसरे टीले पर; बच्चा नीचे गिर गया। नीचे भेड़ों की एक कतार गुजरती थी। वह बच्चा भेड़ों में मिल गया। भेड़ों ने उसे पाला, पोसा; बड़ा हुआ। सिंह था तो सिंह ही हुआ, लेकिन अभ्यासवश अपने को भेड़ मानने लगा। अभ्यास तो भेड़ का हुआ। भेड़ों के साथ था। भेड़ों के बीच ही पाया पहले दिन से ही। अन्यथा तो कोई सवाल ही न था। भेड़ों का ही मिमियाना देख कर खुद भी मिमियाना सीख गया। भेड़ों जैसा ही घसर-पसर चलने लगा भीड़ में।

और सिंह तो अकेला चलता है। 'सिंहों के नहीं लेहड़े।' कोई सिंहों की भीड़ थोड़े होती है। भेड़ों की भीड़ होती है। भीड़ में तो वही चलते हैं, जो डरपोक हैं। भीड़ में चलते ही इसलिए हैं कि कायर हैं। डर लगता है, अगर मैं हिंदुओं की भीड़ से निकला तो क्या होगा; मुसलमानों की भीड़ से निकला तो क्या होगा? रहे आओ भीड़ में। कम से कम इतने लोग तो साथ हैं। बीस करोड़ हिंदू साथ हैं। हिम्मत रहती है।

संन्यासी वही है, जो भीड़ के बाहर निकलता है। संन्यासी सिंह है। 'सिंहों के नहीं लेहड़े।' इसलिए संन्यासी की कोई जात नहीं होती। कबीर ने कहा है, संतों की जात मत पूछना। जात होती ही नहीं संत की कोई। जात तो कायरों की होती। संत की क्या जात?

भेड़ों में गिरा, भेड़ों में बड़ा हुआ। भेड़ों की भाषा सीख ली। भेड़ों की भाषा यानी भय। जरा सी घबड़ाहट हो जाए, भेड़ें कंप जाएं तो वह भी कंपे। फिर एक दिन ऐसा हुआ कि एक सिंह ने भेड़ों पर हमला किया। वह सिंह तो देख कर चकित हो गया। वह तो हमला ही भूल गया, उसने जब भेड़ों के बीच में एक दूसरे सिंह को भागते देखा। और भेड़ें उसके साथ घसर-पसर जा रही हैं। वह सिंह तो भूल ही गया भेड़ों को। उसको तो यह समझ में ही नहीं आया कि यह चमत्कार क्या हो रहा है!

वह तो भागा। उसने भेड़ों की तो फिकर छोड़ दी। बामुश्किल पकड़ पाया इस सिंह को। पकड़ा, तो सिंह मिमियाया, रोने लगा, गिड़गिड़ाने लगा। कहने लगा, छोड़ दो मुझे। मुझे जाने दो। मेरे सब संगी-साथी जा रहे हैं। उसने कहा, नालायक, सुन! ये तेरे संगी-साथी नहीं हैं। तेरा दिमाग फिर गया? तू पागल हो गया? पर वह तो सुने ही नहीं। तो भी उस बूढ़े सिंह ने उसे घसीटा, जबरदस्ती उसे ले गया नदी के किनारे।

दोनों ने नदी में झांका। और उस बूढ़े सिंह ने कहा कि देख दर्पण में। देख नदी में। अपना चेहरा देख, मेरा चेहरा देख। पहचान! फिर कुछ करना न पड़ा। बड़े डरते-डरते...वह मजबूरी थी। अब यह मानता ही नहीं बूढ़ा सिंह। और ज्यादा झंझट करनी भी ठीक नहीं। उसने देखा। देखा, पाया, हम दोनों तो एक जैसे हैं। तो मैं भेड़ नहीं हूं? एक क्षण में गर्जना हो गई। एक क्षण में ऐसी गर्जना उठी उसके भीतर से, जीवन भर की दबी हुई सिंह की गर्जना—सिंहनाद! पहाड़ कंप गए। बूढ़ा सिंह भी कंप गया। उसने कहा, अरे! इतने जोर से दहाड़ता है? उसने कहा कि जन्म से दहाड़ा ही नहीं। कैसे अभ्यास में पड़ गया! बड़ी कृपा तुम्हारी, जो मुझे जगा दिया।

सदगुरु का इतना ही अर्थ है कि तुम्हें पकड़ ले भेड़ों के झुंड से। तुम बहुत नाराज होओगे। तुम गिड़गिड़ाओगे। तुम कहोगे, यह क्या करते महाराज? छोड़ो मुझे, जाने दो। मैं हिंदू हूं, मैं मुसलमान हूं। मैं ईसाई हूं, मुझे चर्च जाना है—रविवार का दिन! आप कहां ले जाते हो? मुझे जाने दो।

मगर एक बार तुम सदगुरु के चक्कर में पड़ गए तो वह तुम्हें बिना नदी में झुकाए छोड़ेगा नहीं। और एक बार तुमने देख लिया कि जो बुद्ध में है, जो महावीर में है, जो सदगुरु में है, जो अष्टावक्र में है, कृष्ण में है, मोहम्मद में है, जीसस-जरथुस्त्र में है, वही तुममें है—गर्जना निकल जाएगी: 'अहं ब्रह्मास्मि।' मैं ब्रह्म हूं। गूंज उठेंगे पहाड़। कंप जाएंगे पहाड़।

तुम भेड़ नहीं हो। भीड़ में हो इसलिए भेड़ मालूम पड़ रहे हो। भीड़ से उठो। भीड़ से जगो। भीड़ ने तुम्हें खूब अभ्यास करवा दिया है। स्वभावतः भीड़ वही अभ्यास करवा सकती है, जो जानती है। भेड़ों का कसूर भी क्या? भेड़ों ने कुछ जान कर तो कुछ किया नहीं। जो जानती थीं वही सिंह के शावक को भी समझा दिया, करवा दिया।

जो तुम्हारे मां-बाप जानते थे वही तुम्हें सिखा दिया। न वे जानते थे, न तुम जान पा रहे हो। जो उनके मां-बाप जानते थे, उन्हें सिखा गए थे कि पढ़ते रहना तोते की तरह राम-राम। तो वे भी पढ़ते रहे। वे तुम्हें सिखा गए हैं कि देख, कभी राम-राम मत चूकना; जरूर पढ़ लेना। रोज सुबह उठ कर पढ़ लेना; कि सूरज को नमस्कार कर लेना; कि कुंभ मेला भरे तो हो आना। तो करोड़ भेड़ें इकट्ठी... । भीड़ वही तो सिखा सकती है, जो जानती है। भीड़ का कसूर भी क्या?

'अज्ञानी जैसे ब्रह्म होने की इच्छा करता है वैसे ही ब्रह्म नहीं हो पाता।'

इस बात को समझो। यह भी अज्ञान है कि मैं इच्छा करूं कि मुझे ब्रह्म होना है, कि मुझे मुक्त होना है। इस इच्छा में ही एक बात सम्मिलित है कि तुम सोचते हो, तुम मुक्त नहीं हो।

थोड़ा सोचो। वह सिंह जो भेड़ों में खो गया था, पूछने लगता उस बूढ़े सिंह से कि मुझे भी सिंह होना है, रास्ता बताओ। और वह बता देता उसको रास्ता कि देख बेटा, सिर के बल खड़ा हुआ कर, शीर्षासन किया कर, इससे धीरे-धीरे सिंह हो जाएगा। या रोज बैठ कर अभ्यास किया कर, सोचा कर कि मैं सिंह हूं, मैं सिंह हूं। ऐसे धीरे-धीरे सोचने से, अभ्यास करने से, चिंतन-मनन-निदिध्यासन से हो जाएगा।

तो बात चूक जाती। वह सिंह अगर बैठ-बैठ कर अभ्यास करता रहता, आसन-व्यायाम इत्यादि करता, और बार-बार सोचता और शास्त्र पढ़ता और दोहराता कि मैं सिंह हूं, और हिम्मत बांधता, तो झूठ अभ्यास होता। सिंह होने की जरूरत नहीं है,

सिंह होने का बोध जगना चाहिए। अभ्यास नहीं, बोध।

धन्यो विज्ञानमात्रेण।

धन्य हैं वे, जो सुन कर जाग जाते हैं। जिन्होंने देखा चेहरा अपना दर्पण में और पहचाना।

मूढ़ो नाप्नोति तद्ब्रह्म यतो भवितुमिच्छति।

यह होने की आकांक्षा ही फिर न होने देगी। तुम जो हो—होना नहीं है, सिर्फ जागना है। इसलिए धार्मिक व्यक्ति मैं उसको नहीं कहता, जो धार्मिक होना चाहता है। पाखंडी हो जाएगा। धार्मिक व्यक्ति मैं उसको कहता हूं जो उसे देख लेता है, जो है। जो होना चाहता है, यह बात ही गलत है। बिकमिंग, भवितुमिच्छति, कुछ होना, यह

धार्मिक आदमी का लक्षण नहीं है; बीइंग, जो है, उसे जान लेना। होने की दौड़ संसार है और जो है, उसके प्रति जागना धर्म है।

मूढ़ो नाप्नोति तद्ब्रह्म यतो भवितुमिच्छति।
अनिच्छन्नपि धीरो हि परब्रह्मस्वरूपभाक्।।

'और धीर पुरुष नहीं चाहता हुआ भी निश्चित ही परब्रह्मस्वरूप को भजने वाला होता है।'

और धीर पुरुष, बोध को उपलब्ध व्यक्ति, जिसका सिंहनाद हो गया, जिसने अपने वास्तविक चेहरे को पहचान लिया, वह न चाहता हुआ भी...।

बूढ़ा सिंह जब उस युवा सिंह को नदी के तट पर ले गया तो उस युवा सिंह के मन में सिंह होने की कोई आकांक्षा भी न थी, कोई इच्छा भी न थी। वह तो बचना चाहता था। वह कहता था, बाबा मुझे छोड़ो। मुझे क्यों पकड़े हो? मैं भेड़ हूं। और मैं भेड़ रहना चाहता हूं। और मैं बड़े मजे में हूं। और मेरी कोई आकांक्षा इससे अन्यथा होने की नहीं है। मेरा संसार बड़े सुख से चल रहा है। आप यह क्या कर रहे हैं? मुझे कहां घसीटे ले जा रहे हो? मुझे मेरे परिवार में जाने दो।

उसकी कोई इच्छा न थी। वह कुछ होना भी न चाहता था। लेकिन जब अपने वास्तविक चेहरे को देखा झील के दर्पण में, या नदी के पानी में तो क्या करोगे? जब दिखाई पड़ जाएगा सत्य तो कैसे बचोगे? तो उदघोषणा हो गई—'अहं ब्रह्मास्मि।'

अनिच्छन्नपि धीरो हि परब्रह्मस्वरूपभाक्।

न चाहते हुए भी। जो जाग्रत, थोड़ा सा भी जाग्रत है, जरा सी भी किरण जागने की जिसके भीतर उतरी है वह निश्चय ही परब्रह्मस्वरूप का भजने वाला हो जाता है।

फिर स्वरूपभाक् शब्द को समझना चाहिए। परब्रह्मस्वरूप को भजने वाला। भजन शब्द बड़ा अनूठा है। भजन का अर्थ होता है, अविच्छिन्न जो बहे। अविच्छिन्न जो बहे, अखंड जो बहे।

तुम कभी-कभी सुनते हो; धार्मिक पगले कभी-कभी इकट्ठे हो जाते हैं, वे कहते हैं, अखंड भजन, अखंड कीर्तन। और चौबीस घंटे मोहल्ले भर को परेशान कर देते हैं, माइक इत्यादि लगा लेते हैं। न किसी को सोने देते, न खुद सोते। यह नहीं है अखंड।

अखंड भजन किया नहीं जा सकता। क्योंकि तुम जो भी करोगे वह तो खंडित ही होगा। कोई भी क्रिया अखंड नहीं हो सकती; विश्राम तो करना ही होगा।

अभी मैं बोल रहा हूं। तो हर दो शब्दों के बीच में खाली जगह है—खंडन हो गया। तुमने कहा, 'राम-राम-राम', तो हर राम के बीच में खाली जगह खंडित हो

गई। जब दो राम के बीच में खाली जगह न रह जाए तब भजन। यह तो बड़ा मुश्किल मामला है। फिर तो एक राम दूसरे राम पर चढ़ जाएंगे। यह तो मालगाड़ी के डब्बे जैसा एक्सिडेंट हो गया। यह तो तुम भूल भी न सकोगे, अगर तुम भूलना भी चाहो तो। कितने ही जोर से, कितनी ही त्वरा से बोलो 'राम-राम-राम-राम-राम'। इतने जोर से जैसा वाल्मीकि ने बोला कि राम-राम मरा-मरा हो गया। इतने जोर से बोले कि मालगाड़ी के डब्बे सब एक-दूसरे पर चढ़ गए और अस्तव्यस्त हो गया मामला; सीधा-उलटा हो गया।

लेकिन फिर भी कितने ही जोर से बोलो, दो राम के बीच में जगह खाली रहेगी। अखंड तो भजन किया हुआ हो ही नहीं सकता। इसलिए स्वरूपभाक् शब्द का अर्थ समझ लेना।

परमात्मा का भजन तो अखंड तभी हो सकता है, जब तुम्हें यह याद आ जाए कि मैं परमात्मा हूं। बस, फिर अखंड हो गया। फिर सतत हो गया। फिर जागते-उठते-बैठते-सोते भी तुम जानते हो कि मैं परमात्मा हूं।

जब उस सिंह को दिखाई पड़ गया कि मैं सिंह हूं तो अब इसे दोहराना थोड़े ही पड़ेगा कि चौबीस घंटे वह दोहराएगा कि मैं सिंह हूं। बात हो गई। खतम हो गई बात। उदघोषणा हो गई। अब दोहराने की कोई जरूरत ही नहीं। उसका व्यवहार सिंह का होगा। वही है स्वरूपभाक्। उठेगा-चलेगा सिंह की तरह, बैठेगा सिंह की तरह, सोएगा सिंह की तरह, देखेगा सिंह की तरह। यह सब होगा अखंड भजन। श्वास लेगा सिंह की तरह। जो कुछ करेगा, सिंह की तरह करेगा। उसका व्यवहार होगा उसका भजन।

वास्तविक धार्मिक व्यक्ति शब्दों से नहीं होता, उसकी जीवन-धारा से। उसकी जीवन-धारा में एक सातत्य है, एक अनिर्वचनीय शांति है, आनंद की एक धारा है, प्रभु की मौजूदगी है। वह बोले तो प्रभु की बात बोलता; न बोले तो उसके मौन में भी प्रभु मौजूद होता। तुम उसे जागते भी पाओगे तो प्रभु को पाओगे। तुम उसे सोते भी पाओगे तो भी प्रभु को पाओगे।

बुद्ध सोते हुए भी तो बुद्ध ही हैं। उनके सोने में भी बुद्धत्व होगा। आनंद बुद्ध के पास वर्षों रहा, चालीस साल रहा। वह उनका निकट सहचर था, छाया की तरह लगा रहा। रात जिस कमरे में बुद्ध सोते, आनंद वहीं सोता उनकी चिंता में—कभी जरूरत पड़ जाए। वह बड़ा हैरान हुआ। दो-चार वर्ष निरंतर देखने के बाद कभी-कभी...बुद्ध जैसे पुरुष के पास तुम रहो तो कभी ऐसा भी मन होता है, रात जाग कर बुद्ध का चेहरा देखूं। तो कभी वह जाग कर बैठ जाता, रात सोए बुद्ध को देखता। वैसी अनिर्वचनीय शांति!

तुम्हें तो कोई रात अगर सोते में भी देखे तो कहां शांति? अल्लबल्ल बकोगे, मुंह बिचकाओगे, करवटें लोगे, हाथ-पैर पटकोगे, शोरगुल मचाओगे, कुछ न कुछ करोगे। वह दिन भर की जो बेचैनी है, वह दिन भर की जो आपाधापी है, वह एकदम थोड़े ही छोड़ देगी। वह नींद में भी साथ रहेगी। भजन चलेगा। रात में रुपये गिनोगे। निन्यानबे का चक्कर जारी रहेगा। फेर ऐसे थोड़े ही छूटता है कि तुमने बस आंख बंद कर ली और सो गए तो फेर छूट गया। फिर दुकान पर बैठोगे रात में। फिर कपड़ा बेचोगे।

मुल्ला नसरुद्दीन एक रात अपनी चादर फाड़ दिया। और जब पत्नी ने कहा कि यह क्या कर रहे हो...यह क्या कर रहे हो? तो उसने कहा, तू बीच में मत बोल। अब दुकान पर भी आना शुरू कर दिया? तब उसकी नींद खुली। वह किसी ग्राहक को कपड़ा बेच रहा था।

दुकान दिन भर चलती है, रात भी चलेगी। भेड़ अगर दिन में हो तो रात में भी भेड़ रहोगे। संसार का भजन चलेगा। सिंह अगर दिन में हो तो रात भी सिंह ही रहोगे। तब सिंहत्व का भजन चलेगा। तुम जो हो वह तुम्हारे जागने में भी प्रकट होगा और नींद में भी।

आनंद कभी-कभी बैठ जाता और बुद्ध को सोया देखता और परम उल्लास से भर जाता। उनकी गहरी निद्रा! और फिर भी निद्रा में ऐसा शांत भाव कि कहीं भी मूर्च्छा नहीं। बुद्ध जैसे सोते वैसे ही सोए रहते रात भर—उसी करवट। जहां हाथ रख लेते वहीं हाथ रहता। रात भर बदलते न। जहां पैर रख लेते वहीं रखा रहता। आनंद बहुत हैरान हुआ कि क्या रात में भी खयाल रखते हैं कि पैर हिलाना नहीं है, हाथ हिलाना नहीं? दिन में खैर होश से बैठते हैं, रात...?

आखिर उससे न रहा गया। उसने कहा, मुझे पूछना नहीं चाहिए। पहली तो बात यह, मुझे देखना ही नहीं चाहिए था, यह तो आपकी निजी बात है। लेकिन मुझसे भूल तो हो गई कि मैं कई रातें जाग कर देखता रहा। और आपके उस सौंदर्य को देखना रात, बड़ा अदभुत था। एक प्रश्न मन में उठता बार-बार कि क्या आप रात भी होश रखते हैं?

तो बुद्ध ने कहा, सागर को कहीं से भी चखो, खारा पाओगे। बुद्ध को कहीं से भी चखो, बुद्धत्व पाओगे। सोते में भी बुद्धत्व कहां जाएगा? होश कहां जाएगा? दीया जलता रहेगा।

यह हुआ स्वरूपभाक्। यह हुआ स्वरूप का भजन।

बुद्ध रात सपने में भी हिंसा नहीं करेंगे। तुम दिन में भी हिंसा करोगे। तुम रात में भी हिंसा करोगे। असल में दिन में जो-जो हिंसाएं बच जाएंगी, न कर पाओगे, वह रात में करोगे। बचा-खुचा रात निपटाना पड़ेगा न! हिसाब-किताब तो पूरा करना

पड़ता है। खाते-बही तो सब ठीक रखने पड़ते हैं। दिन में किसी को चांटा मारा, दिल तो गर्दन काट देने का था। चांटा मारा, क्योंकि समझौते करने पड़ते हैं। ऐसे गर्दन रोज काटोगे तो अपनी भी ज्यादा देर बचेगी नहीं। मगर रात सपने में तो कोई कानून नहीं है, कोई बाधा नहीं है। रात सपने में तो गर्दन काट सकते हो; तो काट दोगे।

तुम अपने सपनों को देखना। वह तुम्हारे दिन का ही बचा-खुचा है। जो दिन में नहीं कर पाए वह तुम रात में करोगे। बुद्ध को तो कुछ करने को बचा नहीं है। दिन में ही कुछ नहीं कर रहे हैं तो रात में करने को कुछ बचता नहीं। दिन में भी खाली, रात में भी खाली।

सागर को कहीं से भी चखोगे, खारा ही पाओगे, बुद्ध कहते हैं। मुझे कहीं से चखोगे, बुद्धत्व ही पाओगे, बुद्ध कहते हैं।

रात बुद्ध को सपने नहीं आते। सपने तो उन्हीं को आते हैं जो वासना में जीते हैं। सपने तो उन्हीं को आते हैं जो भविष्य में जीते हैं। सपने तो उन्हीं को आते हैं जो बिकमिंग—भवितुमिच्छति। जो कहते हैं यह होना है, यह होना है, ऐसा होना है, वैसा होना है; जिनको होने का पागलपन सवार है; जिनको बुखार सवार है—कुछ होकर रहना है—दिल्ली पहुंचना, कि राष्ट्रपति होना, कि प्रधानमंत्री होना। दिन में नहीं हो पाते। दिन में सभी तो नहीं हो पाते। अच्छा ही है। एकाध ही प्रधानमंत्री के होने से काफी उपद्रव होता है; सभी हो जाएं तो बड़ी मुश्किल हो जाए। बाकी नींद में हो जाते हैं। बड़ी कृपा है।

दो आदमी चुनाव में खड़े हुए थे। मैंने मुल्ला से पूछा, किसको वोट देने के इरादे हैं? उसने कहा, बस एक ही सौभाग्य है कि दो में से एक ही जीत सकता है। और तो सब दुर्भाग्य ही है। मगर एक ही सौभाग्य की बात है कि दो में से एक ही जीत सकता है। दोनों जीत जाते तो दोहरी मुश्किल होती। दोनों शैतान हैं। अब कम जो शैतान है उसको वोट दे देंगे। मगर एक अच्छा लक्षण है चुनाव का कि एक ही जीतता है। अगर दोनों जीत जाते तो क्या होता?

बहुत सपनों में दिल्ली पहुंचते हैं। कुछ जागे-जागे पहुंच जाते हैं। जागे-जागे पहुंचते हैं वे भी काफी उपद्रव करते हैं। तुम्हारी राजधानियों में जितने लोग हैं, ये सब पागलखानों में होने चाहिए।

अगर राजधानियों के आस-पास दीवालें खड़ी करके पागलखाने का तख्ता लगा दिया जाए, दुनिया बेहतर हो।

ये पागल...! सभी होना चाहते हैं लेकिन। तो जो नहीं हो पाते वे सपनों में हो जाते हैं। तुम सपनों में वही हो जाते हो जो दिन में नहीं हो पाते। दिन की बेचैनियां, दिन के अधूरे ख्वाब, अधूरी वासनाएं, दमित कामनाएं, सब सपनों में उभर आती हैं।

ज्ञानी को तो कुछ होना नहीं है। धन्यभागी है ज्ञानी। वह तो जान लिया, जो है। 'जो है' में इतना प्रसन्न है। कुछ और होना नहीं है, अन्यथा की कोई मांग नहीं है। जैसा है तृप्त है, परम तृप्त है। शुद्ध को जान लिया, बुद्ध को जान लिया, प्रिय को जान लिया, पूर्ण को जान लिया, अब और होने को क्या है? उसके सब सपने खो गए। उसकी रात स्वप्नशून्य है। उसके दिन कामनाशून्य हैं। उसके भीतर एक ही भजन चलता।

ऐसा भी नहीं है कि वह शब्द दोहराता है। बुद्धपुरुष कहीं दोहराते हैं 'राम-राम राम-राम'? ये तो तोतों की बातें हैं। लेकिन जो अहर्निश नाद चल रहा है भीतर, वह जो ओंकार चल रहा है भीतर, वह दोहराना थोड़े ही पड़ता है! वह जो वीणा बज रही भीतर प्राणों की; वह जो प्रभु गीत गा रहा है भीतर, वह जो तुम्हारे प्राणों का प्राण है वह तो चलता है, अपने से चलता है।

इसीलिए तो उसको हम ओंकार नाद कहते हैं, अनाहत नाद कहते हैं। वह तुम्हारे पैदा किए नहीं पैदा होता, तुम जब कुछ भी पैदा नहीं करते, तब सुनाई पड़ता है। अहर्निश चल रहा है। स्वरूपभाक्!

अनिच्छन्नपि धीरो हि परब्रह्मस्वरूपभाक्।

'आधाररहित और दुराग्रही मूढ़ पुरुष संसार के पोषण करनेवाले हैं। इस अनर्थ के मूल संसार का मूलोच्छेद ज्ञानियों द्वारा किया गया है।'

ज्ञानी वही है जो स्वरूप को उपलब्ध हो गया; जिसने अपने भीतर की नैसर्गिक प्रकृति को पा लिया। जैसे कोयल प्राकृतिक है और गुलाब। और जैसे कमल प्राकृतिक है और यह पक्षियों की चहचहाहट। जिस दिन तुम भी अपने स्वरूप में हो जाते हो उस दिन ज्ञान।

शहरों के छोड़ कर मुहावरे
आओ हम जंगल की भाषाएं बोलें
जिसमें हैं चिड़ियों के धारदार गीत
खरगोशों का भोलापन
कोंपल की सुर्ख पसलियों में
दुबका बैठा फूलों जैसा कोमल मन
कम से कम एक बार और सही
हम आदिम गंधों के हो लें
पेड़ों से पेड़ों का गहरा भाईचारा
उकड़ूं बैठे हुए पहाड़
जेठ की अगिनगाथा पर छा जाने वाला
पोर-पोर हरियल आषाढ़

बंद हो गई हैं जो छंदों की
जंग लगी खिड़की हम खोलें
शहरों के छोड़ कर मुहावरे
आओ हम जंगल की भाषाएं बोलें

ज्ञानी अपने स्वभाव की भाषा बोलता है। वही उसका भजन है। वह फिर जंगल का हुआ। वह फिर परमात्मा का हुआ, वह फिर प्रकृति का हुआ। अब अभ्यास गया सब। गए पाखंड, गए मुखौटे, गए समझौते। अब नहीं ओढ़ता ऊपर की बातें। अब तो भीतर को बहने देता।

निराधारा ग्रहव्यग्रा मूढ़ाः संसारपोषकाः।

और जो दुराग्रही हैं, मूढ़ हैं, और जिनके पास कुछ आधार भी नहीं, फिर भी अपनी मान्यताओं को पकड़े रहते हैं अहंकार के कारण।

'आधाररहित और दुराग्रही मूढ़ पुरुष संसार के पोषण करनेवाले हैं।'

तुमने कभी खयाल किया, तुम जिन धारणाओं को पकड़े हो, सिवाय अहंकार के और क्या है? तुम्हें पता है? तुमने जाना है? तुमने अनुभव किया है? तुमसे कोई पूछता है, ईश्वर है? और तुम धड़ल्ले से कह देते हो, हां। तुमने कभी जाना? तुम्हारा ईश्वर से कुछ मिलना हुआ? कभी किसी सुबह ईश्वर के हाथ में हाथ डाल कर बैठे हो? किन्हीं आंखों में ईश्वर दिखाई पड़ा? कहीं उसकी छाया भी तुम्हारे आस-पास से गुजरी?

कुछ पता नहीं है। मगर लड़ने-मरने को तैयार हो जाओगे।

कोई कहता है, नहीं है। उसको भी कुछ पता नहीं है। सुनी-सुनी बातें मत दोहराओ। गुनो; अनुभव करो। आग्रह मत दोहराओ, निराग्रही बनो। आधाररहित बातें हैं ये। क्योंकि एक ही आधार है जीवन में—अनुभव; और कोई आधार नहीं। जो तुमने जाना, बस उतना ही कहो। जो तुमने नहीं जाना, कहो मुझे पता नहीं है। इतनी तो ईमानदारी बरतो। कम से कम इतने बड़े झूठ तो मत बोलो। छोटे-मोटे झूठ बोलो, चलेगा। छोटे-मोटे झूठों से कुछ बड़ा फर्क नहीं पड़ता। लेकिन तुम बड़े-बड़े झूठ बोल रहे हो।

और बड़ा मजा यह है, जो छोटे-छोटे झूठों को इनकार करवा रहे हैं, वे तुम्हें बड़े-बड़े झूठ सिखला रहे हैं। मंदिर का पुजारी है, पंडित है, ज्ञानी है, मुनि है, साधु है, वे कहते हैं, झूठ छोड़ो; और तुमसे कहते हैं, ईश्वर को मानो। तुम्हारा अनुभव नहीं है। तो तुम कैसे मानो? तुमने जाना नहीं है तो तुम कैसे मानो? तुम इतना ही कहो कि जानूंगा तो मानूंगा। पहले कैसे मान लूं?

यह नहीं कह रहा हूं मैं, कि तुम कहो कि मैं नहीं मानता हूं। क्योंकि वह भी मानना हो गया। विपरीत मानना हो गया। इतना ही कहो कि मुझे पता नहीं। खुले रहो। द्वार-दरवाजा खुला रखो। 'नहीं' में भी दरवाजा बंद हो जाता है। नास्तिक भी बंद, आस्तिक भी बंद।

धार्मिक मैं उसको कहता हूं, जिसका दरवाजा खुला है। जो कहता है, मेरा कोई आग्रह नहीं, ईश्वर होगा। द्वार मैंने खुले रखे हैं, तुम आना। मैं पलक-पांवड़े बिछाए बैठा हूं। तुम नहीं होओगे तो मैं क्या कर सकता हूं? द्वार खुला रहेगा और तुम नहीं आओगे। मैं बाधा न दूंगा। तुम आओगे तो स्वागत करूंगा। तुम हो तो मैं राजी हूं तुम्हारे साथ नाचने को। तुम नहीं हो तो मैं क्या कर सकता हूं? पैदा तो नहीं कर सकता।

'आधाररहित और दुराग्रही मूढ़ पुरुष संसार के पोषण करने वाले हैं। इस अनर्थ के मूल संसार का मूलोच्छेद ज्ञानियों द्वारा किया गया है।'

जिन्होंने जाना है—ज्ञानी—उन्होंने ही समस्त निराधार मान्यताओं, आग्रहों, पक्षपातों का मूलोच्छेद कर दिया है। ये अनर्थ की जड़ें हैं।

काश, दुनिया में लोग अपने अज्ञान को स्वीकार करें और झूठे आग्रह न करें, तो खोज फिर शुरू हो, फिर झरना बहे, फिर हम यात्रा करें, फिर सत्य की...।

लेकिन कोई हिंदू बन कर बैठा है, कोई मुसलमान बन कर बैठा है। कोई कुरान पकड़ कर बैठा है, कोई गीता पकड़ कर बैठा है। न तुम्हारा गीता से कुछ संबंध है, न कुरान से कुछ संबंध है। न तुम कृष्ण को पहचानते, न तुम मोहम्मद को; लेकिन तलवारें निकाल लेते हो।

बड़ा अनर्थ हुआ है। मंदिर-मस्जिद के नाम पर जितने पाप हुए हैं, किसी और चीज के नाम पर नहीं हुए। और पंडित-पुरोहितों ने तुम्हें जितना लड़वाया उतना और किसने लड़वाया? जमीन खून से भरी। और मजा यह है कि भाईचारे की बातें चलती हैं। प्रेम के उपदेश दिए जाते और प्रेम के नाम पर युद्ध पलते।

अष्टावक्र बड़ी महत्वपूर्ण बात कहते हैं—

निराधारा ग्रहव्यग्रा मूढ़ाः संसारपोषकाः।
एतस्यानर्थ मूलस्य मूलच्छेदः कृतो बुधैः।।

वे जो बुद्धपुरुष हैं, जाग्रत, ज्ञानी, उन्होंने इस अनर्थ के मूल को काटा है। उन्होंने कहा है, अनाग्रह; आग्रह नहीं, हठ नहीं, पक्षपात नहीं। खोजी की दृष्टि, खुला मन, खुले द्वार, खुली खिड़कियां, खुले वातायन। आने दो हवाओं को, लाने दो खबर। आने दो सूरज की किरणों को, लाने दो खबर। परमात्मा है। तुम जरा द्वार तो खोलो!

तुम द्वार-दरवाजे बंद किए भीतर बैठे हिंदू-मुसलमान बने, आस्तिक-नास्तिक बने। दरवाजा खोलते ही नहीं। परमात्मा द्वार पर दस्तक देता है तो तुम कहते हो, होगा

हवा का झोंका। हवा का झोंका नहीं है; क्योंकि सभी झोंके उसी के हैं। परमात्मा की पगध्वनि सुनाई पड़ती है तो तुम कहते हो, होंगे सूखे पत्ते। हवा खड़खड़ाती होगी।

कोई सूखी पत्तियां नहीं खड़खड़ा रही हैं, क्योंकि सभी पत्ते उसी के हैं—सूखे भी और हरे भी। ये उसके ढंग हैं आने के। कभी सूखे पत्तों की आवाज में आता, कभी हवा के झोंके में आता। कभी बादल की तरह घुमड़ता। कभी वर्षा की तरह बरसता। कभी चांद में, कभी सूरज में, हजार-हजार उपाय से आता। तुम जरा आंख खोलो।

आग्रह मत रखो। सिद्धांतों की आड़ में मत बैठो। सिद्धांतों को फेंको। दो कौड़ी के हैं सिद्धांत। सत्य को चुनो। और सत्य को चुनने का एक ही उपाय है—अनुभव। अनुभव एकमात्र आधार है, और कोई आधार नहीं। तर्क सिद्ध नहीं कर सकता, सिर्फ अनुभव ही सिद्ध करता है। अनुभव स्वयंसिद्ध है।

'अज्ञानी जैसे शांत होने की इच्छा करता है, वैसे ही वह शांति को नहीं प्राप्त होता है। लेकिन धीरपुरुष तत्व को निश्चयपूर्वक जान कर सर्वदा शांत मन वाला है।'

न शांतिं लभते मूढ़ो यतः शमितुमिच्छति।

शांति की इच्छा से शांति नहीं मिलती। क्योंकि इच्छा मात्र अशांति का कारण है। तो शांति की इच्छा तो हो ही नहीं सकती। यह तो विरोधाभासी इच्छा हो गई।

मेरे पास लोग आते हैं, वे कहते हैं, शांत होना है। मैं उनसे कहता हूं, जब तक कुछ होना है, शांत न हो सकोगे। होने में ही तो अशांति है। जब कुछ होना है तो कैसे शांत होओगे? खिंचाव रहेगा—कुछ होना है। कल कुछ होना है, परसों कुछ होना है, शांति लानी है। अब तुम शांति के नाम पर अशांत होओगे। तुम बड़े अदभुत हो। अभी धन के नाम पर अशांत थे, बाजार के नाम पर अशांत थे, किसी तरह उससे छुटकारा मिला, अब तुम शांति के नाम पर अशांत होओगे। लेकिन दौड़ जारी है। अब शांति पानी है। पहले धन पाना था, पद पाना था, अब शांति पानी है। तुम महत्वाकांक्षा से कभी छूटोगे या नहीं?

शांत होने का अर्थ है : कुछ नहीं पाना। शांत हो गए। जहां पाना गया वहां शांति आई। इस दरवाजे से पाना गया, उस दरवाजे से शांति आई। दोनों साथ-साथ कभी नहीं होते। इस सूत्र पर ध्यान रखना। इस पर खूब ध्यान करना, मनन करना।

न शांतिं लभते मूढ़ो यतः शमितुमिच्छति।

मूढ़ व्यक्ति कभी शांत नहीं हो पाते, क्योंकि वे शांति की कामना करते हैं।

धीरस्तत्वं विनिश्चित्य सर्वदा शांतमानसः।

और जो ज्ञानी हैं, धीर हैं, वे तत्व को निश्चयपूर्वक जान कर सर्वदा शांत मनवाले हो जाते हैं।

इस बात को जान लिया कि मांगने में अशांति है। इस बात को जान लिया, दौड़ने में अशांति है। इस बात को जान लिया, होने में अशांति है। फिर अब क्या बचा

करने को? इसके जानने में ही दौड़ गिर गई। इस बोध की प्रगाढ़ता में ही होना भस्मीभूत हो गया। अब तुम जो हो, परम तृप्त, शुद्ध, बुद्ध, पूर्ण, प्रिय। बैठे, चलते, उठते, बैठते, प्रतिक्षण, प्रतिपल तुम जो हो, परम तृप्त।

ऐसा घट सकता है मात्र बोध से। सुनना इस महाघोषणा को। ऐसा घटने के लिए कुछ भी करना जरूरी नहीं है, क्योंकि ऐसा घटा ही हुआ है। ऐसा तुम्हारे भीतर का स्वभाव है।

धन्यो विज्ञानमात्रेण।

धन्यभागी बनो। इसी क्षण चाहो...एक पल भी गंवाना आवश्यक नहीं है। अगर तुम पतंजलि को समझो तो जन्मों-जन्मों तक प्रतीक्षा करनी पड़ेगी। अभ्यास बड़ा है। अष्टांगिक योग। फिर एक-एक अंग के बड़े भेद हैं। यम हैं, नियम हैं, आसन हैं, प्राणायाम, प्रत्याहार, धारणा, ध्यान, फिर समाधि। फिर समाधि में भी सविकल्प समाधि, निर्विकल्प समाधि, सबीज समाधि, निर्बीज समाधि, तब कहीं...इस जन्म में तो तुम सोच लो पक्का कि होने वाला नहीं। यम ही न सधेंगे; समाधि-वमाधि तो बहुत दूर है। नियम ही न सधेंगे। इसीलिए तो तुम्हारे तथाकथित योगी ज्यादा से ज्यादा आसनों में अटके रह जाते हैं। उससे आगे नहीं जाते। उससे आगे जाएं कैसे? आसन ही नहीं सध पाते पूरे। आसन ही इतने हैं। आसन ही साधते-साधते जिंदगी बीत जाती है। प्राणायाम साधते-साधते जिंदगी बीत जाती है।

फिर यम-नियम कुछ छोटी-मोटी बातें नहीं हैं। अहिंसा साधो, सत्य साधो, अपरिग्रह साधो, अचौर्य साधो, ब्रह्मचर्य साधो—गए! कभी कुछ होने वाला नहीं है। यह ब्रह्मचर्य ही ले डूबेगा। यह सत्य ही ले डूबेगा। इससे पार तुम निकल ही न पाओगे। यह फैलाव बड़ा है।

अष्टावक्र कहते हैं, इसी क्षण हो सकता। एक क्षण भी प्रतीक्षा अगर करनी पड़ती है तो किसी को दोष मत देना, तुम्हारे कारण ही करनी पड़ती है। जन्मों तक तो प्रतीक्षा का सवाल ही नहीं है; तुम्हें करना हो तो तुम्हारी मौज। हो अभी सकता है।

धन्यो विज्ञानमात्रेण मुक्तस्तिष्ठत्यविक्रियः।

क्योंकि मुक्ति में जो प्रतिष्ठा है, उसके लिए किसी क्रिया की कोई जरूरत नहीं; सिर्फ समझ, सिर्फ बोध, सिर्फ प्रज्ञान।

इन सूत्रों पर खूब मनन करना, सोचना, उथलना-पुथलना, चबाना, चूसना, पचाना। ये तुम्हारे रक्त-मांस-मज्जा बन जाएं तो इससे अदभुत कोई शास्त्र पृथ्वी पर दूसरा नहीं है।

आज इतना ही।

* * *

प्रवचन : 66

अपनी बानी प्रेम की बानी

16 जनवरी, 1977

पहला प्रश्नः चार-पांच वर्षों से आपको सुन रहा हूं। कभी-कभी संन्यास लेने की इच्छा प्रगाढ़ हो जाती है, इसलिए इस बार आपके पास संन्यास लेने के लिए आया हूं। लेकिन जब से घर से निकला हूं तब से शरीर में कंपन और मन में कुछ घबड़ाहट का अनुभव हो रहा है। और मन संन्यास के लिए राजी नहीं मालूम होता। यह क्या है और अब क्या करूं?

मन कैसे राजी होगा संन्यास के लिए? संन्यास तो मन की मृत्यु है। संन्यास तो मन का आत्मघात है। तो मन तो बेचैन हो, यह स्वाभाविक है। मन तो डरे, कंपे, यह स्वाभाविक है। मन तो हजार बाधाएं खड़ी करे, यह स्वाभाविक है। मन चुपचाप राजी हो जाए तो चमत्कार है। मन तो छोटी-मोटी बातों में भी राजी नहीं होता, दुविधा-द्वंद्व खड़ा करता है। छोटी-मोटी बातों में, जहां कुछ भी दांव पर नहीं है—यह कपड़ा पहनूं या यह पहनूं; मन वहां भी द्वंद्वग्रस्त हो जाता है। यह करूं या वह करूं, वहां मन डांवाडोल होने लगता है।

मन का स्वभाव दुविधा है। मन की प्रक्रिया दुई को पैदा करना है, द्वैत को पैदा करना है। जहां मन है वहां द्वंद्व है। मन गया, निर्द्वंद्व हुए। मन गया तब स्वच्छंद हुए।

संन्यास तो पूरा प्रयोग ही है मन को धीरे-धीरे मिटा देने का, पोंछ डालने का, अ-मनी दशा में प्रवेश करने का। तो मन डरता है, कंपता है। मन अपना काम कर रहा है।

पूछते हो, 'अब मैं क्या करूं?'

मन की तो बहुत मान कर चले, पहुंचे कहां? मन की ही मान कर तो यह दुर्गति हुई। ये जन्मों-जन्मों के फेरे, यह चक्र जीवन-मरण का, यह फिर-फिर आना और फिर-फिर जाना, यह झूले से लेकर मरघट तक की अंतहीन दौड़, अर्थहीन दौड़, यह सब तो बहुत हुआ। मन को ही मान कर हुआ। अब कब तक मन की मानते रहोगे?

कभी तो जागो। कभी तो मन से कहो कि ठीक, तू अपनी कहता, कह; मैं अपनी करूंगा। अब तो अपनी करो। अब तो थोड़ा मन के पार से कुछ होने दो। थोड़े मन के ऊपर उठो। नहीं तो जीवन ऐसे ही बीत जाएगा। हाथ खाली के खाली रह जाएंगे।

स्वप्न झरे फूल से मीत चुभे शूल से
लुट गए सिंगार सभी बाग के बबूल से
और हम खड़े-खड़े बहार देखते रहे
कारवां गुजर गया गुबार देखते रहे
नींद भी खुली न थी कि हाय धूप ढल गई
पांव जब तलक उठे कि जिंदगी फिसल गई
पात-पात झर गए कि शाख-शाख जल गई
चाह तो निकल सकी न पर उमर निकल गई
गीत अश्क बन गए छंद हो दफन गए
साथ के सभी दिए धुआं-धुआं पहन गए
और हम झुके-झुके मोड़ पर रुके-रुके
उम्र के चढ़ाव का उतार देखते रहे
कारवां गुजर गया गुबार देखते रहे

जल्दी ही वक्त आ जाएगा। कारवां तो गुजर ही गया है, गुजर ही रहा है, गुबार ही हाथ रह जाएगी। कारवां गुजर गया गुबार देखते रहे। इसके पहले कि हाथ में सिर्फ गुबार रह जाए, गुजरे हुए कारवां की धूल रह जाए, जागो।

और जागने का एक ही अर्थ होता है: मन की न मानो। मन से लड़ने की भी जरूरत नहीं है, यह भी खयाल रखना। मैं तुमसे कह नहीं रहा कि मन से लड़ो। मैं तो कह रहा हूं सिर्फ मन की न मानो। फर्क है दोनों बातों में; बड़ा गहरा फर्क है। चूके अगर फर्क को समझने में तो भूल हो जाएगी। लड़े मन से तो मन से बाहर कभी भी न जा सकोगे। मानो मन की, या लड़ो मन से, हर हालत में मन के भीतर रहोगे। क्योंकि जिससे हम लड़ते हैं उससे दूर नहीं जा सकते।

मित्र से भी पास होते हैं हम शत्रु के। मित्र को तो भूल भी जाएं, शत्रु भूलता नहीं। और जिससे तुम लड़ोगे, और जिसकी छाती पर बैठ जाओगे, छोड़ कर हटोगे कैसे फिर? हटे तो डर लगेगा, दुश्मन मुक्त हुआ, फिर पछाड़ न दे।

तो जिसने दबाया, जो लड़ा, वह हारा।

लड़ने की नहीं कह रहा हूं। लड़ने की कोई जरूरत भी नहीं है। मालिक अपने गुलाम से लड़ता थोड़े ही! कह देता, 'नहीं मानते'; बात खतम हो गई। अब मालिक कुश्तमकुश्ती करे गुलाम से, तो गए! तो तुम मालिक ही न रहे। लड़ने में ही तुमने जाहिर कर दिया कि तुम मालिक नहीं हो। मालिक सुन लेता गुलाम की। कह देता, ठीक, तूने सहायता दी, सुझाव दिया, धन्यवाद। करता अपनी।

तो मन से लड़ना भी मत। नहीं तो शुरू से ही संन्यास विकृत हो जाएगा। मन से लड़ कर लिया तो चूक गए, ले ही न पाए। आए-आए करीब-करीब, चूक गए। किनारे-किनारे आते थे कि फिर किनारा छूट गया। तीर लगते-लगते ही लग नहीं पाया; ठीक जगह पहुंच नहीं पाया।

न तो मन की मानो, न तो मन से हारो और न मन के ऊपर जीतने की कोई चेष्टा करो। मालिक तुम हो। इसकी घोषणा करनी है। लड़ कर सिद्ध थोड़े ही करना है! लड़ने में तो तुम जाहिर कर रहे हो कि तुम मालिक नहीं हो, तुम्हें शक है; लड़ कर सिद्ध करना पड़ेगा। मालिक तुम हो। स्वभाव से तुम मालिक हो। मन से कह दो, ठीक, पुराना चाकर है तू, तेरी बात सुन लेते हैं। तेरी अब तक सुनी भी, सार कुछ पाया नहीं। अब अपनी करेंगे बिना लड़े, बिना झगड़े।

उतर जाओ संन्यास में। सरक जाओ। अगर न लड़े तो मन ऐसे विदा हो जाता है जैसे था ही नहीं।

चार-पांच वर्षों से सोच रहे हो! और कहते हो, कभी-कभी संन्यास लेने की इच्छा बड़ी प्रगाढ़ भी हो जाती है। तो जब इच्छा प्रगाढ़ भी हो जाती है तब भी चूक-चूक जाते हो? तो जरा उनकी सोचो, जिनकी इच्छा प्रगाढ़ भी नहीं है। अब और क्या करोगे? अब और इससे ज्यादा क्या होगा? इच्छा प्रगाढ़ हो गई, अब इससे ज्यादा और क्या होगा? अगर इच्छा के प्रगाढ़ होने पर भी मन जीत-जीत जाता है तब तो तुम्हारी मुक्ति की कोई संभावना नहीं। अब और ज्यादा क्या होगा?

और अब तो यहां आ भी गए हो यह निर्णय करके कि संन्यास ले लेना है। अब कहते हो कि यहां आ भी गया हूं इस बार तो संन्यास लेने; पर जब से घर से निकला हूं, शरीर कंपता है और मन में कुछ घबड़ाहट अनुभव होती है।

स्वाभाविक। बिलकुल स्वाभाविक। ऐसा न होता तो कुछ गलत होता। इससे चिंता मत बनाओ। शरीर कंपता है, अनजानी बात होने जा रही है। पता नहीं क्या होगा फिर? परिचित-प्रियजन कैसे लेंगे? वही गांव, वे ही लोग! स्वीकार करेंगे, अस्वीकार करेंगे? लोग हंसेंगे कि पागल समझेंगे? लोग विरोध करेंगे, अपमान करेंगे? पत्नी कैसे लेगी? बच्चे कैसे लेंगे? सारी चिंताएं उठती हैं।

नये पर जाते समय चिंताएं स्वाभाविक हैं। पुराना तो परिचित है, उस पर तुम सदा चले हो। उस पर तो तुम रेलगाड़ी के डब्बे की तरह पटरी पर दौड़ते रहे हो यहां से वहां। आज तुम लीक से उतर कर चल रहे, लकीर की फकीरी छोड़ रहे। चिंता उठती है। राजपथ से हट कर पगडंडी पर जा रहे। राजपथ पर भीड़ है। आगे भी, पीछे भी लोग हैं, किनारे-बगल में भी लोग हैं। सब तरफ भीड़ जा रही है; वहां भरोसा है। इतने लोग गलत थोड़े ही जा रहे होंगे।

और मजा यह है कि सभी यही सोच रहे हैं कि इतने लोग गलत थोड़े ही जा रहे होंगे। तुम जिनकी वजह से जा रहे हो वे तुम्हारी वजह से जा रहे हैं। तुम बगल वाले की वजह से चल रहे हो, बगल वाला तुम्हारी वजह से चल रहा है। भीड़ एक-दूसरे को थामे है, और चलती जाती है। जो पीछे हैं वे सोचते हैं, आगे वाले जानते होंगे। जो आगे हैं वे सोचते हैं, इतने लोग पीछे आ रहे हैं, न जानते होते तो आते क्यों? नेता सोचता है अनुयायी जानते होंगे; नहीं तो क्यों आते? अनुयायी सोचते हैं कि नेता जानता होगा, नहीं तो आगे क्यों चलता?

ऐसे एक-दूसरे पर निर्भर भीड़ सरकती जा रही है। कहां जा रही है? क्यों जा रही है? कुछ भी पता नहीं है।

आज तुम अगर संन्यास लेते हो तो उतरे भीड़ से। भीड़ छोड़ी। भेड़ होना छोड़ा। चले पगडंडी पर। अब न कोई आगे है, अब न कोई पीछे। अब तुम अकेले हो। अकेले में भय लगता। रात होगी, अंधेरी होगी, भटकोगे, क्या होगा? पहुंचोगे, क्या पक्का?

इससे कंपन होता। कंपन स्वाभाविक है। कंपन इस बात का लक्षण है कि जीवन में पहली बार नई दिशा में कदम उठाया है तो कदम थर्राता है। और मन कहता है, यह तो कभी किया न था। यह क्या कर रहे हो?

मन की...ध्यान रखना, मन बड़ा रूढ़िवादी है: आर्थोडाक्स। वह वही करना चाहता है, जो कल भी किया था, परसों भी किया था, पहले भी किया था। मन तो यंत्र है। तुम यंत्र से नया काम करने को कहो तो यंत्र कहेगा, यह क्या कहते हो? मन तो कुशल है उसी को करने में, जो सदा करता रहा है। उसकी लकीर बन गई। उसी लकीर पर चलता रहता है। जरा तुम लकीर से हटे तो मन कहता है, इसमें मैं कुशल नहीं हूं। यह मैंने कभी किया नहीं है, अभ्यास नहीं है। यह तुम क्या करते हो? और अब इतनी उम्र तो गुजर गई, थोड़े दिन और गुजार लो पुराने में ही रह कर, निश्चिंतता से। कहां असुरक्षा में जाते हो? इसलिए मन भी डरता है।

मगर न सुनो तन की, न सुनो मन की। क्योंकि न तुम तन हो और न तुम मन हो। तुम चैतन्य हो। तुम साक्षी हो। यह जिसको पता चल रहा है कि शरीर कंप रहा है, वही

हो तुम। शरीर का कंपन नहीं, जिसको बोध हो रहा है कि शरीर कंप रहा है, उस बोध में ही तुम्हारा होना है। जिसे पता चल रहा है कि मन चिंतित हो रहा है, दुविधा में पड़ रहा है: करूं न करूं?

मन नहीं हो तुम। जो इन सबके पीछे खड़ा देख रहा है। तन का कंपना, मन की दुविधा, इन दोनों का जहां अंकन हो रहा है, उस साक्षीभाव में तुम्हारा होना है। और साक्षी बन गए, संन्यासी बन गए।

संन्यासी बन कर करोगे क्या? साक्षी ही तो बनोगे। संन्यास का अर्थ ही इतना है कि अब हम तोड़ते नाता तन से, मन से। जोड़ते नाता उससे, जो दोनों के पार है।

डरो मत। हिम्मत करो। जिन्होंने हिम्मत की उन्होंने पाया है। जो डरे रहे वे किनारे पर ही अटके रहे। वे कभी गहरे सागर में न उतरे। और अगर मोतियों से वंचित रह गए तो कोई और जिम्मेवार नहीं।

दूसरा प्रश्न:
किसी ने माला जपी किसी ने जाम लिया
सहारा जो मिला जिसको उसी को थाम लिया
और अजब हाल था हरसूं नकाब उठने पर
किसी ने दिल को किसी ने जिगर को थाम लिया
भगवान, कृपा कर इस पर कुछ प्रकाश डालें।

सत्य कैसा है, इसकी कोई कल्पना नहीं हो सकती। सत्य कैसा है, अनुभव के पूर्व इसकी कोई धारणा नहीं हो सकती। सत्य कैसा है? किसी शब्द में कभी समाया नहीं और किसी चित्र में कभी आंका नहीं गया। सत्य कैसा है? अपरिभाष्य है, अनिर्वचनीय है।

इसलिए जब सत्य पर पर्दा उठता है तो हिंदू भी रोएगा, मुसलमान भी रोएगा। कोई हृदय थाम लेगा, कोई जिगर थाम लेगा। जब सत्य पर पर्दा उठेगा तो जिन्होंने भी मान्यताएं कर रखी थीं, वे सब चौंक कर अवाक खड़े रह जाएंगे। क्योंकि वे सभी पाएंगे कि सत्य उनकी किसी की भी मान्यता जैसा नहीं है। जिन्होंने सोचा था त्रिमुखी है, त्रिमूर्ति है, वे भी खड़े रह जाएंगे। जिन्होंने कोई और रंग-ढंग सोचे थे, वे भी खड़े रह जाएंगे। क्योंकि सत्य जैसा है वैसा कभी कहा ही नहीं गया; कहा नहीं जा सकता। सत्य जैसा है वैसा किसी भी शास्त्र में लिखा नहीं है; लिखा नहीं जा सकता।

सत्य जैसा है वैसा तो जाना ही जाता है बस। गूंगे का गुड़ है। जो जान लेता है वह गूंगे की तरह रह जाता है। कहने की कोशिश भी करता है लेकिन फिर भी

कह नहीं पाता। और जो-जो कहता है वह सभी कहने के कारण असत्य हो जाता है। सत्य को कहा नहीं कि असत्य हुआ नहीं। सत्य इतना विराट है, किन्हीं मुट्ठियों में नहीं बांधा जा सकता। और हमारी धारणाएं मुट्ठियां हैं। और हमारे शब्दजाल, सिद्धांत, शास्त्र मुट्ठियां हैं।

तो हिंदू, मुसलमान, ईसाई, जैन, बौद्ध, ईश्वर को मानने वाले, ईश्वर को न मानने वाले, सभी जिगर थाम कर रह जाएंगे, जब पर्दा उठेगा। तब पता चलेगा कि अरे, हम जो मानते रहे, वैसा तो कुछ भी नहीं है। और जैसा है वैसा तो हमारे स्वप्न में भी कभी नहीं उतरा था। जैसा है इसका तो हमें कभी भी अनुमान भी न हुआ था।

और तब वे रोएंगे भी। क्योंकि अब उन्हें पता चलेगा कि हमारी मान्यताओं ने हमें भटकाया, पहुंचाया नहीं। संप्रदायों ने भटकाया है तुम्हें सत्य से; पहुंचाया नहीं। लेकिन पता तो तभी चलेगा जब सत्य पर से पर्दा उठे। इसके पहले तो तुम एक नींद में हो, एक बेहोशी में चले जा रहे हो। इसके पहले तो तुम जो मानते हो, लगता है ठीक है। जब सत्य से तुम्हारी मान्यता की टकराहट होगी और तुम्हारी मान्यता कांच के टुकड़ों की तरह चूर-चूर हो जाएगी, तब तुम रोओगे कि कितने-कितने जन्मों तक मान्यताएं बांध कर रखीं, संजो कर रखीं। कितनी पूजा, कितनी अर्चना की, कितनी मालाएं जपीं, सब व्यर्थ गईं। कितने चिल्लाए 'राम-राम,' कितना नहीं पुकारा 'अल्लाह-अल्लाह!' और अब जो सामने खड़ा है, न अल्लाह है न राम।

महात्मा गांधी के आश्रम में वे भजन गाते थे : अल्लाह-ईश्वर तेरा नाम। न उसका अल्लाह नाम है और न ईश्वर उसका नाम है। उसका कोई नाम नहीं। जब पर्दा उठेगा तब तुम देखोगे, अनाम खड़ा है। न अल्लाह जैसा, न ईश्वर जैसा। न अरबी में लिखा है उसका नाम, न संस्कृत में; अनाम है। न शंकराचार्य की मान्यता जैसा है, न पोप की मान्यता जैसा। किसी की मान्यता जैसा नहीं है। आंख पर जब तक पर्दा पड़ा है तब तक माने रहो, जो मानना है। पर्दा उठते से ही सारी मान्यताएं टूट जाएंगी। सत्य जब नग्न प्रकट होता है तो तुम्हारी सारी धारणाओं को बिखेर जाता है।

ऐसा ही समझो...तुमने जो कहानी सुनी है, पांच अंधे एक हाथी को देखने गए थे। हाथी को छुआ भी; अंधे थे, देख तो सकते न थे, छू-छू कर पहचाना। जिसने पैर छुआ, उसने कहा कि अरे, खंभे की तरह मालूम होता है। उसने एक धारणा बनाई-अंधे की धारणा : खंभे की तरह मालूम होता। जिसने कान छुआ उसने कहा, सूपे की तरह मालूम होता। उसने भी एक धारणा बनाई।

ऐसे वे सभी धारणाएं बना कर लौट आए। और उनमें बड़ा विवाद हुआ। वे पांचों अंधे बड़े दार्शनिक थे। सभी दार्शनिक अंधे हैं। उन्होंने बड़ा विवाद किया,

अपनी-अपनी धारणा के लिए बड़े तर्क जुटाए। और बेचारे गलत भी न कहते थे, क्योंकि जैसा अंधा जान सकता था वैसा उन्होंने जाना था। और एक-दूसरे पर खूब हंसे भी। उन्होंने कहा, यह भी हद मजाक हो गई। मैं खुद देख कर आ रहा हूं। छुआ, सब तरह टटोला, खंभे की तरह है। तू पागल हो गया है? तू कहता है सूप की तरह है? जिसने सूप की तरह अनुभव किया था वह भी हंसा। उसने कहा, तुम्हारा दिमाग फिर गया है या मजाक कर रहे हो?

और उनमें गलत कोई भी न था और सब गलत थे। और उनमें सही कोई भी न था और सब सही थे। यही तो मुश्किल है। सही थे थोड़े-थोड़े।

ध्यान रखना, असत्य से भी ज्यादा खतरनाक होता है थोड़ा सा सच। थोड़ा सच बड़ा खतरनाक होता है; असत्य से ज्यादा खतरनाक होता है। क्योंकि असत्य पर तो तुम्हें भरोसा भी नहीं आता। तुम खुद भी भीतर जानते हो कि है नहीं ठीक। लेकिन थोड़े सच पर तुम्हें भरोसा होता है। भरोसे की वजह से तुम जोर से पकड़ते हो, तुम लड़ने को तैयार होते हो।

अब कोई इन पांचों की आंख खोल दे। कोई डाक्टर मोदी इनका आपरेशन कर दे, और ये पांचों आंख खोल कर हाथी को देखें तो क्या होगा? पांचों अपने जिगर को थाम लेंगे। वे कहेंगे, क्षमा करो भाई। बड़ी भूल हो गई। जो जाना था वैसा नहीं है। जो जाना था वह अंश था। और अब जो पूरा जान रहे हैं उसमें अंश तो है, लेकिन पूरा अंश जैसा नहीं है।

इसलिए जितनों ने भी मान कर रखा है उनकी मान्यता में एक छवि का प्रतिफलन हुआ है, छाया पड़ी है, प्रतिध्वनि हुई है। लेकिन जब तुम मूल ध्वनि सुनोगे तब तुम पाओगे, तुमने जो जाना था वह कहीं थोड़े से अंश की तरह मौजूद है—पर अंश की तरह। और तुम्हारा दावा था कि यही सत्य है, यही पूरा सत्य है। वहीं भूल हो गई।

'किसी ने माला जपी किसी ने जाम लिया
सहारा जो मिला जिसको उसी को थाम लिया
और अजब हाल था हरसूं नकाब उठने पर
किसी ने दिल को, किसी ने जिगर को थाम लिया'

अंधेरे में तुमने जो पकड़ लिया—किसी ने माला और किसी ने जाम; और किसी ने राम और किसी ने रहीम; और किसी ने कुरान और किसी ने पुराण। तुमने जो पकड़ लिया है अंधेरे में, जब रोशनी होगी तो तुम बड़े तड़फोगे, बड़े रोओगे। और तब तुम्हें बड़ी बेचैनी भी होगी।

इसलिए मैं तुमसे कहता हूं, कोई धारणा न पकड़ना। कोई धारणा ही न पकड़ना। क्योंकि अगर धारणा पकड़ ली तो पर्दा उठने में कठिनाई हो जाएगी। धारणाएं पर्दे को

उठने नहीं देतीं, क्योंकि तुम्हारा न्यस्त स्वार्थ हो जाता है। तुमने जो मान्यता मान रखी है जन्मों से, उसको छोड़ने में बड़ी कठिनाई होती है। इसका अर्थ हुआ कि अब तक तुम मूढ़ थे? यह मानने का मन नहीं होता। अहंकार इसके विपरीत खड़ा होता। मैं और मूढ़? असंभव। इससे बेहतर है अंधा होना। आदमी अंधा होने में बुरा नहीं मानता। एक आदमी अंधा है तो उसे हम कहते हैं, सूरदास। और कोई मूर्ख, कोई मूढ़, उसको तो हम कोई सुंदर नाम नहीं देते। अंधे को सूरदास कहते हैं। मूढ़ को? मूढ़ के लिए हमने कोई सुंदर नाम नहीं चुना। मूढ़ के लिए तो सिर्फ गाली है। ये अहंकार के हिसाब हैं।

आदमी अंधा होना पसंद करेगा बजाय गलत होने के। इसको खयाल रखना। आंख न खोलेगा। क्योंकि आंख खोलने से कहीं ऐसा न हो, जो दिखाई पड़े वह मेरे अब तक के दर्शनशास्त्र को गलत कर जाए। तो फिर मैं मूढ़ सिद्ध हो जाऊंगा। इससे तो सूरदास होना अच्छा है। कम से कम लोग सूरदासजी तो कहते हैं।

तुममें से अधिक ने आंखें बंद कर रखी हैं, मींच रखी हैं। खोलने से डरते हो। शुतुरमुर्गी न्याय! शुतुरमुर्ग दुश्मन को देख कर रेत में अपने मुंह को छिपा लेता है। और जब रेत में उसका मुंह छिप जाता, आंख बंद हो जाती तो वह शांत खड़ा हो जाता है। जब दुश्मन दिखाई नहीं पड़ता तो शुतुरमुर्ग का तर्क है कि होगा नहीं, इसलिए दिखाई नहीं पड़ता।

यही तो बहुत लोगों का तर्क है। वे कहते हैं, ईश्वर अगर है तो दिखाई क्यों नहीं पड़ता? जब दिखाई नहीं पड़ता तो नहीं है। जो दिखाई पड़ता है, वही है। और जो दिखाई नहीं पड़ता वह नहीं है। यही तो शुतुरमुर्ग का तर्क है। शुतुरमुर्ग बड़ा नास्तिक मालूम होता है। सिर छिपा कर खड़ा हो जाता है रेत में। दुश्मन सामने खड़ा है लेकिन अब उसे दिखाई नहीं पड़ता। डर खतम हो गया। जब दुश्मन दिखाई नहीं पड़ता तो नहीं होगा। जो दिखाई नहीं पड़ता वह हो कैसे सकता है?

और इस भांति शुतुरमुर्ग दुश्मन के हाथ में पड़ जाता है। आंख खुली रहती तो बचाव भी हो सकता था। भाग भी सकता था, लड़ भी सकता था, छिप भी सकता था। कुछ किया जा सकता था। आंख बंद करके रेत में सिर गड़ा कर खड़े हो गए, अब तो कुछ भी नहीं किया जा सकता। अब तो दुश्मन के हाथ में पूरी तरह पड़ गए। अब तो कमजोर दुश्मन भी हरा देगा। अब तो छोटा-मोटा दुश्मन भी नष्ट कर देगा।

आंख खोलो। और आंख खोलनी हो तो धारणाओं में अपना रस मत लगाओ। धारणाओं से मत चिपटो। हिंदू, मुसलमान, ईसाई मत बनो। ईश्वर को मानने वाले, ईश्वर को न मानने वाले मत बनो। सत्य ऐसा है, सत्य वैसा है ऐसी बकवास में मत पड़ो। इतना ही कहो कि मुझे कुछ पता नहीं। मैं अज्ञानी हूं और चित्त मेरा हजार-हजार

विचारों से भरा है। तो इतना ही करो कि मैं चित्त का उपाय कर लूं कि विचार शांत हो जाएं, निर्विचार हो जाऊं। तो शायद मेरी आंखों पर विचारों का धुआं न होगा तो मैं देख सकूं, जो है। उसे वैसा ही देख सकूं जैसा है। जस का तस, जैसे का तैसा देख सकूं। अभी तो विचार बीच-बीच में आकर सब गड़बड़ कर जाते हैं। विचार का ही तो पर्दा है। और कौन सा पर्दा है आंख पर?

इस बात को दोहरा दूं। पर्दा परमात्मा पर नहीं पड़ा है, और न सत्य पर पड़ा है। परमात्मा नग्न खड़ा है। परमात्मा दिगंबर है। पर्दा तुम्हारी आंख पर पड़ा है। आंख पर पर्दा है, परमात्मा पर पर्दा नहीं है। इसीलिए तो ऐसा होता है, एक की आंख का पर्दा हटता है तो सबको थोड़े ही परमात्मा दिखाई पड़ता है। अगर परमात्मा पर पर्दा होता तो उठा दिया एक ने पर्दा, सबको दिखाई पड़ जाता।

बुद्ध आए, उठा दिया पर्दा; तो बुद्धुओं को भी दिखाई पड़ गया। पर्दा अगर परमात्मा पर होता तो एक के उठाने से सबके लिए उठ जाता। सीधी बात है। लेकिन पर्दा हरेक की आंख पर पड़ा है। इसलिए बुद्ध जब पर्दा उठाते हैं तो उनकी ही आंख खुलती है, किसी और की नहीं खुलती। मैं पर्दा उठाऊंगा मेरी आंख खुलती है, तुम्हारी नहीं खुलती। तुम पर्दा उठाओगे, तुम्हारी आंख खुलेगी किसी और की नहीं खुलेगी।

आंख पर पर्दा है। और पर्दा किस बात का है? पर्दे का तानाबाना किससे बना है? धारणाएं, पक्षपात, शास्त्र, सिद्धांत, जो तुमने मान रखी हैं बातें, उनसे पर्दा बना है। पर्दा तुम्हारी मान्यता से बुना गया है। रंग-बिरंगी मान्यताएं तुमने इकट्ठी कर लीं बिना जाने।

सोवियत रूस में कोई आस्तिक नहीं, क्योंकि सरकार नास्तिक है। स्कूल, कालेज, विश्वविद्यालय नास्तिकता पढ़ाते हैं। नास्तिक होने में लाभ है। आस्तिक होने में नुकसान ही नुकसान है रूस में। आस्तिक हुए कि कहीं न कहीं जेल में पड़े। आस्तिक हुए कि झंझट में पड़े। नास्तिक होने में लाभ ही लाभ है।

जैसे यहां भारत में आस्तिक होने में लाभ ही लाभ है, नास्तिक होने में हानि ही हानि है, ऐसी ही हालत वहां है। कुछ फर्क नहीं है। यहां बैठे हैं दुकान पर माला लिए, लाभ ही लाभ है। जेब काट लो ग्राहक की, उसको पता ही नहीं चलता। वह माला देखता रहता है। वह कहता है, ऐसा भला आदमी! तो मुंह में राम-राम, बगल में छुरी चलती। और राम-राम से छुरी पर खूब धार रख जाती। ऐसी चलती कि पता भी नहीं चलता। जिसकी गर्दन कट जाती है वह भी राम-राम सुनता रहता। उसको पता ही नहीं चलता। वह राम-राम जो है, अनेस्थेसिया का काम करता है। गर्दन काट दो, पता ही नहीं चलता।

यहां तो आस्तिक होने में लाभ है। यहां नास्तिक होने में हानि ही हानि है, इसलिए लोग आस्तिक हैं। यह धंधा है। यह सीधे लाभ की बात है। रूस में लोग नास्तिक हैं। तुम पक्का समझना, अगर तुम रूस में होते, तुम नास्तिक होते। तुम आस्तिक नहीं हो सकते थे। क्योंकि जिस बात में लाभ है यहां, वही तुम हो। वहां जिस बात में लाभ होता वही तुम होते।

रूस बड़ा आस्तिक देश था उन्नीस सौ सत्रह के पहले। जमीन पर थोड़े से आस्तिक देशों में एक आस्तिक देश था। लोग बड़े धार्मिक थे। पंडा, पुजारी, पुरोहित, चर्च...। अचानक उन्नीस सौ सत्रह में क्रांति हुई और पांच-सात साल के भीतर सारा मुल्क बदल गया। छोटे बच्चे से लेकर बूढ़े तक सब नास्तिक हो गए। यह भी खूब हुआ! जैसे यह भी सरकार के हाथ में है। यह भी जिसके हाथ में ताकत है वह तुम्हारी धारणा बदल देता है।

ये धारणाएं दो कौड़ी की हैं। ये तुम्हारे अनुभव पर निर्भर नहीं हैं। इनके पीछे चालबाजी है। दूसरों की चालबाजी, तुम्हारी चालबाजी। इनके पीछे चालाकी है। इनके पीछे कोई अनुभव नहीं है।

धारणाएं छोड़ो। मैं तुमसे न नास्तिक बनने को कहता, न आस्तिक। मैं कहता हूं, धारणाएं छोड़ो। यह तानाबाना धारणाओं का अलग करो। खुली आंख! कहो कि मुझे पता नहीं। घबड़ाते क्यों हो? यह बात कहने में बड़ा डर लगता है आदमी को कि मुझे पता नहीं। इस बात से बचने के लिए वह कुछ भी मानने को तैयार है।

किसी से पूछो, ईश्वर है? तुम शायद ही ऐसा हिम्मतवर आदमी पाओ, जो कहे कि नहीं, मैं अज्ञानी हूं, मुझे कुछ पता नहीं। मैं इसी आदमी को धार्मिक कहता हूं। यह ईमानदार है। दूसरे तुम्हें मिलेंगे। कोई कहेगा कि हां, मुझे पता है ईश्वर है। पूछो, कैसे पता है? तो वह कहता है, मेरे पिताजी ने कहा है। पिताजी का पता लगाओ, उनके पिताजी कह गए हैं। ऐसे तुम पता लगाते जाओ, तुम बड़े हैरान होओगे। तुम कभी उस आदमी को न खोज पाओगे जिसने कहा है, जिसको अनुभव हुआ है। सुनी बात है।

इसलिए तो शास्त्रों को हिंदुओं ने अच्छे नाम दिए हैं। शास्त्रों के दो नाम हैं: श्रुति, स्मृति। श्रुति का अर्थ है सुना गया। तुम्हारे सब शास्त्र या तो श्रुति हैं—सुने गए। किसी ने कहा, तुमने सुना। या स्मृति-याद किए गए, कंठस्थ कर लिए। बैठ गए तोता बन कर। श्रुति-स्मृति बड़े अच्छे शब्द हैं।

यही तुम्हारी सब धारणाएं हैं—श्रुतियां और स्मृतियां। छोड़ो दोनों। न तो कोई श्रुति से सत्य को पाता है, न कोई स्मृति से सत्य को पाता है। छोड़ो दोनों। उनके दोनों

के छोड़ते ही पर्दा गिर जाता है। सत्य सामने खड़ा है। सत्य सदा सामने खड़ा है। सत्य तुम्हें घेरे हुए खड़ा है। सत्य इन वृक्षों में, सत्य इन हवाओं में, सत्य इन मनुष्यों में, पशु-पक्षियों में खड़ा है। परमात्मा हजार-हजार रूपों में प्रकट हो रहा है। और तुम बैठे अपनी सड़ी-गली किताब खोले। तुम बैठे अपना कुरान-बाइबिल लिए। तुम उसमें देख रहे हो कि सत्य कहां है। और सत्य यहां सूरज की किरणों में नाच रहा। और सत्य तुम्हारे द्वार पर हवाओं में दस्तक दे रहा। और सत्य हजार-हजार नूपुर बांध कर मदमस्त है।

सत्य चारों तरफ खड़ा है; आंख पर पर्दा है। पर्दा शब्दों, सिद्धांतों, शास्त्रों का है; श्रुति-स्मृति का है। हटा दो। कह दो, मैं नहीं जानता। जिस दिन तुम यह कहने में समर्थ हो जाओगे...ध्यान रखना, बड़े साहस की बात है। थोड़े ही लोग समर्थ हो पाते हैं जो कहते हैं, मैं नहीं जानता। जिस दिन तुम यह कहने में समर्थ हो पाओगे कि मैं नहीं जानता, तुम तैयार हुए जानने के लिए। पहला कदम उठाया। तुमने कम से कम व्यर्थ को तो छोड़ा। अंधेपन में जो मान्यताएं मानी थीं, वे तो छोड़ीं।

तो कम से कम ऐसे अंधे तो बनो, जो कहता है कि मैंने हाथ तो फेरा लेकिन क्या था, मैं ठीक से नहीं जानता। खंभे जैसा मालूम पड़ता था। लेकिन अंधे के मालूम पड़ने का क्या भरोसा! मैं अंधा हूं। स्वीकार कर लो कि मैं अज्ञानी हूं और ज्ञान की पहली किरण उतरेगी। सिर्फ उनके ही जीवन में ज्ञान की किरण उतरती है, जो इतने विनम्र हैं; जो कह देते हैं कि मुझे पता नहीं। परमात्मा उन्हीं के हृदय को खटखटाता है।

पंडितों पर यह किरण कभी नहीं उतरती। पापियों पर उतर जाए, पंडितों पर नहीं उतरती। पंडित होना इस जगत में सबसे बड़ा पाप है।

तीसरा प्रश्न :

मैं तुम्हारी रहमत का उम्मीदवार आया हूं
मुंह ढांपे कफन से शर्मसार आया हूं
आने न दिया बारे-गुनाह ने पैदल
ताबूत में कंधे पर सवार आया हूं

ऐसी ही हालत है। परमात्मा के सामने कौन सा मुंह लेकर खड़े होओगे? दिखाने के लिए कौन सा चेहरा है तुम्हारे पास? तुम्हारे सब चेहरे तो मुखौटे हैं। ये तो छोड़ देने होंगे। तुम्हारे पास क्या है परमात्मा को अर्पण करने को? जिसको तुम जीवन कहते हो वह तो बड़ा बेसार मालूम पड़ता। तुम्हारे पास फूल कहां हैं जो तुम चढ़ाओगे?

वृक्षों के फूलों को चढ़ा कर तुम सोचते हो, तुमने पूजा कर ली? पूजा हो रही थी, उसमें तुमने बाधा डाल दी। वृक्ष के ऊपर फूल पूजा में लीन थे। परमात्मा के चरणों में

चढ़े थे जीवंत रूप से, सुगंधित हो रहे थे, हवाओं में नाच रहे थे। बिखेर रहे थे अपनी सुवास। तुम तोड़ कर उनको मार डाले। गंध बिखर गई, फूल के प्राण खो गए। इस मुर्दा फूल को तुम जाकर चढ़ा आए परमात्मा के चरणों में। तुम्हारे परमात्मा मिट्टी-पत्थर के हैं, मुर्दा; और जहां तुम जीवन देखते हो उसको भी तत्क्षण मुर्दा कर देते हो।

फूल चढ़ाना अपने चैतन्य का, सहस्त्रार का। तुम्हारा कमल जब खिले भीतर, खिलें उसकी हजारों पंखुड़ियां, तब चढ़ाना। बुद्ध ने ऐसा कमल चढ़ाया, अष्टावक्र ने ऐसा कमल चढ़ाया, कबीर-नानक ने ऐसा कमल चढ़ाया। जिस दिन ऐसा कमल चढ़ाओगे, उस दिन चढ़ाया। और उसे तोड़ कर नहीं चढ़ाना पड़ेगा। तुम चढ़ जाओगे। तुम प्रभु के हो जाओगे। तुम प्रभुमय हो जाओगे।

अभी तो हालत बुरी है। अभी तो बड़ी लज्जा की स्थिति है। ठीक है यह पद किसी कवि का :

'मैं तुम्हारी रहमत का उम्मीदवार आया हूं।'

अभी तो परमात्मा से तुम सिर्फ करुणा मांग सकते हो, दया। अभी तो तुम भिखारी की तरह आ सकते हो। और ध्यान रखना, मैं तुमसे कहता हूं कि परमात्मा के द्वार पर जो भिखारी की तरह जाएगा वह कभी जा ही नहीं पाता। सम्राट की तरह जाना होता है। जो मांगने गया है वह परमात्मा तक पहुंचता ही नहीं। जो परमात्मा को देने गया है वही पहुंचता है।

कुछ लेकर जाओ। कुछ पैदा करके जाओ। कुछ सृजन हो तुम्हारे जीवन में। कुछ फूल खिलें। कुछ सुगंध बिखरे। कुछ होकर जाओ। उत्सव, संगीत, नृत्य, समाधि, प्रेम, ध्यान, कुछ लेकर जाओ। खाली हाथ परमात्मा के दरबार में मत पहुंच जाना। झोली लेकर तो मत जाओ भिखारी की। यह झोली ही तो तुम्हारी वासना है। इस झोली के कारण ही तो तुम भटके हो जन्मों-जन्मों। मांग रहे, मांग रहे, मांग रहे। कुछ मिलता भी नहीं, मांगे चले जाते। अभ्यस्त हो गए हो भीख के।

'मैं तुम्हारी रहमत का उम्मीदवार आया हूं।'

नहीं, परमात्मा के द्वार पर करुणा मांगने मत जाना; दया के पात्र होकर मत जाना। मगर ऐसा ही आदमी जाता है।

'मुंह ढांपे कफन से शर्मसार आया हूं।'

और अपना मुंह ढांके हूं कफन से। शर्म और लज्जा में दबा हुआ आया हूं।

'आने न दिया बारे-गुनाह ने पैदल।'

और इतने गुनाह किए हैं कि पैदल आने की हिम्मत न जुटा सका। और इतने गुनाह किए कि उनका बोझ इतना है मेरे सिर पर कि पैदल आता भी तो कैसे आता? गठरी गुनाहों की बड़ी है, बोझिल है।

'ताबूत में कंधे पर सवार आया हूं'

इसलिए ताबूत में, अरथी में, दूसरों के कंधे पर सवार होकर आ गया हूं।

यही तुम्हारी जिंदगी की कथा है। तुम यहां चल थोड़े ही रहे हो, ताबूत में जी रहे हो। तुम यहां अपने पैरों से थोड़े ही चल रहे हो, दूसरों के कंधों पर सवार हो। और जरा अपने चेहरे को गौर से देखना आईने में, तुम पाओगे कफन तुमने डाल रखा है चेहरे पर। मुर्दगी है। मौत का चिह्न है तुम्हारे चेहरे पर। जीवन का अभिसार नहीं, जीवन का आनंद-उल्लास नहीं, मौत की मातमी छाया है; मौत का अंधेरापन है।

तुम कर क्या रहे हो यहां सिवाय मरने के? रोज-रोज मर रहे हो, इसी को जीवन कहते हो। जबसे पैदा हुए, एक ही काम कर रहे होः मरने का। रोज-रोज मर रहे हो, प्रतिपल मर रहे हो, और इसको जीना कहते हो। इससे ज्यादा और जीने से दूर क्या होगा? यह जीने के बिलकुल विपरीत है। नाचे? गुनगुनाए? गीत प्रकट हुआ? प्रसन्न हुए?

नहीं, अभी जीवन से अभिसार नहीं हुआ। अभी जीवन से संबंध ही नहीं जुड़ा। अभी जीवन से संभोग नहीं हुआ। बस, ऐसे ही धक्के-मुक्के खा रहे हो। ठीक है। ऐसी स्थिति है आदमी की। होनी नहीं चाहिए। बदली जा सकती है।

बदलने के लिए कुछ करना पड़े। और बदलने के लिए सिर्फ प्रार्थना करने से कुछ भी न होगा। क्योंकि प्रार्थना में फिर वही मांग, फिर वही भिखमंगापन। बदलने के लिए तुम्हें अपने जीवन की आमूल-दृष्टि बदलनी होगी।

परमात्मा के सहारे जीने की फिकर मत करो, अपने को रूपांतरित करो, अपने को अपने हाथ में लो। और तुम यह कर सकते हो। कोई कारण नहीं है, कोई बाधा नहीं है। जो नर्क की यात्रा कर सकता है वह स्वर्ग की यात्रा क्यों नहीं कर सकता? जो पाप निर्मित कर सकता है वह पुण्य को जन्म क्यों नहीं दे सकता? क्योंकि वही ऊर्जा पाप बनती है और वही ऊर्जा पुण्य बनती है। जिस ऊर्जा के दुरुपयोग से तुम आज अपना चेहरा प्रकट करने में डर रहे हो, उसी ऊर्जा का सदुपयोग, सृजनात्मक उपयोग—और तुम्हारे चेहरे पर एक आभा आ जाएगी। एक सूरज प्रकट होगा। एक चांद खिलेगा, एक चांदनी बिखरेगी।

ऊर्जा वही है। जरा भी फर्क नहीं करना है। क्रोध करुणा बन जाता है, जरा समझदारी और जागरूकता की जरूरत है। काम राम बन जाता है, जरा सी समझ की जरूरत है। और संभोग समाधि बन जाती है।

जीवन को अपने हाथ में लो। कहीं ऐसा न हो कि प्रार्थना भी तुम्हारा बचने का ही उपाय हो। कर ली प्रार्थना, कह दिया प्रभु, बदलो; फिर नहीं बदला तो अब हम क्या करें? तुमने प्रभु पर जिम्मा छोड़ दिया। तुमने कहा बदलो, अब नहीं बदलते तो

तुम्हीं ज़िम्मेवार हो। अब तुमने अपना दायित्व भी हटा लिया। अब तुम अपराधी भी अनुभव न करोगे अपने को। तुम कहोगे, अब मैं क्या करूं? इतना कर सकता था कि तुमसे कह तो दिया कि बदलो। और तुम अपने पुराने ढर्रे को जारी रखे हो। और तुम बदलना जरा भी नहीं चाहते।

तुम्हारी प्रार्थनाएं अक्सर तुम्हारी बदलाहट की आकांक्षा की सूचक नहीं होतीं। तुम्हारी प्रार्थनाएं केवल इस बात की सूचक होती हैं कि हम तो यह करने को तैयार नहीं हैं, अब तुझे करना हो तो देखें कैसे करता! दिखा दे चमत्कार। तुम चमत्कार के आकांक्षी हो। ऐसे चमत्कार होते नहीं, हुए नहीं कभी; होंगे भी नहीं। तुम्हें परम स्वतंत्रता मिली है। तुम्हें अपने जीवन का गीत गुनगुनाने की पूरी आजादी मिली है।

यही शब्द गालियां बन जाते हैं और यही शब्द मधुर गीत। तुमने खयाल किया? वर्णमाला वही की वही है। गाली दो कि गीत बना लो, वर्णमाला वही की वही है। पूजा करो कि पाप कर लो, वर्णमाला वही की वही है। संभोग में उतर जाओ कि समाधि में उठ जाओ, वर्णमाला वही की वही है। सिर्फ संयोजन बदलना है, सिर्फ आयोजन बदलता है, सिर्फ व्यवस्था बदलती है।

संन्यास व्यवस्था को बदलने का प्रयोग है।

संसारी की तरह रह कर देख लिया, अब थोड़े संन्यासी की तरह रह कर देखो। बदलो आयोजन को। और मैं तुमसे यह कहता हूं कि तुम्हारे पास जो भी है उसमें गलत कुछ भी नहीं है; भला तुमने गलत उपयोग किया हो। जो भी तुम्हारे पास है, गलत कुछ भी नहीं है; सिर्फ व्यवस्थित करना है।

ऐसा ही समझो कि एक हारमोनियम रखा है और एक आदमी जो संगीत नहीं जानता, हारमोनियम बजा रहा है। अंगुलियां भी ठीक हैं, हारमोनियम भी ठीक है, हारमोनियम की चाबियों पर अंगुलियां चलाना भी ठीक है, स्वर भी पैदा हो रहे हैं, लेकिन मोहल्ले-पड़ोस के लोग पुलिस में रिपोर्ट कर देंगे कि यह आदमी पागल किए दे रहा है।

मैंने सुना है, मुल्ला नसरुद्दीन एक रात ऐसा ही हारमोनियम बजा रहा था। आखिर पड़ोसी के बरदाश्त के बाहर हो गया तो पड़ोसी ने खिड़की खोली और उसने कहा कि नसरुद्दीन, अब बंद करो नहीं तो मैं पागल हो जाऊंगा। मुल्ला ने कहा, भाई, अब व्यर्थ है बकवास करना। घंटा भर हुआ मुझे बंद किए। पागल तुम हो चुके!

हारमानियम ठीक, अंगुलियां स्वस्थ, बजाने वाला ठीक, सब ठीक है, जरा सीख चाहिए। जरा स्वरों का बोध, ज्ञान चाहिए। जरा स्वरों में मेल बिठाने की कला चाहिए। वही हारमोनियम, वही अंगुलियां, वही आदमी, और पागल भी सुन कर स्वस्थ हो सकते हैं।

संगीत पर प्रयोग चल रहे हैं पश्चिम में। और इस बात के आसार हैं कि आने वाली सदी में संगीत पागलों के इलाज़ का अनिवार्य उपाय हो जाएगा। क्योंकि संगीत को सुन कर तुम्हारे भीतर के स्वर भी शांत हो जाते हैं। उनमें भी तालमेल हो जाता है। बाहर के संगीत की छाया तुम्हारे भीतर भी पड़ने लगती है। बड़े प्रयोग चल रहे हैं। संगीत मनुष्य के स्वास्थ्य का उपाय हो सकता है। विक्षिप्त जो हो गया है, उसे वापिस स्वस्थ करने में खींच ला सकता है। और अगर नहीं जानते तो वही स्वर उन्माद पैदा कर सकते हैं। बस इतना ही फर्क है।

संसारी और संन्यासी में इतना ही फर्क है। जीवन की वीणा को जिसने बजाना सीख लिया उसे मैं संन्यासी कहता हूं। और जो संन्यासी है, जीवन की वीणा को बजाने में कुशल हो गया—ध्यान करो, उसे परमात्मा के पास नहीं जाना पड़ेगा, परमात्मा उसके पास आता है। ताबूत में चढ़ कर तो जाने की बात छोड़ो, जाना ही नहीं पड़ेगा। परमात्मा खुद उसकी तरफ बहता है। आना ही पड़ता परमात्मा को। जब तुमने पूरी की पूरी व्यवस्था जुटा दी, जैसा होना चाहिए वैसे तुम हो गए, ध्यान की सुरभि फैलने लगी, तुम्हारे रोएं-रोएं में संगीत आपूरित हो गया, तुममें एक बाढ़ आ गई आनंद की, उल्लास की, तो परमात्मा रुकेगा कैसे?

जब फूल खिलता है तो भौंरे चले आते हैं। जब तुम खिलोगे, परमात्मा चला आएगा। तुम्हें जाने की भी जरूरत नहीं है। और जिस दिन परमात्मा तुम्हें चुनता है...तुम्हारे चुनने से कुछ भी नहीं होता। तुम तो चुनते रहते हो। तुम्हारे चुनने से कुछ भी नहीं होता, जिस दिन परमात्मा तुम्हें चुनता है उस दिन, बस उस दिन क्रांति घटती है। उस दिन तुम्हारा साधारण सा लोहा उसके पारस-स्पर्श से स्वर्ण हो जाता है।

तुम कुछ ऐसा करो कि वह चला आए; उसे आना ही पड़े; वह रुक ना सके। तुम्हारा बुलावा शब्दों में न हो, तुम्हारा बुलावा अस्तित्व में हो जाए।

मेरा जीवन बिखर गया है
तुम चुन लो, कंचन बन जाऊं

तुम पारस मैं अयस अपावन
तुम अमृत मैं विष की बेली
तृप्ति तुम्हारी चरणन चेरी
तृष्णा मेरी निपट सहेली
तन-मन भूखा जीवन भूखा
सारा खेत पड़ा है सूखा

तुम बरसो घनश्याम तनिक तो
मैं आषाढ़ सावन बन जाऊं
मेरा जीवन बिखर गया है

यश की बनी अनुचरी प्रतिभा
बिकी अर्थ के हाथ भावना
काम-क्रोध का द्वारपाल मन
लालच के घर रहन कामना
अपना ज्ञान न जग का परिचय
बिना मंच का सारा अभिनय
सूत्रधार तुम बनो अगर तो
मैं अदृश्य दर्शन बन जाऊं
मेरा जीवन बिखर गया है
तुम चुन लो, कंचन बन जाऊं

बिन धागे की सुई जिंदगी
सिए न कुछ बस चुभ-चुभ जाए
कटी पतंग समान सृष्टि यह
ललचाए पर हाथ न आए
रीती झोली जर्जर कंथा
अटपट मौसम दुस्तर पंथा
तुम यदि साथ रहो तो फिर मैं
मुक्तक रामायण बन जाऊं
मेरा जीवन बिखर गया है
तुम चुन लो, कंचन बन जाऊं

बुदबुद तक मिट कर हिलोर इक
उठ गया सागर अकूल में
पर मैं ऐसा मिटा कि अब तक
फूल न बना न मिला धूल में
कब तक और सहूं यह पीड़ा

अब तो खतम करो प्रभु क्रीड़ा
इतनी दो न थकान कि जब तुम
आओ, मैं दृग खोल न पाऊं
मेरा जीवन बिखर गया है
तुम चुन लो, कंचन बन जाऊं

प्रभु चुनता है, योग्यता अर्जित करो। प्रभु चुनता है, संगीत को जन्माओ। प्रभु चुनता है, तुम समाधिस्थ बनो। प्रार्थना छोड़ो। मांगना छोड़ो। योग्य बनो। पात्र बनो। तुम जिस दिन पात्र बन जाओगे, अमृत बरसेगा। और अपात्र रह कर तुम कितनी ही प्रार्थना करते रहो, अमृत बरसने वाला नहीं। क्योंकि अपात्र में अमृत भी पड़ जाए तो जहर हो जाता है।

चौथा प्रश्न: मुझे मेरे घर-गांव के लोग पागल कहते हैं तब से, जब से मैंने ध्यान करना शुरू किया। और मैं कभी-कभी द्वंद्व में पड़ जाता हूं, बहुत असमंजस में; क्योंकि लोगों की बात पर चलने से मेरी शांति भंग हो जाती है। प्रभु, मेरा पथ-प्रदर्शन कर मेरा जीवन सफल करें।

पूछा है स्वामी अरविंद योगी ने।

अब तो और मुश्किल होगी। अब तुम संन्यासी भी हो गए। लोग पागल कहते हैं इससे तुम्हारे मन में चोट क्यों लगती है? तुम्हारी भी धारणा लोगों के ही जैसी है। तुम्हें भी लगता है कि पागल होना कुछ गलत है। लोग जब कहते हैं, पागल हो गए तो तुम्हारी शांति भंग होती है। तुम्हारे मन में चिंता जागती है। तुम्हारे मूल्य में और लोगों के मूल्य में फर्क नहीं है।

मैं तुमसे कहता हूं, धन्यभागी हो कि तुम पागल हो। जब लोग पागल कहें तो उन्हें धन्यवाद देना, उनका अनुग्रह मानना। तुम धन्यभागी हो कि तुम पागल हो, क्योंकि तुम परमात्मा के लिए पागल हुए हो। वे भी पागल हैं। उनका पागलपन पद के लिए है, धन के लिए है! उनका पागलपन सामान्य व्यर्थ की चीजों के लिए है। तुम सार्थक के लिए पागल हुए हो।

तुम घबड़ाओ मत। और तुम इससे परेशान भी मत होओ। और अगर तुम्हारी शांति खंडित हो जाती है तो इसका इतना ही अर्थ हुआ कि शांति अभी बहुत गहरी नहीं, छिछली है। किसी के पागल कहने से तुम्हारी शांति खंडित हो जाए? तो इसका अर्थ हुआ, शांति बड़ी ऊपर-ऊपर है।

और शांत बनो, कि सारा जगत तुम्हें पागल कहे तो भी तुम्हारे भीतर लहर पैदा न हो। ऐसे पागल बनो कि कोई तुम्हारी शांति खंडित न कर पाए, कोई तुम्हारी मुसकान न छीन सके। सारी दुनिया भी विपरीत खड़ी हो जाए तो भी तुम्हारा आनंद अखंडित हो और तुम्हारी धारा, अंतर्धारा निर्बाध बहे। ऐसे पागल बनो।

अपने गांव के लोगों से कहना, आपकी बड़ी कृपा है, मुझे याद दिलाते हैं। अभी हूं तो नहीं, होने के मार्ग पर हूं। धीरे-धीरे हो जाऊंगा। सब मिल कर आशीर्वाद दो कि हो जाऊं। चल पड़ा हूं, तुम सबके आशीर्वाद साथ रहे तो मंजिल पूरी हो जाएगी।

और तुम चकित होओगे, अगर तुम अशांत न होओ, व्यग्र न होओ, उद्विग्न न होओ तो गांव के लोग जो तुम्हें पागल कहते हैं, वही तुम्हें पूजेंगे भी। उन्होंने सदा पागलों को पूजा।

पहले पागल कहते हैं, पत्थर मारते हैं, नाराज होते हैं। अगर तुम उतने में ही डगमगा गए तो फिर बात खतम हो गई। तुम अगर डटे ही रहे, तुम अपना गीत गुनगुनाए ही गए, उनके पत्थर भी बरसते रहें, उनके अपमान भी बरसते रहें, और तुम फूल बरसाए ही गए तो आज नहीं कल उनको भी लगने लगता है। आखिर उनके भीतर भी प्राण हैं, उनके भीतर भी चैतन्य सोया है। कितनी देर ऐसा करेंगे? उनको भी लगने लगता है कि कहीं हम कुछ भूल तो नहीं कर रहे? यह पागल कोई साधारण पागल नहीं मालूम होता। तुम्हारी प्रतिभा, तुम्हारी आभा, तुम्हारा वातावरण धीरे-धीरे उन्हें छुएगा। तुम संक्रामक बन जाओगे। उनमें से कुछ छुपे अंधेरे इधर-उधर आकर तुम्हारे पास बैठने लगेंगे। उनमें से कुछ, जब कोई न होगा, तुम्हारे पैर छूने लगेंगे। फिर धीरे-धीरे उनकी भी हिम्मत बढ़ेगी, फिर तुम्हारे पास पागलों का एक समूह इकट्ठा होने लगेगा।

वे जो तुम्हारे विरोध में थे, अब धीरे-धीरे तुम्हारी उपेक्षा करने लगेंगे। वे जो तुम्हारी उपेक्षा करते थे, अब धीरे-धीरे तुममें उत्सुक होने लगेंगे। वे जो तुममें उत्सुक थे, धीरे-धीरे तुम्हारी पूजा में संलग्न होने लगेंगे।

ऐसा ही सदा हुआ है। तुम घबड़ाओ मत।

और अगर तुम मुझसे पूछते हो तो गांव वालों का ऐसा कहना तुम्हारे लिए एक अवसर है। वे तुम्हारे लिए एक मौका जुटा रहे हैं, एक कसौटी खड़ी कर रहे हैं, जिस पर तुम अगर खरे उतरे तो तुम धन्यभागी हो जाओगे।

रोम-रोम में खिले चमेली
सांस-सांस में महके बेला
पोर-पोर से झरे मालती
अंग-अंग जुड़े जूही का मेला

पग-पग लहरे मान सरोवर
डगर-डगर छाया कदंब की
तुमने क्या कर दिया? उमर का
खंडहर राजभवन लगता है
जाने क्या हो गया कि हर दम
बिना दीये के रहे उजाला
चमके टाट बिछावन जैसे
तारों वाला नील दुशाला
हस्तामलक हुए सुख सारे
दुख के ऐसे ढहे कगारे
व्यंग-वचन लगता था कल तक
वह अब अभिनंदन लगता है

तुम ऐसे जीयो कि तुम्हारे पोर-पोर से महके बेला। सांस-सांस में खिले चमेली। अंग-अंग में जूही का मेला। तुम ऐसे जीयो। तुम फिकर छोड़ो वे क्या कहते हैं। वे तुम्हारे हित में ही कहते हैं। अनजाने तुम्हारे हित का ही आयोजन कर रहे हैं। तुम उनकी परीक्षा में खरे उतरो। अगर उतर सके तो किसी दिन तुम कहोगे:

जाने क्या हो गया कि हर दम
बिना दीये के रहे उजाला!

पत्थर फूल बन जाते हैं अगर तुम सच में पागल हो गए हो। सच में पागल हो जाओ। कदम पहले उठा लिए हैं, अब लौट मत पड़ना। कायर होते हैं, लौट जाते हैं; साहसी डटे रहते हैं।

और संन्यास से बड़ा साहस संसार में दूसरा नहीं है। क्योंकि भीड़ सांसारिकों की है। उसमें संन्यासी हो जाना अचानक भीड़ से अलग हो जाना है। भीड़ राजी नहीं होती किसी के अलग होने से। भीड़ चाहती है तुम वैसा ही वर्तन करो जैसा वे करते हैं। वैसे ही कपड़े पहनो, वैसे ही उठो-बैठो, वैसे ही चलो, वही रीति-रिवाज। भीड़ बरदाश्त नहीं करती कि तुम उनसे अन्य हो जाओ। क्योंकि अन्य होने का यह अर्थ होता है: तो तुम भीड़ को गलत कह रहे हो? अन्य होने का यह मतलब होता है: तो हम सब गलत हैं, तुम सही हो?

जब जीसस को लोगों ने देखा तो सवाल उठा कि अगर जीसस सही हैं तो हमारा क्या? हम सब गलत? तो जीसस को उन्होंने सूली दे दी—मजबूरी में; अपने को बचाने में। कोई जीसस को सूली देने में उनका रस न था। रस इस बात में था कि अगर जीसस सही हैं तो हम सब गलत होते हैं। और यह जरा महंगा सौदा है कि हम सब

गलत हों। इतनी बड़ी भीड़! यह जरा लोकतंत्र के विपरीत है। तो जीसस को सूली दे दो, झंझट मिटाओ। इस आदमी की मौजूदगी उपद्रव लाती है।

मगर जीसस सूली पर भी खरे उतरे। जीसस ने सूली पर से भी प्रभु से कहा, हे प्रभु! इन्हें क्षमा कर देना क्योंकि ये जानते नहीं कि ये क्या कर रहे हैं। और जब लोगों ने सूली पर से ये वचन सुने तब उन्हें याद आई कि हम चूक गए। हमने उसे मार डाला जो हमें जिलाने आया था। फिर पूजा, फिर अर्चना के दीप जले। आज जमीन पर जीसस को पूजने वालों की संख्या सबसे बड़ी है। कारण? पश्चात्ताप!

महावीर को पूजने वालों की संख्या बहुत बड़ी नहीं है, क्योंकि महावीर के साथ हमने कोई बहुत दुराचार किया नहीं, पश्चात्ताप का कारण नहीं है। इसे तुम समझना। महावीर को हमने कोई सूली नहीं दी। तो जब सूली नहीं दी तो पश्चात्ताप क्या खाक करें! जीसस को सूली लगी। तो जिन्होंने सूली दी, अपराध का भाव गहरा हो गया। अपराध इतना गहरा हो गया कि कुछ करना ही होगा। अपराध से बचने के लिए अब उन्होंने पूजा की, चर्च खड़े किए। जीसस की पूजा सबसे बड़ी पूजा है जगत में, क्योंकि जीसस के साथ सबसे बड़ा दुर्व्यवहार हुआ।

ठीक है, हम महावीर को भी पूज लेते हैं, राम और कृष्ण को भी पूज लेते हैं; लेकिन जीसस जैसी पूजा हमारी नहीं है; हो नहीं सकती। हमने इतना दुर्व्यवहार ही कभी नहीं किया। जीसस की ईसाइयत दुनिया में जीतती चली गई उसका कुल कारण क्रास पर लगी सूली है। अपराध इतना घना हो गया लोगों के चित्त में कि अब कुछ करना ही पड़ेगा इसके विपरीत, ताकि अपराध के भाव से छुटकारा हो जाए। पश्चात्ताप करना होगा।

घबड़ाओ मत। लोग पत्थर मारें, अहोभाव से स्वीकार कर लेना। वही प्रार्थना मन में रखना कि ये जानते नहीं, क्या कर रहे हैं। या शायद परमात्मा इनके माध्यम से मेरे लिए कसौटियां जुटा रहा है।

तुम पूरे पागल हो जाओ। तुम इतने पागल हो जाओ कि कौन क्या कहता है, इससे तुम्हारे मन में कोई क्षोभ और कोई अशांति पैदा न हो। ऐसे मतवाले ही प्रभु की मधुशाला में प्रवेश करते हैं।

पांचवां प्रश्न: शास्त्रों और संतों का कहना है कि परस्त्रीगमन करने से साधक का पतन होता है और साधना में उसकी गति नहीं होती। इस मूलभूत विषय पर प्रकाश डालने की अनुकंपा करें।

पूछा है फिर दौलतराम खोजी ने। वे बड़ी गहरी बात खोज कर लाते हैं! खोजी हैं! इसको मूलभूत विषय बता रहे हैं! अब इससे ज्यादा कूड़ा-कर्कट का और कोई विषय नहीं। जिस शास्त्र में लिखा हो वह भी किसी बड़े ज्ञानी ने न लिखा होगा, किसी

टुटपुंजे ने लिखा होगा। ज्ञानी, और इसका हिसाब रखे कि कौन किसकी स्त्री के साथ गमन कर रहा है! तो ये ज्ञानी न हुए, पुलिस के दरोगा!

और तुम कहते हो, संतों का कहना है? संत ऐसी बात बोलें तो सिर्फ इससे इतना ही पता चलता है, अभी संतत्व का जन्म नहीं हुआ। अभी दूर है; अभी बहुत दूर है मंजिल।

पहली तो बात यह कि परस्त्री कौन? तुमने सात चक्कर लगा लिए, बस स्त्री तुम्हारी हो गई? इतना सस्ता मामला! मगर इस देश में इस तरह की मूढ़ता रही है। स्त्री को स्त्री-धन कहते हैं; उस पर मालकियत कर लेते हैं। कौन किसका है यहां? कौन अपना, कौन पराया? ज्ञानी तो यही कहते हैं, न कोई अपना न कोई पराया। संत तो यही कहते हैं, अपना-पराया छोड़ो।

तो जिन्होंने यह कहा होगा वे संत के वेश में कोई और रहे होंगे—पंडित, पुजारी, राजनीतिज्ञ, समाज के कर्ता-धर्ता; लेकिन संत नहीं। संत तो यही कहते हैं कि अपनी स्त्री भी अपनी नहीं है, पराई की तो बात ही छोड़ो। यह तो तुमने खूब होशियारी की बात बताई: कि परस्त्री-गमन से साधक का पतन होता है। और अपनी स्त्री के गमन से नहीं होता? और अपना कौन है? जिसको कुछ मूढ़ जनों ने खड़े होकर और ताली बजा कर और तुम्हें चक्कर लगवा दिए वह अपना है?

एक सज्जन मेरे पास आते हैं। वे कहते हैं, बड़ी उलझन में पड़ गया हूं इस पत्नी से विवाह करके। मैंने उनसे कहा कि फिर छुटकारा कर लो। जब इतना...बार-बार तुम आते हो और एक ही झंझट; तुम्हारी पत्नी भी दुखी, तुम भी दुखी। तो उन्होंने कहा, अब कैसे छुटकारा करें? सात चक्कर पड़ गए। तो मैंने कहा, उलटे चक्कर लगा लो। अब इससे ज्यादा और क्या करना है? खुल जाएंगे चक्कर। जैसे बंध गए वैसे खोल लो। हर गांठ खुल सकती है। यह गांठ भी खुल सकती है। अगर गांठ बहुत दुख दे रही है तो खोल ही लो। जो चीज बंध सकती है, खुल सकती है। जो बांधी है वह कृत्रिम है।

संत तो तुमसे कहते हैं, कोई अपना नहीं। बस तुम ही अपने हो। तो अगर संतों से तुम पूछो तो वे कहेंगे, पर-गमन से पतन होता है। स्त्री इत्यादि का कोई सवाल नहीं; पर-गमन, दूसरे में जाने से, दूसरे के साथ संबंध जोड़ने से, दूसरे को अपना-पराया मानने से, दूसरे को महत्वपूर्ण मानने से पतन होता है।

स्व महत्वपूर्ण है, पर पतन है। तो स्वात्माराम बनो। अपनी आत्मा में लीन हो जाओ।

संत तो ऐसा कहेंगे। और जिन्होंने परस्त्री इत्यादि का हिसाब लगाया हो वे संत नहीं हैं। संत तो इतना ही कहेंगे, पर-गमन से पतन होता है इसलिए स्व-गमन करो। बाहर जाने से पतन होता है, भीतर आओ। दूसरे के साथ संबंध जोड़ने से तुम अपने

से टूटते हो तो संबंध मत जोड़ो। रहो सबके बीच, अकेले रहो, बिना जुड़े रहो। रहो भीड़ में लेकिन एकांत खंडित न हो पाए। दूसरा मौजूद हो, दूसरा पास भी हो तो भी तुम्हारे स्व पर उसकी छाया न पड़ पाए, उसका रंग न पड़ पाए। तुम्हारा स्व मुक्त रहे।

मगर न मालूम कितने लोग, जिनका संतत्व से कोई संबंध नहीं है, संतों के नाम से चलते हैं। मूढ़ों की बड़ी भीड़ है। तो मूढ़ों के भी महात्मा होते हैं। होंगे ही। जिनकी इतनी बड़ी भीड़ है उनके महात्मा भी होंगे। उनके महात्मा भी उन जैसे होते हैं।

मैंने सुना, एक बार एक महात्मा मस्त होकर भजन गाते हुए एक रास्ते से गुजर रहे थे। थोड़ी दूर चल कर उन्होंने देखा, तो देखा कि पीछे एक सांड़ उनके लगा चला आ रहा है। शायद उनकी मस्ती से प्रभावित हो गया, या उनके डोलने से। महात्मा घबड़ाए। मस्ती ऊपरी-ऊपरी थी, कोई दिल की तो बात न थी। वे तो ऐसे ही भक्तों की तलाश में मस्त हो रहे थे कि कोई मिल जाए। मिल गया सांड़! उन्होंने डर के मारे रफ्तार बढ़ा दी। थोड़ी दूर पहुंचने पर फिर पलट कर देखा—अब तो उनकी मस्ती वगैरह सब खो गई—सांड़ बड़ी तेजी से पीछे चला आ रहा है। अब तो उन्होंने भागना शुरू कर दिया। सांड़ भी पीछे भागने लगा। सांड़ भी खूब था, बड़ा भक्त! शायद महात्मा की तलाश में था, कि गुरु की खोज कर रहा था। खोजी था।

अब तो महात्मा बहुत भयभीत हो गए और अपनी जान बचाने के उद्देश्य से एक ऊंचे चबूतरे पर चढ़ गए। सांड़ भी चढ़ गया। भक्त जब पीछे लग जाएं तो ऐसे आसानी से नहीं छोड़ देते, आखिर तक पीछा करते हैं। घबड़ा कर महात्मा झाड़ पर चढ़ गए तो देखा, सांड़ नीचे खड़ा होकर फुफकार रहा है। अब वे महात्मा झाड़ से उतर न सकें। थोड़ी देर में तमाशा देखने के लिए खासी भीड़ इकट्ठी हो गई। बड़ा शोरगुल मचने लगा। कई व्यक्तियों ने प्रयास भी किया कि सांड़ को किसी तरह हटा दें, किंतु सांड़ वहां से टस से मस न हो।

अंत में खोज-बीन कर सांड़ के मालिक को बुलाया गया। उसने भी सांड़ को मनाने की बहुत कोशिश की, किंतु सांड़ अपनी जगह वैसा का वैसा खड़ा रहा। महात्मा अटके झाड़ पर, कंप रहे और सांड़ नीचे फुफकार रहा है। अब सांड़ का मालिक भी चिंता में पड़ गया कि मामला क्या है? ऐसा तो कभी न हुआ था।

एकाएक उसकी बुद्धि के फाटक खुले और भीड़ को संबोधित करके वह कहने लगा, भाइयो! असल बात यह है कि यह सांड़ बड़ा समझदार जानवर होता है। इसे इस बात का पता लग गया है कि इन महात्मा के दिमाग में भूसा भरा है, और जब तक यह इस भूसे को खा न लेगा, यहां से जाएगा नहीं।

तुम जिनको महात्मा कहते हो उनमें से अधिक के दिमाग में भूसा भरा है। और वह भूसा तुम्हारे ही जैसा है। तुम्हें जंचता भी बहुत है। तुम्हारी जो मान्यताएं हैं उनको जो भी स्वीकार कर ले और उनको जो सही कहे, उसको तुम कहते हो महात्मा।

संत तो विद्रोही होते हैं। संत कुछ ऐसे लीक के अनुयायी नहीं होते; लकीर के फकीर नहीं होते। संत तो कुछ निश्चित ही मूलभूत बात कहते हैं। यह कोई मूलभूत बात है?

मैं तुमसे इतना ही कहना चाहता हूं: पर-गमन पतन है। स्त्री-पुरुष का कोई सवाल नहीं है। अपने से हटना पतन है। स्व से च्युत होना पतन है। स्व में लीन होना, स्वात्माराम होना, स्व में ऐसे तल्लीन होना कि स्व ही सब संसार हो गया तुम्हारा; स्व के बाहर कुछ भी नहीं। वही तुम्हारा संगीत, वही तुम्हारा सुख। स्व तुम्हारा सर्वस्व हो गया, फिर कोई पतन नहीं है।

लेकिन लोग हिसाब-किताब में पड़े हैं। तुम धन के पागल हो, कोई महात्मा कहता है कि धन पाप है। तुम्हें जंचता है। तुम्हारी और महात्मा की भाषा एक है। यद्यपि विपरीत बात कहता लगता है, लेकिन तुम्हें भी जंचती है बात कि पाप है। जानते तो तुम भी हो कि धन इकट्ठा ही पाप से होगा। चूसोगे तो ही इकट्ठा होगा। इकट्ठा कैसे होगा? और धन चिंता लाता है यह भी तुम्हें पता है। और धन की दौड़ में तुम न मालूम कितने अमानवीय हो जाते हो यह भी तुम्हें पता है। और धन पाकर भी कुछ मिलता नहीं यह भी तुम्हें पता है।

तो जब कोई महात्मा कहता है धन व्यर्थ, धन में कुछ सार नहीं; तुम्हें भी लगता है कि बड़ी ठीक बात कह रहा है। तब महात्मा समझाता है कि अब दान कर दो। दान महात्मा को कर दो। धन में कुछ सार नहीं है, धन असार है। और जब तुम महात्मा को दान कर देते हो तो महात्मा कहता है, तुम दानवीर हो, पुण्यात्मा हो—उसी धन के कारण, जो असार है। और जब तुम दुबारा आओगे तो तुम्हें आगे बैठने का मौका होगा। तुम्हें विशेष मौका होगा।

मैं एक महात्मा को सुनने गया—बचपन की बात है—तो वे ब्रह्मज्ञान की बातें कर रहे हैं और बीच में एक सेठ आ गए, सेठ कालूराम, तो ब्रह्मज्ञान छोड़ दिया: 'आइए सेठजी।' मैं बड़ा हैरान हुआ कि ये ब्रह्मज्ञान में सेठजी कैसे आ गए? तो जैसी मेरी आदत थी, मैं बीच में खड़ा हो गया। मैंने कहा, अब ब्रह्मज्ञान छोड़ें। पहले यह सेठजी का क्या अध्यात्म है? सेठ शब्द का अध्यात्म पहले समझा दें।

उन्होंने कहा, 'मतलब?'

मैंने कहा, 'मतलब यह कि आप ब्रह्मज्ञान में डूबे थे, सेठजी आए कि नहीं आए, कि अमीर आया कि गरीब आया, यह हिसाब आपने क्यों रखा? इतने लोग आकर बैठे, किसी को आपने नहीं कहा कि आकर बैठ जाओ। एकदम ब्रह्मज्ञान रुक गया। और ब्रह्मज्ञान में यही आप समझा रहे थे कि धन में क्या रखा है। अरे, मिट्टी है।

अरे, सोना मिट्टी है। इन सेठ के पास सिवाय उसी मिट्टी के और कुछ भी नहीं है। और वैसी मिट्टी सभी के पास है। तो इन सेठ में आपने क्या देखा, मुझे साफ-साफ समझा दें, जिसकी वजह से बीच में आप रुके और कहा, आएं सेठजी; और सामने बिठाया।'

नाराज हो गए महात्मा बहुत; बड़े क्रोधित हो गए। इतने नाराज हो गए कि आगबबूला हो गए। कहा कि हटाओ इस बच्चे को यहां से। तो मैंने कहा, महाराज, अभी आप समझा रहे थे कि क्रोध पाप है।

धीरे-धीरे ऐसी हालत हो गई कि जब भी गांव में कोई महात्मा आएं तो मुझे घर में लोग बंद कर दें: 'तुम जाना ही मत।' हालत ऐसी हो गई कि मेरी नानी, जिनके पास मैं बचपन से रहा, वे तो इतनी परेशान रहने लगीं कि जब मैं बड़ा भी हो गया और युनिवर्सिटी में प्रोफेसर भी हो गया तब भी जब मैं घर जाऊं और जाने लगूं घर से तो वे कहें, बेटा, किसी महात्मा से झगड़ा-फसाद मत करना। क्योंकि अब तू घर में रहता भी नहीं। अब वहां तू क्या करता है, पता भी नहीं हमें।

जब मैं गया आखिरी वक्त, उनकी आखिरी सांस टूट रही थी, उनको मिलने गया तो उन्होंने जो आखिरी बात कही, वह यही कही। आंख खोल कर उन्होंने कहा कि देख, अब मैं तो चली। तू एक बात का वचन दे दे कि महात्माओं से मत उलझना। आखिरी मरते वक्त! उनको एक ही फिकर लगी रही। क्योंकि बचपन में उनके पास था तो उनके पास बड़ी शिकायतें आतीं कि मैंने महात्मा से विवाद किया, महात्मा नाराज हो गए, कि उन्होंने डंडा उठा लिया, कि सब सभा गड़बड़ हो गई। और इस बच्चे को घर में रखो। और मैंने कभी कोई गलत सवाल नहीं पूछा। सीधी बात थी कि ब्रह्मज्ञान में सेठजी कैसे आते हैं?

लेकिन तुम्हारे गणित एक जैसे हैं। तुम्हारा महात्मा और तुम मौसेरे-चचेरे भाई हैं।

एक गणित के अध्यापक नाई के पास पहुंचे और पूछा नाई से, क्या हमारी हजामत कर सकते हो? नाई ने कहा, महाराज, क्यों नहीं? दूसरों की हजामत करना ही मेरा धंधा है। करूंगा। गणित के शिक्षक ने पूछा, हजामत का कितना लेते हो? नाई ने कहा, इसकी कुछ न पूछिए महाराज। जैसा काम वैसा दाम। एक रुपये से लेकर दस रुपये तक की बनाता हूं। गणित के शिक्षक! उन्होंने कहा, अच्छा तो एक रुपये वाली बनाओ। नाई ने बाल काटे, हजामत बना दी एक रुपये वाली। और उसने कहा, लीजिए बन गई। निकालिए रुपया।

गणित के शिक्षक ने कहा, एक रुपये वाली बन गई तो अब दो रुपये वाली बनाओ। अब जरा नाई घबड़ाया। अब तो हजामत बन चुकी। अब वह दो रुपये वाली

कैसे बनाए? और गणित के शिक्षक! उन्हें तो गणित का हिसाब। यह सुन कर जब नाई घबड़ा गया तो गणित के शिक्षक ने कहा, अरे घबड़ाता क्यों है, अबे घबड़ाता क्यों है? अभी तो दस रुपये वाली तक बनवाऊंगा।

आदमी के गणित होते हैं।

मेरे स्कूल में जो ड्राइंग के शिक्षक थे वे किसी अपराध में पकड़ लिए गए। छह महीने की सजा हो गई। जब वे छूटने को थे तो मैं भी उनको जेल के द्वार पर लेने गया। प्यारे आदमी थे और ड्राइंग में बड़े कुशल थे। मैंने उनसे पहली ही जो बात पूछी निकलते ही उनके जेल से कि कैसा रहा जेल में? सब ठीक-ठाक तो रहा? उन्होंने कहा, और सब तो ठीक था लेकिन जेल का कमरा—नब्बे डिग्री के कोने नहीं थे।

नब्बे डिग्री के कोने! वे बड़े पक्के थे उस मामले में। कुल बात जो उनकी खोपड़ी में आई जेल में छह महीने रहने के बाद, वह यह आई कि जो जेल की कोठरी के कोने थे वे नब्बे डिग्री के नहीं थे। ड्राइंग के शिक्षक! वह नब्बे डिग्री का कोना होना ही चाहिए। वह उनको बहुत अखरा। अब मैं जानता हूं कि छह महीने उनको जो सबसे बड़ा कष्ट रहा होगा वह यही रहा कि ये जो कोने हैं, नब्बे डिग्री के नहीं हैं। जेल की तकलीफ न थी। जेल तो सह लिया, मगर नब्बे डिग्री के कोने न हों यह उनको बर्दाश्त के बाहर रहा होगा। चौबीस घंटे यही बात उनको सताती रही होगी।

आदमी अपने ढंग से चलता, अपने ढंग से सोचता। साधारण आदमी की भाषा यही है। साधारण आदमी परस्त्री में उत्सुक है। साधारण आदमी अपनी स्त्री में तो उत्सुक है ही नहीं। अपनी स्त्री से तो ऊबा हुआ है। अपनी स्त्री का तो सोचता है, किस तरह इससे छुटकारा हो। दूसरे की स्त्री में रस है। दूसरे की स्त्री बड़ी मनमोहक मालूम होती है। जो अपने पास है वह व्यर्थ मालूम पड़ता है, जो दूसरे के पास है वह मनमोहक मालूम पड़ता है।

ऐसी मनोदशा के व्यक्तियों को महात्मा भी मिल जाते हैं उनकी मनोदशा के। वे कहते हैं परस्त्री का ध्यान किया कि पाप हुआ। वह उनको बात जंचती है, क्योंकि वे परस्त्री का ही ध्यान कर रहे हैं। इस महात्मा में और उनकी भाषा में कोई भी भेद नहीं है। गणित एक है।

अब जो महात्मा परस्त्री इत्यादि की बातें कर रहा है यह कोई महात्मा है? महात्मा मौलिक बात कहेगा, आधारभूत बात कहेगा। वास्तविक संत वही कहेगा जो बहुत सारभूत है। इतनी बात जरूर संत कहेगा: स्व-गमन, स्व-संभोग, स्वयं में डूब जाना, स्व-स्मृति, स्वास्थ्य मार्ग है। पर-रुचि, पर पर दृष्टि अस्वास्थ्य है। क्योंकि पर में जैसे ही तुम उत्सुक हुए कि तुम अपने केंद्र से च्युत होते हो। तुम्हारा केंद्र छूटने लगता है। तुम अपने से दूर जाने लगते हो।

आखिरी प्रश्न : आपकी बातें अनेकों को अप्रिय क्यों लगती हैं?

सुनने वाले पर निर्भर है। तुम अगर सच में ही सत्य की खोज में मेरे पास आए हो तो मेरी बातें तुम्हें प्रिय लगेंगी। और तुम अगर अपने मताग्रहों को सिद्ध करने आए हो कि मैं वही कहूं जो तुम मानते हो, तो अप्रिय लगेंगी। तुम अगर पक्षपात से भरे आए हो तो अप्रिय लगेंगी। तुम अगर खाली मन से सुनने आए हो, सहानुभूति से, प्रेम से तो बहुत प्रिय लगेंगी।

तुम पर निर्भर है। तुम्हारे मन में क्या चल रहा है इस पर निर्भर है। अगर तुम्हारे मन में कुछ भी नहीं चल रहा है, तुम परम तल्लीनता से सुन रहे हो, तो ये बातें तुम्हारे भीतर अमृत घोल देंगी। और अगर तुम उद्विग्नता से सुन रहे हो, हिंदू, मुसलमान, ईसाई होकर सुन रहे हो कि अरे, यह बात कह दी! हमारे महात्मा के खिलाफ यह बात कह दी। तो फिर तुम बेचैन हो जाओगे, तुम नाराज हो जाओगे। अप्रिय लगने लगेंगी। तुम पर निर्भर है।

अब जैसे, अभी मैंने दौलतराम खोजी की बात कही; तुम सब हंसे, सिर्फ़ दौलतराम खोजी को छोड़कर। मैं उनको जानता नहीं, लेकिन अब पहचानने लगा। क्योंकि इतने लोगों में सिर्फ एक आदमी नहीं हंसता है। अब दौलतराम खोजी को अप्रिय लग सकती है बात। क्योंकि नाम से मोह होगा कि मेरे खिलाफ कह दी। मैं उनके खिलाफ कुछ भी नहीं कह रहा हूं।

मैं तुमसे यह कहता हूं कि तुम न दौलतराम हो, न खोजी हो। नाम से तुम्हारा क्या लेना-देना! यह नाम तो सब दिया हुआ है। तुम अनाम हो।

अब अगर दौलतराम खोजी इस तरह सुनें कि अनाम हूं मैं, तो वे भी हंसेंगे। मगर वे पकड़ कर सुन रहे हैं कि अच्छा, तो अब मेरे नाम के खिलाफ फिर कह दिया कुछ! तो उनको लग रहा होगा, जैसे मैं उनका दुश्मन हूं। आखिर उनके नाम के खिलाफ क्यों हूं? खिलाफ होने का मेरा कारण है; क्योंकि न तुम्हारे पास दौलत है न तुम्हारे पास राम है।

एक ही तो दौलत है दुनिया में : वह राम है। राम हो तो दौलत है। राम न हो तो कुछ दौलत नहीं। और राम मिल जाए तो फिर खोज क्या करोगे? फिर खोजी नहीं हो सकते। राम जब तक नहीं मिला तब तक खोजी हो।

उनका नाम मुझे प्यारा लग गया इसलिए इतनी चर्चा कर रहा हूं। मगर वे नाराज हो सकते हैं, और बात अप्रिय लग सकती है। मगर देखने की बात है।

अपनी बानी प्रेम की बानी घर समझे न गली समझे
लगे किसी को मिश्री सी मीठी कोई नमक की डली समझे

इसकी अदा पर मर गई मीरा मोहे दास कबीर
अंधरे सूर को आंखें मिल गईं खाकर इसका तीर
चोट लगे तो कली समझे इसे सूली चढ़े तो अलि समझे
अपनी बानी प्रेम की बानी...।

बोली यही तो बोले पपीहा घुमड़े जब घनश्याम
जल जाए दीपक पे पतंगा लेकर इसी का नाम
पंछी इसे असली समझे पर पिंजरा इसे नकली समझे
अपनी बानी प्रेम की बानी...।

जिसने इसे ओठों पे बिठाया वह हो गया बेदीन
तड़पा उमर भर ऐसे कि जैसे तड़पे बिन जल मीन
बुद्धि इसे पगली समझे पर मन रस की बदली समझे
अपनी बानी प्रेम की बानी...।

मस्ती के बन की है यह हिरनिया घूमे सदा निर्द्वंद्व
रस्सी से इसको बांधो न साधो घर में करो न बंद
हम जो अरथ समझे इसका वह फूंकके बाती जली समझे
अपनी बानी प्रेम की बानी...।

समझो।

हम जो अरथ समझे इसका वह फूंकके बाती जली समझे

जो अपने अहंकार की बाती को फूंक देगा वही समझेगा। तुमने अगर अपने अहंकार से समझना चाहा तो तुम्हें चोट लगेगी।

हम जो अरथ समझे इसका वह फूंकके बाती जली समझे

अहंकार को जब बुझा दोगे फूंक कर, तब तुम्हारे भीतर जो ज्योति जलेगी वही इसे समझेगी।

बुद्धि इसे पगली समझे पर मन रस की बदली समझे

बुद्धि से मत सुनना, हृदय से सुनना। विचार और विवाद से मत सुनना। तर्क और सिद्धांत से मत सुनना, प्रेम और लगाव से सुनना।

...मन रस की बदली समझे

पंछी इसे असली समझे पर पिंजरा इसे नकली समझे

अगर तुम अपने पिंजरे से बहुत-बहुत मोहग्रस्त हो, अगर तुमने अपने कारागृह को अपना मंदिर समझा है तो फिर तुम मुझसे नाराज हो जाओगे। तुम्हें बड़ी चोट लगेगी।

पंछी इसे असली समझे पर पिंजरा इसे नकली समझे

लेकिन अगर तुमने मेरी बात सुनी और पिंजरे से अपना मोह न बांधा, और अपने पंछी को पहचाना जो पीछे छिपा है, पिंजरे के भीतर छिपा है, तो मेरी बातें तुम्हारे लिए फिर से पंख देने वाली हो जाएंगी; आकाश बन जाएंगी। तुम्हारा पंछी फिर उड़ सकता है खुले आकाश में।

तुम पर निर्भर है।

आज इतना ही।

* * *

प्रवचन : 67

दृश्य से द्रष्टा में छलांग

17 जनवरी, 1977

क्वात्मनो दर्शनं तस्य यद्दृष्टमवलंबते।
धीरास्तं तं न पश्यंति पश्यंत्यात्मानमव्ययम्।।216।।
क्व निरोधो विमूढ़स्य यो निर्बंधं करोति वै।
स्वारामस्यैव धीरस्य सर्वदाऽसावकृत्रिमः।।217।।
भावस्य भावकः कश्चिन्न किंचिद्भावकोऽपरः।
उभयाभावकः कश्चिदेवमेव निराकुलः।।218।।
शुद्धमद्वयमात्मानं भावयंति कुबुद्धयः।
न तु जानन्ति संमोहाद्यावज्जीवमनिर्वृताः।।219।।
मुमुक्षोर्बुद्धिरालंबमंतरेण न विद्यते।
निरालंबैव निष्कामा बुद्धिर्मुक्तस्य सर्वदा।।220।।

क्वात्मनो दर्शनं तस्य यद्दृष्टमवलंबते।
धीरास्तं तं न पश्यंति पश्यंत्यात्मानमव्ययम्।।

'उसको आत्मा का दर्शन कहां है, जो दृश्य का अवलंबन करता है? धीरपुरुष दृश्य को नहीं देखते हैं और अविनाशी आत्मा को देखते हैं।'

इस एक सूत्र में पूरब के समस्त दर्शन का सार है। दर्शन शब्द का भी यही अर्थ है। यह सूत्र दर्शन की व्याख्या है।

दर्शन का अर्थ सोच-विचार नहीं होता। दर्शन का वैसा अर्थ नहीं है, जैसा फिलासफी का। दर्शन का अर्थ है : उसे देख लेना जो सब देख रहा है। दृश्य को देखना दर्शन नहीं है, द्रष्टा को देख लेना दर्शन है।

मनुष्य को हम दो विभागों में बांट सकते हैं। एक तो वे, जो दृश्य में उलझे हैं। कहो उन्हें, अधार्मिक। फिर चाहे वे परमात्मा की मूर्ति सामने रख कर उस मूर्ति में ही क्यों न मोहित हो रहे हों, दृश्य में ही उलझे हैं। चाहे आकाश में परमात्मा की धारणा कर रसलीन हो रहे हों तो भी दृश्य में ही उलझे हैं। परमात्मा भी उनके लिए एक दृश्य मात्र है।

दूसरा वर्ग है, जो द्रष्टा की खोज करता है। मैं तुम्हें देख रहा हूं, तुम दृश्य हो। जो मेरे भीतर से तुम्हें देख रहा है, द्रष्टा है। तुम मुझे देख रहे हो, मैं तुम्हारे लिए दृश्य हूं। जो तुम्हारे भीतर छिपा मुझे देख रहा है, आंख की खिड़कियों से, कान की खिड़कियों से जो मुझे सुन रहा है, देख रहा है, वह कौन है? उसकी तलाश में जो निकल जाता है वही धार्मिक है।

परमात्मा को अगर दृश्य की भांति सोचा तो तुम मंदिर-मस्जिद बनाओगे, गुरुद्वारे बनाओगे, पूजा करोगे, प्रार्थना करोगे, लेकिन वास्तविक धर्म से तुम्हारा संबंध न हो पाएगा। वास्तविक धर्म की तो शुरुआत ही तब होती है जब तुम द्रष्टा की खोज में निकल पड़े; तुम पूछने लगे मौलिक प्रश्न कि मैं कौन हूं! यह जानने वाला कौन है? जानना है जानने वाले को। देखना है देखने वाले को। पकड़ना है इस मूल को, इस स्रोत को। इसके पकड़ते ही सब पकड़ में आ जाता है।

उपनिषद कहते हैं, जिसने जानने वाले को जान लिया उसने सब जान लिया। महावीर कहते हैं, एक को जान लेने से सब जान लिया जाता है। और वह एक प्रत्येक के भीतर बैठा है।

परमात्मा को दृश्य की तरह सोचना बंद करो। परमात्मा को द्रष्टा की तरह देखना शुरू करो। इसीलिए तो कहते हैं, आत्मा ही परमात्मा है। पहचान ली तो परमात्मा हो गई, न पहचानी तो आत्मा बनी रही। अगर तुम अपने ही भीतर गहरे उतर जाओ और अपनी ही गहराई का आखिरी केंद्र छू लो तो कहीं खोजने नहीं जाना। तुम मंदिर हो। परमात्मा तुम्हारे भीतर विराजमान है।

लेकिन यात्रा की दिशा बदलनी पड़ेगी। दृश्य है बाहर, द्रष्टा है भीतर। दृश्य है पर, द्रष्टा है स्व। दृश्य को देखना हो तो आंख खोल कर देखना पड़ता है। द्रष्टा को देखना हो तो आंख बंद कर लेनी पड़ती है। दृश्य को देखना हो तो विचार की तरंगें सहयोगी होती हैं। और द्रष्टा को देखना हो तो निर्विचार, अकंप दशा चाहिए। दृश्य को देखना हो तो मन उपाय है, और द्रष्टा को देखना हो तो ध्यान।

ध्यान का अर्थ है, मन से मुक्ति। मन का अर्थ है, ध्यान से मुक्ति। जिसने ध्यान खोया वह मन बना और जिसने मन खोया वह ध्यान बना। जरा सी ही बात है : बाहर न देख कर भीतर देखना।

सूफी फकीर औरत हुई राबिया। अनूठी औरत हुई राबिया। जमीन पर बहुत कम वैसी औरतें हुई हैं। बैठी है अपनी झोपड़ी में, सुबह का ध्यान कर रही है। उसके घर एक मुसलमान फकीर ठहरा हुआ था, हसन। वह भी बड़ा प्रसिद्ध फकीर था। तुम्हें फर्क समझ में आ जाएगा, जो फर्क मैं समझा रहा हूं। सुबह हुआ था, सूरज निकला था, पक्षी गीत गाने लगे। सुंदर सुबह थी। आकाश में शुभ्र बदलियां तैरती थीं। ठंडी हवा चलती थी। हसन बाहर आया, उसने देखा यह सौंदर्य। उसने जोर से पुकारा, राबिया, तू भीतर क्या करती? अरे बाहर आ! परमात्मा ने बड़ी सुंदर सुबह को जन्म दिया है। पक्षियों के प्यारे गीत हैं, सूरज का सुंदर जाल है, ठंडी हवा है। तू बाहर आ, भीतर क्या करती है?

और राबिया खिलखिला कर हंसी। और कहा, हसन, बाहर कब तक रहोगे? तुम ही भीतर आ जाओ। क्योंकि बाहर परमात्मा की बनी हुई सुबह को तुम देख रहे, भीतर मैं स्वयं उसे देख रही जिसने सुबह बनाई। सुबह सुंदर है, लेकिन सुबह के मालिक के मुकाबले क्या? सूरज सुंदर है, रोशन है, लेकिन जिसके हाथ के इशारे से रोशनी सूरज में पैदा हुई उसके मुकाबले क्या! और पक्षियों के गीत बड़े प्यारे हैं, लेकिन मैं उस मालिक का गीत सुन रही हूं जिसने सारे गीत रचे; जो सभी पक्षियों के कंठों से गुनगुनाया है। हसन, तुम्हीं भीतर आ जाओ।

हसन तो चौंक कर रह गया। हसन ने न सोचा था कि बात ऐसा मोड़ ले लेगी। लेकिन राबिया ने ठीक कहा।

ये हसन और राबिया, ये आदमियत के दो प्रतीक हैं। हसन बाहर की तरफ खोज रहा है, राबिया भीतर की तरफ खोज रही है। हसन दृश्य में खोज रहा है। दृश्य भी सुंदर है; नहीं कि दृश्य सुंदर नहीं है। पर दृश्य का सौंदर्य ऐसे ही है जैसे चांद को किसी ने झील में झलकते देखा हो। छाया है झील में तो। प्रतिबिंब है झील में तो। वास्तविक चांद झील में नहीं है।

जिसने चांद को देख लिया। वह झील में देखने वाले को कहेगा पागल, तू कहां उलझा है दृश्य में! मूल को खोज। यह तो छाया है। यह तो प्रतिबिंब है।

जो हम बाहर देखते हैं वह हमारा ही प्रतिबिंब है। संसार दर्पण से ज्यादा नहीं है। जब तुम्हारा मन रस से भरा होता है तो बाहर भी रस दिखाई पड़ता है। जब तुम गीत से भरे होते हो तो बाहर भी गीत सुनाई पड़ते हैं। जब तुम आनंदित होते हो तो लगता है, सारा जगत महोत्सव है। जब तुम दुखी हो जाते हो, सारा जगत दुखी हो जाता है। जब तुम पीड़ा से भर जाते हो तो फूल दिखाई नहीं पड़ते, कांटे ही कांटे हाथ आते हैं।

जो तुम्हारे भीतर हो रहा है वही बाहर झलकता है। तुम बाहर की व्याख्या तो भीतर से ही करोगे न! व्याख्या तो भीतर से आएगी। व्याख्या तो द्रष्टा से आएगी। दृश्य में तुम्हें जो दिखाई पड़ रहा है वह भी द्रष्टा की ही छाया है।

एक कवि इस बगीचे में आ जाए और एक संगीतज्ञ इस बगीचे में आ जाए और एक चित्रकार इस बगीचे में आ जाए और दुकानदार इस बगीचे में आ जाए और एक लकड़हारा इस बगीचे में आ जाए; सभी एक ही बगीचे में दिखाई पड़ते हैं लेकिन एक ही बगीचे में होंगे नहीं।

लकड़हारा सोचता होगा कौन-कौन से वृक्ष काट डाले जाएं। कौन सी लकड़ी बिक सकेगी। कौन सी लकड़ी फर्नीचर बन सकेगी, कौन सी लकड़ी जलाऊ हो सकेगी।

शायद दुकानदार को वृक्ष दिखाई ही न पड़ें। या इतना ही दिखाई पड़े कि इनके फल बिक जाएं तो कितने दाम हाथ आ सकेंगे। दुकानदार रुपये ही गिनते रहे।

कवि को कुछ और दिखाई पड़ेगा। फूल दिखाई पड़ेंगे, फूलों में छाई हुई आभा दिखाई पड़ेगी। कवि के भीतर, जैसे बाहर फूल खिले हैं वैसे भीतर गीत फूटने लगेंगे।

चित्रकार को रंगों का दर्शन होगा। उसे ऐसे रंग दिखाई पड़ेंगे जो तुम्हें साधारणतः दिखाई नहीं पड़ते। तुम तो जब देखते हो, तो सभी वृक्ष हरे मालूम होते हैं। चित्रकार जब देखता है तो एक-एक वृक्ष अलग-अलग ढंग से हरा मालूम होता है। हरे में भी कितने भेद हैं। हरे में भी कितने हरेपन छिपे हैं। हरे में भी कितने ढंग हैं। सब हरा हरा नहीं है, हरे और हरे में बड़ा फर्क है। वह तो चित्रकार को दिखाई पड़ेगा।

जो तुम्हारे भीतर है उसकी छाया तुम्हें बाहर दिखाई पड़ती है। और अगर कोई एक संत आ जाए, राबिया आ जाए उस बगीचे में तो फूल के सौंदर्य को देख कर उसकी आंखें बंद हो जाएंगी। फूल का सौंदर्य उसकी आंखों को झपका देगा, क्योंकि फूल के सौंदर्य से उसे परमात्मा के सौंदर्य की याद आ जाएगी। बाहर का सौंदर्य उसे भीतर फेंक देगा। वह आंख बंद कर लेगी। बाहर का फूल तो भूल जाएगा, निमित्त हो गया, भीतर का फूल दिखाई पड़ने लगेगा। बाहर के गीत सुन कर राबिया किसी अंतर्यात्रा पर निकल जाएगी। बाहर का गीत तो बहुत दूर रह जाएगा।

दृश्य, हर दृश्य द्रष्टा की खबर लाएगा—लाता ही है, हम अंधे हैं। भीतर की तरफ अंधे हैं इसलिए हम वस्तुओं में उलझे रह जाते हैं।

पहला सूत्र आज का है:

क्वात्मनो दर्शनं तस्य यद्दृष्टमवलंबते।

उसको आत्मा का दर्शन कहां, कैसे—असंभव है—जो दृश्य का अवलंबन करता है। जो दृश्य के पीछे भागा चल रहा है, वह अपने से दूर निकलता जाएगा।

जैसे-जैसे दृश्य के पीछे भागेगा वैसे-वैसे अपने केंद्र से च्युत हो जाएगा। दृश्य तो मिलेगा नहीं, क्योंकि दृश्य तो मृग-मरीचिका है। वह जो झील में दिखाई पड़ता है चांद, तुम अगर डुबकी लगा लिए झील में चांद को पकड़ने को तो क्या तुम पा सकोगे? छाया भी खो जाएगी तुम्हारे डुबकी लगाने से। पानी की सतह हिल जाएगी। वह जो प्रतिबिंब बनता था वह भी खंड-खंड होकर पूरी झील पर बिखर जाएगा। पूरी झील पर चांदी फैल जाएगी, लेकिन तुम पकड़ न पाओगे। तुम पगला जाओगे।

ऐसे ही तो सारा जगत पागल है। दिखाई पड़ता है दूर क्षितिज पर सौंदर्य, दौड़ते हो तुम; जब तक मुट्ठी में आता है, तब तक सब बिखर जाता है। सुंदर से सुंदर स्त्री तुम्हारे मुट्ठी में आते ही कुरूप हो जाती है। सुंदर से सुंदर पुरुष तुम्हारे हाथ में आते ही कुरूप हो जाता है। इसलिए तो अपनी स्त्री किसको सुंदर दिखाई पड़ती है? सदा दूसरे की स्त्री सुंदर दिखाई पड़ती है। इसीलिए तो अपना घर किसको महल मालूम पड़ता है? सदा दूसरे का घर महल मालूम पड़ता है। जो नहीं है मुट्ठी में वही सुंदर लगता है; मुट्ठी में आते ही सब बिखर जाता है।

छायाएं हैं इस जगत में। प्रतिबिंब हैं इस जगत में। दूर से बड़े लुभावने। दूर के ढोल बड़े सुहावने। पास आते-आते सब खो जाता है। सत्य की परिभाषा है : जो पास आने पर और सत्य हो जाए। असत्य की परिभाषा है : जो दूर से सत्य मालूम पड़े, पास आने पर खो जाए। महापुरुष की परिभाषा है : जिसके पास आओ तो और बड़ा होने लगे। महापुरुष के नाम से जो धोखा देता है उसके पास आओगे, छोटा होने लगेगा। जैसे-जैसे पास आओगे वैसे-वैसे छोटा हो जाएगा। जब बिलकुल पास जाओगे, तुम्हारे ही कद का हो जाएगा। शायद तुमसे भी छोटे कद का साबित हो। दूर से दिखाई पड़ता है बड़ा।

इसीलिए तो राजनेता किसी को बहुत पास नहीं आने देते। कहते हैं अडोल्फ हिटलर ने किसी से कभी मैत्री नहीं बनाई। एक भी आदमी ऐसा न था जो उसके कंधे पर हाथ रख कर मित्र की तरह व्यवहार कर सके। अडोल्फ हिटलर ने कभी किसी स्त्री को इस तरह से प्रेम नहीं किया कि वह करीब आ जाए। अडोल्फ हिटलर के कमरे में कभी कोई नहीं सोया। कोई स्त्री भी नहीं सोई। कारण? अडोल्फ हिटलर बरदाश्त नहीं करता था किसी का पास आना। उसका बड़प्पन दूर के ढोल का सुहावनापन था। वह बड़ा था दूर होकर; पास आकर छोटा हो जाता। जानता था। सभी राजनेता जानते हैं।

तुम जब राजपदों की आकांक्षा करते हो तो तुम क्या आकांक्षा कर रहे हो? तुम यही आकांक्षा कर रहे हो, तुम तो छोटे हो, कुर्सियों पर खड़े होकर बड़े हो जाओगे। तुम बचकाने हो। कभी-कभी छोटे बच्चे करते हैं। बाप के पास मूढ़े पर खड़े हो जाते हैं और कहते हैं, देखो पिताजी, तुमसे बड़ा हो गया। राजनीति बस इसी तरह का

बचकानापन है। कुर्सी पर बैठ कर लोग बड़े हो जाते हैं। राष्ट्रपति के पद पर बैठ कर आदमी राष्ट्रपति मालूम होने लगता है, पद से उतरते ही खो जाता है। फिर कोई फिकर नहीं लेता, कोई जयरामजी करने नहीं आता।

इसीलिए तो जो आदमी पद पर पहुंच जाता है, पद से हटता नहीं। लाख सरकाओ, लाख उपाय करो, वह टस से मस नहीं होता। वह चाहता है उसी पद पर रहते-रहते मर जाए। अब पद से नीचे न उतरे। क्योंकि वह जानता है, वह जो बड़प्पन अनुभव हो रहा है वह झूठ है। वह पद के कारण है; वह कुर्सी से मिला है। अपना नहीं है, आत्मगौरव नहीं है, पदगौरव है।

जिस व्यक्ति को आत्मा का थोड़ा रस आने लगता है वह पदों में उत्सुक न रह जाएगा।

फिर पद का एक फायदा है कि तुम जैसे ही पद पर होते हो, दूसरे पास नहीं आ सकते। यही धन का भी फायदा है। जितनी बड़ी धन की ढेरी पर तुम खड़े होते हो, लोग उतने दूर छूट जाते हैं। कोई पास नहीं आ सकता।

ये छोटे आदमियों की दौड़ें हैं। हीन ग्रंथियों से पीड़ित आदमियों की दौड़ें हैं। लेकिन अधिक लोग इसमें व्यस्त होते हैं।

दृश्य की तलाश में आत्मा का दर्शन कहां? अष्टावक्र कहते हैं, दृश्य का जो अवलंबन करता है वह कभी अपने को न पा सकेगा। और जिसने अपने को न पाया वह सब भी पा ले तो उस पाने का सार क्या है? जीसस ने कहा है, तुम सारी दुनिया भी पा लो और स्वयं को खो दो, यह कोई सौदा हुआ? इसको जीत समझते हो? यह तो महा हार हो गई। इससे बड़ी और पराजय क्या होगी? अपने को गंवा दिया, सब कमा लिया।

कमाने योग्य तो एक ही बात है: वह, जो तुम्हारे भीतर छिपा बैठा है। वही है परम धन, वही है परम पद। उसे नहीं पाया तो समझना, तुम भिखमंगे रहे और भिखमंगे मरे। फिर तुम कितनी ही बड़ी कुर्सियों पर चढ़ जाओ; तुम कितनी ही सीढ़ियां चढ़ जाओ, और तुम कितने ही धन के ढेर लगा लो, और तुम सारी पृथ्वी के मालिक हो जाओ, अगर तुम अपने मालिक नहीं हो तो तुम दीन हो, तुम दरिद्र हो। और अगर तुम अपने मालिक हो और तुम्हारे पास कुछ भी न हो तो भी तुम्हारी समृद्धि अपूर्व है; तुम सम्राट हो।

स्वामी राम अपने को बादशाह कहते थे। था तो नहीं उनके पास कुछ भी। बोलते थे तो भी वे अपने को राम बादशाह ही कहते थे। कि आज सुबह राम बादशाह घूमने गया तो वृक्ष झुक-झुक कर सलाम बजाने लगे। आज रात राम बादशाह जा रहा था तो चांद-तारे परिक्रमा करने लगे।

इस देश में तो ऐसी बात चलती है। इस देश में कोई इसमें अड़चन नहीं लेता; हम इसके आदी हैं। लेकिन जब वे अमरीका गए तो लोगों को यह बात न जंची। लोगों ने कहा, आप कह क्या रहे हैं? क्योंकि अमरीका में तो यह पागलपन का लक्षण हो जाए। चांद-तारे और आपका चक्कर लगाने लगे? और वृक्ष झुक-झुक कर सलाम बजाने लगे? होश में हैं? और आप अपने को राम बादशाह कहते हैं, और दो लंगोटी आपके पास हैं।

और राम बादशाह ने कहा, इसीलिए तो कहता हूं कि मैं बादशाह हूं, क्योंकि मेरे पास ऐसा कुछ भी नहीं है, जो छीना जा सके। और मेरे पास ऐसा कुछ भी नहीं है जो मौत मेरे हाथों से छुड़ा लेगी। मेरी मालकियत ऐसी है कि मौत भी हार जाएगी। और मेरी मालकियत ऐसी है कि कोई छीन न सकेगा। इसलिए तो बादशाह कहता हूं अपने को। मेरी हंसी देखो, मेरी आंखों में झांको। मेरी बादशाहत भीतरी है। मेरी बादशाहत वही है जिसको जीसस ने किंगडम ऑफ गॉड: प्रभु का राज्य कहा है। मेरी आंखों में आंखें डालो और देखो, मेरी बादशाहत भीतर है। मैंने अपने को पा लिया है इसलिए कहता हूं कि मैं बादशाह हूं। और तुम सब गरीब हो, दीन-दरिद्र हो। होंगे करोड़ों रुपये तुम्हारे पास, धन-वैभव होगा, फिर भी मैं तुमसे कहता हूं, तुम दीन-दरिद्र हो।

इन्हीं अमीरों के लिए, जिनके पास बाहर का सब कुछ है और भीतर का कुछ नहीं है, जीसस का प्रसिद्ध वचन है: सुई के छेद से भी ऊंट निकल सकता है लेकिन ऐ अमीर लोगो! तुम प्रभु के राज्य में प्रवेश न पा सकोगे।

सुई के छेद से ऊंट भी निकल सकता है—यह असंभव है। सुई के छेद से कैसे ऊंट निकलेगा? लेकिन जोसस कहते हैं, यह असंभव भी शायद किसी तरकीब से संभव हो जाए। सुई के छेद से भी ऊंट निकल जाए, लेकिन ऐ अमीर लोगो! तुम प्रभु के राज्य में प्रवेश न पा सकोगे। कारण? कारण कि तुम अमीर ही नहीं हो। कारण कि तुम तो अत्यंत दीन हो, अत्यंत दरिद्र हो। तुम्हारे भीतर तो कुछ भी नहीं, खालीपन, सूखा-सूखा मरुस्थल। एक भी मरूद्यान नहीं तुम्हारे भीतर। तुम भीतर तो कोरे-कोरे। तुमने तो भीतर की संपदा जगाई ही नहीं।

दृश्य के पीछे जो भागता रहेगा, दृश्य तो मिलेंगे ही नहीं और द्रष्टा खो जाएगा। यह दौड़ बड़ी महंगी है। और अधिकतर लोग इसी दौड़ में हैं। बहुत बार अनुभव में भी आता है कि जिसकी तलाश करते थे, जब मिलता है तो कुछ भी मिलता नहीं। लेकिन फिर मन के जाल बड़े गहरे हैं। मन कहता है: शायद इस बार चूक गए, अगली बार हो जाए। फिर वासनाएं आ जाती हैं, फिर नये प्रलोभन आ जाते हैं।

फिर आ गए राजाधिराज चाबुक घुमाते
सफेद घोड़े दौड़ाते, सूरज का मुकुट झिलमिलाते
फिर बच्चे फूल बीनने लगे
क्या मैं कभी जाड़े की सुगंध से छूटूंगी नहीं?
बंधी ही रहूंगी गरमाहट की इच्छा से?
हर बार हर साल धूप की भाप बर मोम-सी घुलूंगी?
खोदूंगी स्पर्श-निरपेक्ष स्व?
इस असहायता से मुक्त हो जाऊं,
विदेह हो आऊं
फिर आ गए राजाधिराज चाबुक घुमाते
सफेद घोड़े दौड़ाते, सूरज का मुकुट झिलमिलाते?

वासना पीछा नहीं छोड़ती। कई बार लगता है, कई बार गहन अभीप्सा उठती है, कब मुक्त हो जाऊं? कब छूटे यह जाल? कब छूटे यह जंजाल? कब होगी मुक्ति? कब होगा खुला आकाश? जहां कोई मांग परिधि न बनेगी, और जहां कोई वासना दूषित न करेगी, जहां चैतन्य का दीया निर्धूम जलेगा, जहां भिखमंगापन जरा भी न होगा, जहां अपने में तृप्ति परिपूर्ण होगी और उससे बाहर जाने की कोई कल्पना भी न उठेगी, जहां स्वप्न थरथराएंगे नहीं, जहां अकंप होगी चैतन्य की शिखा—कब आएगा वैसा क्षण?

ऐसा बहुत बार बोध भी आता, लेकिन फिर आ जाते वासना के घोड़े दौड़ाते।

फिर आ गए राजाधिराज चाबुक घुमाते?

फिर पकड़ लेता मन। फिर कोई कहता है, एक बार और। थोड़ा और दौड़ लो।

टालस्टाय की बड़ी प्रसिद्ध कहानी है : कितनी जमीन एक आदमी को जरूरी है? एक संन्यासी, एक घुमक्कड़, एक साधारण सुखी परिवार में ठहरा। साधारण सुखी परिवार, खाता-पीता, मस्त था। सीधे-सादे लोग थे। लेकिन इस घुमक्कड़ ने रात को कहा, तुम क्या कर रहे हो यहां? तुम जिंदगी भर इसी छोटी सी जमीन में खेती-बाड़ी करते रहोगे, कभी अमीर न हो पाओगे।

यह आदमी, जिसके घर यह घुमक्कड़ मेहमान था, गरीब था ही नहीं, क्योंकि इसे कभी अमीर होने का खयाल ही न उठा था। उस रात गरीब हो गया। उस घुमक्कड़ ने कहा, इसमें ही पड़े रहोगे, कभी अमीर न हो पाओगे। अमीरी का खयाल उठा कि गरीब हो गया। रात सो न सका। रोज निश्चिंत सोता था, उस रात बड़ी उधेड़बुन रही। सुबह उठ कर घुमक्कड़ से पूछा कि तुम तो सारी जमीन पर घूमते हो, कोई ऐसी जगह है जहां मैं अमीर हो जाऊं? उसने कहा, ऐसी जगह है साइबेरिया में। वहां अजीब लोग

हैं, अभी भी जंगली। उनको अभी भी कुछ अक्ल नहीं है। वहां तुम चले जाओ। इतनी जमीन बेच दो यहां। इतने पैसे में तो वहां तुम जितनी जमीन चाहो, ले लो।

फिर तो क्या था, वासना जाग गई। उस आदमी ने जमीन-मकान सब बेच दिया। बच्चे-पत्नी बहुत रोए। उसने कहा, तुम घबड़ाओ मत, जल्दी ही हम अमीर हो जाएंगे। अमीर वे थे ही, क्योंकि कभी गरीबी का खयाल ही न उठा था। मस्त थे, लेकिन बड़ी बुरी तरह से गरीब हो गए।

वह सब बेच-बाच कर पहुंचा दूर साइबेरिया में। वहां जाकर पता चला कि घुमक्कड़ ने ठीक कहा था। अजीब लोग थे। घुमक्कड़ ने कहा था, तुम बस किसी भी कबीले के प्रमुख को प्रसन्न कर लेना। और प्रसन्न वे छोटी-छोटी बातों से हो जाते हैं। हुक्का ले जाना, तमाखू ले जाना, शराब ले जाना, बस भेंट कर देना। वह खुश हो जाए तो तुम कहना, थोड़ी जमीन चाहिए। उसने खुश कर लिया एक प्रमुख को। प्रमुख ने कहा, तो ले लो जितनी जमीन...कितनी चाहिए? तो वह कुछ सोच न पाया। तो उसने कहा, ऐसा करो, प्रमुख ने कहा, कल सुबह सूरज उगते तुम निकल पड़ना। और जितनी जमीन तुम घेर लो सांझ सूरज डूबने तक, सब तुम्हारी। जितने का चक्कर लगा लो।

वह आदमी तो दीवाना हो गया कि इतनी जमीन, जितने का दिन भर में मैं चक्कर लगा लूं? फिर रात भर सो न सका। रात भर चक्कर लगाता रहा। रात भर सपने में दौड़ता रहा, दौड़ता रहा। सुबह उठा तो बड़ा थका-मांदा था। नींद ही न हुई थी और रात भर दौड़ा था। एक दुखस्वप्न था। लेकिन उसने कहा, कोई हर्जा नहीं। उसने सुबह नाश्ता भी न किया, क्योंकि पेट भारी होगा तो शायद ज्यादा चक्कर न लगा पाए। सिर्फ उसने पानी की एक थर्मस लटका ली।

और वह तो भागा। इतनी तेजी से भागा, जीवन में कभी भागा नहीं था। एकदम तीर की तरह भागा। एक क्षण खोना खतरनाक था। उसने तय कर रखा था मन में कि ठीक बारह बजते-बजते जब सूरज सिर पर होगा तो लौटना शुरू कर दूंगा, क्योंकि फिर लौटना भी है। लेकिन जब सूरज सिर पर था तो मन मोहने लगा कि थोड़ा और। कई मील चल चुका था। इतना विराट घेर लिया था और इतनी सुंदर जमीन थी! जब सूरज सिर पर आया तो उसने कहा, थोड़ा और घेर लूं। जरा जोर से दौड़ना पड़ेगा, और क्या! एक दिन की ही बात है, और दौड़ लूंगा।

उसने रुक कर पानी भी न पीया, क्योंकि प्यास तो लगी थी लेकिन रुक कर पानी पीए, उतना समय खो जाए। उतनी देर में तो एकड़-दो एकड़ घेर ले। सूरज ढलने लगा लेकिन मन लौटने का न हो। सोचा उसने, जीवन दांव पर लगा लूं। एक ही दिन की तो बात है।

फिर लौटा; अब बड़ी मुश्किल हो गई। अब वह भाग रहा है, भाग रहा है, दिन भर का थका-मांदा। सूरज ढलने-ढलने को होने लगा; वह भाग रहा है, वह भाग रहा है। सारा गांव खड़ा है देखने के लिए। और लोग उसे उत्साहित कर रहे कि दौड़, क्योंकि सूरज डूब रहा है। अगर सूरज डूबते तक न लौटा तो सब गया। डूबते तक लौट आना चाहिए, यह शर्त थी। उसने सारा जीवन दांव पर लगा दिया। अब तो बहुत ही करीब रह गया है और सूरज बिलकुल क्षितिज छू रहा है। उसने सारी शक्ति आखिरी बार इकट्ठी की; बची भी नहीं थी शक्ति, सब दांव पर लगा दी। भागा। लेकिन जो रेखा खींची गई थी उस पर पहुंचते-पहुंचते गिर पड़ा। सूरज ढल ही रहा था। पहुंच गया ठीक वक्त पर, लेकिन गिरते ही मर गया।

और गांव भर के लोग खूब हंसे। और उन्होंने उसकी कब्र बना दी और कब्र पर लिख दिया : एक आदमी को कितनी जमीन चाहिए। छह फीट! छह फीट कब्र बनी। मीलों घेर ली थी, वह सब व्यर्थ चली गई।

यह टाल्सटाय की बड़ी प्रसिद्ध कहानी है : 'हाउ मच लैंड डज ए मैन रिक्वायर।' कितनी जमीन? छह फीट काफी हो जाती है। वासना बढ़ती चली जाती। वासना कोई छोर नहीं मानती। तुम दौड़ते ही चले जाते।

मेरे एक मित्र हैं, मुझसे उन्होंने कहा कि आप कहते हैं कि आदमी को अंतिम समय में प्रभु में ध्यान लगा देना चाहिए। तो उनकी उम्र है कोई साठ साल। तो मैंने कहा, अब अंतिम समय तो आ ही गया। अब और क्या राह देख रहे? उन्होंने कहा, बस ऐसा करें, पांच साल का मुझे और वक्त दें। मैंने कहा, तुम्हारी मर्जी। क्योंकि वक्त तुम्हारा, उम्र तुम्हारी, ध्यान तुम्हारा; मेरी तो कुछ इसमें जबरदस्ती चल नहीं सकती। तुम्हारी मौज। लेकिन पांच साल का पक्का है कि बचोगे? वे हंसने लगे। कहने लगे कि आप भी कैसी बात करते हैं। अरे आपके आशीर्वाद से बचेंगे। क्यों नहीं बचेंगे! मैंने कहा, मेरे आशीर्वाद से तुम्हारा क्या लेना-देना! न मेरे आशीर्वाद से तुम पैदा हुए, न मेरे आशीर्वाद से तुम जी रहे हो, न मेरे आशीर्वाद से बचोगे। इन धोखों में मत पड़ो।

वे जरा दुखी भी हो गए। कहने लगे, ऐसी बात तो नहीं कहनी चाहिए। आप तो कम से कम आशीर्वाद दें। मैंने कहा कि मुझे आशीर्वाद देने में कुछ खर्च नहीं लगता। इसीलिए तो साधु-महात्मा आशीर्वाद देते हैं। कुछ हर्जा ही नहीं है। आशीर्वाद देने में मेरा क्या बिगड़ता है? आशीर्वाद लो। लेकिन पांच साल में पक्का है, अगर बच गए तो फिर? उन्होंने कहा, फिर तो संन्यास ले लेना है। सब बंद कर दूंगा। हो गया!

पांच साल भी पूरे हो गए। जब मैं दुबारा उनके घर मेहमान हुआ तो वे बड़े बेचैन थे। वे अकेले में मेरे पास न बैठें, इधर-उधर घूमें। मैंने कहा कि घूमने से क्या होगा? पांच साल पूरे हो गए। कहा, आप कहते तो ठीक हैं। पांच साल का और वक्त दे दें।

तो मैंने उन्हें टाल्सटाय की यह कहानी सुनाई: 'हाउ मच लैंड डज ए मैन रिक्वायर।' तो तुम कहे थे पैंसठ साल, अब बदलते हो? नहीं, वे कहने लगे बदलता नहीं हूं। अपनी बात पर रहूंगा लेकिन कई काम उलझे पड़े हैं, धंधे अधूरे पड़े हैं, बच्चे युनिवर्सिटी में हैं, आते हैं, उलझनें हैं, सब इनको निपटा लूं।

पांच साल में मैंने कहा, उलझनें निपट जाएंगी? क्योंकि उलझनें किसी की कभी नहीं निपटीं। पांच साल तो क्या, पचास साल और जीयो तो भी नहीं निपटेंगी। क्योंकि पांच साल में उलझनें निपटाओगे तो जरूर, लेकिन उलझनें खड़ी भी तो करोगे।

उन्होंने कहा कि नहीं, इस बार बिलकुल पक्का कहता हूं। कहो तो लिख कर दे दूं। मैंने कहा, आप लिख कर ही दे दो। तो डरने लगे। कहा, नहीं आप भी क्या बात करते हैं। बात कह दी, लिखना क्या? मैंने कहा, तुम लिख ही दो। शायद पांच साल बाद तुम फिर बदल जाओ। लिख कर उन्होंने मुझे दिया। जब पांच साल फिर निकल गए तो मैंने उन्हें तार किया कि पांच साल पूरे हो गए। वे आए और कहने लगे, क्षमा करें। यह मुझसे न हो सकेगा। और अब आपसे दुबारा पांच साल मांगूं इसकी भी हिम्मत नहीं पड़ती। लेकिन यह मुझसे हो न सकेगा।

मैंने कहा, मरोगे या नहीं मरोगे? मरते वक्त क्या करोगे? मौत द्वार पर खड़ी हो जाएगी...मुझे तो तुम कहते हो कि नहीं हो सकेगा; मौत से क्या कहोगे? वे कहने लगे, कौन आज मरा जाता हूं। जब आएगी मौत तब देख लेंगे।

ऐसे आदमी सरकाता चलता। ऐसे आदमी हटाता चलता। जीवन ऐसे रत्ती-रत्ती हाथ से रिक्त होता जाता। एक-एक बूंद टपकती है इस गागर से और गागर खाली होती जा रही है। और तुम कहते हो कल, और तुम कहते हो परसों। दृश्य के पीछे दौड़ते रहो, कभी कोई सुख संभव नहीं है।

जागते में जागता भागता हूं
अंधेरी गुफा में खोजता हुआ दरार
चौड़ाने को
झांकने को पार
जागने को
यह तुम जिसको जागरण कहते हो यह जागरण नहीं है।
जागते में जागता भागता हूं
अंधेरी गुफा में खोजता हुआ दरार
चौड़ाने को
झांकने को पार
जागने को

– अष्टावक्र महागीता : भाग-7

तुम अभी जागे कहां? अभी तो अंधेरी गुफा में दौड़ रहे। अभी तो तुम दरार ही खोज रहे हो कि कहीं से दरार मिल जाए, थोड़ी रोशनी मिल जाए, थोड़ा सुख मिल जाए। अभी तो तुम चेष्टा कर रहे हो कि थोड़ा कहीं से द्वार मिल जाए तो जाग जाऊं।

यह तुम्हारा जागरण वास्तविक जागरण नहीं है। जागता तो वही है जो भीतर की तरफ चलता है। बाहर की तरफ चलने वाला आदमी तो सोता ही चला जाता है। दरार मिलेगी नहीं, दरार होगी तो भी खो जाएगी। और यह अंधेरी गुफा और बड़ी हो जाएगी। ऐसे तो कभी सूरज मिला ही नहीं। बाहर चल कर तो आदमी अंधेरे और अंधेरे में चला गया है। बाहर अंधेरा है, भीतर रोशनी है। भीतर है ज्योतिपुंज। भीतर अहर्निश जल रहा है दीया। और तुम कहां भटक रहे?

जो देखा, सपना था
अनदेखा अपना था

जो-जो तुमने देखा है, सब सपना है। दृश्यमात्र सपना है। यही तो पूरब की अपूर्व धारणा है माया की। माया का अर्थ है:

जो देखा, सपना था
अनदेखा अपना था

बस एक चीज अनदेखी है, वह तुम स्वयं हो। उसको तुमने कभी नहीं देखा। और तो तुमने सब देख डाला, सारा संसार देख डाला। दूसरे तो तुमने खूब देख लिए। एक चीज अनदेखी रह गई है: तुम्हारा स्वयं का स्वरूप।

अष्टावक्र कहते हैं:

धीरास्तं तं न पश्यंति पश्यंत्यात्मानमव्ययम्।

'धीरपुरुष दृश्य को नहीं देखते हैं, अविनाशी आत्मा को देखते हैं।'

और जिसने इस अविनाशी, अव्यय आत्मा को देख लिया उसने दृश्यों का दृश्य देख लिया। जो पाने योग्य था, पा लिया। जो सार था, उसके हाथ आ गया; जो असार था, उसने छोड़ दिया।

तुम्हारे भीतर अमृत विराजमान है। जिसके लिए तुम तरस रहे हो वह तुम्हारे भीतर छिपा पड़ा है। जिस धन को तुम खोजने निकले हो उस धन का अंबार तुम्हारे भीतर लगा है। संपत्ति भीतर है, बाहर तो विपत्ति है। संपदा भीतर है, बाहर तो विपदा है। उलझन बढ़ती है, घटती नहीं। समस्याएं गहरी होती हैं, हल नहीं होतीं।

समाधि और समाधान तो भीतर हैं। बाहर तो सिर्फ समस्याओं का जाल फैलता चला जाता है। एक समस्या में से दस समस्याओं के अंकुर निकल आते हैं। एक उलझन को सुलझाने चलो, दस उलझनें खड़ी हो जाती हैं। फिर इनको ही सुलझाते-उलझाते जीवन बीतता। एक दिन मौत द्वार पर खड़ी आ जाती। और तब एक क्षण का

भी समय नहीं मिलता। तुम फिर लाख सिर पटको कि थोड़ा और समय मुझे मिल जाए, जरा सा भी समय मिल जाए, चौबीस घंटे का समय मिल जाए, जरा ध्यान कर लूं, सदा टालता रहा, लेकिन फिर एक क्षण भी नहीं मिलता।

और आश्चर्य की बात तो यही है कि इतनी अपूर्व राशि को तुम लिए चलते हो। बुद्ध कहते हैं, कृष्ण कहते हैं, क्राइस्ट कहते हैं, नानक-कबीर-दादू कहते हैं; सारे जगत के रहस्यमय पुरुष, सारे जगत के संत एक ही बात कहते हैं कि तुम्हारे भीतर अपरंपार संपदा पड़ी है। प्रभु का राज्य तुम्हारे भीतर है, फिर भी तुम सुनते नहीं। और बाहर तुम देखते हो अनेकों को तड़फते। सारा संसार तड़फता। जिनके पास बहुत है वे भी वैसे ही उदास; फिर भी तुम जागते नहीं।

निरपवाद रूप से अगर कोई बात कही जा सकती है तो एक है—जिन्होंने बाहर खोजा, कभी नहीं पाया। एक भी अपवाद नहीं हुआ इसका। आज तक मनुष्य-जाति में एक आदमी ने ऐसा नहीं कहा कि मैंने बाहर खोजा और पा लिया। और अब तक जिसने भी पाया उसने भीतर खोज कर पाया। वह भी निरपवाद। जिसने भी कहा, मुझे मिला, उसने कहा भीतर मिला।

ये सत्य के दो पहलू हैं; एक ही सत्य के। बाहर कभी किसी को नहीं मिला। अनंत-अनंत लोगों ने खोजा। और जिन थोड़े से लोगों को मिला उन्हें भीतर खोज कर मिला। और क्या प्रमाण चाहते हो? धर्म निरपवाद विज्ञान है—इस अर्थ में। एक भी बार इसमें चूक नहीं हुई। फिर भी हम बाहर भागते हैं। फिर भी हम भीतर नहीं जाते।

हम वे लोग हैं जो घोल दें खुशबू हवा में
जो काल के निष्ठुर हृदय पर
उंगलियों से लिख दें अमिट लेख
हम वे लोग हैं जो मौत की ठंडी उंगलियों में
भर दें जिंदगी के गीत
हम हवाओं में तैरते
इस पार से उस पार तक अनिर्बंध
हम वे लोग हैं जिन्हें छांट दो तो
अमरबेल-सा उग आएं
जिन्हें बांध दो तो गंध-सा बस जाएं
जिन्हें जला दो तो आकाश में छा जाएं
हम तुम्हारी आत्माओं की प्रज्वलित शिखाएं
तुम्हारी आवाज के आधार का मूलतत्व
तुम्हारी मुट्ठियों में रची-बसी आस्थाएं

हम वे लोग हैं जो हवा में भर जाते हैं
अवाम में छा जाते हैं
होठों पर भा जाते हैं
चेहरों पर आ जाते हैं
हम वे लोग हैं जो घोल दें खुशबू हवा में
जो काल के निष्ठुर हृदय पर
उंगलियों से लिख दें अमिट लेख

शाश्वत तुम्हारे भीतर पड़ा है। तुम अमरबेल हो। कितने बार जन्मे; कितने बार मरे, फिर भी मिटे नहीं। मिटना तुम्हारा स्वभाव नहीं। अव्ङ! तुम कभी व्यतीत नहीं होते। तुम्हारा कभी व्ङ नहीं होता। अमृत! तुम कितने ही भागते रहे हो जन्मों-जन्मों में, फिर भी तुम्हारी संपदा अक्षुण्ण तुम्हारे भीतर पड़ी है। जिस दिन जागोगे उसी दिन स्वामी हो जाओगे। जागते ही स्वामी और सम्राट हो जाओगे। घोषणा भर करनी है।

अष्टावक्र की महिमा यही है कि वे तुमसे यही कह रहे हैं कि कुछ करना नहीं है, सिर्फ जरा आंख का कोण बदलना है। देखना है और घोषणा करनी है। तुम्हारे भीतर से सिंहनाद हो जाएगा।

ङ्गजो हठपूर्वक चित्त का निरोध करता है उस अज्ञानी को कहां चित्त का निरोध है? स्वयं में रमण करनेवाले धीरपुरुष के लिए यह चित्त का निरोध स्वाभाविक है।ङ्ख

यह सूत्र अत्यंत आधारभूत है। ध्यानपूर्वक समझना।

क्व निरोधो विमूढ़स्य यो निर्बंधं करोति वै।
स्वारामस्यैव धीरस्य सर्वदाऽसावकृत्रिमः।।

जो हठपूर्वक चित्त का निरोध करता है, जो जबरदस्ती चित्त का निरोध करता है, उस अज्ञानी का चित्त कभी भी निरोध को उपलब्ध नहीं होता।

समझो। हठपूर्वक अगर तुम चित्त का निरोध करोगे तो निरोध करेगा कौन? वही चित्त। मन ही तो मन से लड़ता, और चित्त ही तो चित्त का निरोध करता। चित्त के ही द्वारा तो तुम चित्त से लड़ोगे।

तुम वेश्या के घर जा रहे, तुम जबरदस्ती अपने को मंदिर ले जाते। यह कौन है जो जबरदस्ती तुम्हें मंदिर ले जा रहा है? यह भी मन है। वेश्या के घर जो जा रहा था वह भी मन था। मन भीड़ है बहुत सी वासनाओं की। मन कोई एक नहीं है, मन अनेक है। उसी मन में यह भी वासना है कि वेश्या के घर जाऊं, उसी मन में यह भी वासना है कि मंदिर जाऊं। तुम जब मंदिर जाते हो तो तुम सोचते हो मन को जीता। नहीं, यह भी मन का ही एक अंग है। तुम जब वेश्या के घर जाते हो तो सोचते हो मन से हार गए। नहीं, यह भी मन की जीत है। मंदिर जाना भी मन की जीत है। दोनों में तुम्हारी हार है।

तुम जो भी करोगे—कृत्य मात्र मन से होता है। सिर्फ अगर तुम्हें अपने में जाना हो तो एक ही उपाय है : कृत्य का अभाव। करो मत। करना न हो। न वेश्या की तरफ जाना हो और न मंदिर जाना हो; जाना ही न हो तो मन हार जाता है। मन को कृत्य चाहिए। कृत्य मन का भोजन है। कुछ करने को हो तो मन जीता है।

फिल्मी गीत गाओ, मन को कोई अड़चन नहीं। भजन गुनगुनाओ, मन को कोई अड़चन नहीं। वह कहता है, चलो यही कर लेंगे। लेकिन कुछ कर लेंगे। तुम बैठ कर 'राम-राम-राम-राम' जपो, चलेगा। गाली बको कि भजन, मन दोनों से अपने को भर लेगा।

मेरे पास लोग आते हैं। वे कहते हैं, आप कहते हैं, बस चुपचाप बैठ जाओ। कुछ आलंबन तो दें। कुछ सहारा तो चाहिए। ऐसे कैसे चुप बैठ जाओ? माला फेरें कि राम-राम जपें। गुरुमंत्र दे दें। कान फूंक दें, वे कहते हैं। कुछ लोग मुझसे संन्यास लेते हैं। वे संन्यास के बाद कहते हैं, और गुरुमंत्र? सहारा तो चाहिए।

जब तक सहारा है तब तक मन रहेगा। सहारा मन को ही चाहिए। आत्मा को किसी सहारे की जरूरत नहीं है। मन लंगड़ा है; इसको बैसाखियां चाहिए। तुम बैसाखी किस रंग की चुनते हो इससे कुछ फर्क नहीं पड़ता। मन को कुछ उपद्रव चाहिए, व्यस्तता चाहिए, आक्युपेशन चाहिए। किसी बात में उलझा रहे। माला ही फेरता रहे तो भी चलेगा। रुपयों की गिनती करता रहे तो भी चलेगा। काम से घिरा रहे तो भी चलेगा। रामनाम की चदरिया ओढ़ ले, राम-राम बैठ कर गुनगुनाता रहे तो भी चलेगा। लेकिन कुछ काम चाहिए। कुछ कृत्य चाहिए। कोई भी कृत्य दे दो, हर कृत्य की नाव पर मन यात्रा करेगा और संसार में प्रवेश कर जाएगा।

कृत्य की नाव मत दो; बस, मन गया। बैठे रहो। मन बहुत मांग करेगा, बहुत छीना-झपटी करेगा। सदा तुमने दिया है, आज अचानक न दोगे तो मन एकदम से नहीं चुप हो जाएगा। लेकिन तुम बैठे रहो। तुम कहो कि अब तय ही कर लिया। अब कृत्य नहीं करेंगे। कुछ भी नहीं करेंगे। एक घड़ी बैठे ही रहेंगे, लेटे ही रहेंगे, खाली रहेंगे। सो मत जाना, क्योंकि मन वही सुझाव देगा। वह कहता है तो फिर क्या पड़े खाली-खाली? सो ही जाओ। कम से कम इतना ही करो।

सोना भी कृत्य है। सोना भी क्रिया है। तो अगर कुछ नहीं कर रहे हो तो मन कहता है, अब ऐसे बैठे-बैठे क्या फायदा? चलो झपकी ले लो। इतना तो करो। झपकी ले लोगे तो मन सपना देखने लगेगा। फिर काम शुरू हो गया। मन को काम चाहिए।

तुमने कहानियां सुनी होंगी, बच्चों की किताबों में लिखी हैं कि किसी आदमी ने एक भूत को प्रसन्न कर लिया। उस भूत ने कहा कि प्रसन्न तो हो गया तुम पर, अब तुम जो कहोगे करूंगा, लेकिन एक खराबी है मेरी कि मैं बिना काम के नहीं रह सकता।

मुझे काम देते रहना। अगर एक क्षण भी काम नहीं हुआ तो मैं मुश्किल में पड़ जाता हूं। फिर मैं तुम्हारी गर्दन दबा दूंगा। मुझे तो काम चाहिए ही। वह आदमी बोला, अरे यही तो...इससे अच्छा क्या होगा? नौकर-चाकर रखते हैं, उलटी झंझट है। उनके पीछे लगे रहो तो भी काम नहीं करते। तू तो बड़ा भला है, यही तो चाहिए।

उस आदमी को पता नहीं था कि वह किस झंझट में पड़ रहा है। भूत को घर जाकर...उसके जिंदगी में कई काम थे जो हो नहीं रहे थे। उसने भूत से कहा, चल एक महल बना दे। सोचा कि चलो दो-चार साल तो निपटे। वह घड़ी भर बाहर गया, भीतर आया, उसने कहा महल बन गया। महल खड़ा था। भूत का काम था। 'एक सुंदर स्त्री ले आ।' वह बाहर गया और ले आया। तब तो वह आदमी घबड़ाया। तिजोड़ी भर दे। उसने कहा, भर दी।

थोड़ी देर में, मिनट दो मिनट में सब काम चुक गए। तब वह आदमी अपनी गर्दन के लिए घबड़ाया कि मुश्किल हो गई। अब उसे कुछ सूझे नहीं कि क्या करना। वह बोला कि ठहर, मैं अभी आता हूं। वह आदमी भागा घर के बाहर।

एक फकीर गांव के बाहर था, उसके पास गया और कहा कि एक झंझट में पड़ गया हूं, एक भूत को जगा लिया। अब मेरी गर्दन मुश्किल में है। अब मुझे कुछ सूझता नहीं, क्योंकि जो-जो मैं सोचता था, वह क्षण में कर लाता है। अगर ऐसे ही रहा तो जीना मुश्किल है।

फकीर ने कहा, तू एक काम कर, यह नसैनी पड़ी है, ले जा। भूत से कहना, इस पर चढ़-उतर। उसने कहा, इससे क्या होगा? उसने कहा, इसमें होगा क्या? कुछ करने की जरूरत ही नहीं। जब तेरे पास कोई दूसरा काम हो, बता देना, नहीं तो कहना चढ़-उतर। वह आदमी बोला, बात तो ठीक है लेकिन आप कैसे समझे? उसने कहा, यही तो मन की सारी प्रक्रिया है। यह मन के भूत को समझ कर ही मैं समझ गया। फकीर ने कहा, मन के भूत को समझ कर...।

अब एक आदमी बैठा माला जप रहा है; वह क्या कर रहा है? सीढ़ी चढ़-उतर रहा है। एक आदमी राम-राम जप रहा है, वह सीढ़ी चढ़-उतर रहा है।

लगा दी सीढ़ी उसने जाकर। भूत से उसने कहा, तू चढ़-उतर। जब चढ़ जाए तो उतर, जब उतर जाए तो चढ़। तब से भूत चढ़-उतर रहा है, आदमी निश्चिंत है।

मन काम चाहता है। मन भूत है। जब भी मन खाली होता है तभी मुश्किल खड़ी हो जाती है; तत्क्षण मन कहता है, कुछ करो। छुट्टी के दिन भी छुट्टी कहां? तुमने देखा, छुट्टी के दिन और झंझट हो जाती है। रोज का काम होता नहीं, दफ्तर गए नहीं, दुकान गए नहीं, अब छुट्टी है, अब क्या करना? तो कोई अपनी कार खोल कर बैठ जाता है, उसी की सफाई करने लगता है। लगा ली नसैनी! कोई रेडियो खोल कर बैठ जाता है,

उसी को सुधारने लगता है। वह सुधरा ही हुआ था। कुछ न कुछ करो। या चले, पिकनिक को चले। सौ-पचास मील कार दौड़ाई, पहुंचे, भागे, फिर वापस लौटे।

कहते हैं कि लोग छुट्टी के दिन इतने थक जाते हैं जितने काम के दिन नहीं थकते। खाली बैठ नहीं सकते। छुट्टी का मतलब है खाली बैठो, लेकिन खाली बैठना संभव कहां है? खाली बैठना तो केवल ध्यानी को संभव है। और जिसको ध्यान आता है वह तो काम करते भी खाली होता है; इस बात को समझ लेना। और जिसको ध्यान नहीं आता वह खाली बैठा भी सीढ़ियां चढ़ता-उतरता है। और जिसको ध्यान आता है वह काम करते हुए भी खाली होता है।

खाली होना चैतन्य का स्वभाव है। मन को सहारा चाहिए।

'जो हठपूर्वक चित्त का निरोध करता है उस अज्ञानी को चित्त का निरोध कहां?'

हठ कौन करेगा? आग्रह कौन करेगा? जबरदस्ती कौन करेगा? हिंसा कौन करेगा अपने ही ऊपर? ये उपवास करने वाले, जप-तप करने वाले, शीर्षासन करने वाले, धूनी लगाए बैठे हुए लोग—यह कौन कर रहा है सब? यह मन ही कर रहा है।

अष्टावक्र के आधारभूत इस सूत्र को खयाल में लेना :

क्व निरोधो विमूढ़स्य यो निर्बंधं करोति वै।

कितना ही करो, कुछ भी करो, मूढ़ व्यक्ति चित्त के निरोध को उपलब्ध नहीं होता। इसलिए नहीं कि वह चित्त का निरोध नहीं करता, चित्त का निरोध करता है इसीलिए मुक्त नहीं होता। फिर मुक्ति का उपाय क्या है?

'स्वयं में रमण करनेवाले धीरपुरुष के लिए यह चित्त का निरोध स्वाभाविक है।'

चित्त का निरोध करना नहीं होता। आत्मरमण, आत्मरस में विभोरता-चित्त निरुद्ध हो जाता है। चित्त का निरोध सहज हो जाता है; अपने से हो जाता है। चित्त का निरोध परिणाम है।

तुमने भी खयाल किया होगा, जब भी तुम आनंदित होते हो—क्षण भर को ही सही—उसी क्षण चित्त का निरोध हो जाता है। रात देखा, आकाश में निकला चांद और क्षण भर को तुम आनंदित हो गए। उस क्षण में चित्त निरुद्ध हो जाता है। विचार बंद हो जाते हैं। आनंद में कहां विचार को सुविधा? जहां आनंद है वहां विचार कैसे बचेगा? विचार तो दुख में ही होता है।

संगीत सुन रहे थे, डोल गए, मस्त हो गए, एक भीतरी शराब पैदा हो गई; तब कहां मन? तब क्षण भर को मन अपने आप अवरुद्ध हो गया।

इधर तुम मुझे सुन रहे हो...मुझसे अनेक लोग आते हैं, मैं उनसे पूछता हूं कि कौन सा ध्यान सबसे ज्यादा ठीक लगता है? वे कहते हैं, सुबह आपका बोलना। मैं

कहता, बोलना! क्यों? वे कहते, बोलते-बोलते चित्त निरुद्ध हो जाता है। आपको सुनते-सुनते। आप बोलते उधर, इधर हम सुनते; मन ठहर जाता।

ठीक कहते हैं। अगर शांति से सुना, अगर मुझसे विवाद न रखा, संवाद किया, मेरे साथ चले, मेरे हाथ में हाथ ले लिया, बाधा न डाली, सहयोग किया, जिस दिशा में ले चला उस दिशा में चलने लगे, बहने लगे—चित्त निरुद्ध हो जाता है। एक क्षण को जब सुनना प्रगाढ़ होता है, तब कहां चित्त? कहां मन? सब खो गया। उस क्षण तुम आत्मा में होते हो।

इसलिए महावीर ने तो यहां तक कहा है कि अगर कोई सम्यक श्रवण को जान ले, ठीक-ठीक श्रावक हो जाए तो वहीं से मोक्ष का द्वार खुल जाता है। महावीर ने कहा है, चार तीर्थ हैं: श्रावक, श्राविका, साधु, साध्वी; जिनसे आदमी मोक्ष जाता है। लेकिन तुम खयाल रखना, साधुओं ने बड़े उलटे अर्थ किए हैं इसके।

अब महावीर कहते हैं, चार तीर्थ हैं। तीर्थ का अर्थ होता है, जिस घाट से उतरा जा सकता है। लेकिन साधुओं से पूछो, साधु यह नहीं कहते कि श्रावक मोक्ष जा सकता है। वे तो कहते हैं, साधु हुए बिना कैसे जाओगे? और महावीर ने चार तीर्थों का निर्माण किया। और श्रावक को साधु नमस्कार नहीं करता है, क्योंकि श्रावक को कैसे नमस्कार करे? साधु श्रावक का नमस्कार लेता है और आशीर्वाद देता है। लेकिन नमस्कार नहीं करता। साधु अपने को ऊपर मानता है।

असलियत उल्टी है। मेरे देखे—और अगर कहीं तुम्हें महावीर मिल जाएं तो उनसे भी पूछ लेना, वे भी तुमसे यही कहेंगे—साधु दोयम है, नंबर दो है; श्रावक प्रथम है। असल में अगर श्रावक पूरी तरह से सुनने में समर्थ हो गया तो साधु होने की जरूरत ही नहीं, श्रवण काफी है। अगर श्रवण पूरा न हो पाया तो फिर साधना की जरूरत है; इस बात को खयाल में लेना।

साधु यानी साधना। कुछ करना पड़ेगा, सुनने से नहीं हो सका। इतनी बुद्धि न थी कि सुनने मात्र से हो जाता। सुनने के लिए प्रगाढ़ प्रतिभा चाहिए। जिनका सुनने से ही नहीं हो पाता उनको फिर कुछ कृत्य करना पड़ता है। उपवास करो, जप करो, तप करो, कुछ करो। जो कमी रह गई है बुद्धि की, वह कृत्य से पूरी करो। साधु नंबर दो है। परम अवस्था तो सुन कर ही पैदा हो जाती है। हां, जिसकी न हो पाए उसको फिर साधना भी करनी होती है।

महावीर उस पर भी दया करते हैं जिसको सुन कर न हो पाए। तो वे कहते हैं, तू कुछ कर। खयाल करना, अगर प्रगाढ़ प्रतिभा हो, बुद्धि निखार में हो, मलिन न हो, धूल-धवांस से भरी न हो, होशपूर्वक हो तो केवल सुन कर ही मोक्ष मिल जाता है। तुमने किसी सदगुरु को सुन लिया, हृदय भर कर सुन लिया, सब तरह से अपने को

हटा कर सुन लिया, उस सुनने के क्षण में ही मुक्त हो गए तुम। कुछ और करना न पड़ेगा। हां, अगर सुन न पाए, सुनने तो गए लेकिन बुद्धि में तुम्हारा जो कूड़ा-कचरा है वह भरा रहा; उसकी वजह से सुन न पाए तो फिर कुछ करना पड़ेगा। श्रावक प्रथम, साधु दोयम।

होना भी ऐसा ही चाहिए। अगर तीस विद्यार्थियों की कक्षा में शिक्षक बोलता है तो तुम सबसे ज्यादा प्रतिभाशाली किसे कहते हो? जो सुन कर ही समझ गया। जो सुन कर नहीं समझा, फिर उसको तख्ते पर लिख-लिख कर, कर-कर के समझाना पड़ता है। जो उससे भी नहीं समझा उसको घर पर टयूटर भी लगाना पड़ता है। जो उससे भी नहीं समझा वह परीक्षा में उत्तर चोरी करके ले जाता है। मगर प्रतिभा न हो तो कुछ भी काम नहीं आता। सब गड़बड़ हो जाता है।

मैं विश्वविद्यालय में शिक्षक था; एक परीक्षा चल रही थी, मैं निरीक्षक था। तो मैंने देखा, सब तो लिख रहे हैं, एक विद्यार्थी बैठा है, बड़ा बेचैन है, कुछ नहीं लिख रहा। तो मैं उसके पास गया, मैं चिंतित हो गया। मैंने पूछा कि क्या बात है, कुछ समझ में नहीं आता? उत्तर पकड़ में नहीं आ रहे? प्रश्न समझ में नहीं आ रहे? क्या अड़चन है? तू पसीना-पसीना हुआ जा रहा है, कुछ लिख भी नहीं रहा। उसने कहा, अब आपसे क्या छिपाना! उत्तर तो मैं रखे हूं, मगर किस खीसे में किस प्रश्न का उत्तर है वह भूल गया। दोनों खीसे में रखे हैं उत्तर। प्रतिभा न हो तो खीसे में उत्तर हों तो भी क्या काम आता है!

रूस में उन्होंने बड़ा ठीक किया है, चोरी का उपाय खतम कर दिया है। विद्यार्थी किताबें ला सकते हैं। चोरी का कोई उपाय न रहा। विद्यार्थी परीक्षा में अपनी सारी किताबें ला सकते हैं। या बीच परीक्षा में उठ कर कालेज की लायब्रेरी में जा सकते हैं और अपना उत्तर खोज सकते हैं। चोरी का कोई उपाय नहीं रहा।

और बड़ी हैरानी की बात है, फिर भी बुद्धिमान बुद्धिमान सिद्ध होते हैं, मूढ़ मूढ़ सिद्ध होते हैं। क्योंकि उत्तर भी तो खोजना पड़ेगा। किताबें ले आकर क्या करोगे? लायब्रेरी में भी जाओगे तो आखिर किताब तो खोजनी पड़ेगी, उसमें से उत्तर तो निकालना पड़ेगा। प्रश्न तो समझना पड़ेगा कम से कम पहले, फिर उसका ठीक-ठीक उत्तर खोजना होगा। चोरी का उपाय भी खतम कर दिया उन्होंने और फर्क कुछ भी नहीं पड़ा है। अब भी पता चल जाता है कौन प्रथम कोटि का, कौन द्वितीय कोटि का, कौन तृतीय कोटि का। आज नहीं कल सारी दुनिया में यही होगा। किताबें लाने की आज्ञा दे देनी चाहिए, कोई अड़चन नहीं है। आखिर वह अपनी बुद्धि से ही खोजेगा न उत्तर! उससे ही पता चल जाएगा कि कैसा उत्तर उसने खोजा है। उसकी बुद्धि का ही पता लगाना है।

जो सुन कर ही समझ ले...। बुद्ध कहते थे, कुछ घोड़े होते हैं, जिनको मारो तब चलते हैं। कुछ घोड़े होते हैं जिनको कोड़ा फटकारो, चलते हैं। कुछ घोड़े होते हैं जो कोड़ा हाथ में देख लेते हैं तो चलते हैं; फटकारने की जरूरत नहीं होती। और कुछ घोड़े होते हैं कुलीन, वस्तुतः जिनको हम घोड़े कहें, वे कोड़े की छाया देख कर भी काफी अपमानित हो जाते हैं। कोड़ा तो दूर, कोड़े की छाया काफी होती है। इशारा बहुत होता है।

एक आदमी बुद्ध के पास आया, उसने बुद्ध के चरण छुए और बुद्ध से उसने कहा, शब्द में मुझे न कहें। शब्द मैं बहुत सुन चुका। और चुप रह कर भी मुझे मत कहें, क्योंकि चुप को मैं समझ पाऊं ऐसी मेरी अभी सामर्थ्य नहीं। अब तुम कहोगे, बड़ी उलझन में डाल दिया होगा बुद्ध को। शब्द में मत कहें, क्योंकि शब्द मैं बहुत सुन चुका, कुछ पकड़ में आता नहीं। और चुप रह कर भी न कहें, क्योंकि चुप मैं समझ पाऊं ऐसी मेरी सामर्थ्य कहां?

बुद्ध मुस्कुराए। बुद्ध ने आंखें बंद कर लीं। वह आदमी भी आंख बंद करके बैठा रहा। घड़ी आधा-घड़ी बीती, वह आदमी उठा, उसने बुद्ध के चरण छुए और कहा, धन्यवाद। आपने मार्ग दिखा दिया। वह आदमी चला गया।

बुद्ध के पास जो शिष्य बैठे थे वे तो बड़े हैरान हुए, यह हुआ क्या? इन दोनों के बीच घटा क्या? चालीस साल से साथ रहने वाला आनंद भी बैठा था, उसने कहा, यह तो हद हो गई। चालीस साल से मैं आपके साथ हूं, न तो सुन कर समझ आया कि आप जो कहते हैं वह क्या कह रहे हैं; और आपको चुप भी बैठे देखता हूं तो भी समझ में नहीं आता। और इस आदमी को क्या हुआ? यह धन्यवाद देकर चला गया।

तो बुद्ध ने कहा, घोड़े कुछ होते हैं, मारो तो मुश्किल से चलते हैं। कुछ होते हैं, कोड़ा फटकारो, चल जाते हैं। कुछ होते हैं, कोड़ा देख कर ही चल जाते हैं और कुछ होते हैं जो कोड़े की छाया से ही चल जाते हैं। यह आखिरी किस्म का घोड़ा है। कोड़े की छाया काफी है। यह चल पड़ा। इसकी यात्रा शुरू हो गई। यह पहुंच कर रहेगा आनंद।

महावीर कहते हैं, अगर सम्यक श्रवण हो तो बस काफी है। कृत्य की तो जरूरत तब पड़ती है जब श्रवण से न हो सके। तो फिर कोड़े मारने पड़ते हैं। उपवास से मारो, आग जला कर मारो, ठंड में, धूप में खड़े होकर मारो, कांटों पर लेट कर मारो। कैसे मारते हो यह अलग बात, लेकिन फिर कोड़े मारने पड़ते हैं।

महावीर तो कहते हैं, साधु जा सकता है। अष्टावक्र और भी ज्यादा शुद्ध हैं। वे तो कहते हैं, साधु जा ही नहीं सकता। तुम इसे समझना। इसीलिए तो मैं कहता हूं, अष्टावक्र जैसा क्रांतिकारी द्रष्टा नहीं हुआ। अष्टावक्र कह रहे हैं:

क्व निरोधो विमूढ़स्य यो निर्बंधं करोति वै।

कितना ही करो निरोध, निरोध से निरोध नहीं होता। कितना ही साधो, साधने से कुछ नहीं सधता। चेष्टा से कुछ हाथ नहीं आता।

'स्वयं में रमण करनेवाले धीरपुरुष के लिए यह चित्त का निरोध स्वाभाविक है।'

यह तो उसी को होता है जो केवल समझ, इशारे से रूपांतरित हो जाता है—बोधमात्र से; प्रज्ञामात्र से; और अपने में रमण करने लगता है।

तो बैठ जाओ कभी-कभी; निरोध की कोई जरूरत नहीं है। मन आएगा, मन पुराने जाल फैलाएगा। फिर आ गए राजाधिराज चाबुक घुमाते? वह आएगा। तुम देखते रहना। लड़ना मत, लड़ने में निरोध है। हटाना मत, हटाने में निरोध है। विरोध मत करना, विरोध ही तो निरोध है। तुम देखना। घुमाने दो चाबुक। आने दो मन को, लाने दो सब जाल। फैलाने दो पुरानी सब व्यवस्थाएं, करने दो अपना इंतजाम। तुम शांत बैठे रहना। तुम सिर्फ साक्षी रहना। तुम कहना, हम देखेंगे। बस देखेंगे और कुछ न करेंगे। तू खड़ी कर अप्सराएं सुंदर, हम देखेंगे। तू फैला लोभ-काम के जाल, हम देखेंगे। हम कुछ करेंगे नहीं। हम अडिग देखते रहेंगे। हम नजर पैनी रखेंगे। हम नजर साफ रखेंगे। न तो तेरे साथ चलेंगे, न तुझसे लड़ेंगे।

ऐसी दशा में धीरे-धीरे मन अपने आप हार जाता है, अपने आप सो जाता है, अपने आप खो जाता है। और ऐसी ही साक्षी दशा में तुम्हारा स्वयं में पदार्पण होता है, आत्मरमण शुरू होता है।

स्वारामस्यैव धीरस्य सर्वदाऽसावकृत्रिमः।

और तब एक निरोध पैदा होता है जो अकृत्रिम है, जो स्वाभाविक है, जो सहज है; जो तुम्हारी छाया की तरह तुम्हारे पीछे आता।

ऐसा समझो, निरोध करनेवाला निषेधात्मक है, वह लड़ता है। स्वभाव का अर्थ है, बिना लड़े अपने भीतर के सुख में डूब जाना। वह सुख ऐसा प्रीतिकर है कि उस सुख को जान लेने के बाद मन का कोई प्रलोभन काम नहीं करता। अब जिसके हाथ में हीरे-जवाहरात आ गए वह कंकड़-पत्थर के लोभ में थोड़े ही पड़ेगा। और जिसने अमृत चख लिया, अब वह विष के धोखे में थोड़े ही आएगा। और जिसने परम सौंदर्य जान लिया, अब वह हड्डी, मांस, मज्जा के सौंदर्य में थोड़े ही उलझेगा। और जो अपने परम पद पर विराजमान हो गया, अब तुम्हारी छोटी-मोटी कुर्सियों के लिए थोड़े ही लड़ेगा। और जिसने राज्यों का राज्य पा लिया, साम्राज्य पा लिया स्वयं का, अब वह तुम्हारे पदों के लिए थोड़े ही आकांक्षा करेगा, तुम्हारे धन की थोड़े ही चाह करेगा। बात खतम हो गई।

निरोध होगा, लेकिन सहज, अकृत्रिम।

'कोई भाव को माननेवाला है और कोई कुछ भी नहीं है ऐसा मानने वाला है; वैसे ही कोई दोनों को नहीं माननेवाला है। और वही स्वस्थचित्त है।'

भावस्य भावकः कश्चिन्न किंचिद्भावकोऽपरः।
उभयाभावकः कश्चिदेवमेव निराकुलः।।

कोई है, जो कहता है, ईश्वर है। कोई है, जो कहता है, ईश्वर नहीं है। अष्टावक्र कहते हैं, दोनों अज्ञानी हैं। क्योंकि जो है, न तो 'है' में समाता है, और न 'नहीं है' में समाता है; न भाव में न अभाव में; न ऐसा कहने में न वैसा कहने में; न स्वीकार में न अस्वीकार में। जो है वह इतना विराट है कि सिर्फ शून्य में समाता है, सिर्फ मौन में समाता है। बोले कि चूके। कहा कि गया। सत्य अभिव्यक्त किया कि विकृत हुआ।

लाओत्सु ने कहा है, सत्य को कहा कि फिर सत्य न रहा। कहते ही असत्य हो गया।

तुमने कहा हां, तुमने कहा ना, विभाजन शुरू हो गया। नहीं हां नहीं ना; न आस्तिकता न नास्तिकता। ऐसा भी कोई है, अष्टावक्र कहते हैं, जो न हां में पड़ता, न ना में पड़ता, दोनों के पार खड़ा है, वही स्वस्थचित्त है।

हां कहा, चल पड़े। उपद्रव शुरू हुआ। तुमने कहा, ईश्वर है तो अब तुम लड़ने लगे उससे, जो कहता है ईश्वर नहीं है। लड़ाई शुरू हो गई। और तुमने कहा, ईश्वर है तो तुमने मन का एक वक्तव्य दिया। क्योंकि हां और ना मन की घोषणाएं हैं। और इससे विवाद पैदा होगा। सिद्धांत, संप्रदाय, शास्त्र पैदा होगा। उलझन शुरू हुई। तुम्हें तर्क जुटाने पड़ेंगे कि ईश्वर है। और अब तक कोई तर्क नहीं जुटा पाया; एक बात ध्यान रखना। न तो ईश्वरवादी तर्क जुटा पाए कि ईश्वर है, और न अनीश्वरवादी तर्क जुटा पाए कि ईश्वर नहीं है। कोई सिद्ध नहीं कर पाया। न नास्तिक सिद्ध कर पाया न आस्तिक।

एक गांव में ऐसा हुआ कि एक महाआस्तिक में और एक महानास्तिक में विवाद हो गया। आस्तिक और नास्तिक दोनों महान थे और बड़े प्रकांड विवादी थे। सारा गांव विवाद देखने इकट्ठा हुआ और सारा गांव खुश भी था कि किसी तरह निपटारा हो जाए। क्योंकि उन दोनों की वजह से गांव भी परेशान था। दोनों के बीच जो कशमकश थी उसमें गांव के लोग भी पिसे जाते थे, क्योंकि इधर खींचे जाते, उधर खींचे जाते। आस्तिक अपनी तरफ खींच लेता तो नास्तिक अपनी तरफ खींचने की कोशिश करता। ऐसे गांव में दलबदली होती रहती। और गांव में बड़ा विवाद था और झगड़ा-फसाद था।

गांव पूरा खुश हुआ, उसने कहा, ये दोनों निपट लें। कुछ भी तय हो जाए तो हमारी झंझट मिटे। तुम सोचो न! अगर मुसलमान और हिंदुओं के पंडित-पुरोहित निपट लें तो तुम्हारी तो झंझट मिटे। यह मंदिर-मस्जिद का झगड़ा तो मिटे। एक बार सारे धर्मगुरु इकट्ठे हो जाएं और फैसला कर लें, विवाद कर लें, जो जीत जाए सो ठीक; तो बाकी दुनिया भर की परेशानी तो कटे।

तो गांव के लोग बड़े खुश थे, वे सब इकट्ठे हुए। मगर खुशी ज्यादा देर न टिकी। सुबह होते-होते सब गड़बड़ हो गई। गड़बड़ यह हुई, आस्तिक ने ऐसे तर्क दिए कि नास्तिक राजी हो गया और नास्तिक ने ऐसे तर्क दिए कि आस्तिक राजी हो गया। फिर वही झंझट! आस्तिक नास्तिक हो गया, नास्तिक आस्तिक हो गया, मगर झंझट जारी रही। गांव ने सिर पीट लिया। उसने कहा, यह इसका कोई हल नहीं है। इतनी बड़ी बदलाहट हो गई कि नास्तिक आस्तिक हो गया, आस्तिक नास्तिक हो गया, मगर गांव की मुसीबत वही की वही रही।

आज तक दुनिया में न तो कोई ईश्वर को सिद्ध कर पाया है और न असिद्ध कर पाया है। जो लड़ते हैं, मूढ़ हैं। आस्तिक भी और नास्तिक भी, दोनों मंदबुद्धि हैं।

अष्टावक्र कहते हैं, 'वैसे ही कोई दोनों को नहीं मानने वाला है। वही स्वस्थचित्त है।'

जो कहता है, इन झंझटों में मुझे कुछ रस नहीं है। हां और ना में मेरा कोई विवाद नहीं। पक्ष और विपक्ष में मैं पड़ता नहीं। मैं अपने में रमा हूं और मेरा रस वहां बह रहा है; बस काफी है। मैं अपने में डूबा हूं और मस्त हूं अपनी मस्ती में। मेरा गीत मुझे मिल गया। मेरा नृत्य मुझे मिल गया। मेरी रसधार बह पड़ी। अब कौन पड़ता है इस फिजूल की बकवास में कि ईश्वर है या नहीं! यह नासमझ तय करते रहें।

'दुर्बुद्धि पुरुष शुद्ध अद्वैत आत्मा की भावना करते हैं लेकिन मोहवश उसे नहीं जानते हैं, इसलिए जीवन भर सुखरहित हैं।'

शुद्धमद्वयमात्मानं भावयंति कुबुद्धयः।
न तु जानन्ति सम्मोहाद्यावज्जीवमनिर्वृताः।।

'दुर्बुद्धि पुरुष शुद्ध अद्वैत आत्मा की भावना करते हैं लेकिन मोहवश उसे नहीं जानते, और जीवन भर सुखरहित रहते हैं।'

बुद्धि की तीन संभावनाएं हैं : बुद्धि, अबुद्धि, कुबुद्धि। जो अबुद्धि में है वह बड़े खतरे में नहीं है। उसकी बुद्धि सोई हुई है, जगाई जा सकती है। जो अज्ञानी है वह खतरे में नहीं है। कम से कम विनम्र होगा कि मुझे पता नहीं है। खोज करेगा।

कुबुद्धि कौन है? कुबुद्धि वह है, जिसे पता नहीं है और जो मानता है कि मुझे पता है। पंडित कुबुद्धि है। शास्त्र का जानने वाला, सूचनाओं को इकट्ठा कर लेने

वाला कुबुद्धि है। अबुद्धि इतनी बुरी बात नहीं है। अबुद्धि से बुद्धि तक जाने में अड़चन नहीं है। कुबुद्धि बड़ी अड़चन में है। वह अबुद्धि में है अभी, और सोचता है कि बुद्धि में पहुंच गया—यह उसकी कुबुद्धि है। अज्ञानी है और मान लेता है कि ज्ञानी हो गया हूं। बीमार है और सोचता है कि स्वस्थ हूं, इसलिए औषधि भी नहीं लेता। और चिकित्सक के पास भी नहीं जाता। जाए क्यों? किसलिए जाए? इसलिए सबसे ज्यादा खतरनाक स्थिति कुबुद्धि की है। और तुम ध्यान रखना, अधिक लोग कुबुद्धि की स्थिति में हैं। इसलिए परमात्मा से मिलन नहीं हो पाता, सत्य की खोज नहीं हो पाती।

पहले तो कुबुद्धि को लौटना पड़ता है अबुद्धि में। अबुद्धि से रास्ता जाता है। इसलिए मेरी चेष्टा यहां है कि तुम्हें जो भी आता है वह विस्मरण हो जाए। तुमने जो-जो पाठ सीख लिए हैं वे भूल जाएं। तुम्हारा ज्ञान का चोगा उतर जाए। तुम्हारी यह ज्ञान की झूठी पर्त टूट जाए। तुम्हें स्मरण आ जाए कि तुम्हें पता नहीं है। फिर यात्रा शुरू होती है; फिर तुम साफ हुए; फिर तुम बच्चे की भांति हो।

कुछ बुरा नहीं है अबुद्धि में। अबुद्धि का इतना ही मतलब है कि मुझे पता नहीं और मैं तैयार हूं यात्रा पर जाने को। कुबुद्धि का अर्थ है कि पता तो नहीं है, भीतर तो मालूम है पता नहीं है, क्योंकि खुद को कैसे धोखा दोगे? लेकिन ऊपर से अहंकार स्वीकार नहीं करने देता कि मुझे पता नहीं है। अहंकार कहता है, पता है। मुझे और पता न हो? यह हो कैसे सकता है? अगर मुझे पता नहीं तो फिर किसी को पता नहीं।

इस कुबुद्धि की स्थिति को उतारना। इस कुबुद्धि को हटाना। घबड़ाहट लगेगी। क्योंकि कुबुद्धि को हटाओगे तो अबुद्धि मालूम पड़ेगी, मगर अबुद्धि में कुछ भी बुरा नहीं है। अबुद्धि में तो तुम सिर्फ अबोध अवस्था में आ गए, जो कि स्वाभाविक है। अबोध से बोध की तरफ जाना बिलकुल सुगम है, एक ही छलांग में हो सकता है। लेकिन कुबोध से तो बोध की तरफ जाने का कोई उपाय ही नहीं। रास्ता जाता ही नहीं। वहां से कोई मार्ग ही नहीं है।

'दुर्बुद्धि पुरुष शुद्ध अद्वैत आत्मा की भावना करते हैं'—कल्पना करते हैं, विचार करते हैं, चिंतन-मनन करते हैं, चर्चा करते हैं—'लेकिन मोहवश उसे जानते नहीं।'

वह जो मोह है अहंकार का, अपना, मेरे का वह छोड़ने नहीं देता। मोह का अर्थ होता है: ममत्व, मेरा, मैं। वह जो मैं के आस-पास परिधि खिंची है, वही मोह।

'मोह के कारण उसे जानते नहीं और जीवन भर सुखरहित रहते हैं।'

दुख को बहुत सहेज कर रखना पड़ा हमें
सुख तो किसी कपूर की टिकिया सा उड़ गया
अब सबसे पूछता हूं बताओ तो कौन था
वह बदनसीब शख्स जो मेरी जगह जीया!

तुम जीवन के अंत में एक दिन पूछोगे। जीवन के अंत में एक दिन तुम कहोगे। ये पंक्तियां तुम्हारे जीवन का अंतिम सार-निचोड़ हो जाएंगी, अगर चौंके नहीं, समय पर जागे नहीं।

दुख को बहुत सहेज कर रखना पड़ा हमें

और कुछ है ही नहीं तो रखोगे भी क्या सहेज कर? जो है उसी को तो रखोगे। दुख ही दुख है, उसी को सहेज कर रखते हो। किसी ने गाली दी थी बीस साल पहले, अभी भी सहेज कर रखे हुए हो। पागलपन की भी कोई सीमा होती! गाली भी कोई सहेज कर रखने की बात है? कोई दुख हो गया था, भूलते ही नहीं। घाव को कुरेदते रहते हो ताकि घाव हरा बना रहे। और कुछ है भी नहीं, सहेज कर क्या रखोगे?

कुछ न हो तो आदमी तिजोड़ी में कंकड़-पत्थर ही रख लेता है। कम से कम अहसास तो होता है कि कुछ है। बजता तो रहता। आवाज तो होती रहती। खोल कर देखता है तो भरापन तो मालूम होता।

दुख को बहुत सहेज कर रखना पड़ा हमें
सुख तो किसी कपूर की टिकिया-सा उड़ गया

सुख तो है ही इतना क्षणभंगुर। झलक दिखती है और चला जाता है। कपूर की टिकिया सा उड़ गया।

अब सबसे पूछता हूं बताओ तो कौन था
वह बदनसीब शख्स जो मेरी जगह जीया

जीवन के अंत में तुम पूछोगे कि वह कौन था जो मेरी जगह जीया? क्योंकि तुम तो कभी जीए भी नहीं। तुम तो कभी वस्तुतः प्रकट ही न हुए। तुम तो धोखे में रहे। तुम तो जो नहीं थे वह तुम मान लिए और जो तुम थे उसको छिपा कर रखा।

अब सबसे पूछता हूं बताओ तो कौन था
वह बदनसीब शख्स जो मेरी जगह जीया

ऐसा दुर्भाग्य का क्षण न आए इसके लिए अभी से सजग हो जाओ। जो-जो झूठ है, काट दो। जो-जो तुमने नहीं जाना है, अपने अनुभव से नहीं जाना है, उसे उतार दो। बासे को, उधार को हटा दो। जो किसी और से आया है और तुम्हारे अनुभव से नहीं जन्मा है, उससे मोह छोड़ दो। तुम जैसे हो वैसे ही अपने को जानो; चाहे यह कितना ही कष्टकर हो। और चाहे कितने ही कांटे चुभें, लेकिन सत्य, प्रामाणिक ईमानदारी से तुम जो हो वही अपने को स्वीकार कर लो। अज्ञानी हो अज्ञानी, क्रोधी हो क्रोधी, बेईमान हो बेईमान, झूठे हो झूठे, चोर हो चोर—जो हो उसे स्वीकार कर लो।

हो तो चोर, और अचौर्य का व्रत लिए हो। हो तो कामी, और ब्रह्मचर्य की बातें कर रहे हो। हो तो लोभी, और छोटा-मोटा दान करके अपने को धोखा दे रहे हो।

लाख तो कमा लेते हो, दो-चार हजार दान कर देते हो और महादानी और दानवीर बन जाते हो। हो तो अज्ञानी लेकिन तोते की तरह किताबें रट ली हैं और सोचते हो, ज्ञानी हो गए। कभी झुके नहीं परमात्मा के चरणों में, झुकना आता ही नहीं। एक पुजारी रख लिया उधार, वह रोज आकर तुम्हारी तरफ से परमात्मा के चरणों में झुक जाता है।

किसको धोखा दे रहे हो? यह धोखा महंगा पड़ेगा। एक दिन जब मौत द्वार पर खड़ी होगी तब तुम चौंक कर पूछोगे, वह कौन था शख्स जो मेरी जगह जीया? क्योंकि तुम तो कभी जीए नहीं।

मैं तुमसे कहता हूं, अगर तुम अपने सत्य की उदघोषणा कर दो—दुखद हो, कष्टपूर्ण हो, अपमानजनक हो, फिर भी घोषणा कर दो, बदलाहट शुरू हो जाएगी। जो चोर यह कहने की हिम्मत जुटा ले कि मैं चोर हूं, ज्यादा देर चोर न रह सकेगा। चोर रहने के लिए अचौर्य का व्रत लेना अनिवार्य रूप से जरूरी है। इसीलिए तो अणुव्रत लेते हैं। चोर हैं, छटे चोर हैं, अचौर्य का व्रत ले लेते हैं। झूठे हैं, मंदिर में कसम खा लेते हैं समाज के सामने कि सच बोलने की कसम लेता हूं। इससे झूठ बोलने में बड़ी सुविधा हो जाती है। क्योंकि जब लोग जान लेते हैं कि इस आदमी ने कसम खाई, सच बोलता है तो लोग मानते हैं कि सच बोलता होगा। झूठे को इस बात की बड़ी जरूरत है कि लोग मानें कि मैं सच बोलता हूं। इसीलिए तो झूठ चलता है। झूठ सच के सहारे चलता है। झूठ के अपने पैर नहीं; सच के कंधों पर चढ़ कर चलता है। अगर तुम्हें झूठ बोलना हो तो समाज में प्रचार करो कि तुम सच्चे हो। तो ही तो लोग धोखे में पड़ेंगे; नहीं तो धोखे में पड़ेगा कौन?

मुल्ला नसरुद्दीन ने गांव के एक सीधे-सादे आदमी को धोखा दे दिया। मजिस्ट्रेट को भी बड़ी हैरानी हुई। मजिस्ट्रेट ने उससे कहा, नसरुद्दीन, तुम्हें और कोई नहीं मिला धोखा देने को? यह बेचारा इस गांव का सबसे सीधा सरलचित्त आदमी, इसको तुम धोखा देने गए? नसरुद्दीन ने कहा, हुजूर और किसको देता? यही मेरी मान सकता था। और तो गांव में सब लफंगे हैं, वे तो मुझे धोखा दे जाएं। यही है एक बेचारा; जिसको मैं धोखा दे सकता था। अब और किसको देता? आप ही कहिए।

बात तो ठीक है। बेईमान को खबर फैलानी पड़ती है कि मैं ईमानदार हूं; प्रचार करना पड़ता है कि मैं ईमानदार हूं। उसकी ईमानदारी की हवा जितनी फैलती है उतनी ही बेईमानी की सुविधा हो जाती है। तुम्हें पता चल जाए कि आदमी बेईमान है, फिर बेईमानी करनी बहुत मुश्किल हो जाती है; असंभव हो जाता है।

'मुमुक्षु पुरुष की बुद्धि आलंबन के बिना नहीं रहती। मुक्त पुरुष की बुद्धि सदा निष्काम और निरालंब रहती है।'

मुमुक्षोर्बुद्धिरालंबमंतरेण न विद्यते।

'मुमुक्षु की बुद्धि आलंबन के बिना नहीं रहती।'

मन बिना आलंबन के नहीं रहता। मन को कोई सहारा चाहिए। मन अपने बल खड़ा नहीं हो सकता। मन को उधार शक्ति चाहिए—किसी और की शक्ति। मन शोषक है।

इसलिए जब तक तुम सहारे से जीयोगे, मन से जीयोगे। जिस दिन तुम बेसहारा जीयोगे उसी दिन तुम मन के बाहर हो जाओगे। और इस बात को खयाल में लेना कि मन इतना कुशल है, उसने मंदिर के भी सहारे बना लिए हैं। पूजा, पाठ, यज्ञ-हवन, पंडित, पुरोहित, शास्त्र। परमात्मा भी तुम्हारे लिए एक आलंबन है। उसके सहारे भी तुम मन को ही चलाते हो। तुम मन की कामनाओं के लिए परमात्मा का भी सहारा मांगते हो कि हे प्रभु! अब इस नये धंधे में काम लगा रहे हैं, खयाल रखना। शुभ मुहूर्त में लगाते हो, ज्योतिषी से पूछ कर चलते हो कि प्रभु किस क्षण में सबसे ज्यादा आशीर्वाद बरसाएगा, उसी क्षण शुरू करें। मुहूर्त में करें।

तुम परमात्मा का भी सहारा अपने ही लिए ले रहे हो। खयाल करो, जब तक तुम परमात्मा को सहारा बनाने की कोशिश कर रहे हो, तुम परमात्मा से दूर रहोगे। जिस दिन तुमने सब सहारे छोड़ दिए उस दिन परमात्मा तुम्हारा सहारा है। बेसहारा जो हो गया, परमात्मा उसका सहारा है। निर्बल के बल राम। जिसने सारी बल की दौड़ छोड़ दी, जिसने स्वीकार कर लिया कि मैं निर्बल हूं, असहाय हूं और कहीं कोई सहारा नहीं है। सब सहारे झूठे हैं और सब सहारे मन की कल्पनाएं हैं। ऐसी असहाय अवस्था में जो खड़ा हो जाता है उसे इस अस्तित्व का सहारा मिल जाता है।

'मुमुक्षु पुरुष की बुद्धि आलंबन के बिना नहीं रहती।'

मुमुक्षोर्बुद्धिरालंबमंतरेण न विद्यते।
निरालंबैव निष्कामा बुद्धिर्मुक्तस्य सर्वदा।।

'लेकिन मुक्त पुरुष की बुद्धि सदा निष्काम और निरालंब है।'

मुक्ति का अर्थ ही है, निरालंब हो जाना, निराधार हो जाना। मुक्ति का अर्थ ही है, अब मैं कोई सहारा न खोजूंगा।

और जैसे ही सहारे हटने लगते हैं वैसे ही मन गिरने लगता है। इधर सहारे गए, उधर मन गया। मन सभी सहारों का जोड़ है, संचित रूप है। सारे सहारे हट जाते हैं, बस मन का तंबू गिर जाता है। मन के तंबू के गिर जाने पर जो शेष रह जाता है, बिना किसी सहारे के जो शेष रह जाता है, वही है शाश्वत; वही है अमृत; वही है तुम्हारा सच्चिदानंद। वही है तुम्हारे भीतर छिपा हुआ परमात्मा, विराट। परात्पर ब्रह्म तुम्हारे भीतर मौजूद है।

ऐसा समझो कि तुम्हारा आंगन है, दीवाल उठा रखी है। दीवाल के कारण आकाश बड़ा छोटा हो गया आंगन में। दीवाल गिरा दो, आकाश विराट हो जाता है। सारा आकाश तुम्हारा हो जाता है।

मन तो आंगन है। छोटी-छोटी दीवालें चुन ली हैं, उसके कारण आकाश बड़ा छोटा हो गया है। गिरा दो दीवालें। हटा दो दीवालें। तोड़ दो परिधि। गिरा दो परिभाषाएं। तत्क्षण तुम्हारा आकाश विराट हो जाता है। तत्क्षण सारा आकाश तुम्हारा है।

इस आकाश के उपलब्ध हो जाने का नाम ही मोक्ष है।

ये सारे सूत्र मुक्ति के सूत्र हैं। एक-एक सूत्र मुक्ति की एक-एक अपूर्व कुंजी है। इन पर खूब ध्यान करना। इनको बार-बार सोचना, विचारना, ध्यान करना। इन पर बार-बार मनन करना। किसी दिन, किसी क्षण में इनका प्रकाश तुम्हारे भीतर प्रवेश हो जाएगा। उसी क्षण खुल जाते हैं द्वार अनंत के, अज्ञात के। उसी क्षण तुम मेजबान हो जाते, प्रभु तुम्हारा मेहमान हो जाता है।

बनो आतिथेय। अतिथि आने को तैयार है।

आज इतना ही।

* * *

प्रवचन : 68

मन तो मौसम-सा चंचल

18 जनवरी, 1977

पहला प्रश्न : आपने कहा कि ज्ञानी स्पंदरहित हो जाता है और आपने यह भी कहा कि जिस में स्पंदन नहीं है वह चीज मृत है। कृपापूर्वक समझाएं कि स्पंदनरहित होकर ज्ञानी पुरुष कैसे जीवित रहते हैं।

एक और भी स्पंदन है, और एक और भी जीवन है, जहां अस्मिता तो नहीं है लेकिन अस्तित्व है; जहां मैं तो नहीं हूं, परमात्मा है। जहां अहंकार तो मर गया, जा चुका, अतीत हो गया, लेकिन अहंकार के पार भी एक जीवन है, एक स्पंदन है। वस्तुतः तो वही जीवन है।

तो ज्ञानी एक अर्थ में तो मृत हो जाता है, और एक अर्थ में परम रूप से जीवित हो जाता है। इस अर्थ में मृत हो जाता है कि अब अपने ही माध्यम से परमात्मा को जीता है, स्वयं को नहीं। इस अर्थ में मृत हो जाता है कि अब अहंकार की तो कब्र बन गई। अब खुदी तो न रही, खुदा है। और खुदा भरपूर है। अब परमात्मा बहता है।

ज्ञानी तो बांस की पोंगरी हो गया। प्रभु गाता है तो गीत पैदा होता है। बांसुरी खुद नहीं गाती, लेकिन बांसुरी का भी गीत है। बांसुरी से गीत पैदा होता है। बांसुरी माध्यम बनती है, बाधा नहीं डालती।

जीसस के जीवन में इस बात की ठीक-ठीक व्याख्या है। इस तरफ सूली लगी, उस तरफ नवजीवन मिला। एक हाथ सूली लगी, एक हाथ मृत्यु लगी, दूसरे हाथ महाजीवन मिला, पुनरुज्जीवन मिला। यही समस्त ज्ञानियों की कथा है।

प्रश्न स्वाभाविक है। अष्टावक्र कहते हैं, स्पंदनशून्य हो जाता है ज्ञानी। अपनी कोई स्पंदना नहीं रह जाती। अपनी कोई कामना न रही तो स्पंदन कैसे होगा? अपनी कोई वासना न रही तो अब बुलबुले कैसे उठेंगे? अपना कोई भाव ही न रहा, कोई दौड़ न रही, कोई आपा-धापी न रही, कहीं पहुंचना न रहा, कहीं जाना न रहा तो अब कैसा स्पंदन! लेकिन परमात्मा जा रहा है। परमात्मा गतिमान है, परमात्मा गति है, गत्यात्मकता है।

ज्ञानी तो मिट गया अपने तईं, अब परमात्मा हुआ। जब बीज टूट जाता है तभी तो अंकुर पैदा होता है। तो बीज की मृत्यु पौधे का जीवन है। अगर बीज बचा रहे तो पौधा नहीं पैदा हो सकेगा। ज्ञानी मिटता है, पिघलता है, खो जाता है तो परमात्मा के लिए मार्ग बनता है।

साधो, हम चौसर की गोटी!
कोई गोरी कोई काली
कोई बड़ी कोई छोटी!

इस खाने से उस खाने तक
चमराने से ठकुराने तक
खेले काल खिलाड़ी
सबकी गहे हाथ में चोटी!
साधो, हम चौसर की गोटी!

कोई पिट कर कोई बस कर
कोई रोकर कोई हंस कर
सभी खेलें ढीठ खेल यह
चाहे मिले न रोटी!

कभी पट हर कौड़ी आवे
कभी अचानक पौ पड़ जावे
नीड़ बनाए एक फेंक
तो दूजी हरे लंगोटी!

एकेक दांव कि एकेक फंदा
एकेक घर है गोरखधंधा
हर तकदीर यहां है जैसे
कूकर के मुंह बोटी!

बिछी बिछात जमा जब तक फड़
तब तक ही यह सारी भगदड़
फिर तो एक खलीता
सबकी बांधे गठरी मोटी!
साधो, हम चौसर की गोटी!

जैसे ही दिखाई पड़ना शुरू होता है, जो भीतर छिपा है, जिसका असली स्पंदन है, जो वस्तुतः हमारे माध्यम से जी रहा है, तो हम चौसर की गोटी हो जाते हैं। कोई छोटी, कोई बड़ी, कोई गरीब, कोई अमीर, कोई ज्ञानी, कोई अज्ञानी; लेकिन हम चौसर की गोटी हो जाते हैं। खेल किसी और का चल रहा है, बिछात किसी और ने बिछाई है। हारेगा कोई, जीतेगा कोई। हम तो चौसर की गोटी हैं। न हमारी कोई हार है, न हमारी कोई जीत है।

ज्ञानी ऐसे जीने लगता है जैसे सूखा पत्ता हवा में। जहां ले जाए हवा। पूरब तो पूरब, पश्चिम तो पश्चिम। साधो, हम चौसर की गोटी! अब अपनी कोई आकांक्षा नहीं है। कहीं जाने का अपना कोई मंतव्य नहीं है, कोई योजना नहीं है। इसलिए न कोई विषाद है, न कोई हर्ष का उन्माद है। एक परम शांति है। स्पंदन कहां? अपना स्पंदन गया। अपने ही साथ गया।

अब वे दिन गए, जब अहंकार सपने बुनता था। और अहंकार हार-जीत की बड़ी योजनाएं बनाता था। और अहंकार डरता था, घबड़ाता था, सुरक्षा के आयोजन करता था। वे दिन गए। वहां तो मौत हो गई। अहंकार तो अब राख है। वह ज्योति तो हमने फूंक दी और बुझा दी।

अब तो एक ऐसी ज्योति का अवतरण हुआ जो न बुझती, न कभी जन्मती। शाश्वत का अवतरण हुआ। अब शाश्वत का स्पंदन है।

तो ज्ञानी एक अर्थ में मर जाता और एक अर्थ में केवल ज्ञानी ही जीता है, तुम सब मरे हो। कबीर ने कहा है, 'साधो ई मुर्दन के गांव।' ये सब मुर्दे हैं यहां। इनमें कोई जिंदा नहीं है।

जीसस ने एक सुबह झील पर एक मछुए के कंधे पर हाथ रखा और कहा कि कब तक मछलियां पकड़ता रहेगा? अरे, कुछ और भी पकड़ना है कि मछलियां ही पकड़ते रहना है? मेरे पास आ, मेरे साथ चल। मैं तुझे कुछ बड़े फंदे फेंकना सिखा दूं जिनमें मछलियां तो क्या, आदमी फंस जाए। आदमी तो क्या, परमात्मा फंस जाए।

मछुआ भोला-भाला आदमी था; न पढ़ा न लिखा। उसने जीसस की आंखों में देखा, भरोसा आ गया। पढ़ा-लिखा होता तो संदेह उठता। सोच-विचार का आदमी होता तो कहता विचारूंगा, यह क्या बात है, कंधे से हाथ हटाओ! ऐसे कहीं कोई

किसी के पीछे चलता? लेकिन जीसस की आंखों में झांका सरलता से; भरोसा आ गया। ये आंखें झूठ बोल नहीं सकतीं। यह चेहरा प्रमाण था। जाल फेंक दिया वहीं। जीसस के पीछे हो लिया।

वे गांव के बाहर भी न निकले थे कि एक आदमी भागा हुआ आया और उसने मछुए से कहा, पागल! कहां जा रहा है? तेरे पिता की मृत्यु हो गई। पिता बीमार थे, कभी भी जा सकते थे। उस आदमी ने जीसस से कहा, क्षमा करें, मैं तो आता था लेकिन भाग्य ने अड़चन डाल दी। मुझे थोड़े दिन की आज्ञा दे दें—एक सप्ताह, आधा सप्ताह। पिता का अंतिम संस्कार कर आऊं और आ जाऊं। जीसस ने कहा, छोड़। गांव में काफी मुर्दे हैं, वे मुर्दे को जला लेंगे। तू मेरे पीछे आ।

साधो ई मुर्दन के गांव! एक अर्थ में तुम बिलकुल मरे हुए हो। तुम्हारा जीवन भी क्या जीवन! है क्या वहां? मुट्ठी जब तक बांधे हो तब तक लगता है, है कुछ। जरा खोल कर तो देखो। लोग कहते हैं, बंधी लाख की, खुली खाक की। ठीक ही कहते हैं। बांधे रहो तो भरोसा रहता है, कुछ है। तिजोड़ी खोल कर मत देखना। और कभी इधर-उधर झांकना मत अपने जीवन में, अन्यथा घबड़ाहट होगी। है तो कुछ भी नहीं। व्यर्थ ही शोरगुल मचाए हो : गौर से देखोगे तो पाओगे, क्या है जीवन? यह रोज उठ आना, रोज भोजन कर लेना, रोज कपड़े बदल लेना, रोज दफ्तर हो आना, दुकान हो आना, कारखाने हो आना; फिर सांझ लौट आना, फिर सो जाना, फिर सुबह वही।

इस चक्के में घूमने का नाम जीवन है? यह भी कोई जीवन है? ऐसा जीवन तो पशु भी जी रहा है। और तुमसे बेहतर जी रहा है। और ऐसा जीवन तो वृक्ष भी जी रहे हैं। वे भी भोजन कर लेते हैं, पानी पी लेते हैं, रात सो जाते हैं, सुबह फिर जाग आते हैं। और तुमसे बेहतर जी रहे हैं—निश्चिंत। तुमसे ज्यादा हरे-भरे हैं। कभी-कभी उनमें फूल लगते हैं, तुममें तो कभी फूल भी नहीं लगते। कभी-कभी उनसे अपूर्व सुगंध उठती है, तुमसे तो सिवाय दुर्गंध के और कुछ भी नहीं उठता। क्रोध उठता है, घृणा उठती है, हिंसा उठती है। प्रेम की तो तुम बातें करते हो, उठता कहां है? करुणा तो शास्त्रों में लिखी है, अनुभव कहां है? परमात्मा तो सुना हुआ कोरा शब्द है, पहचान कहां? मुलाकात कहां है? जीवन तुम्हारा जीवन कहां है?

यह जो जीवन जैसा दिखाई पड़ता और जीवन नहीं है, यही मिट जाता है। फिर एक और जीवन पैदा होता है जो अभी दिखाई भी नहीं पड़ता, अभी अदृश्य है। वही जीवन जीवन है।

ठीक पूछते हो। एक भांति तो साधु मर जाता है, एक भांति साधु जी जाता। तुम्हारी तरह मर जाता, और एक नए, बिलकुल अभिनव रूप में जीवन का पदार्पण होता है। कहो उसे परमात्मा, मोक्ष, निर्वाण—जो मर्जी हो।

दूसरा प्रश्नः अनेक बुद्धपुरुष हुए, जैसे बुद्ध, महावीर, नानक, रामकृष्ण परमहंस, रमण महर्षि और स्वयं आप, इन सबके कोई गुरु नहीं थे। ऐसा क्यों? इस पर कुछ समझाने की कृपा करें।

इनके गुरु नहीं थे, ऐसा कहना शायद ठीक नहीं। यही कहना उचित है कि सारा अस्तित्व इनका गुरु था। जिनकी हिम्मत इतनी नहीं है कि सारे अस्तित्व को गुरु बना सकें, उनको फिर एकाध आदमी को गुरु बनाना पड़ेगा; वह कंजूसी के कारण। न सबको बना सको, कम से कम एक को बना लो। शायद एक से ही झरोखा खुले। फिर धीरे-धीरे हिम्मत बढ़े, स्वाद लग जाए, साहस बढ़े तो तुम औरों को भी बना लो।

ऊपर से देखने में ऐसा लगता है कि बुद्ध का कोई गुरु नहीं था। लेकिन अगर गहरे से देखोगे तो ऐसा पता चलेगा, बुद्ध ने किसी को गुरु नहीं बनाया क्योंकि जब सारा अस्तित्व ही गुरु हो तब किसको गुरु बनाना! नदी-पहाड़, चांद-तारे, पौधे, पशु-पक्षी सभी गुरु हैं।

सूफी फकीर हुआ हसन; मरते वक्त किसी ने पूछा कि तेरे गुरु कौन थे? उसने कहा, मत पूछो। वह बात मत छेड़ो। तुम समझ न पाओगे। अब मेरे पास ज्यादा समय भी नहीं है। मैं मरने के करीब हूं, ज्यादा समझा भी न सकूंगा। उत्सुक हो गए लोग। उन्होंने कहा, अब जा ही रहे हो, यह उलझन मत छोड़ जाओ, वरना हम सदा पछताएंगे। जरा से में कह दो। अभी तो कुछ सांसें बाकी हैं।

उसने कहा, इतना ही समझो कि एक नदी के किनारे बैठा था और एक कुत्ता आया। बड़ा प्यासा था, हांफ रहा था। नदी में झांक कर देखा, वहां उसे दूसरा कुत्ता दिखाई पड़ा। घबड़ा गया। भौंका, तो दूसरा कुत्ता भौंका। लेकिन प्यास बड़ी थी। प्यास ऐसी थी कि भय के बावजूद भी उसे नदी में कूदना ही पड़ा। वह हिम्मत करके...कई बार रुका, कंपा, और फिर कूद ही गया। कूदते ही नदी में जो कुत्ता दिखाई पड़ता था वह विलीन हो गया। वह तो था तो नहीं, वह तो केवल उसकी ही छाया थी।

नदी के किनारे बैठे देख रहा था, मैंने उसे नमस्कार किया। वह मेरा पहला गुरु था। फिर तो बहुत गुरु हुए। उस दिन मैंने जान लिया कि जीवन में जहां-जहां भय है, अपनी ही छाया है। और प्यास ऐसी होनी चाहिए कि भय के बावजूद उतर जाओ।

मेरे पास लोग आते हैं; वे कहते हैं, संन्यास तो लेना है लेकिन भय लगता है। जब भय न लगेगा तब लेंगे। फिर कभी न लेंगे। ऐसी कभी घड़ी आएगी, जब भय न लगेगा? भय के बावजूद लेंगे तो ही लेंगे। तुम सोचते हो, जिन्होंने लिया उनको भय नहीं लगता? वे भी तुम जैसे आदमी हैं, उन्हें भी भय लगता है। लेकिन इतना ही फर्क है कि उन्होंने कहा, ठीक है, भय लगता रहे, लेंगे; लेकर रहेंगे। उनकी प्यास गहरी

है। डर तो लगता है, लेकिन प्यास इतनी गहरी है कि करो भी क्या? डरो या प्यासे मरो; दो में चुनाव करना है। प्यास इतनी गहरी है कि भय को एक तरफ रख देना पड़ता है। और जो भय को एक तरफ रख देता है उसका ही भय मिटता है। भय अनुभव से मिटेगा। और तुम कहते हो, अनुभव हम तभी लेंगे जब भय मिट जाए। तब बड़ी मुश्किल हो गई। तुमने एक ऐसी शर्त लगा दी जो कि कभी पूरी नहीं हो सकती।

मुल्ला नसरुद्दीन तैरना सीखना चाहता था। तो किसी पड़ोसी ने कहा, यह कोई बड़ी बात नहीं। इतना शोरगुल क्यों मचाते हो? आओ मेरे साथ, मैं सिखा देता हूं। गए नदी के किनारे। सीढ़ी पर ही काई जमी थी, मुल्ला का पैर फिसल गया और धड़ाम से गिरा। गिरते ही उठा और भागा घर की तरफ। वह जो सिखाने ले गया था—जो उस्ताद—उसने कहा, अरे, कहां भागे जा रहे हो? सीखना नहीं है? मुल्ला ने कहा, अब जब तैरना सीख लूंगा तभी नदी के पास आऊंगा। यह तो झंझट है। पैर फिसल गया, चारों खाने चित्त हो गए, और कहीं नदी में गिर जाते तो जान से हाथ धो बैठते। तेरा क्या भरोसा! वक्त पर काम आए, न आए। अब आऊंगा नदी के पास, लेकिन तैरना सीखकर।

अब तैरना कोई गद्दे-तकियों पर थोड़े ही सीखता है। कितना ही हाथ-पैर पटको अपने गद्दे पर लेट कर—सुविधा तो है, खतरा कोई भी नहीं है, लेकिन जहां खतरा नहीं वहां सीख कहां? खतरे में ही सीख है। खतरे में ही अनुभव है। जितना बड़ा खतरा है, जितनी बड़ी चुनौती है उतनी ही बड़ी संपदा छिपी है।

अब तुमने अगर यह कसम ले ली कि जब तक तैरना न सीख लेंगे, नदी न आएंगे, तुम तैरना कभी सीखोगे ही नहीं। तैरना सीखना हो तो बिना तैरना जाने नदी में उतरने की हिम्मत रखनी पड़ती है। और किसी पर भरोसा करना पड़ता है। जो भी तुम्हें सिखाने जाएगा उस पर भरोसा करना पड़ेगा। भरोसे का कोई कारण नहीं है; क्योंकि क्या पता, जब तुम डूबने लगो, यह आदमी बचाए कि भाग जाए। जब तुम डूबने लगो तो यह आदमी काम आए कि न आए! यह तो तुम जब तक डूबो न, तब तक पता कैसे चलेगा? हो सकता है दूसरों को भी इसने बचाया हो लेकिन तुमको बचाएगा इसकी क्या कसौटी है? दूसरे ठीक ही कहते हैं इसका क्या सबूत है? और दूसरे इसके ही नौकर-चाकर नहीं हैं इसका क्या पक्का प्रमाण है? यह तुम्हें ही फंसाने को सारा जाल फैलाया हो, तुम्हें ही डुबाने को, इसके संबंध में तुम कैसे निश्चित हो सकते हो?

भय तो रहेगा। और फिर नदी तो दिखाई पड़ती है, नदी में तैरना सिखाने वाला जो उस्ताद है, तुम उसके संबंध में प्रमाणपत्र भी इकट्ठे कर सकते हो। तुम नदी के किनारे जाकर भी देख सकते हो, औरों को सिखा रहा है, और भी सीख गए हैं। लेकिन जीवन की जो नदी है वह तो बड़ी अदृश्य है। और परमात्मा का जो सागर है

वह तो दिखाई नहीं पड़ता। उस अनदेखे, अनजाने में, अपरिचित में तो कोई प्रमाण भी काम नहीं आने वाला। वहां तो कोई अकेला-अकेला जाता है। तुम किसी जाते हुए को देख तो न पाओगे।

मेरे पास इतने लोग हैं, उनमें से जो जा रहे हैं उन्हें तुम पहचान तो न पाओगे। उनमें से जो नहीं जा रहे हैं उन्हें भी तुम न पहचान पाओगे। वह तो तुम जाओगे तभी पहचान होगी। तुम जाओगे तो ही पहली दफा तुम किसी को जाते हुए देखोगे। हां, खुद के जाने के बाद तुम दूसरों को भी पहचानने लगोगे कि कौन-कौन गए। क्योंकि जो सुवास तुम्हारे भीतर उठेगी वही सुवास तुम्हें उनमें भी दिखाई पड़ने लगेगी। जो आभा तुम्हारी आंखों में आ जाएगी, जो गुंजन तुम्हारे प्राणों में होने लगेगा, एक दफा वहां सुन लिया तो फिर किसी के भी हृदय के पास से सुनाई पड़ने लगेगा। जो हमने अपने भीतर नहीं जाना है वह हम कभी भी न जान सकेंगे।

हसन ने कहा, कुत्ते को देख कर मैं यह समझ गया कि भय को एक तरफ रखना होगा। एक बात समझ में आ गई कि अगर परमात्मा मुझे नहीं मिल रहा है तो एक ही बात है, मेरी प्यास काफी नहीं है। मेरी प्यास अधूरी है। और कुत्ता भी हिम्मत कर गया तो हसन ने कहा, मैंने कहा, उठ हसन, अब हिम्मत कर। इस कुत्ते से कुछ सीख।

किसी ने बायजीद को पूछा—एक दूसरे सूफी फकीर को—कि तुम्हारा गुरु? तो बायजीद ने कहा, एक गांव से गुजरता था। एक छोटा सा बच्चा एक दीये को जला कर ले जा रहा था मजार पर चढ़ाने। दिन भर से मुझे कोई मिला नहीं था जिसको मैं कुछ समझाता, जिसको मैं कुछ ज्ञान देता। ज्ञान मेरे पास भी नहीं था।

जिनके पास नहीं होता उनको देने की बड़ी आकांक्षा पैदा होती है। क्योंकि देने में उनको थोड़ा सा भरोसा आता है कि है; और तो कुछ पक्का नहीं है। जब वे किसी दूसरे को सलाह देते हैं तभी बुद्धिमान होते हैं, बाकी समय तो बुद्धू होते हैं। उस सलाह को देते वक्त ही थोड़ी सी झलक मिलती है कि हां, मैं भी कुछ जानता हूं।

तो पकड़ लिया सूफी फकीर ने उस लड़के को और फूंक मार कर उसका दीया बुझा दिया। और बायजीद ने कहा, मैंने पूछा उस लड़के को कि बेटे, बता, अभी-अभी दीया जलता था, ज्योति कहां गई अब? उस लड़के ने कहा, जलाएं दीया; जला कर देखें। वह भागा और माचिस ले आया और उसने दीया जलाया और कहा, मुझे बताएं, ज्योति अब कहां से आ गई? जहां से आती वहीं चली जाती। न तो आते वक्त पता चलता कि कहां से आती, न जाते वक्त पता चलता कि कहां जाती।

बायजीद ने कहा कि उस छोटे से बच्चे ने मुझे बोध दे दिया कि मुझे अभी कुछ भी पता नहीं। इस छोटे बच्चे को भी सिखाने की मेरी कोई योग्यता नहीं। हार गया

इससे। उस दिन से सिखाना बंद कर दिया। अब तो जान लूंगा तभी सिखाऊंगा। वह छोटा बच्चा मेरा गुरु हो गया।

जिनमें इतना साहस है कि सारे अस्तित्व को गुरु बना लें, उनके लिए फिर एक गुरु बनाने की जरूरत नहीं। लेकिन तुममें तो इतना भी साहस नहीं है कि तुम एक को गुरु बना सको, सबको तो तुम कैसे गुरु बना सकोगे?

और धोखा मत देना अपने को। क्योंकि धोखा बड़ा आसान है और मन बड़ा चालाक है। मन कह सकता है, हम एक को गुरु इसीलिए नहीं बनाते क्योंकि हम तो सबको गुरु मानते हैं। यह कहीं एक गुरु से बचने की तरकीब न हो, बस इतना तुम खयाल रखना। जिंदगी तुम्हारी है; गंवाओ या पाओ, तुम जिम्मेवार हो। धोखा दो या बचो, तुम्हारा काम है, किसी और का इसमें कुछ लेना-देना नहीं है। इतना ही खयाल रखना कि यह एक को गुरु न बनाने के पीछे कहीं ऐसा न हो कि बचना चाह रहे हो। बहाना अच्छा खोज लिया कि हमारे तो सब गुरु हैं। अगर हों, तो इससे शुभ कुछ भी नहीं। अगर न हों तो यह धारणा बड़ी खतरनाक हो जाएगी।

साहस हो तो हर जगह से शिक्षण मिल जाता है। सीखने की कला आती हो तो हर द्वार से मंदिर मिल जाता है और हर मार्ग से मंजिल मिल जाती है। सीखना न आता हो, शिष्य होने की कला न आती हो, सीखने लायक मन मुक्त न हो, पक्षपात से घिरा हो, सिद्धांतों से दबा हो तो फिर तो तुम्हें सदगुरु मिल जाए बुद्ध और अष्टावक्र जैसा भी, तो भी तुम बच जाओगे। तो भी तुम रास्ता काट कर निकल जाओगे। कोई न कोई तरकीब तुम खोज लोगे।

शायद इसीलिए प्रश्न मन में उठा है कि बुद्ध के कोई गुरु नहीं, महावीर के कोई गुरु नहीं, नानक के कोई गुरु नहीं तो हम ही क्यों गुरु बनाएं?

हां, अगर नानक और बुद्ध और महावीर जैसे गुरु बना सको, फिर कोई जरूरत नहीं। यह सारा विराट अस्तित्व—क्षुद्र से लेकर विराट तक सब तुम्हारे लिए गुरु हो जाए, सब चरण तुम्हारे लिए प्रभु के चरण हो जाएं, फिर कोई अड़चन नहीं।

यह न हो सके तो कम से कम एक झरोखा खोलो। कम से कम एक खिड़की खोलो। खिड़की से कोई बहुत बड़ा आकाश दिखाई नहीं पड़ेगा, छोटा सा आकाश दिखाई पड़ेगा। लेकिन छोटा सा आकाश स्वाद बनेगा। खिड़की खोली तो आकाश का निमंत्रण मिलेगा। आकाश का विराट फैलाव खिड़की के चौखटे में कसा हुआ दिखाई पड़ेगा। वह चौखटा खिड़की का है, आकाश का नहीं। आकाश पर कोई फ्रेम नहीं है। कोई चौखटा नहीं जड़ा है। आकाश तो बिना चौखटे के है। थोड़ी सी झलक तो आएगी आकाश की खिड़की से। सूरज की किरणें उतरेंगी, हवा के नये झोंके

आएंगे, फूलों की गंध आएगी, आकाश में उड़ते पक्षियों का दर्शन होगा, शायद तुम भी अपने पिंजड़े को छोड़ कर उड़ने के लिए आतुर हो जाओ। प्यास जागे।

बस, गुरु के पास इतना ही तो होना है। गुरु यानी परमात्मा में एक झरोखा। गुरु के माध्यम से तुम परमात्मा को देखने में कुशल हो जाओगे। एक बार कुशल हो गए तो सारा अस्तित्व तुम्हारा गुरु हो जाएगा। फिर तुम एक ही खिड़की से क्यों देखोगे? फिर कंजूसी क्या? फिर तुम सब खिड़कियां खोलोगे, फिर तुम सब द्वार खोलोगे। फिर तुम पूरब में ही क्यों अटके रहोगे? फिर पश्चिम की खिड़की भी खोलोगे। फिर तुम पश्चिम में ही क्यों उलझे रहोगे? फिर तुम दक्षिण की भी खिड़की खोलोगे। क्योंकि जब पूरब इतना सुंदर है तो पश्चिम भी होगा, तो दक्षिण भी होगा, तो उत्तर भी होगा।

तब सब आयाम तुम खोलोगे। फिर एक दिन तो तुम कहोगे, इस घर के बाहर चलें। खिड़कियों से काम नहीं चलता। जब घर के भीतर से आकाश इतना सुंदर है तो ठीक आकाश के नीचे जब खड़े होंगे तब अपूर्व सौंदर्य की वर्षा होगी। उस दिन पूरा अस्तित्व तुम्हारा गुरु हो गया। मगर सौ में निन्यानबे मौकों पर तुम्हें पहले एक खिड़की खोलनी पड़ेगी।

तीसरा प्रश्न: आप कहते हैं कि जिस चीज में भी रस हो उसे पूरा भोग लेना चाहिए। लेकिन रस तो अंधा बनाता है।

रस कैसे अंधा बनाएगा?उपनिषद कहते हैं, परमात्मा का रूप रसः 'रसो वै सः।' वह तो रसरूप है। रस कैसे अंधा बनाएगा?

नहीं, कुछ और बात होगी। तुम अंधे हो। तुम कहीं भी बहाना खोजते हो, किसने अंधा बना दिया। कोई अंधा नहीं बना रहा तुम्हें। तुम आंख बंद किए बैठे हो। न रस अंधा बना रहा है, न धन अंधा बना रहा है, न संसार अंधा बना रहा है। कोई अंधा नहीं बना रहा। कोई कैसे अंधा बनाएगा? अंधे तुम हो, आंख बंद किए बैठे हो।

लेकिन यह मानने की हिम्मत भी तुममें नहीं है कि मैं आंख बंद किए बैठा हूं। तो तुम बहाने खोज रहे हो। तुम कहते हो क्या करें, कामवासना ने अंधा कर दिया है। क्या करें, धन की वासना ने अंधा कर दिया। क्या करें, यह संसार में उलझे हैं, इससे अंधे हुए जा रहे हैं। बात उल्टी है, तुम अंधे हो इसलिए संसार में उलझे हो। धन अंधा नहीं कर रहा है, तुम अंधे हो इसलिए धन को पकड़े बैठे हो। रस अंधा नहीं कर रहा है, रस तो तुम्हें अभी मिला ही कहां? जरा पूछो फिर से अपने से, रस पाया है? हां ऐसा दूर-दूर झलक दिखाई पड़ी है। कभी किसी सुंदर स्त्री में—दूर से; पास आकर तो विरस हो जाता है सब।

एक आदमी अकेला था। ऊब गया अकेलेपन से तो उसने प्रभु से प्रार्थना की कि एक सुंदर स्त्री भेज दो। सच में सुंदर हो, साधारण स्त्री नहीं चाहिए। क्लियोपैट्रा हो कि मरलिन मनरो हो, सच में सुंदर हो। कि सोफिया लॉरेन हो, सच में सुंदर हो। लेकिन प्रभु ने भी खूब मजाक की। प्रभु ने कहा, फांसी का फंदा न भेज दूं? आदमी नाराज हो गया, उसने कहा यह भी कोई बात हुई? हम मांगते हैं सुंदर स्त्री, तुम कहते हो, फांसी का फंदा। ऐसा न शास्त्रों में लिखा, न कभी तुमने ऐसा किसी भक्त को कहा। यह तुम बात क्या कहते हो? मैं तो कहता हूं सिर्फ सुंदर स्त्री भेज दो। फांसी का फंदा क्या करना? कोई मुझे फांसी लगानी!

खैर, सुंदर स्त्री आ गई। लेकिन तीन दिन के भीतर ही उस आदमी को पता चला कि यह तो फांसी का फंदा हो गया। प्रभु ठीक ही कहते थे। मैं मांग तो स्त्री रहा था, लेकिन मांग फांसी का फंदा ही रहा था। समझा नहीं। बात उन्होंने बड़ी सधुक्कड़ी भाषा में कही थी, उलटबांसी कही थी। घबड़ाने लगा। सात दिन में ही परेशान हो गया। सात दिन बाद तो याद आने लगे वे दिन, जब अकेला था, कितने सुंदर थे! कितने सुखद थे!

आदमी अदभुत है। जो खो जाता है वह सुंदर मालूम पड़ता है। जो नहीं मिलता वह सुंदर मालूम पड़ता है। जो मिल जाता है वह तो कांटे की तरह गड़ता है। आखिर उसने प्रभु से कहा क्षमा करें, भूल हो गई। अज्ञानी हूं, माफ कर दें। एक तलवार भेज दें। सोचा मन में, इस स्त्री का खातमा कर दूं तो फिर पुराने दिनों की शांति, वही एकांत, वही मौज, वही मस्ती। फिर निश्चिंत होकर रहेंगे।

लेकिन फिर प्रभु ने कहा, तलवार? अरे तो फांसी का फंदा ही न भेज दूं? वह आदमी फिर नाराज हो गया। उसने कहा, यह एक भेज दिया फांसी का फंदा, अभी भी तुम्हारा मन नहीं भरा? मैं कहता हूं सिर्फ एक अच्छी तलवार भेज दो धारवाली।

खैर नहीं माना, तलवार आ गई। उसने पत्नी को मार डाला। सोचता था वह तो, पत्नी को मार कर आनंद से रहेगा लेकिन पकड़ा गया। फांसी की सजा हुई। जब फांसी के तख्ते पर उसे ले जाने लगे तब वह हंसने लगा खिलखिलाकर। जल्लादों ने पूछा, बात क्या है? दिमाग खराब हो गया? फांसी के तख्ते पर कोई हंसता? उसने कहा, अरे हंस रहा हूं इसलिए कि यह भी खूब मजा रहा। परमात्मा तो पहले ही से कह रहा था बार-बार : फांसी का फंदा भेज दूं? फांसी का फंदा भेज दूं? मैंने समझा नहीं। मान लेता पहले ही तो इतनी झंझटों से तो बच जाता।

जो मिल जाए वही फांसी का फंदा हो जाता है। आस्कर वाइल्ड ने कहा है, धन्यभागी हैं वे जिन्हें उनकी चाहत की स्त्री नहीं मिलती। मिल गई कि मुश्किल हो

गई। मजनू अभी भी चिल्ला रहे हैं, 'लैला, लैला।' चिल्लाते रहेंगे। और बड़ी मस्ती में हैं। मिल जाती तो पता चलता। जिनको लैला मिल गई उनसे पूछो।

जो तुम्हें मिल जाता है वहीं से रस खो जाता है। धनी से पूछो, धन में रस है? गरीब को है रस यह बात सच है। गरीब को एक ही रस है: धन। नहीं मिला; दूर है। अमीर से पूछो जिसको मिल गया है। वह बड़ा हैरान होता है कि लोग इतने पागल क्यों हैं? आखिर बुद्ध और महावीर अपने राजमहल छोड़ कर चले क्यों गए? रस नहीं था, नहीं मिला। जो पद पर नहीं है, उसे बड़ा रस होता है कि किसी तरह पद पर हो जाऊं। जो पद पर हैं उनसे पूछो, फांसी लग गई है। लौट भी नहीं सकते। किस मुंह से लौटें? बड़ी जद्दोजहद करके तो चढ़े, अब उतरने में भी दिक्कत मालूम होती है कि लोग कहेंगे, अरे! इतनी मेहनत से गए थे, अब क्या मामला है? यह भी स्वीकार करने का मन नहीं होता कि हम मूढ़ थे, अज्ञानी थे, इसलिए पद की आकांक्षा की।

रस है कहां? रस तुमने जाना? उपनिषद कहते हैं: 'रसो वै सः।' प्रभु का स्वभाव रसपूर्ण है। रस ही वह है। रस उसका दूसरा नाम है। और तुम कहते हो, रस तो अंधा बनाता है। नहीं, रस तो हृदय की भी आंखें खोल देता है। रस हो तब!

रस तो मिलता ही तब है जब मन चला जाता है। मन कहां रस पैदा होने देगा? मन तो हर चीज को विरस कर रहा है। रस तो मिलता ही तब है जब ध्यान का पात्र तैयार हो जाता है। रस तो आंख वालों को ही मिलता है। रस अंधा नहीं बनाता, तुम अंधे हो इसलिए रस नहीं निलता। आंख खोलो, रस ही रस है। रस का सागर भरा है। सब तरफ रस ही लहरें ले रहा है। इन वृक्षों की हरियाली में, चांद-तारों की रोशनी में, इन पक्षियों के कलरव में रस ही लहरें ले रहा है। रसो वै सः।

नहीं, तुमने कुछ गलत बातें पकड़ रखी हैं। और जिनने तुम्हें समझाया है वे तुम जैसे ही अंधे हैं। न उन्हें रस मिला है, न तुम्हें रस मिला है। अंधे अंधों का नेतृत्व कर रहे हैं। 'अंधा अंधा ठेलिया, दोनें कूप पड़ंत।' मगर अंधे भी क्या करें? किसी न किसी का हाथ पकड़ लेते हैं।

मैंने सुना, एक अंधी स्त्री न्यूयॉर्क के एक रास्ते पर रास्ता पार करने के लिए खड़ी थी। प्रतीक्षा कर रही थी कि कोई आ जाए और राह पार करवा दे। तभी किसी ने उसके कंधे पर हाथ रखा। और जिसने कंधे पर हाथ रखा उसने कहा, क्या हम दोनों साथ-साथ रास्ता पार कर सकते हैं? उस स्त्री ने कहा, मैं प्रतीक्षा ही कर रही थी। आओ।

दोनों ने हाथ में हाथ डाला और पार हुए। जब उस तरफ पहुंच गए तो स्त्री ने कहा, बहुत-बहुत धन्यवाद कि आपने मुझे रास्ता पार करवाया। वह आदमी घबड़ाया। उसने कहा, क्या मतलब? धन्यवाद तो मुझे देना चाहिए। मैं अंधा हूं, रास्ता तो तुमने

मुझे पार करवाया। तब तो दोनों घबड़ा गए, पसीना आ गया। रास्ता तो पार हो गए थे, लेकिन तब पता चला, दोनों अंधे थे।

अंधों को पता भी कैसे चले कि हम किसी अंधे के पीछे चल रहे हैं? कतारें लगी हैं। क्यू लगे हुए हैं। तुम अपने आगेवाले को पकड़े हो, आगेवाला अपने आगेवाले को पकड़े हुए है। सबसे आगे कोई महाअंधा महात्मा की तरह चल रहा है। चले जा रहे हैं। न तुम्हें पता है, न तुम्हारे आगेवाले को पता है।

मुल्ला नसरुद्दीन नमाज पढ़ने गया था। होगा ईद का उत्सव या कोई धार्मिक त्यौहार। हजारों लोग नमाज पढ़ रहे थे। उसकी कमीज उसके पाजामा में उलझी थी। तो पीछे वाले आदमी को जरा अच्छा नहीं लगा तो उसने झटका देकर कमीज को ठीक कर दिया। उसने सोचा कि मामला कुछ है। उसने सामनेवाले आदमी को...। उसकी कमीज में झटका दिया। उस आदमी ने पूछा, क्या बात है? झटका क्यों देते हो? उसने कहा, भाई मेरे पीछेवाले से पूछो। मैं तो समझा कि रिवाज होगा। इस मस्जिद में पहले कभी आया नहीं।

हम कर रहे हैं एक-दूसरे का अनुकरण। रस तो पाया कहां है? रस से तो तुम्हारी पहचान कहां हुई है? रस मिले तो प्रभु मिले। रस पा लिया तो सब पा लिया।

नहीं, आखें खोलो। और कोई तुम्हें अंधा नहीं बना रहा है। कोई तुम्हें अंधा बना नहीं सकता है। किसी की सामर्थ्य नहीं तुम्हें अंधा बनाने की। सिर्फ तुम्हारी सामर्थ्य है। तुम चाहो तो अनंतकाल तक अंधे रह सकते हो। यह तुम्हारा निर्णय है। तुमने तय कर रखा है आंख न खोलने का, तुम्हारी मर्जी। लेकिन दोष किसी और को मत दो। ये तरकीबें छोड़ो।

तुम क्रोधी हो, दूसरे को दोष देते हो कि इस आदमी ने क्रोध करवा दिया। इसने एक ऐसी बात कही कि हमको क्रोध आ गया। अगर तुम अक्रोधी होते, यह कितनी ही बात कहता तो भी क्रोध न आता। तुम जरा खाली कुएं में डालो रस्सी बांध कर बाल्टी, और खूब खड़खड़ाओ, और खूब खींचो जितनी मर्जी हो, पानी भर कर न आएगा। बाल्टी खाली जाएगी, खाली लौट आएगी। जिसके भीतर क्रोध नहीं उसे गाली दो, डालो बाल्टी, खूब खड़खड़ाओ गाली को, खाली लौट आएगी। जिसके भीतर क्रोध भरा है उसमें से ही क्रोध आता। गाली ज्यादा से ज्यादा निमित्त हो जाती।

और अगर तुम मनोवैज्ञानिकों से पूछो तो वे तो कुछ और बड़ी बात कहते हैं। वे तो यह कहते हैं कि अगर तुम्हें कोई क्रोध न दिलवाए और क्रोध तुम्हारे भीतर भरा हो तो तुम कुछ न कुछ बहाना खोज कर उसे बाहर निकाल कर रहोगे। बाल्टी भी कोई न डाले तो भी कुआं जो भरा है वह उछल रहा है। वह तरकीब खोजेगा कोई न कोई। किसी बहाने चढ़ कर पानी बाहर आएगा।

तुमने भी कई दफा देखा होगा, खुजलाहट उठती है कि हो जाए किसी से टक्कर। अब यह भी कोई... ! कुछ भीतर से उमगने लगता है, लड़ने को फिरने लगते हो। वही घड़ी तुम्हें पता होगी, जब तुम चाहते हो कि कहो, आ बैल सींग मार। कोई बैल सींग न मारे तो नाराजगी होती है।

मुल्ला नसरुद्दीन शांत बैठा था अपने घर में। और पत्नी एकदम उस पर टूट पड़ी और कहा कि अब तुम मुझे और न भड़काओ। अरे, नसरुद्दीन ने कहा, हद हो गई। मैं अपना शांत बैठा अपना हुक्का गुड़गुड़ा रहा हूं, एक शब्द नहीं बोला। शब्द न निकले इसलिए हुक्के को मुंह में डाले बैठा हूं, और तू कहती है और न भड़काओ। बात क्या है? उसने कहा, इसीलिए तो! इसीलिए कि तुम इतने चुप बैठे हो कि इससे भड़कावा पैदा होता है। बोलो कुछ। चुप बैठने का मतलब? बैठे-बैठे हुक्का गुड़गुड़ा रहे हो और मैं यहां मौजूद हूं!

आदमी न बोले तो फंसता, बोले तो फंसता। लोग तैयार हैं। लोग उबले बैठे हैं, कोई भी बहाना चाहिए। बहाना न मिले तो बहाने की तलाश में निकलते हैं। अगर बिलकुल भी बहाना न मिले, कोई बहाने का उपाय भी न हो, अगर तुम उन्हें एक कमरे में बिठा दो तो तुम भी चकित हो जाओगे...।

मनोवैज्ञानिकों ने प्रयोग किए हैं। किसी आदमी को सात दिन के लिए एकांत में रख दिया। भोजन सरका देते हैं दरवाजे से, कोई बोलता नहीं, कोई चालता नहीं। सब इंतजाम है। शांति से रहे, स्नान करे, भोजन करे, विश्राम करे। मगर उस आदमी से कहा है कि वह रोज लिखता रहे कि कब उसे क्रोध आया। अब क्रोध का कोई कारण ही नहीं है, लेकिन आदमी डायरी में लिखता है कि क्रोध आया आज शाम को। कोई कारण न था तो अतीत में से कोई कारण खोज लिया, कि तीस साल पहले फलां आदमी ने गाली दी थी। वह अभी भी जल उठता है।

तुम बहाने खोज रहे हो। अंधे तुम हो। अंधे तुम होना चाहते हो। अंधे होने में तुम्हारा स्वार्थ तुमने समझ रखा है। तुमने न्यस्त स्वार्थ बना रखा है। तुम सोचते हो यही एक होने का ढंग है। फिर तुम कभी कहते, रस ने अंधा बना दिया। क्या करें, इस स्त्री ने अंधा बना दिया। क्या करें, इस पुरुष ने अंधा बना दिया। क्या करें, रास्ते पर धन पड़ा था इसलिए चोरी का मन हो गया।

क्या बातें कर रहे हो? चोरी का मन था इसलिए रास्ते पर पड़ा धन दिखाई पड़ा, अन्यथा दिखाई भी न पड़ता। पड़ा रहता। चोर न होते तो दिखाई भी न पड़ता। चोर हो। रास्ते पर पड़े धन ने तो भीतर जो पड़ा था उसको उभार दिया। और जरा देखो, रास्ते पर पड़ा हुआ धन निर्जीव है। निर्जीव ने तुम्हें चलायमान कर दिया? तो तुम निर्जीव से भी गए-बीते हो गए।

एक दिन मुल्ला नसरुद्दीन मेरे साथ राह पर चल रहा था। एकदम दौड़ा, किनारे पर जाकर झुका, कुछ उठाया और फिर बड़ा गुस्सा होकर उसे फेंका और गालियां देने लगा। मैंने पूछा, बात क्या हुई बड़े मियां? तो उसने कहा, अगर यह आदमी मुझे मिल जाए जो अठन्नी की तरह थूकता है तो इसकी गर्दन काट दूं। किसी ने खखार कर थूका है, वह उनको अठन्नी मालूम पड़ रही है। अब वह उसकी गर्दन काटने को तैयार है!

तुम अंधे हो। कोई तुम्हें अंधा नहीं बना रहा है। रस प्रभु का स्वभाव है, परमात्मा का जीवन है। रस अभी तुम्हें मिला नहीं।

खोलो आंख, रस मिलेगा। और जब रस मिलता है तो जीवन धन्य होता है।

चौथा प्रश्न : न तो कोई प्रश्न निर्धारित कर पाता हूं और न कोई उत्तर पाने की ही लालसा है। आपको सुन-सुन कर तथा कुछ अपने अनुभव से मुझे लगता है कि सारे प्रश्नोत्तर, अध्यात्म, संन्यास, बौद्धिकता, गुरूडम, सब व्यर्थ की बकवास है क्योंकि सब कुछ उसी की इच्छा से होता है। फिर भी मन में एक अजीब सी बेचैनी बनी रहती है। कृपया मार्गदर्शन करें।

अब यह बेचैनी भी उसी की इच्छा से हो रही होगी! इतनी सी बात समझ में नहीं आती? बड़ी-बड़ी बातें समझ में आ गईं : संन्यास, अध्यात्म, ध्यान, सब बकवास है। इतने बड़े ज्ञानी हो गए, और यह जो मन में बेचैनी बनी है, यह समझ में नहीं आती!

यह सब उसी की इच्छा से हो रहा है तो यह बेचैनी भी उसी की इच्छा से हो रही होगी, इसको स्वीकार कर लो। इस बेचैनी से बेचैन होने का क्या कारण है? कहते हो, सब उसी की इच्छा से हो रहा है। तो फिर क्या बचा? अब जो करवाए वह करो। जो हो उसे देखो।

नहीं, लेकिन तुम हो चालबाज। ध्यान तो करना नहीं चाहते, तो कहते, जब उसकी इच्छा से होगा, होगा। संन्यास तो तुम लेने में डरते हो, कायर हो। तो कहते हो, यह सब तो बकवास। लेकिन यह मन की बेचैनी कैसे मिटे इसकी तरकीब खोज रहे हो। इन बेईमानियों का ठीक-ठीक साक्षात्कार करो।

मन की बेचैनी मिटाने को ही संन्यास है। मन की बेचैनी मिटाने का ही उपाय ध्यान है। मन मिटे इसी का नाम तो अध्यात्म है। और इनको तुम बकवास कह रहे हो। अब तुम्हारी मर्जी। तो फिर मन की बेचैनी को हटाने का कोई उपाय नहीं। औषधि को तो बकवास कह रहे हो, फिर कहते हो बीमारी है, अब इसका क्या करें? अब बीमारी को सम्हालो। पूजा करो इसकी। मंदिर बनाओ; उसमें रख कर मन की बेचैनी, घंटे बजाओ, आरती उतारो। क्या करोगे और? 'औषधि तो बकवास है! और औषधि का

प्रयोग किया? प्रयोग करके कह रहे हो? ध्यान करके कह रहे हो? अध्यात्म में उतर कर कह रहे हो? संन्यास का कोई अनुभव है?'

बच्चों जैसी बातें न करो। बिना अनुभव के तो कुछ मत कहो। जिसका अनुभव नहीं उस संबंध में तो वक्तव्य मत दो। जिसका अनुभव नहीं है उस संबंध में चुप रहो। अपने अनुभव की सीमा के बाहर जाकर कोई बात मत कहो, अन्यथा वही बात तुम्हारी गर्दन पर फांसी बन जाएगी।

अब तुम पूछते हो, 'फिर भी मन में एक अजीब सी बेचैनी बनी रहती है। कृपया मार्गदर्शन करें।'

अब क्या खाक! मार्गदर्शन का उपाय नहीं छोड़ा तुमने कोई। क्योंकि जो भी मैं कहूंगा वह सब बकवास है। क्योंकि वह या तो अध्यात्म की कोटि में आएगा, या ध्यान की कोटि में, या संन्यास की कोटि में। जो भी मैं कहूंगा...।

जरा प्रश्न करनेवाले का प्रश्न ठीक से समझें, क्योंकि ऐसी स्थिति बहुत लोगों की है।

'न तो कोई प्रश्न निर्धारित कर पाता हूं और न कोई उत्तर पाने की लालसा है। फिर भी मार्गदर्शन...।'

तुम्हें अगर कोई उत्तर भी दे तो भी तुम धन्यवाद देने को भी तैयार नहीं हो, इसलिए कह रहे हो यह बात : कि न कोई उत्तर पाने की लालसा है। तो जब उत्तर पाने की लालसा ही न रही तो तुम मार्गदर्शन कैसे लोगे? उत्तर पाने की लालसा हो, अभीप्सा हो, मुमुक्षा हो, गहरी प्यास हो, तो ही उत्तर लोगे; नहीं तो उत्तर कैसे लोगे? मेरा दिया उत्तर व्यर्थ जाएगा। तुमसे कहीं संबंध न बनेगा।

और तुम कहते हो, 'आपको सुन-सुन कर तथा कुछ अपने अनुभव से...।'

मुझे तो तुमने सुना ही नहीं है। यहां बैठे भला होओ तुम, मगर अगर मुझे सुना होता तो जीवन रूपांतरित हो जाता। यह मन की बेचैनी अपने आप चली गई होती। मुझे सुना होता तो ध्यान लग जाता। मुझे सुना होता तो अध्यात्म का रस आ जाता। मुझे सुना होता तो संन्यास उतर आता। मुझे तो तुमने सुना नहीं है। हां, तुमने कुछ सुन लिया होगा, जो तुम सुनना चाहते हो।

मन बड़ा चालबाज है। और उसकी चालबाजियां बड़ी सूक्ष्म हैं। वह वही सुन लेता है जो सुनना चाहता है। मतलब की बात सुन लेता है। जो नहीं सुनना है, नहीं सुनता।

मुल्ला नसरुद्दीन से मैंने एक दिन पूछा कि नसरुद्दीन, तू कुरान रोज पढ़ता है फिर भी तू शराब पीए चला जाता है? कुरान में तो साफ लिखा है शराब के खिलाफ। उसने कहा, बिलकुल लिखा है। लेकिन अपनी-अपनी सामर्थ्य से जितना कर सकता हूं, करता हूं। मैंने कहा, मैं कुछ समझा नहीं। तो उसने कहा कि देखें, कुरान में लिखा

है: 'शराब पीयोगे यदि तो दोजख में पड़ोगे।' तो अभी मैं आधे ही वचन तक पहुंचा हूं—'शराब पीयोगे...।' इससे आगे अभी मेरी सामर्थ्य नहीं है। धीरे-धीरे जाऊंगा। आगे भी जाऊंगा मगर अभी तो 'शराब पीयोगे' इतने तक...इतने तक रस आ रहा है। यह भी कुरान की ही आज्ञा है। मैं कोई कुरान के विपरीत नहीं चल रहा हूं।

आदमी बड़ा चालबाज है। तुम यहां सुन रहे हो अष्टावक्र को। अष्टावक्र कहते हैं, न संन्यास की जरूरत, न ध्यान की जरूरत, न अध्यात्म की जरूरत, न शास्त्र की, न गुरु की। तुम बड़े प्रसन्न हो रहे होओगे। तुम कह रहे होओगे, वाह! यह तो हम सदा ही कहते थे कि किसी चीज की कोई जरूरत नहीं। लेकिन तुम अष्टावक्र को नहीं समझ रहे।

अष्टावक्र की बात बड़ी ऊंची है। अष्टावक्र कह रहे हैं, सीढ़ी की कोई जरूरत नहीं है क्योंकि छत पर पहुंच गए हैं। और तुम खड़े हो नीचे, तलघरे में। और तुम सुन कर बड़े प्रसन्न हो रहे हो कि सीढ़ी की कोई जरूरत नहीं है। तुम्हें तो सीढ़ी की जरूरत है। हां, एक दिन सीढ़ी की जरूरत नहीं रह जाएगी। वह सौभाग्य का दिन भी आएगा कभी, लेकिन सीढ़ी से गुजर कर ही आएगा; और कोई उपाय नहीं है।

तुम तो अभी वहां पड़े हो जहां ध्यान भी दुस्तर है। ध्यान के अतीत जाना तो अभी कल्पना के बाहर है। अभी तो तुम विचार में पड़े हो, विकृत विचार में पड़े हो। अष्टावक्र निर्विचार की अवस्था से बोल रहे हैं कि विचार की कोई जरूरत नहीं। विचार की कोई जरूरत नहीं इसलिए ध्यान की भी कोई जरूरत नहीं।

समझने की कोशिश करना। वे कह रहे हैं कि विचार जब होता है तो ध्यान की जरूरत होती है। विचार बीमारी है, ध्यान औषधि। जब विचार की ही कोई जरूरत नहीं है ऐसा समझ गए तो फिर ध्यान की भी कोई जरूरत नहीं। लेकिन तुम क्या करोगे? विचार में तो रहे आओगे और ध्यान की जरूरत नहीं है उतना समझ लोगे। विचार इससे मिटेगा नहीं।

अगर ध्यान की जरूरत नहीं है, ऐसा तुम्हारी समझ में पूरा-पूरा उतर गया तो इसका अर्थ है, इसके पहले यह तुम्हारी समझ में उतर चुका होगा कि विचार की कोई जरूरत नहीं। जब विचार की कोई जरूरत नहीं तो फिर ध्यान की भी कोई जरूरत नहीं। इतना खयाल रखना। इसको कसौटी मान कर रखना। इसलिए झंझट आ रही है।

'ध्यान, अध्यात्म, संन्यास, सब व्यर्थ की बकवास हैं, और मन में फिर भी एक अजीब सी बेचैनी बनी रहती है।'

वह बनी ही रहेगी। क्योंकि तुम बड़ी ऊंची बात ले उड़े। जमीन पर सरक रहे हो। आकाश का सपना देख लिया। कह दिया, पंखों की कोई ज़रूरत नहीं। उड़ न पाओगे, फिर घसिटते ही रहोगे।

इसलिए मैं तुमसे कहता हूं, विचार की कोई जरूरत नहीं है। लेकिन विचार से कैसे छूटोगे? अगर समझ इतनी गहरी हो, इतनी प्रगाढ़ हो, ऐसी धारवान हो कि इतनी बात सुन कर ही तुम विचार को छोड़ दो, तब तो फिर ध्यान की भी कोई जरूरत नहीं, बात खतम हो गई। लेकिन तब मन में बेचैनी न रहेगी। बात ही समाप्त हो गई। मन ही समाप्त हो गया, बेचैनी कहां होगी? न रहा बांस, न बजेगी बांसुरी।

लेकिन अगर इतनी बात सुन कर हल न हो और मन में बेचैनी बनी रहे तो तुम्हारे लिए ध्यान की जरूरत है। तुम ध्यान के माध्यम से ही एक दिन मन की बेचैनी के पार होओगे। और मन के जब पार होओगे तब ध्यान की बोतल और विचार की बीमारी, दोनों कचरेघर में फेंक देना। फिर दवाइयां अपने साथ लिए मत फिरना। फिर इनकी कोई जरूरत न रह जाएगी। तब तुम्हारे लिए अष्टावक्र का अर्थ प्रकट होगा।

कल मैंने तुमसे कहा कि दो तरह की संभावनाएं हैं : श्रावक और साधु। जो सुन कर ही पहुंच जाए, सुनते ही पहुंच जाए, सुनने में और पहुंचने में क्षण भर का जिसे फर्क न रहे, इधर बात समझी कि हो गई—जिसके पास ऐसी प्रगाढ़ मेधा हो उसके लिए तो साधु बनने की कोई जरूरत नहीं। वह तो साधु हो ही गया। लेकिन ऐसा न हो पाए, मन में बेचैनी बनी रहे तो फिर साधु की प्रक्रिया से गुजरना पड़ेगा। फिर धीरे-धीरे काटना पड़ेगा। जो एक ही तलवार की चोट में नहीं कटता है, वह फिर धीरे-धीरे काटना पड़ेगा। उस धीरे-धीरे काटने का नाम ही साधना है।

तुम अपने को समझ लेना। तुम्हारी मन की बेचैनी ही खबर देती है कि तुम्हें धीरे-धीरे काटना पड़ेगा। अध्यात्म, संन्यास, ध्यान, गुरु, सबसे तुम्हें गुजरना पड़ेगा।

और देर मत करो। क्योंकि कुछ पक्का नहीं है, आज हो, कल न हो जाओ। देर मत करो, समय का कुछ भरोसा नहीं है। और जो गया समय वह तो लौटता नहीं। और जो आ रहा है आगे वह आएगा, नहीं आएगा, इसकी कोई सुनिश्चितता नहीं है। यही क्षण तुम्हारे हाथ में है। चाहे बेचैन हो लो, चाहे ध्यान में उतर जाओ। चाहे संसार में भटक लो, चाहे संन्यास में उठ जाओ। यही क्षण तुम्हारे हाथ में है; या तो अभी या कभी नहीं। कल के लिए मत सोचना कि सोचेंगे, कल कर लेंगे।

क्या शबाब था कि फूल-फूल प्यार कर उठा
क्या सुरूप था कि देख आईना सिहर उठा
इस तरफ जमीन और आसमां उधर उठा
थाम कर जिगर उठा कि जो मिला नजर उठा
एक दिन मगर यहां ऐसी कुछ हवा चली
लुट गई कली-कली कि घुट गई गली-गली
और हम लुटे-लुटे वक्त से पिटे-पिटे

सांस की शराब का खुमार देखते रहे
कारवां गुजर गया गुबार देखते रहे

जल्दी ही पिट जाओगे। वक्त सभी को पीट कर रख देता है। जल्दी ही लुट जाओगे। वक्त का लुटेरा किसी की चिंता नहीं करता, सभी को लूट लेता है। वक्त का लुटेरा न कोई कानून मानता, न कोई राज्य मानता, न कोई सरकार मानता। वक्त का लुटेरा लूट ही रहा है, काट ही रहा है तुम्हारे जीवन की जड़ों को।

और हम लुटे-लुटे वक्त से पिटे-पिटे
सांस की शराब का खुमार देखते रहे
कारवां गुजर गया गुबार देखते रहे

जल्दी ही यह जीवन का कारवां जा चुका होगा। राह पर केवल धूल के गुबार रह जाएंगे। अरथी उठेगी जल्दी। और तब तुम यह न कह सकोगे कि अरथी इत्यादि बकवास, खयाल रखना। तब तुम यह न कह सकोगे कि अरथी इत्यादि बकवास। तब तुम यह न कह सकोगे, यह मौत इत्यादि बकवास। तब तुम्हारी बड़ी दुर्गति हो जाएगी।

इसके पहले कि समय चुक जाए, इसके पहले कि अवसर चुक जाए, कुछ कर लो, कुछ भर लो। यह झोली खाली की खाली न रह जाए।

और मैं तुमसे कहता हूं कि अगर तुम ध्यान में उतर सको—ज्ञान में उतर जाओ सीधे, बड़ा शुभ। सौ में कोई एकाध उतर पाता है सीधा, निन्यानबे को ध्यान से ही जाना पड़ता। इसलिए तो अष्टावक्र का इतना महिमावान शास्त्र कभी भी बहुत लोगों के काम नहीं आ सका; आ नहीं सकता। वह बहुत चुनिंदा लोगों के लिए है। वह सामान्य रूप से किसी काम का नहीं है। कोई अलबर्ट आइंस्टीन, कोई गौतम बुद्ध, कोई कृष्ण, कोई मोहम्मद, कोई जीसस, बस ऐसे लोगों के काम का है। इने-गिने अंगुलियों पर गिने जा सकें जो, ऐसे थोड़े से लोगों के काम का है।

इसलिए शास्त्र अनूठा है लेकिन बहुत लोग इस शास्त्र का शस्त्र न बना पाए कि जिससे जीवन का जाल कट जाता। जीवन का जाल काटने के लिए तुम्हें अपनी सामर्थ्य से ही चलना पड़ेगा। तुम्हें अपने को ही देख कर चलना पड़ेगा। अष्टावक्र को सुनते-सुनते तुम ज्ञान को उपलब्ध हो जाओ, तुम्हारे मन की बेचैनी मिट जाए, शुभ हुआ। फिर किसी संन्यास की कोई जरूरत नहीं। मगर कसौटी समझना मन की बेचैनी को। अगर बेचैनी न कटे तो समझ लेना कि अकेले ज्ञान से कुछ तुम्हारे लिए होने वाला नहीं है। तुम्हें ध्यान से जाना पड़ेगा। फिर बचाव मत करना; फिर ध्यान में उतरना।

अगर ध्यान में उतर सके तो एक दिन विचार कट जाएंगे। जिस दिन विचार कट गए उस दिन ध्यान भी व्यर्थ हुआ। पैर में कांटा लग जाता है, दूसरे कांटे से हम उसे निकाल लेते हैं। फिर दोनों कांटों को फेंक देते हैं। फिर दूसरे कांटे से जो हमने निकाला

है उसे सम्हाल कर थोड़े ही खीसे में रख लेते हैं। उसकी पूजा थोड़े ही करते हैं कि यह कांटा बड़ा उपकारी है। त्राता! तारणहार! फिर उसको भी फेंक देते हैं। कांटा तो कांटा ही है। इसको भी पास रखने में खतरा है। यह भी गड़ सकता है। और खीसे में रखा तो छाती में गड़ेगा। दोनों को फेंक देते हैं।

विचार कांटा है, ध्यान भी कांटा है। ध्यान के कांटे से विचार के कांटे को निकाल लेते हैं, फिर दोनों को विदा कर देते हैं—नमस्कार। अगर ध्यान घट सका तो विचार और ध्यान दोनों चले जाएंगे। फिर उस दिन तुम जानोगे कि संन्यास क्या है, अध्यात्म क्या है।

जहां मन नहीं वहां अध्यात्म के फूल खिलते हैं, कमल खिलते हैं। जहां मन नहीं वहां संन्यास की सुवास बिखरती है। अभी तुम ऐसी बातें न कहो। ये बातें छोटे मुंह बड़ी बातें हो जाती हैं। अष्टावक्र कहते हैं ठीक; तुम मत कहो। तुम्हें अगर कहनी हैं तो अपने मन को जांच कर कहो। फिर बेचैनी बीच में मत लाओ; और फिर मार्गदर्शन मत पूछो।

पांचवां प्रश्नः कल आपने कहा, 'निर्बल के बल राम। हारे को हरिनाम।' परंतु कुछ दिन पूर्व आपने कहा था कि परमात्मा के सामने भिखारी की तरह नहीं, वरन सम्राट की तरह ही जाया जा सकता है। कृपया विरोधाभास को स्पष्ट करें।

विरोधाभास तुम्हें दिखाई पड़ते हैं, क्योंकि तुम्हारे पास अविरोध को देखने की समझ नहीं है। तुम्हारे पास वैसी आंख नहीं है जो अविरोध को देख ले। तो तत्क्षण हर चीज विरोधाभासी हो जाती है। तुमने देखी नहीं कि चीज विरोधाभासी हुई नहीं।

समझने की कोशिश करोः निर्बल के बल राम। लेकिन निर्बल का मतलब भिखारी नहीं होता। और निर्बल के बल राम—जिस निर्बलता में राम मिल जाते हों वह निर्बलता भिखमंगापन नहीं हो सकती। वह निर्बलता तो साम्राज्य का द्वार हुई। निर्बल के बल राम का अर्थ है, जिसने अपने अहंकार के बल को छोड़ दिया। जिसने कहा, अब मेरा कोई बल नहीं।

इससे कुछ बल थोड़े ही मिट जाता है। इससे ही पहली दफा बल पैदा होता है।

तुम्हारा अहंकार ही तो तुम्हें मारे डाल रहा है। वही तो तुम्हारी छाती पर बंधा हुआ पत्थर है, गर्दन में बंधी फांसी है। बल कहां है तुम्हारे अहंकार में? सिर्फ बल का दंभ है। बल कहां है? क्या कर लोगे तुम्हारे अहंकार से? सिकंदर और नेपोलियन और चंगीज और तैमूर क्या कर पाते हैं? सारा बल धरा रह जाता है। सारा बल पड़ा रह जाता है। मौत का झोंका आता है और सब हवा निकल जाती है। गुब्बारा फूट जाता है।

जितना बड़ा अहंकार उतने ही जल्दी गुब्बारा फूट जाता है। देखा, छोटे बच्चे फुग्गे को हवा भरते जाते, भरते जाते। गुब्बारा बड़ा होता जाता। जैसे-जैसे गुब्बारा बड़ा होता है वैसे-वैसे फूटने के करीब आ रहा है। जब गुब्बारा पूरा बड़ा हो जाता है तो फूट जाता है। नेपोलियन और सिकंदर फूले हुए गुब्बारे हैं।

तुम्हारा अहंकार है क्या? बल क्या है तुम्हारे अहंकार में? तुम्हारे अहंकार से होता क्या है? कुछ भी तो नहीं होता।

निर्बल के बल राम का अर्थ है, जिस व्यक्ति ने अपनी अस्मिता का दंभ छोड़ा, अहंकार का भाव छोड़ा। इस तरफ से निर्बल हुआ। क्योंकि अब तक जिसको बल माना था वह बल गया। लेकिन वस्तुतः थोड़े ही निर्बल हुआ। यही तो अर्थ है निर्बल के बल राम। जैसे ही अपना बल गया कि राम का बल पैदा हुआ। राम का बल तुम्हारे भीतर छिपा है, तुम्हारे प्राणों में दबा है। इधर ऊपर से तुमने अहंकार का गुब्बारा छोड़ा कि बस आया।

रवींद्रनाथ ने एक कविता लिखी है, प्यारी है। लिखा है अपनी कविता में कि एक रात बजरे पर था। पूर्णिमा की रात, पूरा चांद आकाश में। बड़ी लुभावनी रात। चांद की बरसती रात। और वे अपनी नाव पर अपने बजरे में अंदर बैठे हैं। कोई किताब पढ़ रहे हैं। सौंदर्य के संबंध में सौंदर्यशास्त्र की कोई किताब पढ़ रहे हैं। एक छोटी सी मोमबत्ती जला रखी है, उसका पीला टिमटिमाता प्रकाश—उसी में वे पढ़ रहे हैं। आधी रात गए किताब पूरी हुई। फूंक मार कर मोमबत्ती बुझा दी। मोमबत्ती बुझाते ही चकित खड़े रह गए। द्वार से, खिड़की से, रंध्र-रंध्र से बजरे की, चांद की रोशनी भीतर आ गई। अपूर्व! नाच उठे। फिर रोने लगे। क्योंकि तब याद आया कि सौंदर्य बाहर बरस रहा है। चांद द्वार पर खड़ा है। और मैं इस मोमबत्ती को जलाए, इसके गंदे से प्रकाश में सौंदर्यशास्त्र पढ़ रहा हूं। सौंदर्य द्वार पर खड़ा है और मैं किताब में सौंदर्य खोज रहा हूं। और इस मोमबत्ती के धीमे से प्रकाश ने चांद की रोशनी को भीतर आने से रोक दिया है।

तुमने कभी देखा? छोटा सा प्रकाश मोमबत्ती का, चांद भीतर नहीं आता। मोमबत्ती बुझ गई, भर गया चांद भीतर, सब तरफ से दौड़ आया। रवींद्रनाथ ने लिखा है, वह घड़ी मेरे जीवन में बड़ी शुभ घड़ी हो गई। उस दिन मैंने जाना, ऐसी ही अहंकार की मोमबत्ती है। जब तक जलती रहती है तब तक प्रभु का प्रकाश द्वार पर खड़ा रहता है, भीतर नहीं आ पाता। फूंक मार कर बुझा दो यह मोमबत्ती, दौड़ा चला आता प्रभु। निर्बल के बल राम।

इसका मतलब यह नहीं है कि जब तुम निर्बल हो जाते हो तो तुम भिखारी हो जाते हो। निर्बल होते ही तुम सम्राट हो जाते हो। जीसस के वचन हैं: 'ब्लेसेड आर द

मांक, फॉर दे शैल इनहेरिट द अर्थ; फॉर देअर्स इज़ द किंगडम ऑफ गॉड।' धन्यभागी हैं निर्बल। उन्हीं का है सारा जगत और वे ही हैं प्रभु के राज्य के मालिक। सम्राट हो जाता है आदमी निर्बल होकर।

तो मैं तुमसे फिर कहता हूं, भिखारी की तरह परमात्मा के द्वार पर मत जाना। भिखारी का मतलब है, अहंकारी की तरह परमात्मा के द्वार पर मत जाना। अहंकार भिखमंगा है। मांग ही मांग तो है अहंकार के पास; और क्या है? धन दो, पद दो, प्रतिष्ठा दो, कुर्सी दो। अहंकार के पास और क्या है? दो, दो, दो! मांगता ही चला जाता। और मिले, और मिले, और मिले। मांगता ही चला जाता। मंगना है, भिखमंगा है।

सम्राट कौन? जिसकी मांग चली गई, जो मांगता नहीं, वही सम्राट है। और मांगेगा कौन नहीं? जिसको राम मिल जाएं वही नहीं मांगेगा; बाकी तो मांगते ही रहेंगे। राम को पाकर फिर क्या मांगने को बचा? और राम मिलते केवल उसी को, जो निर्बल है। धन्यभागी हैं निर्बल। सम्राट हो जाते हैं वे। उनकी निर्बलता बल है—निर्बल के बल राम।

लेकिन तुम जरूर विरोधाभास देख लिए होओगे। क्योंकि जब मैंने कहा, सम्राट की तरह जाओ तो तुम्हारे अहंकार ने कहा कि सुनो! सुनते हो? अकड़ कर चलना है अब। कोई भिखमंगे की तरह नहीं जाना है। झंडा ऊंचा रहे हमारा! अब अकड़ कर जाना है। अब परमात्मा पर हमला बोलना है, कोई ऐसे भिखारी की तरह नहीं जाना। बैंड-बाजे लेकर जाना है। उसको भी बता देना है कि कोई आ रहा है।

तुम यह समझे होओगे, जब मैंने कहा कि सम्राट की तरह जाओ। सम्राट की तरह जाने का अर्थ है, कोई मांग लेकर मत जाओ। मांग छोड़ कर जाओ। और मांग अगर सब छूट जाए तो अहंकार नहीं बचेगा। क्योंकि अहंकार मांग पर ही जीता है। अहंकार मंगना है, भिखारी है।

लेकिन तुम कुछ का कुछ समझ लेते हो यह मैं जानता हूं। तुम कुछ का कुछ समझने के लिए मजबूर हो। जैसे ही मैंने कहा, सम्राट की तरह जाओ, तुम्हारी रीढ़ सीधी हो गई होगी। तुम अकड़ कर बैठ गए होओगे। तुमने कहा कि बात कही पते की। अरे, मैं और भिखमंगे की तरह जाऊं? अब रास्ता मिल गया।

तुम तबसे ही अकड़ कर चल रहे हो। कृपा करके रीढ़ जरा ठीक करो। यह मैंने कहा नहीं है। तुम जो सुन लेते हो, जरूरी नहीं है कि मैंने कहा हो। जो मैंने कहा है, जरूरी नहीं है कि तुमने सुना हो। इसलिए जल्दी मत करना निष्कर्ष लेने की। बहुत सोच-विचार कर लेना। बार-बार सुन लेना। सब तरह से जांच-परख कर लेना। अन्यथा तुम धोखा खा जाओगे।

निर्बल के बल राम, हारे को हरिनाम। जो हार गया है, उसका ही हरिनाम। अब हारे से तुम क्या अर्थ लेते हो? हारे से यह मतलब नहीं है कि लोमड़ी उछली और अंगूरों

का गुच्छा न पा सकी। उसने चारों तरफ देखा, कोई नहीं देख रहा है, चल पड़ी। एक खरगोश छिपा देख रहा था एक झाड़ी में। उसने कहा, मौसी, क्या मामला है? उछलीं, पहुंच नहीं पाईं? अब यह तो अहंकार को चोट लगती थी लोमड़ी को। लोमड़ी ने कहा, अरे कुछ भी नहीं। कुछ मामला नहीं। अंगूर खट्टे हैं, पहुंचने योग्य ही नहीं हैं।

एक तो यह हार है। इस हार की बात नहीं कर रहा हूं। कि तुमने धन पाना चाहा और पहुंच नहीं सके तो तुमने कहा, मार दी लात। था ही नहीं धन तो लात क्या खाक मारी! लात मारने का हकदार तो वही है जिसके पास हो।

इस विफलता को नहीं कह रहा हूं हारना कि होना तो चाहते थे राष्ट्रपति, न हो पाए म्युनिसिपल के मेंबर, सोचा कि अरे, कुछ नहीं रखा पद इत्यादि में। एकदम शास्त्र पढ़ने लगे, सत्संग करने लगे। कहने लगे कि इसमें कुछ नहीं रखा। यह सब दौड़-धाप व्यर्थ की बकवास है। मैं तो आध्यात्मिक हो गया। दौड़ते थे स्त्री के पीछे, नहीं पा सके स्त्री को क्योंकि और भी प्रतियोगी थे तो सोच लिया कि कुछ रखा नहीं। स्त्रियां हैं क्या? हड्डी-मांस-मज्जा का ढेर है; खून-कफ इत्यादि भरा पड़ा है; ऐसी-ऐसी बातें सोचने लगे। ऐसा सोच कर मन को समझा लिया, अंगूर खट्टे हैं। शास्त्रों में लिखी हैं ऐसी बातें।

ये पहले तरह के, इन हारे लोगों ने लिखी होंगी। इनके लिए नहीं कह रहा हूं हारे को हरिनाम। ये तो हार ही गए। ये तो हरिनाम भी क्या खाक लेंगे! इनको तो जीवन का स्वाद ही नहीं मिला। यह जो लोमड़ी चली गई है उचक कर और नहीं पहुंच सकी अंगूरों तक, क्या तुम सोचते हो इसके मन में अंगूरों की याद न आएगी? खरगोश को धोखा दे दे। शायद खरगोश ने मान भी लिया हो। खरगोश भोले-भाले धार्मिक लोग! मान लिया हो। श्रद्धालु जन! स्वीकार कर लिया हो कि ठीक कहती है, अंगूर खट्टे हैं। लेकिन खुद को कैसे धोखा देगी? खुद तो जानती है उछली थी, पहुंच न सकी। स्वाद ही नहीं लिया तो खट्टे होने का पक्का कैसे हो सकता है? रात सपने में फिर उछलेगी। ये अंगूर इसके मन में चक्कर काटेंगे।

वही तो तुम्हारे साधु-संन्यासियों का होता है। स्त्री छोड़ कर भाग गए, स्त्री चक्कर काट रही है। जितने सपने तुम्हारे साधु-संन्यासी स्त्रियों के देखते हैं उतना कोई नहीं देखता। गृहस्थ तो देखते ही नहीं। गृहस्थों को कहां फुरसत स्त्री का सपना देखने की! दिन भर सताती है, रात तो छुटकारा मिले।

जिनके पास धन है वह धन का सपना नहीं देखते, भिखमंगे देखते हैं। जिनके पास पद है वे पद का सपना नहीं देखते, पदहीन देखते हैं। जो नहीं है उसका सपना देखा जाता है। जिसका स्वाद नहीं लिया उसकी आकांक्षा बनी रहती है।

नहीं, इस तरह के हारे हुए लोगों के लिए नहीं कह रहा हूं। फिर किस तरह के हारे हुए लोग? एक और तरह की हार है। एक तो विफलता है जो विफलता से मिलती है।

और एक ऐसी विफलता है जो सफलता से मिलती है। जब एक आदमी सफल हो जाता है; और अचानक पाता है सफलता तो मिल गई और हाथ में राख है। अंगूर पहुंच गए हाथ, तोड़ लिए, चख भी लिए, और कुछ भी न पाया। प्लास्टिक के अंगूर थे। अंगूर थे ही नहीं, धोखा था। धन पा लिया, ढेर लगा लिया और अचानक पाया, कुछ भी नहीं है। भीतर तो हम निर्धन के निर्धन रह गए हैं। बड़े पद पर बैठ गए और पाया कि क्या हुआ? हम तो वही के वही हैं। जमीन पर बैठे थे तो वही थे, कुर्सी पर बैठ गए तो वही हैं। कुछ फर्क तो हुआ नहीं। सारी दुनिया में नाम फैल गया, सब लोग जानने लगे, क्या हुआ? कुछ भी तो न मिला। यह वाहवाही मिली, लेकिन न इससे पेट भरता, न आत्मा भरती। यह सब ऊपर-ऊपर हो गया, भीतर तो हम खाली के खाली रह गए।

एक विफलता है जो विफलता से मिलती है, उसकी मैं बात नहीं कर रहा। वह भी कोई विफलता है? वैसा विफल आदमी जब संन्यास ले लेता है तो वह नपुंसक का ब्रह्मचर्य है। नपुंसक कसम खा ले कि ब्रह्मचर्य ले लिया। वह ऐसा नपुंसक का ब्रह्मचर्य है। नहीं, उसकी मैं बात नहीं कर रहा। मैं कोई और ही बात कर रहा हूं।

ऐसी विफलता जो सफलता से मिलती है। ऐसी निर्धनता जो धन के पाने पर पता चलती है। सब पा लिया और अचानक लगता है, सब असार। स्वाद ले लिया और पाया कि अंगूर खट्टे हैं। और खट्टे ही रहते हैं, पकते ही नहीं। इस संसार का कोई अंगूर कभी नहीं पकता, खट्टा ही रहता है।

इस स्वाद के बाद फिर सपना नहीं आता; फिर वासना नहीं जागती। इस स्वाद के बाद संसार छोड़ना नहीं पड़ता, छूट जाता है। पहले हारेपन में छोड़ना पड़ता है, चेष्टा करनी पड़ती है। दूसरे हार में छूट जाता है बिना चेष्टा के, बिना प्रयत्न के, अकृत्रिम रूप से, सहज रूप से छूट जाता है। जान लिया, छूट गया। जानना ही क्रांति बन जाती है।

ऐसे व्यक्ति को मैं कहता हूं: हारे को हरिनाम। और तब हरिनाम उठता है। इस हार में हरिनाम उठता है। अहंकार तो गिर गया हार में, संसार तो गिर गया हार में, अब उठता हरिनाम। ऐसा आदमी विषाद में नहीं लेता हरि का नाम। ऐसा आदमी संसार व्यर्थ हो गया इस आनंदभाव से डोल कर हरि का नाम लेता है। ऐसे आदमी का हरिनाम रसविमुग्धता से उठता है। देख लिया, बाहर कुछ भी नहीं है, अब भीतर लौटता है। और रस ही रस की धार बहती है।

इसी को मैं सम्राट कहता हूं। लेकिन तुम्हारी कठिनाई भी मैं समझता हूं। तुम्हें विरोधाभास दिखाई पड़ता है क्योंकि तुम बुद्धि से सुनते हो। बुद्धि हर चीज में विरोधाभास देखती है। क्योंकि बुद्धि का उपाय ही हर चीज को टुकड़ों में तोड़ देना है। जैसे कांच के टुकड़े के प्रिज्म से गुजर कर किरण सात रंगों में टूट जाती है, ऐसे ही बुद्धि से हर चीज गुजर कर दो में टूट जाती है, द्वैत हो जाता है, दुई पैदा हो जाती है।

बुद्धि से कोई भी चीज निकली तो दो पैदा हुए, तत्क्षण पैदा हुए। है तो एक, बुद्धि हर चीज को दो कर देती है।

जीवन को देखने-समझने का एक और ढंग है बुद्धि से अतिरिक्त—हृदय का; विचार के अतिरिक्त प्रेम का।

प्यार अगर थामता न पथ में
उंगली इस बीमार उमर की
हर पीड़ा वेश्या बन जाती
हर आंसू आवारा होता

मन तो मौसम-सा चंचल है
सबका होकर भी न किसी का
अभी सुबह का अभी शाम का
अभी रुदन का अभी हंसी का

जीवन क्या है? एक बात जो
इतनी सिर्फ समझ में आए
कहे इसे वह भी पछताए
सुने इसे वह भी पछताए

मगर यही अनबूझ पहेली
शिशु-सी सरल-सहज बन जाती
अगर तर्क को छोड़, भावना
के संग किया गुजारा होता

हर घर आंगन रंगमंच है
और हरेक सांस कठपुतली
प्यार सिर्फ वह डोर कि जिस पर
नाचे बादल नाचे बिजली

तुम चाहे विश्वास न लाओ
लेकिन मैं तो यही कहूंगा
प्यार न होता धरती पर तो
सारा जग बंजारा होता

प्यार अगर थामता न पथ में
उंगली इस बीमार उमर की
हर पीड़ा वेश्या बन जाती
हर आंसू आवारा होता

खयाल करो, बुद्धि वेश्या है। उसका कोई भरोसा नहीं। कभी यह कहती, कभी वह कहती है। बुद्धि से कभी कोई निश्चय होता ही नहीं। बुद्धि आवारा है। बुद्धि पतिव्रता नहीं है। कभी सुबह के साथ, कभी शाम के साथ। कभी एक, कभी दो—बुद्धि डोलती ही रहती है। बुद्धि डांवाडोलपन है। बुद्धि कभी थिर नहीं होती। तो बुद्धि एक में से भी दो अर्थ निकाल लेती है, तभी तो डोल सकती है; नहीं तो डोल न सकेगी।

एक और भी ढंग है जीवन को देखने का, वह है प्रेम; वह है हृदय। तुम मुझे सुनते हो, तुम बुद्धि से सुनोगे तो तुम्हें रोज-रोज विरोधाभास मिलेंगे। तुम्हें पंक्ति-पंक्ति पर विरोधाभास मिलेंगे। तुम्हें कदम-कदम पर, पग-पग पर विरोधाभास मिलेंगे। अगर तुमने बुद्धि से सुना तो तुम विक्षिप्त हो जाओगे। एक और ढंग है प्रेम से सुनने का। प्रेम का अर्थ है, जहां दो एक हो जाते हैं। जहां सब विरोधाभास खो जाते हैं। जहां एक स्वर बजता, एक नाद रह जाता। जहां एक ही अर्थ गूंजता।

और मैं एक ही बात कह रहा हूं—कितने ही ढंग से कहूं और कितने ही शब्दों में कहूं। कभी भक्ति के नाम से कहूं, कभी ज्ञान के नाम से कहूं, कभी ध्यान के नाम से, कभी योग के नाम से, लेकिन मैं एक ही बात कह रहा हूं। तुमने अगर प्रेम से सुना तो तुम उस एक को ही सुन पाओगे। और तब तुम्हारे सामने अर्थ जैसे होने चाहिए वैसे प्रकट होंगे।

अब सीधी-सीधी बात है कि मैं हर बार कहता हूं, हारे को हरिनाम। और कितनी बार तुमसे मैंने कहा है, निर्बल के बल राम। और कितनी बार तुमसे मैंने कहा है, भिखारी की तरह मत जाना, सम्राट की तरह जाना। तुमने काश, इसे हृदय से सुना होता तो तुम्हारे सामने अर्थ प्रकट हो जाता। जो अर्थ मैंने तुमसे अभी कहा वह तुम भी खोज ले सकते थे अगर प्रेम से सुना होता। लेकिन तुम सुनते हो खोपड़ी से। तुम तैयार ही रहते हो कि कोई चीज ऐसी दिखाई पड़ जाए जिसमें विरोध है। तो फिर तुम जरा भी चेष्टा नहीं करते सेतु बनाने का, कि दोनों के बीच कोई सेतु जरूर होगा। जब मैंने कहा है तो जरूर कोई सेतु होगा।

सेतु को खोजें। सेतु को खोजने में लगो। पहले अपने भीतर सेतु को खोजो। जब न खोज सको तब पूछो। और मैं तुमसे कहता हूं, सेतु तुम धीरे-धीरे खोजने लगोगे और तुम्हें विरोध समाप्त होने लगेंगे। तुम्हें मेरी असंगतियों में संगति का स्वर सुनाई पड़ने लगेगा। क्योंकि असंगति हो नहीं सकती। मैं जहां से बोल रहा हूं वहां एक

का ही वास है। कभी एक रंग में ढालता, कभी दूसरे रंग में ढालता। कभी एक गीत में गुनगुनाता, कभी दूसरे गीत में गुनगुनाता।

ये भेद शब्दों के होते हैं। मेरे भीतर एक का ही निवास है। वही एक अनेक शब्दों में प्रकट हो रहा है। इसे तुम स्मरण रखो। इसे बार-बार भूल मत जाओ। और हर विरोध के बीच जब तुम्हें विरोध दिखाई पड़े तो बड़े ध्यान को पुकारो। शांत होकर बैठो, खोजो, कहीं सेतु होगा। और तुम सेतु को पा लोगे। और उस सेतु को पा लेने से तुम्हारे भीतर एक और तरह की समझ का दीया जलेगा, जिसको हम प्रेम कहते हैं।

आखिरी प्रश्न :
हे री सखि बतलाओ मुझे
पी की मनभावन की बतिया
गुणहीन मलिन शरीर मेरा
कुछ हार-सिंगार किया ही नहीं
नहीं जानूं मैं प्रेम की बात कोई
मेरी कांपत है डर से छतिया
पिया अंदर महल विराज रहे
घर-काजन मैं अटकाय रही
नहीं एक घड़ी-पल संग किया
बिरथा सब बीत गई रतिया
पिया सोवत ऊंची अटारिन में
जहां जीव परीत की गम ही नहीं
किस मारग होय के जाय मिलूं
किस भांति बनाए लिखूं पतिया
मैं इस भजन के साथ खो जाता हूं। कृपा कर मुझे इसका भावार्थ समझाएं।

खोजाने में ही भावार्थ है। समझने की बात नहीं है, खो जाने की ही बात है। समझोगे तो अर्थ खो जाएगा। समझो ही मत। डूबो।

जिसने पूछा है, विचार की जगह भावपूर्ण व्यक्ति हैं। जिसने पूछा है, ध्यान की जगह भजन उनके लिए मार्ग होगा। डुबकी लगाओ। समझ इत्यादि की बकवास छोड़ो। जिसको डूबना आता हो वह फिक्र छोड़ सकता है समझने की। जिसको डूबना न आता हो वह समझे। क्योंकि फिर वह समझ-समझ कर ही डूब सकेगा; वह इंच-इंच बढ़ेगा।

इसका अर्थ मत पूछो। लेकिन इसका सार समझने जैसा है।

'हे री सखि बतलाओ मुझे
पी की मनभावन की बतिया।'

प्रेमी सदा यही पूछ रहा है; एक ही बात पूछ रहा है कि उस प्रिय की कुछ खबर दो, कहां है? कहां छिपा है? कहां खोजें? उसका पता क्या है? उसके संबंध में कुछ बात करो।

सत्संग का यही अर्थ होता है: जहां उस परमप्रिय की बात चलती हो। जहां बैठ कर चार दीवाने उस परमप्रिय के गीत गाते हों, स्तुति करते हों। जहां चार दीवाने मिल बैठते हों वहीं मंदिर बन जाता है। जहां चार दीवाने परमात्मा की चर्चा करते हों वहीं शास्त्र जन्मने लगते हैं। मंदिर ईंट-पत्थर के मकानों में नहीं है, मंदिर तो वहां है जहां चार पागल बैठ कर प्रभु की चर्चा करते हैं, आंसू बहाते हैं।

'हे री सखि बतलाओ मुझे
पी की मनभावन की बतिया
गुणहीन मलिन शरीर मेरा
कुछ हार-सिंगार किया ही नहीं'

और प्रेमी को तो सदा ऐसा लगता है कि मैं अपात्र हूं। क्या तो गुण है मेरा? स्वच्छ भी नहीं हूं, बड़ा मलिन हूं। प्रेमी का कोई अहंकार तो नहीं होता। अहंकार तो पंडित का, ज्ञानी का होता है। वह कहता है इतने शास्त्र जानता हूं, इतनी पूजा की, इतना पाठ किया, इतने मंत्रजाप किए, इतनी माला फेरी, वह हिसाब रखता है। भक्त तो कहता है, मैंने कुछ भी नहीं किया।

'गुणहीन मलिन शरीर मेरा
कुछ हार-सिंगार किया ही नहीं
नहीं जानूं मैं प्रेम की बात कोई
मेरी कांपत है डर से छतिया'

और भक्त तो कहता है कि अगर प्रभु मुझे मिल जाएगा तो मैं घबड़ाता हूं। क्या कहूंगा? क्योंकि मुझे प्रेम का तो कुछ पता ही नहीं। प्रेमी सदा ही यही कहता है कि मुझे प्रेम का पता नहीं। और ज्ञानी सदा कहता है कि मुझे प्रेम का पता है। जिसको पता नहीं है वह कहता है पता है, और जिसको पता है वह कहता है पता नहीं।

उपनिषद कहते हैं, जो कहे कि मैं ईश्वर को जानता हूं, जानना कि नहीं जानता। सुकरात ने कहा है, जब मैंने जाना तो जाना कि मैं कुछ भी नहीं जानता हूं। प्रेम सदा अनुभव करता है कि मैं कुछ भी नहीं जानता।

'नहीं जानूं मैं प्रेम की बात कोई
मेरी कांपत है डर से छतिया

पिया अंदर महल विराज रहे
घर-काजन मैं अटकाय रही'

और यह भी प्रेमी जानता है कि परमात्मा दूर नहीं है।

'पिया अंदर महल विराज रहे।'

यहीं छिपा है। भीतर ही छिपा है। दूर हो कैसे सकता है? प्राणों के प्राण में बसा है, रचा है, पचा है। दूर हो कैसे सकता है? श्वास-श्वास में वही है। फिर उलझन क्या है? उलझन इतनी ही है—

'घर-काजन मैं अटकाय रही'

मैं बाहर अटका हूं, प्रभु भीतर बसा है। प्रभु अपने ही घर में बैठा है और मैं घर के बाहर के कामों में उलझा हूं। हजार व्यस्तताएं हैं, उनमें उलझा हूं।

'पिया अंदर महल विराज रहे
घर-काजन मैं अटकाय रही
नहीं एक घड़ी-पल संग किया
बिरथा सब बीत गई रतिया'

जीसस के जीवन में एक उल्लेख है, वे एक घर में मेहमान हुए, मैरी और मार्था के घर—दो बहनें। मार्था तो काम में लग गई। घर की सफाई करनी, भोजन बनाना, जीसस घर में मेहमान हैं। और मैरी जीसस के चरणों में बैठ रही, उनके पैर दबाने लगी। मार्था बार-बार उसे बुलाने लगी कि मैरी, तैयारी करो, मेहमान घर में हैं। इतना बड़ा मेहमान आया, भोजन बनाओ। और भी मेहमान आते होंगे, जीसस के शिष्य आते होंगे, तैयारी करो। लेकिन वह तो विमुग्ध बैठी। वह तो जीसस के पैर दबा रही है।

आखिर जब बार-बार मार्था ने कहा तो जीसस ने कहा, मार्था सुन। तू तैयारी कर, मैरी तैयारी न कर सकेगी। तू उलझ, मैरी न उलझ सकेगी। जब मेहमान घर में है तो मैरी और कहीं नहीं हो सकती। वह भी घर में है, वह भी भीतर है। मैं उसकी आंखों में देख रहा हूं। अब उसकी सुध-बुध नहीं है उसे। अब ये सारी बातें कि घर की तैयारी करनी, भोजन बनाना, लोग आते होंगे, यह करना, सब्जी काटनी, बिस्तर लगाने, ये सब बातें उससे न हो सकेंगी।

यह जो जीसस के जीवन में उल्लेख है...और जीसस ने कहा, तू उसे छोड़। तू तैयारी कर। जो तुझे ठीक लगता है, तू कर। जो उसे ठीक लग रहा है उसे करने दे। तुम अपने-अपने हिसाब से जीयो।

ये मैरी और मार्था परमात्मा की तरफ दो दृष्टिकोण हैं। एक तो है, हम बाहर उलझे हैं, तैयारी कर रहे हैं, कामधाम में लगे हैं। वह तैयारी भी परमात्मा से ही मिलने की तैयारी है। वह भी मेहमान के लिए ही हो रही है। लेकिन तैयारी में इतने व्यस्त हो

गए हैं कि मेहमान ही भूल गया। वह मार्था आकर बैठी ही नहीं जीसस के पास। वह काम में ही उलझी रही। वह मेहमान का स्वागत तो करती रही लेकिन मेहमान से वंचित रही। जीसस घर में आए और चले गए, और मार्था सूखी की सूखी रही। मैरी भर गई। उसने पी लिया। उसने पूरा रस पी लिया।

'पिया अंदर महल विराज रहे
घर-काजन मैं अटकाय रही
नहीं एक घड़ी-पल संग किया
बिरथा सब बीत गई रतिया'

और भक्त कहता है कि मैं जानता हूं कि तुम भीतर ही बैठे हो और मैं बाहर उलझा हूं। व्यर्थ है मेरा यह सारा उलझना। तुमसे संग-साथ कर लिया होता तो यह रात सुहागरात हो गई होती। लेकिन यह रात अंधकारपूर्ण हो गई, विषाद की हो गई, संताप की हो गई। इस रात में केवल दुखस्वप्न देखे। और तुम घर में ही विराजे थे।

एक दिन पछताता है भक्त। प्रेमी पछताता है। इस पछतावे का ही उल्लेख है।

'पिया सोवत ऊंची अटारिन में
जहां जीव परीत की गम ही नहीं
किस मारग होय के जाय मिलूं
किस भांति बनाय लिखूं पतिया'

भक्त पूछता है, ऊंची अटारी पर प्रभु का वास है, बड़े ऊंचे आयाम में।

'जहां जीव परीत की गम ही नहीं'

जहां जाने का जीव को कोई रास्ता नहीं सूझता। जीव जा भी नहीं सकता उस ऊंचाई पर। जीव रहता ही नीचाई पर है। उस ऊंचाई पर जाना हो तो जीव को छोड़ देना पड़ता। वह त्याग जरूरी है।

जीव यानी मैं-भाव। मैं-भाव में बंध गया परमात्मा ही जीव कहलाता। परिभाषित परमात्मा जीव। आंगन में बंध गया आकाश जीव। दीवाल में घिर गया सूरज का प्रकाश जीव।

नहीं, जीव तो जा नहीं सकता। परिधि तोड़नी पड़ेगी। घड़े को फोड़ना पड़ेगा ताकि घड़े के भीतर का आकाश बाहर के आकाश से मिल जाए। जीव ही बाधा है। इसलिए कहा कि जीव परीत की गम ही नहीं। कोई रास्ता नहीं मिलता जीव को, कोई उपाय नहीं।

'किस मारग होय के जाय मिलूं
किस भांति बनाय लिखूं पतिया'

मिलने का एक ही मार्ग है और वह है, मिटना। कभी मनुष्य परमात्मा से मिलता नहीं। इसे ठीक से सुन लेना। कभी मनुष्य परमात्मा से मिलता नहीं। जब परमात्मा

होता है तो मनुष्य नहीं होता, जब मनुष्य होता है तो परमात्मा नहीं होता। दोनों कभी आमने-सामने खड़े नहीं होते।

कबीर ने कहा है, 'जब तक मैं था, तू नहीं, अब तू है, मैं नाहिं।' यह भी खूब मजा हुआ, कबीर ने कहा, मैं खोजने निकला था तुझे, जब तक मैं था, तू न मिला। और अब तू मिला है तो मैं नहीं हूं। यह मिलन कैसा हुआ? यह मिलन तो हुआ ही नहीं। मिलन हुआ लेकिन दो का नहीं, एक का ही।

'प्रेम गली अति सांकरी', कबीर ने कहा है, 'ता में दो न समाय।' यह परमात्मा से जो मिलन है, यह ऐसा मिलन नहीं है जैसे कि तुम एक आदमी से मिल लिए, मित्र से मिल लिए। पत्नी पति से मिल गई, पति पत्नी से मिल गया, मां बेटे से मिल गई। ऐसा मिलन नहीं है परमात्मा से। यह परमात्मा से मिलन ऐसा है जैसे नदी सागर से मिल गई। नदी मिटती तो मिलती।

'किस मारग होय के जाय मिलूं'

नहीं, तुम तो न मिल सकोगे। इसलिए मैंने तुमसे कहा कि अगर तुम भजन करते-करते खो जाते हो तो बस अर्थ मिल जाएगा वहीं। तुम फिक्र छोड़ो। अब कुछ और जानना जरूरी नहीं है। खो जाओ। इतने भी मत बचो। अर्थ जानने को भी मत बचो। बिलकुल खो जाओ। डुबकी लगा लो।

एक दिन ऐसा होगा कि भजन करने के पहले तुम थे, भजन करने में खो गए, कई बार भजन होगा, फिर तुम वापस लौट कर हो जाओगे। फिर-फिर खोओगे, फिर-फिर हो जाओगे। एक दिन ऐसा भी होगा, खोओगे, भजन तो समाप्त हो जाएगा, तुम खोए ही रहोगे। तुम लौट न सकोगे। बस, उस दिन मिलना हो जाता है। उस दिन लिख दी पाती। उस दिन पता मिल गया।

डूबते रहो। डूबने का अभ्यास करते रहो, डुबकी लगाते रहो। आज नहीं कल, कल नहीं परसों, किसी न किसी दिन वह सौभाग्य की घड़ी आ जाएगी, जब तुम डूबोगे एक बार और फिर उबरोगे नहीं। तुम जहां बिलकुल न बचोगे, वहीं तुम पाओगे, जो बच रहा है वही परमात्मा है।

तन से तो सब भांति बिलग तुम
लेकिन मन से दूर नहीं हो
हाथ न परसे चरण सलोने
पांव न जानी गैल तुम्हारी
दृगन न देखी बांकी चितवन
अधर न चूमी लट कजरारी
चिकने खुदरे गोरे काले
छलकन ओ बेछलकन वाले

घट को तो तुम निपट निगुण पर
पनिहारिन से दूर नहीं हो
तन से तो सब भांति बिलग तुम
लेकिन मन से दूर नहीं हो

प्रभु बहुत पास है, जरा भी दूर नहीं। प्रेम में ही छिपा है। तुम प्रेम को उघाड़ लो और प्रभु को पा लोगे। और जिस दिन तुमने अपने भीतर प्रभु को पा लिया उस दिन तुम आंख खोल कर पाओगे कि सब जगह वही है। सब जगह, जगह-जगह वही है। कोई और दूसरा नहीं है।

हर दर्पण तेरा दर्पण है
हर चितवन तेरी चितवन है
मैं किसी नयन का नीर बनूं
तुझको ही अर्घ्य चढ़ाता हूं
काले तन या गोरे तन की
मैले मन या उजले मन की
चांदी सोने या चंदन की
औगुन गुन की या निर्गुन की
पावन हो या कि अपावन हो
भावन हो या कि अभावन हो
पूरब की हो या पश्चिम की
उत्तर की हो या दक्षिण की
हर मूरत तेरी मूरत है
हर सूरत तेरी सूरत है
मैं चाहे जिसकी मांग भरूं
तेरा ही ब्याह रचाता हूं
हर दर्पण तेरा दर्पण है
हर चितवन तेरी चितवन है
मैं किसी नयन का नीर बनूं
तुझको ही अर्घ्य चढ़ाता हूं

आज इतना ही।

* * *

प्रवचन : 69

स्वातंत्र्यात् परमं पदम्

19 जनवरी, 1977

विषयद्वीपिनो वीक्ष्य चकिताः शरणार्थिनः।
विशंति झटिति क्रोडं निरोधैकाग्र्यसिद्धये।।221।।
निर्वासनं हरिं दृष्ट्वा तूष्णीं विषयदंतिनः।
पलायंते न शक्तास्ते सेवंते कृतचाटवः।।222।।
न मुक्तिकारिकां धत्ते निःशंको युक्तमानसः।
पश्यन्श्रृण्वन्स्पृशनजिघ्रन्नश्नन्नास्ते यथासुखम्।।223।।
वस्तुश्रवणमात्रेण शुद्धबुद्धिर्निराकुलः।
नैवाचारमनाचारमौदास्यं वा प्रपश्यति।।224।।
यदा यत्कर्तुमायाति तदा तत्कुरुते ऋजुः।
शुभं वाप्यशुभं वापि तस्य चेष्टा हि बालवत्।।225।।
स्वातंत्र्यात् सुखमाप्नोति स्वातंत्र्याल्लभते परम्।
स्वातंत्र्यान्निर्वृतिं गच्छेत् स्वातंत्र्यात् परमं पदम्।।226।।

विषयद्वीपिनो वीक्ष्य चकिताः शरणार्थिनः।
विशंति झटिति क्रोडं निरोधैकाग्र्यसिद्धये।।

'विषयरूपी बाघ को देख कर भयभीत हुआ मनुष्य शरण की खोज में शीघ्र ही चित्त-निरोध और एकाग्रता की सिद्धि के लिए पहाड़ की गुफा में प्रवेश करता है।'

जीवन कठिन है। जीवन सरल नहीं है। बड़ी समस्याएं हैं; हल होती मालूम नहीं पड़तीं। जल्दी ही आदमी थक जाता और हार जाता। और हारे को पलायन है। हारा हुआ भागने लगता है। समस्याएं भागने से भी हल नहीं होतीं। लेकिन भगोड़े को एक आश्वासन, एक सांत्वना मिलती है कि कम से कम समस्याओं से दूर हो गया। लेकिन जो व्यक्ति समस्याओं से दूर हो गया, यह व्यक्ति, समस्याओं के मध्य में जो विकास हो सकता था उससे भी वंचित हो जाता है।

इस सत्य को खूब मनःपूर्वक समझ लेना। क्योंकि प्रत्येक व्यक्ति के मन में भगोड़ापन छिपा बैठा है। भय छिपा है तो भगोड़ापन छिपा है। भय है तो भीतर हम कायर हैं। जहां देखते हैं कि जीत होना मुश्किल है वहीं से भागने का मन होने लगता है। भागने को हम खूब सुंदर बनाने की कोशिश करते हैं। भागने को हम संन्यास कहते हैं। भागने को हम बड़ा समादर देते हैं। भगोड़ों की हम पूजा करते हैं, उनके चरण छूते हैं। भगोड़ों को हम महात्मा कहते हैं। हमारे भीतर जो भगोड़ा बैठा है, यह सब उसी भगोड़े के लिए ऊपर साज-शृंगार बिठाना है। हमारे भीतर जो भय बैठा है, कायर बैठा है उस कायर के लिए आभूषण पहनाने हैं।

ये तरकीबें हैं हमारे मन की। लेकिन एक बात खयाल रखना, भगोड़ों ने कभी कुछ पाया नहीं। मिलेगा जो भी, वह मिलेगा चुनौतियों के स्वीकार से। जीवन में कठिनाइयां हैं जरूर, लेकिन कठिनाइयां सप्रयोजन हैं। समस्याएं हैं जरूर, जटिल जाल है समस्याओं का, लेकिन वहीं तो चुनौती है। उसी जाल को सुलझाने में तो तुम्हारी प्रज्ञा का जन्म होगा। भाग गए तो प्रज्ञा से वंचित रह जाओगे।

इसलिए तो तुम्हारे भगोड़े संन्यासी गुफाओं में भला बैठ जाएं, लेकिन उनके जीवन में तुम प्रतिभा, मेधा, सृजनात्मकता, तेजस्विता नहीं पाओगे। उनको देखना हो तो तुम अभी कुंभ मेले जा सकते हो, वहां तुम्हें सब तरह के मूढ़ों की जमात मिल जाएगी। प्रकार-प्रकार के मूढ़ प्रकार-प्रकार की वेशभूषा में मिल जाएंगे। उनकी पूजा करनेवालों की भी लाखों की भीड़ मिल जाएगी। पूजा करने वालों के पास भी कोई प्रतिभा नहीं है और जिनकी पूजा की जा रही है उनकी भी कोई क्षमता नहीं है।

हम सबके भीतर यह संभावना है इसलिए अष्टावक्र सावधान करते हैं। यह सूत्र तुम्हें सावधान बनाने को है। मन बहुत बार करता है कि जहां जीत न होती हो वहां से हट जाना अच्छा।

तुमने देखा, लोग ताश खेलते हैं; अगर हारने की नौबत आ जाए तो बाजी उलट देते हैं। क्रोध में आ जाते, तख्ता उलट देते हैं। खेलना ही नहीं है, धोखा हो गया। कुछ भी अनर्गल बोलने लगते हैं। ताश के पत्ते खेल रहे थे, कोई बहुत बड़ा काम भी न कर रहे थे, लेकिन वहां भी हारने की सामर्थ्य नहीं है।

और जो हारने को तैयार नहीं है वह कभी जीत भी न सकेगा। हार से गुजरने की जिसकी तैयारी है वही जीत के सूत्र सीख पाता है। हार के रास्ते पर ही जीत के सूत्र बिखरे पड़े हैं। ये जो हार के कांटे हैं इन्हीं के बीच विजय के फूल भी खिले हैं। तुम गुलाब के कांटों से भाग गए तो तुम गुलाब के फूलों से भी वंचित रह जाओगे। एक बात पक्की है कि कांटों से भाग गए तो कांटों से जो पीड़ा होती थी वह तुम्हारे जीवन में न होगी, लेकिन फूलों से जो सुख की वर्षा होती थी उससे भी वंचित रह जाओगे।

चूंकि इस जगत में अधिक लोग दुखी हैं इसलिए जब किसी आदमी को देखते हैं दुखी नहीं है, इसके जीवन में कांटे नहीं चुभे, तो पूजा करने लगते हैं। लेकिन यह भी कोई उपलब्धि हुई? कांटों का न होना कोई उपलब्धि है? फूल खिलते तो उपलब्धि थी। कांटों का न होना तो केवल नकारात्मक है, विधायक कहां है? परमात्मा की उपस्थिति नहीं है यहां। संसार अनुपस्थित हो गया है लेकिन परमात्मा की उपस्थिति नहीं है।

परमात्मा की उपस्थिति तो उसी को उपलब्ध होती है जो संसार की सीढ़ियां चढ़ता है। वे सीढ़ियां जटिल हैं, अंगारों से पटी हैं, जलाती हैं, लेकिन उसी जलने में से तो निखार आता है। आग से गुजर कर ही तो सोना कुंदन बनता है। आग से भाग जाए जो सोना, उसको तुम संन्यासी कहोगे?

भगोड़ा संन्यासी हो ही नहीं सकता। पलायनवादी संन्यासी हो ही नहीं सकता। संन्यासी तो वही है जो संसार में हो और संसार का न हो। यही अष्टावक्र की मूल धारणा है, यही मेरी मूल धारणा है।

मुझसे लोग आकर कहते हैं, आप संन्यास दे देते हैं और लोगों को संसार छोड़ने को नहीं कहते? मैं कहता हूं, संसारी थे तब, संन्यास नहीं लिया था तब अगर संसार छोड़ भी देते तो क्षमा योग्य थे। अब तो छोड़ने का उपाय न रहा। संन्यास का अर्थ ही है भगोड़ेपन का त्याग। अब तो जूझेंगे। अब तो गहरी डुबकी लगाएंगे संसार में। क्योंकि यह संसार के सागर में डुबकी लगा कर ही मिलते हैं हीरे-मोती। जो इस सागर से भागा डर कर कि कहीं डूब न जाएं, वह रेत में पड़ी हुई शंखियां और सीप बीन ले भला, हीरे-मोती नहीं पाएगा। उतने सस्ते में मिलते ही नहीं हीरे-मोती। मूल्य तो चुकाओगे न! मूल्य तो चुकाना ही पड़ेगा।

यह संसार परमात्मा को पाने के लिए चुकाया गया मूल्य है। इसकी हर समस्या समाधि के लिए चुकाई गई व्यवस्था है। समस्या से गुजर कर समाधान उपलब्ध होगा। समस्या तो केवल अवसर है, परीक्षा है, कसौटी है। कोई विद्यार्थी परीक्षा से भाग जाए तो तुम उसकी पूजा तो नहीं करते।

यह जीवन तो परीक्षा है। इससे जो भाग गए हैं, छोड़ो, उन भगोड़ों का आदर छोड़ो। क्योंकि उस आदर के कारण तुम्हारे भीतर का भगोड़ा भी मरता नहीं। वह

आदर तुम्हारे भीतर के भगोड़े को भी जगाए रखता है, जिंदा रखता है। तुम आदर उसी का करते हो जैसे तुम होना चाहते हो, इस पर खयाल रखना। आदर ऐसे ही थोड़े ही करता है कोई किसी का! जैसे तुम होना चाहते हो उसी का तुम आदर करते हो। अगर तुम भगोड़ों का आदर करते हो तो भगोड़ा तुम्हारे भीतर बैठा है, प्रतीक्षा में है ठीक अवसर की। मौका पाकर भाग खड़ा होगा।

लेकिन यह भागना भय पर आधारित है। भय यानी कायरता।

सूत्र है:

विषयद्वीपिनो वीक्ष्य चकिताः शरणार्थिनः।

विषयरूपी बाघ को देख कर भयभीत हुआ मनुष्य शरण की खोज में शरणार्थी हो जाता।

शरणार्थी होना कोई सुखद बात नहीं है। ये जो गुफाओं में बैठे हैं, रिफ्यूजी हैं। भाग गए। शरणार्थी हैं। दया के पात्र हैं। पूजा के पात्र जरा भी नहीं। इनकी चिकित्सा की जरूरत है। इन्हें फिर कोई हिम्मत दे। इनकी बुझती ज्योति को फिर कोई जलाए। इनके चुकते स्नेह को फिर कोई भरे। इनका दीया फिर जगमगाए। इन्हें फिर कोई खींच कर लाए कि आओ, जहां परीक्षा है वहीं कसौटी है। भागो मत। जूझो। उतरो जीवन के संग्राम में। डर क्या है? खोने को क्या है? तुम्हारे भीतर जो छिपा है वह खोया नहीं जा सकता।

तुम हो क्या मूलतः? चैतन्य। तो चैतन्य को तो खोया नहीं जा सकता। और चैतन्य को जगाना हो तो असुविधा में ही जगाया जा सकता है, सुविधा में तो सो जाता है। जंगल में चले गए जहां कोई अशांति नहीं है, बैठ गए गुफा में। जहां कोई विषय तुम्हारी वासना को प्रज्वलित नहीं करते, प्रलोभित नहीं करते, उत्तेजित नहीं करते। धीरे-धीरे वासना सो जाएगी; मिटेगी नहीं। जिस दिन लौटोगे उसी दिन तुम पाओगे वासना फिर जाग गई। बीज पड़े रहेंगे, समय पाकर फिर, मौसम पाकर फिर अंकुरित हो जाएंगे।

तो जो एक दफे भाग गया वह फिर लौटने में घबड़ाता है। उसे कोलाहल परेशान करता है। यह कोई ध्यान हुआ कि कोलाहल परेशान करने लगे? ध्यान तो वही है कि कोलाहल में भी अखंडित रहे। ध्यान तो वही है कि बीच बाजार में भी अखंडित रहे। चले शोरगुल, चले संसार, और तुम्हारे भीतर कुछ भी न चले। सब चुप और मौन रहे।

शरणार्थी मत बनना।

'विषयरूपी बाघ को देख कर भयभीत हुआ...।'

अब यह जो विषयरूपी बाघ है, यह जो कामना, वासना का बाघ है, यह तुम्हारे बाहर होता तो भाग भी जाते; इसे थोड़ा समझना। यह तुम्हारे भीतर है, भागोगे कहां? अपने से कैसे भागोगे?

यह तो ऐसे ही हुआ जैसे कोई अपनी ही छाया से भाग रहा हो। वह जहां जाएगा, छाया वहां रहेगी; कितनी ही तेजी से भागो। ऐसा हो सकता है कि तुम किसी वृक्ष की छाया में बैठ जाओ तो छाया दिखाई न पड़े। यह हो सकता है, लेकिन जब धूप में उतरोगे तब छाया दिखाई पड़ने लगेगी। जब तुम वृक्ष की छाया में विश्राम कर रहे हो तब छाया भी विश्राम कर रही है। धूप में आते ही फिर प्रकट हो जाएगी। छाया तो तुम्हारे साथ लगी है।

छाया भी लेकिन बाहर है, यह विषय का जो ज्वर है, यह तो तुम्हारे भीतर है। इससे तुम भागोगे कहां? तुम स्त्री से भाग सकते हो, पुरुष से भाग सकते हो। लेकिन कामवासना से कैसे भागोगे? कामवासना तो तुम्हारे अंतस्तल में बैठी है। हां, यह हो सकता है, स्त्री से भाग जाओ तो कामवासना को उठने का अवसर न मिले; सोई पड़ी रहे, बीजरूप में पड़ी रहे। जब भी कभी स्त्री से मिलन होगा तभी फिर जाग जाएगी। इसीलिए तो तुम्हारे साधु-संन्यासी स्त्रियों से इतने घबड़ाते हैं। घबड़ाने का कारण है। अभी भी बीज दग्ध नहीं हुआ।

धन से हट जाओ तो वासना पड़ी रह जाएगी। उपकरण चाहिए वासना के प्रकट होने के लिए। खूंटी चाहिए जहां वासना टंग सके। खूंटी तोड़ दी तो वासना को टंगने को जगह न रही। लेकिन जब भी कहीं खूंटी मिलेगी वहीं घबड़ाहट आ जाएगी; वहीं मन डांवाडोल होने लगेगा। इसलिए तुम्हारे साधु-संत रुपए-पैसे से डरते हैं। अब यह मूढ़ता देखते हो? रुपये-पैसे से डरना! रुपये-पैसे में कुछ भी नहीं है यह भी कहते, और डरते भी। अगर कुछ भी नहीं तो डर कैसा?

एक तरफ कहते हैं, कि स्त्री में क्या रखा! और डरते भी। अगर कुछ भी नहीं रखा है तो डर कैसा? डर तो बताता है कि कुछ होगा। डर तो बताता है, भीतर प्रलोभन है, भीतर वासना है।

यह जो विषयरूपी शत्रु है, यह तुम्हारे बाहर होता तो बड़े उपाय थे। भाग जाते दूर। छोड़ जाते इसे यहीं। यह तुम्हारे बाहर नहीं, पहली बात। यह तुम्हारे भीतर है। अपने से कैसे भागोगे? अपने को बदलो; भागने से कुछ भी न होगा। जागो; भागने से कुछ भी न होगा।

इसलिए मैं कहता हूं भागो मत, जागो। जागने से मिटेगा। भीतर की ज्योति जब जलेगी प्रगाढ़ता से तो तुम अचानक पाओगे, वह जो विषयरूपी बाघ था, बाघ था ही नहीं। भय थे। व्यर्थ के भय थे। कल्पना के जाल थे। कहीं कुछ था ही नहीं।

सच में जो ज्ञान को उपलब्ध होता है वह ऐसा नहीं कहता, स्त्री में कुछ नहीं; वह ऐसा कहता है, वासना में कुछ नहीं। फर्क को खयाल में रखना। इसको कसौटी समझ लेना। जब कोई कहे, स्त्री में कुछ नहीं, तो समझ लेना अभी स्त्री में कुछ है। जब कोई

कहे, पुरुष में क्या रखा है? तो समझ लेना, पुरुष में कुछ रखा है। जब कोई कहे, धन में क्या रखा है? तो समझ लेना कि धन में अभी भी कुछ बचा है। यह समझा रहा है अपने को। लेकिन जब कोई कहे, वासना में क्या रखा है? तब मुक्त हुआ।

वासना भीतर है, स्त्री बाहर है। पुरुष बाहर है, कामना भीतर है। जब कोई कहे, कामना में क्या रखा है? देख लिया, कुछ भी न पाया। दीया जला कर देख लिया। खोज लिया कोना-कोना मन का। एक-एक कातर में, कोने में रोशनी ले जाकर देख ली, कुछ भी न पाया। तब...।

मैंने सुना है, एक गुफा एक पहाड़ की कंदरा में छिपी थी—सदियों से, सदियों-सदियों से; अनंतकाल से। गुफाओं की आदत छिपा होना होता है। अंधेरे में ही रही थी। कुछ ऐसी आड़ में छिपी थी पत्थरों और चट्टानों के, कि सूरज की एक किरण भी कभी भीतर प्रवेश न कर पाई थी। सूरज रोज द्वार पर दस्तक देता लेकिन गुफा सुनती न।

सूरज को भी दया आने लगी कि बेचारी गुफा जन्मों-जन्मों से बस अंधेरे में रही है। इसे रोशनी का कुछ पता ही नहीं। एक दिन सूरज ने जोर से आवाज दी। ऐसी सूरज की आदत नहीं कि जोर से आवाज दे। लेकिन बहुत दया आ गई होगी। जन्मों-जन्मों से गुफा अंधेरे में पड़ी है। तो सूरज ने कहा, बाहर निकल पागल! देख, बाहर कैसी रोशनी है। फूल खिले, पक्षी गीत गाते, किरणों का जाल फैला है। और मैं तेरे द्वार पर खड़ा हूं और बार-बार दस्तक देता हूं। तू बहरी है? बाहर आ।

गुफा ने कहा, मुझे विश्वास नहीं आता। किस गुफा को कब विश्वास आया सूरज की आवाज पर? जब मैं तुम्हारे द्वार पर दस्तक देता हूं, तुम भी कहते हो विश्वास नहीं आता। कौन जाने कोई धोखा देने आया हो, कोई लूटने आया हो। गुफा के पास कुछ है भी नहीं और लूटे जाने का डर है!

लेकिन सूरज रोज दस्तक देता रहा। आखिर एक दिन गुफा को आना ही पड़ा। सोचा, एक दिन चल कर जरा झांक कर देख लें। न तो फूलों का भरोसा था कि फूल हो सकते हैं; क्योंकि जो देखा न हो उसका भरोसा कैसे? न रोशनी का भरोसा था; क्योंकि रोशनी जानी ही न थी। तो रोशनी का अनुभव न हो, आभास भी न हुआ हो तो प्रत्यभिज्ञा कैसे हो? पहचान कैसे हो? आकांक्षा कैसे जगे? उसी को तो हम चाहते हैं जिसका थोड़ा स्वाद लिया हो। न भरोसा था कि पक्षियों के गीत होते हैं। पक्षियों का ही पता न था। गुफा तो बस अपने अंधेरे...अपने अंधेरे...अपने अंधेरे में डूबी रही थी। उस दिन बाहर आई डरती-डरती, सकुचाती।

तुम्हें जब मैं देखता हूं संन्यास में उतरते तो मुझे उस गुफा की याद आती है—डरते-डरते, सकुचाते। ऐसे आते हो कि अगर जरा लगे कि बात गड़बड़ है तो

खिसक जाओ। सम्हाल-सम्हाल कर कदम रखते हो। लौटने का उपाय तोड़ते नहीं। लौटने की पूरी व्यवस्था रखते हो कि अगर कुछ धोखाधड़ी हो तो लौट जाएं।

ऐसी गुफा आई, आई तो चौंक गई। आई तो रोने लगी। आई तो आंख आंसुओं से भर गई। छाती पीटने लगी कि जनम-जनम मैंने अंधेरे में गुजारा। तुमने दया पहले क्यों न की? तुमने पहले क्यों न पुकारा?

देखते हो? सूरज रोज दस्तक दे रहा था, अब गुफा सूरज को ही उत्तरदायी ठहराती है कि पहले क्यों न पुकारा?

सूरज ने कहा, छोड़, जो गया सो गया। बीता सो बीता। अभी भी बहुत पड़ा है। अनंतकाल बाकी है, तू सुख से जी। अब बाहर आ। गुफा ने कहा, आऊंगी बाहर लेकिन तुम भी कभी मेरे भीतर आओ। जैसे मैंने प्रकाश नहीं जाना, हो सकता है, जिस अंधेरे को मैंने जाना, तुमने न जाना हो। सूरज ने उसका निमंत्रण माना, वह उसकी गुफा में गया। गुफा तो चौंक कर रह गई। वहां अंधेरा था नहीं।

गुफा कहने लगी, यह हुआ क्या? यह हुआ कैसे? क्योंकि अंधेरा सदा था। एक दिन, दो दिन की बात नहीं, जन्मों-जन्मों से मैंने अंधेरा जाना। यह हुआ क्या? आज अंधेरा गया कहां? सूरज जब बाहर विदा हो गया तब फिर अंधेरा था। गुफा ने फिर उसे निमंत्रण दिया। सूरज ने कहा, पागल! तू मुझे अंधेरे से मुकाबला न करवा सकेगी, क्योंकि जहां मैं हूं वहां अंधेरा नहीं है। मैं आया कि अंधेरा गया। अंधेरा कुछ है थोड़े ही, मेरा अभाव है। तो मेरा भाव और मेरा अभाव साथ-साथ थोड़े ही हो सकते हैं। अंधेरा मेरी अनुपस्थिति है। तो मेरी उपस्थिति और मेरी अनुपस्थिति साथ-साथ थोड़े ही हो सकती है। मैं जब भी आऊंगा, अंधेरा नहीं होगा।

वासना बोध की अनुपस्थिति है। बोध आया, वासना गई। जब तक बोध नहीं है तब तक वासना है। वासना से मत भागो। इसलिए कहता हूं, भागो मत, जागो। जगाओ, भीतर जो सोया है उसे। मन से घबड़ाओ मत। मन की मौजूदगी कुछ भी खंडित नहीं कर सकती है। शरणार्थी मत बनो, विजेता बनो। जगाओ अपने को। लेकिन आदमी सोया ही चला जाता। मरते दम तक, मौत भी आ जाती है तो भी आदमी सोया ही रहता।

मैंने सुना, मुल्ला नसरुद्दीन बहुत बूढ़ा हो गया। सिर गंजा हो गया तो दवाइयों की तलाश करता फिरता था कि किसी तरह बाल उग आएं। किसी महात्मा के प्रसाद से, जड़ी-बूटी के उपयोग से बामुश्किल चार बाल निकल आए—चार बाल! वह पहुंच गया नाईबाड़े हजामत बनवाने। नाई चौंका। उसने कहा, बड़े मियां, बाल गिनूं या काटूं? मुल्ला नसरुद्दीन ने बहुत शरमाते हुए कहा, काले कर दो।

चार बाल उग आए हैं उनको भी काले करने का मन है! आदमी अंत तक भी छोड़ नहीं पाता। मौत द्वार पर आ जाती है और मोह नहीं छूटता। यमदेवता द्वार पर दस्तक देने लगते हैं और कामदेवता के साथ दोस्ती नहीं छूटती। जागो!

और दो तरह के लोग हैं दुनिया में। एक हैं, जो कामवासना में पड़े रहते हैं नाली में पड़े कीड़ों की तरह। सड़ते रहते हैं। और एक हैं जो भागते हैं। न भागने वाला पहुंचता है और न डूबने वाला पहुंचता है; जागने वाला पहुंचता है। जागने वाला जहां भी हो वहीं से पहुंच जाता है। जागने की सीढ़ी तुम जहां खड़े हो वहीं से परमात्मा से जुड़ जाती है।

'विषयरूपी बाघ को देख कर भयभीत हुआ मनुष्य शरण की खोज में शीघ्र ही चित्त-निरोध और एकाग्रता की सिद्धि के लिए पहाड़ की गुफा में प्रवेश करता है।'

अगर किसी गुफा में जाना हो तो अंतर्गुफा में जाना। और चित्त-निरोध में मत पड़ना। क्योंकि जबरदस्ती चित्त का निरोध किया जाए...जो तुम जबरदस्ती करोगे वह कभी भी नहीं होगा। जीवन जबरदस्ती मानता ही नहीं। जीवन तो केवल सरलता और सहजता का निमंत्रण मानता है। जबरदस्ती कुछ भी नहीं होता यहां।

तुम क्रोध को जबरदस्ती दबा लो, मुस्कुराहट को ऊपर से पोत दो, मुखौटा ओढ़ लो खुशी का, इससे क्या फर्क पड़ता है? भीतर क्रोध उबलता रहता है, जलता रहता है। ब्रह्मचर्य की कसमें खा लो लेकिन भीतर आंधी वासना की चलती रहती है। तुम जितना संयम करोगे ऊपर से, तुम भीतर उतना ही पाओगे उतनी ही झंझट बढ़ती जाती है। संयम से कोई झंझट से मुक्त नहीं होता। यह सस्ता उपाय काम नहीं आता। ये तरकीबें कभी काम नहीं आईं। लेकिन ये सुगम मालूम पड़ती हैं। जबरदस्ती आदमी को सुगम मालूम पड़ती है क्योंकि आदमी बहुत हिंसक है। दूसरों के साथ तुमने हिंसा की है। फिर जिस दिन तुम अपने को बदलने की आकांक्षा से भरते हो तो अपने साथ हिंसा शुरू कर देते हो; उसी का नाम चित्त-निरोध है। ऐसी हिंसा से कुछ भी न होगा।

मैंने सुना है, बरसात की एक रात में रेल के फाटक पर पार करते वक्त एक व्यक्ति दुर्घटना से बाल-बाल बच गया। उसने गुस्से में आकर रेल्वे पर मुकदमा दायर कर दिया। सिग्नल-मैन ने गवाही में कहा, मैंने तो खूब बत्ती हिलाई थी। जब मुकदमा जीत कर सिग्नल-मैन बाहर आया तो स्टेशन-मास्टर ने उसकी पीठ ठोंकी और कहा, शाबास। मैंने तो समझा था कि तुम वकील की जिरह से घबड़ा जाओगे। लेकिन तुम गजब के हिम्मत के आदमी हो। तुम कहते ही गए बार-बार कि मैंने तो बत्ती खूब हिलाई थी, मैंने तो बत्ती खूब हिलाई थी। तुम डटे रहे अपनी बात पर। सिग्नल-मैन बोला, नहीं साहब। मैं जरा भी नहीं घबड़ाया यह बात तो ठीक है।

हां, अगर वकील ने पूछा होता कि बत्ती जल रही थी या नहीं? तब उस समय जवाब देना मेरे लिए कठिन हो जाता।

अब तुम बिना जली बत्ती हिलाते रहो, इससे कुछ होने वाला नहीं है। निरोध बिना जली बत्ती का हिलाना है। भीतर कुछ भी नहीं है। बोध में बत्ती हिलानी भी न पड़ेगी; प्रकाश काफी है। प्रकाश के साथ ही क्रांति घटती है। निरोध से प्रकाश तो आता नहीं। समझो इस बात को।

कहीं उलटी तरफ से जीवन को पकड़ना शुरू किया तो चूकते चले जाओगे। मगर उलटी तरफ से पकड़ने के पीछे कारण है। क्योंकि जब भी हमने किसी व्यक्ति के जीवन में संयम का महापर्व घटते देखा तो हमसे भूल हो गई। हमारे तर्क में भूल है। हमारे गणित में भूल है।

महावीर को हमने देखा तो देखा, महाशांति को उपलब्ध, परम शांति को उपलब्ध। और साथ में हमने देखा, जीवन में बड़ा संयम है। तो हमने सोचा कि संयम करने से शांति मिली होगी। हम अशांत हैं; शांति हम भी चाहते हैं। कैसे शांति को पाएं इसकी तलाश करते हैं। महावीर को देखा, देखा शांति है, संयम है। शांति हमें चाहिए। संयम की तो हमें भी चिंता नहीं है, शांति हमें चाहिए। तो अब साफ बात हो गई कि शांति तो हमारे जीवन में नहीं है और संयम भी हमारे जीवन में नहीं है। तो गणित हमारा बैठा कि महावीर के जीवन में शांति है और संयम; संयम से ही शांति घटी होगी।

बात बिलकुल उल्टी है। शांति पहले घटी है, संयम पीछे आया है। शांति कारण है, संयम परिणाम है। हमने समझा, शांति परिणाम है, संयम कारण है। यहां भूल हो गई। और इस भूल हो जाने के पीछे भी कारण है। क्योंकि संयम ऊपर से दिखाई पड़ता है, पकड़ में आता है। महावीर चलते हैं तो बड़े होशपूर्वक चलते हैं। बैठते हैं तो होशपूर्वक बैठते हैं। करवट भी नहीं बदलते रात; कि कहीं करवट बदलने से कोई कीड़ा-मकौड़ा पीछे आ गया हो तो दब कर मर न जाए। हर काम बड़े बोधपूर्वक करते हैं।

हमें क्या दिखाई पड़ा? हमें दिखाई पड़ा, महावीर करवट नहीं बदलते। महावीर के भीतर जो बोध है वह तो हमें दिखाई पड़ता नहीं, करवट नहीं बदलते यह दिखाई पड़ता है। यह ऊपरी बात है। यह दिखाई पड़ जाती है। रात भर महावीर करवट नहीं बदलते। तो हमने सोचा, हम भी करवट न बदलें। तो तुम भी करवट बिना बदले पड़े हो। तुम्हें सिर्फ तकलीफ होती है करवट न बदलने में और कुछ नहीं होता। करवट न बदलने का तुम सिर्फ अभ्यास कर लेते हो—एक तरह की कसरत। तुम सर्कसी हो जाते हो। इससे और कुछ नहीं होता। अभ्यास रोज-रोज करोगे तो ठीक है, बिना करवट बदले पड़े रहोगे। यह कोई बड़ी बात थोड़े ही है!

लेकिन क्या करवट न बदलने से बोध का जन्म होगा? तुम बिना जली बत्ती के लालटेन हिला रहे हो। महावीर के जीवन में बोध पहले घटा है। बोध घट जाने से करवट नहीं बदलते। बोध घट जाने से रात भोजन नहीं करते। बोध के घटने से! तुम भी रात भोजन नहीं करते, बोध तो नहीं घटता। जैन कितने समय से रात भोजन नहीं कर रहे हैं। कौन सा बोध घटा है?

तुमने बाहर की तरफ से पकड़ा। तुमने बाहर से सोचा, बाहर से पकड़ेंगे तो भीतर पहुंच जाएंगे। बात और थी; भीतर पहले घटता है, तब बाहर घटता है। बाहर गौण है, भीतर प्रमुख है। केंद्र पर पहले घटता है, तब परिधि पर घटता है। वह जो रोशनी तुम देखते हो लालटेन के आस-पास, वह आस-पास पहले नहीं घटती। पहले भीतर दीया जलता है, ज्योति जलती है। ज्योति में पहले घटती है, फिर बाहर फैलती है। अंतःकरण पहले बदलता है, फिर आचरण बदलता है। लेकिन आचरण हमें दिखाई पड़ता है। अंतःकरण तो महावीर के भीतर छिपा है। वह तो महावीर जानते हैं या महावीर जैसे जो होंगे वे जानते हैं। हमें लालटेन के भीतर जलती हुई ज्योति तो दिखाई नहीं पड़ती, बाहर पड़ता हुआ प्रकाश दिखाई पड़ता है। वह आचरण है, संयम है, नियम, व्रत, उसको हम पकड़ लेते हैं। वहीं चूक हो जाती।

क्रांति भीतर से बाहर की तरफ है, बाहर से भीतर की तरफ नहीं। तुम कारण और कार्य की ठीक-ठीक बात समझ लेना। कहीं ऐसा न हो कि तुम कार्य को कारण समझ लो और कारण को कार्य समझ लो। तो फिर जीवन भर भटकोगे और कभी भी ठीक जगह न पहुंच पाओगे।

'विषयरूपी बाघ को देख कर भयभीत हुआ मनुष्य शरण की खोज में शीघ्र ही चित्त-निरोध और एकाग्रता की सिद्धि के लिए पहाड़ की गुफा में प्रवेश करता है।'

चित्त के निरोध के लिए, दबाने के लिए, चित्त को बांधने के लिए, व्यवस्था में लाने के लिए, चित्त को जंजीरें पहनाने के लिए, चित्त को कारागृह में धकाने के लिए, लेकिन कुछ इससे होता नहीं। चित्त बंध भी जाता है तो भी तुम मुक्त नहीं होते। चित्त बंध जाता है तो तुम भी बंध जाते हो, खयाल रखना। तुम जिसको संन्यासी कहते हो वह तुमसे ज्यादा बंधन में पड़ा है।

तुम जरा आंख खोल कर तो देखो। तुम जरा जाकर जैन मुनि को तो देखो। वह तुमसे ज्यादा बंधन में पड़ा है। तुम्हारी तो थोड़ी-बहुत स्वतंत्रता भी है। उसकी तो कोई स्वतंत्रता नहीं है। होना तो उलटा चाहिए कि संन्यासी परम स्वतंत्र हो। स्वतंत्रता ही तो संन्यासी का स्वाद होना चाहिए। स्वतंत्रता ही तो संन्यासी की परिभाषा होनी चाहिए। और क्या परिभाषा होगी? परम स्वातंत्र्य! लेकिन तुम्हारे तथाकथित साधु-मुनि स्वतंत्र हैं? तुमसे ज्यादा परतंत्र हैं। तुम्हारे हाथों में परतंत्र हैं।

जैन मुनि मुझे खबर भेजते हैं कि मिलने आना चाहते हैं लेकिन श्रावक नहीं आने देते। कहते हैं कि श्रावक नहीं आने देते। क्या करें? हद हो गई! मुनि को श्रावक नहीं आने देते। तो गुलाम कौन हुआ, मालिक कौन हुआ? मुनि के पीछे श्रावक जाएं यह तो समझ में आता है लेकिन मुनि श्रावक के पीछे जा रहे हैं। और डरते हैं, क्योंकि रोटी-रोजी उन पर निर्भर, मान-सम्मान उन पर निर्भर, पद-प्रतिष्ठा उन पर निर्भर। उनकी मर्यादा से जरा यहां-वहां हुए कि सब गई पद-मर्यादा, सब प्रतिष्ठा। वे जो कल तक तुम्हारे पैर छूते थे, तुम्हारा सिर काटने को उतारू हो जाएंगे।

अनुयायी देखते रहते हैं कि अपना साधु, अपने महाराज व्यवस्था से चल रहे हैं न! आंख रखते हैं। कुछ भूल-चूक तो नहीं कर रहे हैं न! कुछ नियम व्रतभंग तो नहीं हो रहा? सब तरफ से जांच-पड़ताल रखते हैं।

अनुयायी कारागृह बन जाते हैं। और इन्होंने चित्त-निरोध किया; ये दोहरी झंझट में पड़ गए। एक तो उन्होंने अपने चित्त को बांध-बांध कर खुद को बांध लिया। क्योंकि इन्हें अभी पता ही नहीं कि चित्त के पार भी इनका कोई होना है। अभी आत्मा को तो इन्होंने जाना नहीं। आत्मा को जान लेते तो फिर चित्त को बांधने की जरूरत ही नहीं पड़ती। आत्मा के जानते ही चित्त बांधना नहीं पड़ता, चित्त अनुगत हो जाता है। आत्मा के उदभव के साथ ही चित्त झुक जाता है। ये जबरदस्ती के झुकाव काम नहीं पड़ेंगे।

यह सारा जिस्म झुक कर बोझ से दोहरा हुआ होगा
मैं सजदे में नहीं था, आपको धोखा हुआ होगा

अब कोई दुख और पीड़ा में झुक जाए और तुम समझो कि नमाज पढ़ रहा है, कि पूजा कर रहा है।

यह सारा जिस्म झुक कर बोझ से दोहरा हुआ होगा
मैं सजदे में नहीं था, आपको धोखा हुआ होगा

ये अधिक लोग जो प्रार्थनाओं में झुक रहे हैं, गौर से देखना, दुख के कारण बोझ से दोहरे हुए जा रहे हैं। ये प्रार्थनाएं नहीं हैं। इनमें प्रार्थनाओं का कोई जरा सा भी स्फुरण नहीं है। प्रार्थनाओं की जरा सी भी गंध नहीं है। दुख और पीड़ा में झुके हैं। डर, भय, कंपते हुए झुके हैं।

यह आनंद-अनुभूति नहीं है। और न आनंद में हुआ समर्पण है, न अहोभाव में झुक गए सिर हैं ये। गौर से देखना, शरीर ही झुका है, मन अभी भी अकड़ा खड़ा है। और जबरदस्ती मन को भी झुका दो तो भी कुछ न होगा; जब तक कि आत्मा का जागरण न हो। उस जागरण के सूत्र हैं ये।

निर्वासनं हरिं दृष्ट्वा तूष्णीं विषयदंतिनः।
पलायंते न शक्तास्ते सेवंते कृतचाटवः।।

'वासनारहित पुरुषसिंह को देख कर विषयरूपी हाथी चुपचाप भाग जाते हैं, या वे असमर्थ होकर उसकी चाटुकार की तरह सेवा करने लगते हैं।'

यह...यही पकड़ लेने जैसी बात है।

'वासनारहित पुरुषसिंह को देख कर विषयरूपी हाथी चुपचाप भाग जाते हैं।'

विषयरूपी हाथी कहा अष्टावक्र ने। क्योंकि दिखाई बहुत बड़े पड़ते हैं, बड़े हैं नहीं।

एक लोमड़ी सुबह-सुबह निकली अपनी गुफा से। उगता सूरज! उसकी बड़ी छाया बनी। लोमड़ी ने सोचा, आज तो नाश्ते में एक ऊंट की जरूरत पड़ेगी। छाया देखी अपनी तो स्वभावतः सोचा कि ऊंट से कम में काम न चलेगा। खोजती रही ऊंट को। ऊंट को खोजते-खोजते दोपहर हो गई। अब कहीं लोमड़ियां ऊंट को खोज सकती हैं! और खोज भी लें तो क्या करेंगी?

दोपहर हो गई, सूरज सिर पर आ गया तो उसने सोचा, अब तो दोपहर भी हुई जा रही है, नाश्ते का वक्त भी निकला जा रहा है। नीचे गौर से देखा, छाया सिकुड़ कर बिलकुल नीचे आ गई। तो उसने सोचा, अब तो एक चींटी भी मिल जाए तो भी काम चल जाएगा।

ये छायाएं जो तुम्हारी वासना की बन रही हैं, ये बहुत बड़ी हैं। हाथी की तरह बड़ी हैं। और इनको तुम पूरा करने चले हो, ऊंट की तलाश कर रहे हो। एक दिन पाओगे, समय तो ढल गया!, नाश्ता भी न हुआ, ऊंट भी न मिला। तब गौर से नीचे देखोगे तो पाओगे, छाया बिलकुल भी नहीं बन रही है।

वासना सिर्फ एक भुलावा है, एक दौड़ है। दौड़ते रहो, दौड़ाए रखती है। रुक जाओ, गौर से देखो, थम जाती है। समझ लो, विसर्जित हो जाती है।

'वासनारहित पुरुषसिंह को देख कर विषयरूपी हाथी चुपचाप भाग जाते हैं। या वे असमर्थ होकर उसकी चाटुकार की तरह सेवा करने लगते हैं।'

यही मेरा अर्थ था, जब मैंने तुमसे कहा, अनुगत हो जाती है वासना, अनुगत हो जाता है मन। तुम जागो तो जरा! फिर मन को कब्जा नहीं करना पड़ता, मन खुद ही झुक जाता है। मन कहता है, हुकुम! आज्ञा! क्या कर लाऊं? आप जो कहें। मन तुम्हारे साथ हो जाता है। मालिक आ जाए...।

देखा? बच्चे क्लास में शोरगुल कर रहे हों, उछलकूद कर रहे हों और शिक्षक आ जाए, एकदम सन्नाटा हो जाता है, किताबें खुल जाती हैं। बच्चे किताबें पढ़ने लगे, जैसे अभी कुछ हो ही नहीं रहा था। एक क्षण पहले जो सब शोरगुल मचा था, सब खो गया। शिक्षक आ गया।

ऐसी ही घटना घटती है। नौकर बकवास कर रहे हों, शोरगुल मचा रहे हों और मालिक आ जाए, सब बकवास बंद हो जाती है। ऐसी ही घटना घटती है भीतर भी। अभी मन मालिक बना बैठा है, सिंहासन पर बैठा है। क्योंकि सिंहासन पर जिसको बैठना चाहिए वह बेहोश पड़ा है। जिसका सिंहासन है उसने दावा नहीं किया है। तो अभी नौकर-चाकर सिंहासन पर बैठे हैं और उनमें बड़ी कलह मच रही है। क्योंकि एक-दूसरे को खींचतान कर रहे हैं कि मुझे बैठने दो, कि मुझे बैठने दो। मन में हजार वासनाएं हैं। सभी वासनाएं कहती हैं, मुझे सिंहासन पर बैठने दो। मालिक के आते ही वे सब सिंहासन छोड़ कर हाथ जोड़ कर खड़े हो जाते हैं, चाटुकार की तरह सेवा करने लगते हैं।

पलायंते न शक्तास्ते सेवंते कृतचाटवः।

या तो भाग ही जाती हैं ये छायाएं, या फिर सेवा में रत हो जाती हैं। असली बात है, वासनारहित पुरुषसिंह।

लेकिन क्या करें? यह वासनारहित पुरुषसिंह कैसे पैदा हो? यह सोया हुआ सिंह कैसे जागे? कैसे हुंकार करे? यह सिंहनाद कैसे हो?

भगोड़ों से न होगा। क्योंकि भगोड़ों ने तो मान ही लिया, हम कमजोर हैं। जिसने मान लिया कमजोर हैं, वह कमजोर रह जाएगा। तुम्हारी मान्यता तुम्हारा जीवन बन जाती है। जैसा मानोगे वैसे हो जाओगे। बुद्ध ने कहा है, सोच-विचार कर मानना क्योंकि तुम जो मानोगे वही हो जाओगे।

पुरानी बाइबल कहती है, एज ए मैन थिंकेथ—जैसा आदमी सोचता, बस वैसा ही हो जाता। सोच-समझ कर मानना। इसलिए मैं कहता हूं, भागना मत। क्योंकि भागने में यह मान्यता है कि मैं कमजोर हूं, लड़ न सकूंगा। धन जीत लेगा, पद जीत लेगा, शरीर जीत लेगा। यह संसार बड़ा है, विराट है। यह जाल बहुत बलवान है, मैं बहुत कमजोर हूं। इसलिए तो आदमी भागता है। भागे कि तुमने अपने को कमजोर मान लिया। मान लिया कमजोर, हो गए कमजोर। फिर तुम्हारी धारणा ही तुम्हारा जीवन बन जाएगी। और गुफाओं में बैठ कर तुम अपने को क्षमा न कर पाओगे। क्योंकि हमेशा यह बात खलेगी कि भाग आए। हमेशा यह बात चुभेगी कि जीत न पाए। हमेशा यह बात मन को काटेगी कि तुम डरपोक, कायर। साहस काफी न था।

नहीं, लड़ो। घबड़ाओ मत। यह संसार तुमसे छोटा है। और यह मन तुम्हारा नौकर है। और ये वासनाएं जितनी बड़ी तुमने समझ रखी हैं बड़ी नहीं हैं, सुबह लोमड़ी की बनी छाया है। दोपहर होते-होते छाया सिकुड़ जाएगी। समझ आते-आते, दोपहर आते-आते, प्रौढ़ता आते-आते यह छाया बड़ी छोटी हो जाती, विलीन हो जाती।

यह पुरुषसिंह कैसे जागे? पहली तो बात यह है कि भीतर छिपी हुई इस आत्मा के सिंहत्व को स्वीकार करो। इसकी उदघोषणा करो कि मालिक मैं हूं। तुम जरा देखो

यह उदघोषणा करके कि मालिक मैं हूं। और इस तरह जीना शुरू करो कि मालिक तुम हो। मन फिर भी खींचेगा पुरानी आदत के वश, लेकिन मन से कह देना कि मालिक मैं हूं। मन से लड़ना भी मत, क्योंकि लड़ने का मतलब है कि तुम मालिक न रहे।

एक सिंह को एक गधे ने चुनौती दे दी कि मुझसे निपट ले। सिंह चुपचाप सरक गया। एक लोमड़ी छुपी देखती थी, उसने कहा कि बात क्या है? एक गधे ने चुनौती दी और आप जा रहे हैं? सिंह ने कहा, मामला ऐसा है, गधे की चुनौती स्वीकार करने का मतलब मैं भी गधा। वह तो गधा है ही। उसकी चुनौती से ही जाहिर हो रहा है। किसको चुनौती दे रहा है? पागल हुआ है, मरने फिर रहा है। फिर दूसरी बात भी है कि गधे की चुनौती मान कर उससे लड़ना अपने को नीचे गिराना है। गधे की चुनौती को मानने का मतलब ही यह होता है कि मैं भी उसी तल का हूं। जीत तो जाऊंगा निश्चित ही, इसमें कोई मामला ही नहीं है। जीतने में कोई अड़चन नहीं है। एक झपट्टे में इसका सफाया हो जाएगा। मैं जीत जाऊंगा तो भी प्रशंसा थोड़े ही होगी कुछ! लोग यही कहेंगे क्या जीते, गधे से जीते! और कहीं भूल-चूक यह गधा जीत गया तो सदा-सदा के लिए बदनामी हो जाएगी, इसलिए भागा जा रहा हूं। इसलिए चुपचाप सरका जा रहा हूं कि इस...यह चुनौती स्वीकार करने जैसी नहीं है।

मैं सिंह हूं यह स्मरण रखना जरूरी है। मन खींचेगा। मन चुनौतियां देगा। तुमने अगर अपने मालिक होने की घोषणा कर दी, तुम कहना कि ठीक है, तू चुनौती दिए जा, हम स्वीकार नहीं करते। न हम लड़ेंगे तुझसे, न हम तेरी मानेंगे। तू चिल्लाता रह। कुत्ते भौंकते रहते हैं, हाथी गुजर जाता है। तू चिल्लाता रह।

और तुम चकित होओगे, थोड़े दिन अगर तुम मन को चिल्लाता छोड़ दो, धीरे-धीरे उसका कंठ सूख जाता। धीरे-धीरे वह चिल्लाना बंद कर देता। और जिस दिन मन चिल्लाना बंद कर देता है उस दिन...उस दिन ही अंतर्गुफा में प्रवेश हुआ। बाहर की कोई गुफा काम न आएगी। बाहर शरण लेने से कुछ अर्थ नहीं होगा।

महावीर ने कहा है, अशरण हो जाओ। बाहर शरण लेना ही मत। अशरण हुए तो ही आत्मशरण मिलती है।

'वासनारहित पुरुषसिंह को देख कर विषयरूपी हाथी चुपचाप भाग जाते हैं, या वे असमर्थ होकर उसकी चाटुकार की तरह सेवा करने लगते हैं।'

'शंकारहित और युक्त मनवाला पुरुष यम-नियमादि मुक्तिकारी योग को आग्रह के साथ नहीं ग्रहण करता है, लेकिन वह देखता हुआ, सुनता हुआ, स्पर्श करता हुआ, सूंघता हुआ, खाता हुआ सुखपूर्वक रहता है।'

इस सूत्र को खूब ध्यान करना।

न मुक्तिकारिकां धत्ते निःशंको युक्तमानसः।
पश्यन्श्रृण्वन्स्पृशनजिघ्रन्नश्नन्नास्ते यथासुखम्।।

जिसको अपने सिंह होने में शंका न रही, जिसको अपने आत्मा होने में शंका न रही, जिसने जरा सा इस भीतर के अंतर्जगत का स्वाद लिया, जो थोड़ा-सा भी जागा-विवेक में, ध्यान में, समाधि में। शंकारहित—जो निःशंक हुआ।

निःशंको युक्तमानसः।

और जिसका मन युक्त हुआ।

ये दो बातें समझना। एक तो हमें अपने होने पर ही शंका है। भला हम कितना ही कहते हों कि मैं आत्मा हूं, कि मेरी कोई मृत्यु नहीं, मगर हमें इस पर भरोसा नहीं। हम कहते जरूर हैं; कहते भी हैं, मान भी लेना चाहते हैं। भरोसा करना चाहते हैं, भरोसा है नहीं। भरोसा करना चाहते हैं क्योंकि मौत से डर लगता है। मृत्यु से घबड़ाहट होती है। तो हम मान लेते हैं, आत्मा अमर है। जहां हम पढ़ते हैं किसी शास्त्र में, आत्मा अमर है—हिम्मत आती है कि ठीक; होनी चाहिए आत्मा अमर। मगर निःशंक नहीं है यह बात।

मैं एक पड़ोस में बहुत दिनों तक रहा। एक घर में कोई मर गया तो मैं गया। वहां मैंने देखा कि एक दूसरे पड़ोसी समझा रहे हैं लोगों को कि क्या रोते हो, क्या घबड़ाते हो? किसी की पत्नी मर गई है, वे समझा रहे हैं कि आत्मा तो अमर है। मैं बड़ा प्रभावित हुआ कि यह आदमी जानकार होना चाहिए। संयोग की बात, तीन-चार महीने बाद उनकी पत्नी चल बसी। पत्नियों का क्या भरोसा, कब चल बसें! तो मैं बड़ी उत्सुकता से उनके घर गया कि अब तो यह आदमी प्रसन्नता से बैठा होगा, या खंजड़ी बजा रहा होगा। पत्नी को विदा दे रहा होगा। लेकिन वे रो रहे थे सज्जन। मैंने कहा, भई बात क्या है? दूसरे की पत्नी मर गई तब तुम समझा रहे थे, आत्मा अमर है। वे कहने लगे अपने आंसू पोंछ कर, अरे ये समझाने की बातें हैं। जब अपनी मर जाए तब पता चलता है।

मैं बैठा रहा। थोड़ी देर बाद देखा कि जिन सज्जन की पत्नी मर गई थी पहले, वे आ गए और इनको समझाने लगे कि क्या रोते हो? आत्मा तो अमर है।

ऐसा चलता लेन-देन। पारस्परिक सांत्वना! तुम हमको समझा देते, हम तुम्हें समझा देते। न तुम्हें पता, न हमें पता। लोग मान लेते हैं। लेकिन मान लेने का अर्थ निःशंक हो जाना नहीं है। मान तो हम वही बात लेते हैं जो हम मान लेना चाहते हैं।

इस फर्क को खयाल में रखना। यह देश है, इस देश में आत्मा की अमरता का सिद्धांत सनातन से चला आ रहा है। और इस देश से ज्यादा कायर देश खोजना

मुश्किल है। अब यह बड़े आश्चर्य की बात है। यह होना नहीं चाहिए। क्योंकि जिस देश में आत्मा की अमरता मानी जाती हो, उस देश को तो कायर होना ही नहीं चाहिए। लेकिन पश्चिम के लोग आकर हुकूमत कर गए, जो आत्मा को नहीं मानते, नास्तिक हैं। जो मानते हैं कि एक दफे मरे तो मरे; फिर कुछ बचना नहीं है। वे आकर आत्मवादियों पर हुकूमत कर गए। और आत्मवादी डर कर अपने-अपने घर में छिपे रहे। वहीं बैठ कर अपने उपनिषद पढ़ते रहे कि आत्मा अमर है।

आत्मा अमर है तो फिर भय क्या है? जिस आदमी को निःशंक रूप से पता चल गया आत्मा अमर है, उसके तो सब भय निरसन हो गए। उसके तो सारे भय गए। अब क्या भय है? अब तो मौत भी आए तो कोई भय नहीं है। ऐसे आदमी को परतंत्र तो बनाया ही नहीं जा सकता। ऐसे देश को तो परतंत्र बनाया ही नहीं जा सकता जो मानता हो, आत्मा अमर है।

लेकिन मामला कुछ और है। हम मानते ही इसलिए आत्मा को अमर हैं कि हम कायर हैं। हममें इतनी भी हिम्मत नहीं कि हम सीधी-सीधी बात मान लें, भई, हमें पता नहीं। जहां तक दिखाई पड़ता है वहां तक तो यही मालूम पड़ता है कि आदमी मरा कि खतम हुआ। और हम भी मरेंगे तो खतम हो जाएंगे। इतनी भी हिम्मत नहीं है हममें स्वीकार करने की। हम बचना चाहते हैं। आत्मा की अमरता हमारे लिए शरण बन जाती है। हम कहते हैं, नहीं, शरीर मरेगा, मन मरेगा, मैं तो रहूंगा। हम किसी तरह अपने को बचा लेते हैं। लेकिन यह कोई निःशंक अवस्था नहीं है। इसलिए इसका जीवन में कोई परिणाम नहीं होता।

तो पहली तो बात है, शंकारहित—निःशंको। यह तुम्हारा अनुभव होना चाहिए, उपनिषद की सिखावन से काम न चलेगा। दोहराएं लाख कृष्ण, और दोहराएं लाख महावीर, इससे कुछ काम न चलेगा। बुद्ध कुछ भी कहें, इससे क्या होगा? जब तक तुम्हारे भीतर का बुद्ध जाग कर गवाही न दे। जब तक तुम न कह सको कि हां, ऐसा मेरा भी अनुभव है। जब तक तुम न कह सको कि ऐसा मैं भी कहता हूं अपने अनुभव के आधार पर, अपनी प्रतीति के, अपने साक्षात के आधार पर कि मेरे भीतर जो है, वह शाश्वत है।

लेकिन तब तुम यह भी पाओगे कि जो शाश्वत है वह तुम नहीं हो। तुम तो अहंकार हो। तुम तो मरोगे। तुम तो जाओगे। तुम बचने वाले नहीं हो। तुम्हारा शरीर जाएगा, तुम्हारा मन जाएगा। इन दोनों के पार कोई तुम्हारे भीतर छिपा है जिससे तुम्हारी अभी तक पहचान भी नहीं हुई। वही बचेगा। और वह तुमसे बिलकुल अन्यथा है, तुमसे बिलकुल भिन्न है। तुम्हें उसकी झलक भी नहीं मिली है। तुमने सपने में भी उसका स्वप्न नहीं देखा है।

शंकारहित कैसे होओगे? कैसे यह निःशंक अवस्था होगी? कठिन तो नहीं होनी चाहिए यह बात, क्योंकि जो भीतर ही है उसको जानना अगर इतना कठिन है तो फिर और क्या जानना सरल होगा? कठिन तो नहीं होनी चाहिए। तुमने शायद भीतर जाने का उपाय ही नहीं किया। शायद तुम कभी घड़ी भर को बैठते ही नहीं। घड़ी भर को मन की तरंगों को शांत होने नहीं देते। जलाए रहते हो मन में आग, ईंधन डालते रहते हो। दौड़ाए रखते हो मन के चाक को। चलाए रखते हो मन के चाक को। कभी मौका नहीं देते कि चाक रुके और तुम कील को पहचान लो। वह जो कील है, जिस पर चाक घूमता है, वह नहीं घूमती।

देखते? हिंदुस्तान में बड़ा अदभुत नाम है। कहते हैं, चलती का नाम गाड़ी। अब गाड़ी का मतलब होता है, गड़ी हुई। चलती का नाम गाड़ी? चलती का नाम तो गाड़ी नहीं होना चाहिए। गाड़ी का मतलब गड़ी हुई। गड़ी हुई चीज तो चलती नहीं। चलती हुई चीज तो गाड़ी नहीं हो सकती। लेकिन फिर भी चलती को गाड़ी कहते हैं।

कारण? क्योंकि चाक असली चीज नहीं है गाड़ी में; असली चीज कील है, और कील गड़ी है। चाक चलता है, कील नहीं चलती। चाक हजारों मील चल लेगा, कील जहां की तहां है, जैसी की तैसी। उस कील के कारण गाड़ी को गाड़ी कहते हैं, चाक के कारण नहीं कहते। चाक तो गौण है। असली चीज तो कील है, उस पर ही चाक घूमता है। कील केंद्र है, चाक परिधि है।

तुम्हारे भीतर भी कील है जिस पर जीवन का चाक घूमता है, जीवन-चक्र चलता। जीवन-चक्र के बहुत से आरे हैं, वे ही तुम्हारी वासनाएं हैं। लेकिन सब के भीतर छिपी हुई एक कील है—अचल, कभी चली नहीं; अकंप, कभी कंपी नहीं। वही कील तुम्हारी आत्मा है।

जरा बैठो कभी। थोड़ा समय निकालो अपने लिए भी। सब समय औरों में मत गंवा दो। धन में कुछ लगता है, काम में कुछ लगता है, पत्नी-बच्चों में कुछ लगता है; हर्ज नहीं, लगने दो। कुछ तो अपने लिए बचा लो। घड़ी भर अपने लिए बचा लो। तेईस घंटे दे दो संसार को, एक घंटा अपने लिए बचा लो। और एक घंटा सिर्फ एक ही काम करो कि आंख बंद करके चाक को ठहरने दो। मत दो इसको सहारा। तुम्हारे सहारे चलता है। तुम ईंधन देते हो तो चलता है। तुम हाथ खींच लोगे, रुकने लगेगा। शायद थोड़ी देर चलेगा—मोमेंटम, पुरानी गति के कारण, लेकिन फिर धीरे-धीरे रुकेगा।

दो-चार महीने अगर तुम एक घंटा सिर्फ बैठते ही गए, बैठते ही गए—जल्दी भी मत करना, धैर्य रखना। सिर्फ एक घंटा! रोज बैठते गए, आंख बंद करके बैठ गए दीवाल से टिक कर और कुछ भी न किया, कुछ भी न किया—दो-चार-छह महीने के बाद तुम अचानक पाओगे, चाक अपने आप ठहरने लगा। एक दिन साल-छह महीने

के बाद तुम पाओगे...। और साल--छह महीने कोई वक्त है इस अनंतकाल की यात्रा में? कुछ भी तो नहीं। क्षण भर भी नहीं। साल-छह महीने में किसी दिन तुम पाओगे कि चाक ठहरा है और कील पहचान में आ गई। उसी दिन निःशंक हुए। उसी दिन जान लिया जो जानने योग्य है, पहचान लिया जो पहचानने योग्य है। फिर चलाओ खूब चाक। अब कील भूल नहीं सकती। अब चलते चाक में भी पता रहेगा। अब दौड़ो, भागो, यात्राएं करो संसारों की; और तुम जानते रहोगे कि भीतर कील ठहरी हुई है।

'शंकारहित और युक्त मन वाला...।'

उसी कील के अनुभव से तुम्हारे भीतर संयुक्तता आती है, योग आता है, इंटिग्रेशन आता है। जिसने अपनी कील नहीं देखी वह तो भीड़ है। एक मन कुछ कहता है, दूसरा मन कुछ कहता है, तीसरा मन कुछ कहता है। महावीर ने विशेष शब्द उपयोग किया है इस अवस्था के लिए: बहुचित्तवान। आधुनिक मनोविज्ञान एक शब्द उपयोग करता है: पॉलीसाइकिक। इस शब्द का ठीक-ठीक अनुवाद बहुचित्तवान है, जो महावीर ने दो हजार साल पहले, ढाई हजार साल पहले उपयोग किया।

जब तक तुमने अपनी कील नहीं देखी, जब तक तुमने एक को नहीं देखा है अपने भीतर तब तक तुम अनेक के साथ उलझे रहोगे। मन अनेक है, आत्मा एक है। उस एक को जान कर ही व्यक्ति संयुक्त होता है।

न मुक्तिकारिकां धत्ते निःशंको युक्तमानसः।

'और ऐसा जो युक्त मनवाला पुरुष है, शंकारहित, यम-नियमादि मुक्तिकारी योग को आग्रह के साथ नहीं ग्रहण करता।'

यह खयाल में रखना। ऐसे व्यक्ति के जीवन में यम-नियम पाओगे तुम, लेकिन आग्रह न पाओगे। चेष्टा करके यम-नियम नहीं साधता। यम-नियम सधते हैं सहज, बिना किसी आग्रह के। कोई हठ नहीं, कोई जबरदस्ती नहीं।

ऐसा ही समझो कि आंख वाला आदमी कमरे के बाहर जाना चाहता है तो दरवाजे से निकल जाता है। ऐसा पहले खड़े होकर कसम थोड़े ही खाता है कि आज मैं कसम खाता हूं कि दरवाजे से ही निकलूंगा और दीवाल से निकलने की कोशिश न करूंगा। ऐसी कोई कसम थोड़े ही खाता है! दरवाजे से चुपचाप निकल जाता है। अंधा आदमी जब उठता है तो तय करता है कि दरवाजे से निकलना है। दरवाजे से ही निकलना है। पूछता है, दरवाजा कहां है? पूछ कर भी फिर अपनी लकड़ी से टटोलता है कि दरवाजा कहां है। क्योंकि डर है, अंधा है, कहीं दीवाल से न निकलने की कोशिश कर ले; कहीं दीवाल से न टकरा जाए।

अंधा आदमी आग्रहपूर्वक दरवाजे से निकलने का प्रयास करता है। आंख वाला आदमी चुपचाप निकल जाता है। सोचता भी नहीं कि दरवाजा कहां है। जिसको

दिखाई पड़ता है वह सोचेगा क्यों? सिर्फ अंधे सोचते हैं। आंख वाले सोचते ही नहीं। सोचने की जरूरत क्या है? सोचना तो अंधों के हाथ की लकड़ी है; उससे टटोलते हैं।

कोई बैठा है और कहता है, ईश्वर के संबंध में सोच रहे हैं। क्या खाक सोचोगे! ईश्वर कोई सोचने की बात है? ईश्वर तो देखने की बात है। इसलिए तो हम ईश्वर की तरफ जो यात्रा है उसको दर्शन कहते हैं, विचार नहीं कहते। पश्चिम में जो शब्द है फिलॉसफी, वह ठीक-ठीक शब्द नहीं है दर्शन के लिए। भारतीय दर्शन को भारतीय फिलॉसफी नहीं कहना चाहिए। क्योंकि फिलॉसफी का अर्थ होता है सोच-विचार, चिंतन-मनन। दर्शन का अर्थ होता है, देखना। ये शब्द बड़े अलग हैं। दर्शन का अर्थ होता है, आंख का खुल जाना, दृष्टि का मिल जाना, द्रष्टा का जाग जाना।

हां, जब तक दर्शन नहीं हुआ तब तक सोच-विचार है। जब तक सोच-विचार है तब तक शंकाएं-कुशंकाएं हैं। जब तक शंकाएं-कुशंकाएं हैं तब तक तुम एक भीड़ हो, बहुचित्तवान हो, तुम एक नहीं, संयुक्त नहीं।

'...यम-नियमादि योग को आग्रह के साथ नहीं ग्रहण करता है।'

ग्रहण करता ही नहीं; आग्रह का प्रश्न ही नहीं उठता है।

'...लेकिन वह देखता हुआ, सुनता हुआ, स्पर्श करता हुआ, सूंघता हुआ, खाता हुआ सुखपूर्वक रहता है।'

वह जीवन की सब छोटी-छोटी क्रियाओं में सरलता से जीता है। देखता हुआ देखता है, सुनता हुआ सुनता है।

देखना, झेन फकीर जो कहते हैं...। बोकोजू से किसी ने पूछा कि तुम्हारी साधना क्या है? तो उसने कहा, जब भूख लगती है तब भोजन करता और जब नींद आती है तब सो जाता। तो उस आदमी ने कहा, यह कोई साधना हुई? यह तो हम भी करते हैं, यह तो सभी करते हैं, नींद आई तब सो गए, भूख लगी तब खा लिया। बोकोजू ने कहा कि नहीं, कभी-कभी कोई बिरला करता है। तुम भोजन करते हो और हजार काम साथ में और भी करते हो। भोजन कर रहे हो और दुकान भी चला रहे हो खोपड़ी में। भोजन कर रहे और बाजार में भी हो। भोजन कर रहे और किसी को रिश्वत भी दे रहे हो। भोजन कर रहे और हजार विचार कर रहे हो। भोजन तो डाले जा रहे हो यंत्रवत, और भीतर मन हजार दुनियाओं में दौड़ रहा है, हजार योजनाएं बना रहा है।

जब तुम सोते हो तब सोते भी कहां? सपने देखते हो। न मालूम कितनी भाग-दौड़, कितनी आपाधापी नींद में भी चलती रहती है। नींद में भी तुम अपने घर नहीं आते। दिन में भागे रहते, रात में भी भागे रहते। तुम्हारा मन तो सदा चलायमान ही रहता है।

बोकोजू ने कहा, नहीं जब मैं भोजन करता तो बस भोजन करता। और बोकोजू ने कहा, जब भूख लगती तब भोजन करता। तुम्हें भूख भी नहीं लगती तो भी भोजन करते।

समय हो गया तो भोजन करते। करना चाहिए भोजन तो भोजन करते। भूख का कोई संबंध नहीं है तुम्हारे भोजन से, तुम्हारी व्यवस्था का संबंध है। कभी भूख भी लगती तो भोजन नहीं करते, क्योंकि उपवास कर रहे हो। तुम प्रकृति की थोड़े ही सुनते! कभी बिना जरूरत के भोजन डालते, कभी जरूरत होती तो भोजन नहीं डालते। बड़े अजीब हो। कभी कहते पर्यूषण आ गए, अभी व्रत करना है। अब यह पेट को भूख लगती है, तुम भोजन नहीं करते। और रोज ऐसा करते कि पेट को भूख नहीं लगी तो भी भोजन डाले जाते। पेट भर जाता है तो भी नहीं सुनते। पेट कहने भी लगता है, अब क्षमा करो। दर्द भी होने लगता है, कहता है क्षमा करो, लेकिन तुम कहते, थोड़ा और।

मैंने सुना है मथुरा के एक पंडे के संबंध में; किसी के घर भोजन करने गए। इतना भोजन कर गए, इतना भोजन कर गए कि गाड़ी पर डाल कर उनको घर लाना पड़ा। जब घर आए तो उनकी पत्नी ने कहा कि चलो कोई बात नहीं। ऐसा तो मेरे पिता के साथ भी होता था। यह कोई नई बात नहीं। यह गोली ले लो। तो उन्होंने कहा, अरे पागल, अगर गोली ही खाने की जगह होती तो एक लड्डू और न खा जाते? जगह है कहां? एक गोली की भी जगह नहीं छोड़ी।

तो तुम इतना भी कर लेते हो। मेरे एक मित्र हैं, लेखक हैं। उनकी शादी हुई तो जिस घर में गए—देहाती हैं—जिस घर में शादी हुई, वह बड़ा संस्कारशील, कुलीन घर है। छोटी-छोटी पूड़ी! तो वे एक पूड़ी का एक ही कौर कर जाएं। उनकी पत्नी को शर्म आने लगी। पहली ही दफा विवाह के बाद आए थे पत्नी को लेने। तो उसने ऐसा कोने से छिप कर इशारा किया दो अंगुलियों का। इशारा किया कि दो टुकड़े करके तो कम से कम खाओ। वे समझे कि शायद इस घर में दो पूड़ी एक साथ खाई जाती हैं। सो उन्होंने दो पूड़ियों का एक कौर बना लिया। मुझे कहते थे कि बड़ी बदनामी हुई।

बोकोजू कहता है, जब भूख लगती है तब भोजन करता हूं; और तब सिर्फ भोजन करता हूं। और जब नींद आती है तब, और केवल तब ही सोता हूं। और तब केवल सोता हूं।

यही इस सूत्र का अर्थ है। यह सूत्र बड़ा अदभुत है।

'...लेकिन वह देखता हुआ देखता, सुनता हुआ सुनता, स्पर्श करता हुआ स्पर्श करता, सूंघता हुआ सूंघता, खाता हुआ खाता सुखपूर्वक रहता है।'

उसके जीवन में कोई दमन नहीं है, कोई जबरदस्ती नहीं है, कोई आत्महिंसा नहीं है, कोई कठोरता नहीं है, कोई तप-तपश्चर्या नहीं है। न तो भोग है उसके जीवन में, न योग है उसके जीवन में। उसके जीवन में बड़ी सरलता है।

पश्यन्श्रृण्वन्स्पृशनजिघ्रन्नश्नन्नास्ते यथासुखम्।

ऐसा सब क्रियाओं में होता हुआ सुखपूर्वक जीता है। डोलता नहीं अपनी कील से। चाक चलता रहता, वह अपनी कील पर थिर रहता। वह अपने में ठहरा रहता।

और यह भी खयाल रखना कि उसकी सारी प्रक्रिया बोध मात्र है। जब देखता तो बेहोशी में नहीं देखता, होशपूर्वक देखता। फर्क समझो! भगोड़ा कहता है, स्त्री को देखना मत। ज्ञानी कहता है, होशपूर्वक देखना।

बुद्ध के जीवन में एक उल्लेख है। एक भिक्षु यात्रा को जा रहा है। उस भिक्षु ने बुद्ध को कहा कि प्रभु, मार्ग के लिए कोई निर्देश हों तो मुझे दे दें; क्योंकि महीनों दूर रहूंगा, पूछ भी न सकूंगा। तो बुद्ध ने कहा, एक काम करना। रास्ते पर स्त्री मिले तो देखना मत, आंख नीचे करके निकल जाना। वह भिक्षु बोला, जैसी आज्ञा।

लेकिन बुद्ध का दूसरा शिष्य आनंद बैठा था। और आनंद की बड़ी कृपा है मनुष्य जाति पर। क्योंकि उसने बड़े अनूठे, वक्त-बेवक्त, बेबूझ, कभी असंगत-अनर्गल प्रश्न भी पूछे। उसने कहा, प्रभु रुकें। कभी-कभी ऐसा भी हो सकता है कि देखना पड़े या देख कर ही तो पता चलेगा कि स्त्री है, फिर आंख झुकानी। पहले से तो पता कैसे चल जाएगा? आखिर...पहले तो देख ही लेंगे कि स्त्री आ रही है। अब तो देख ही चुके। आप कहते हैं, स्त्री को देख कर आंख नीचे झुका लेना, मगर देख तो चुके ही, उस हालत में क्या करना?

तो बुद्ध ने कहा, अगर देख चुके हो, कोई हर्ज नहीं, छूना मत। आनंद ने कहा, और कभी ऐसा भी हो सकता है कि छूना पड़े। अब एक स्त्री गिर गई हो रास्ते पर और हमारे सिवाय कोई नहीं। उसे उठाएं, न उठाएं? आप कहते हैं, करुणा, दया-क्या हुआ करुणा-दया का? तो बुद्ध ने कहा, ठीक, ऐसी कोई घड़ी आ जाए तो छू लेना, मगर होश रखना।

बुद्ध ने कहा, असली बात तो होश रखना है। यह भिक्षु कमजोर है, इससे मैंने कहा, देखना मत। थोड़ा हिम्मतवर आदमी हो तो उससे मैं यह भी नहीं कहता कि देखना मत। और थोड़ा हिम्मतवर हो, उससे मैं यह भी नहीं कहता कि छूना मत। और थोड़ा हिम्मतवर हो तो उसे मैं कुछ भी आज्ञा नहीं देता। लेकिन एक ही बात—होश रखना।

ऐसा हुआ, एक बार वर्षाकाल शुरू होने के पहले एक भिक्षु राह से गुजर रहा था और एक वेश्या ने उससे निवेदन किया कि इस वर्षाकाल मेरे घर रुक जाएं। उस भिक्षु ने कहा, मैं अपने गुरु को पूछ लूं। उसने यह भी न कहा कि तू वेश्या है। उसने यह भी न कहा कि तेरे घर और मेरा रुकना कैसे बन सकता है? उसने कुछ भी न कहा। उसने कहा, मेरे गुरु को मैं पूछ आऊं। अगर आज्ञा हुई तो रुक जाऊंगा।

वह गया और उसने भरी सभा में खड़े होकर बुद्ध से पूछा कि एक वेश्या राह पर मिल गई और कहने लगी कि इस वर्षाकाल मेरे घर रुक जाएं। आपसे पूछता हूं। जैसी

आज्ञा! बुद्ध ने कहा, रुक जाओ। बड़ा तहलका मच गया। बड़े भिक्षु नाराज हो गए। यह तो कई की इच्छा थी। इनमें से तो कई आतुर थे कि ऐसा कुछ घटे। वे तो खड़े हो गए। उन्होंने कहा, यह बात गलत है। सदा तो आप कहते हैं, देखना नहीं, छूना नहीं और वेश्या के घर में रुकने की आज्ञा दे रहे हैं?

बुद्ध ने कहा, यह भिक्षु ऐसा है कि अगर वेश्या के घर में रुकेगा तो वेश्या को डरना चाहिए; इस भिक्षु को डरने का कोई कारण नहीं है। खैर, चार महीने बाद तय होगी बात, अभी तो रुक।

वह भिक्षु रुक गया। रोज-रोज खबरें लाने लगे दूसरे भिक्षु कि सब गड़बड़ हो रहा है। रात सुनते हैं, दो बजे रात तक वेश्या नाचती थी, वह बैठ कर देखता रहा। कि सुनते हैं कि वह खान-पान भी सब अस्तव्यस्त हो गया है। कि सुनते हैं, एक ही कमरे में सो रहा है। ऐसा रोज-रोज बुद्ध सुनते, मुस्कुरा कर रह जाते। उन्होंने कहा, चार महीने रुको तो! चार महीने बाद आएगा।

चार महीने बाद भिक्षु आया, उसके पीछे वेश्या भी आई। वेश्या, इसके पहले कि भिक्षु कुछ कहे, बुद्ध के चरणों में गिरी। उसने कहा कि मुझे दीक्षा दे दें। इस भिक्षु को भेज कर मेरे घर, आपने मेरी मुक्ति का उपाय भेज दिया। मैंने सब उपाय करके देख लिए इसे भटकाने के, मगर अपूर्व है यह भिक्षु। मैंने नाच देखने को कहा तो इसने इनकार न किया। मैं सोचती थी कि भिक्षु कहेगा, मैं संन्यासी, नाच देखूं? कभी नहीं! जो कुछ मैंने इसे कहा, यह चुपचाप कहने लगा कि ठीक। मगर इसके भीतर कुछ ऐसी जलती रोशनी है कि इसके पास होकर मुझे स्मरण भी नहीं रहता था कि मैं वेश्या हूं। इसकी मौजूदगी में मैं भी किसी ऊंचे आकाश में उड़ने लगती थी। मैं इसे नीचे न उतार पाई, यह मुझे ऊपर ले गया। मैं इसे गिरा न पाई, इसने मुझे उठा लिया। इस भिक्षु को मेरे घर भेज कर आपने मुझ पर बड़ी कृपा की। मुझे दीक्षा दे दें, बात खतम हो गई। यह संसार समाप्त हो गया। जैसी जागृति इसके भीतर है, जब तक ऐसी जागृति मेरे भीतर न हो जाए तब तक जीवन व्यर्थ है। यह दीया मेरा भी जलना चाहिए।

बुद्ध ने अपने और भिक्षुओं से कहा, कहो क्या कहते हो? तुम रोज-रोज खबरें लाते थे। मैं तुमसे कहता था, थोड़ा धीरज रखो। इस भिक्षु पर मुझे भरोसा है। इसका जागरण हो गया है। यह जाग्रत रह सकता है। असली बात जागरण है। गहरी बात जागरण है। आखिरी बात जागरण है।

तो अष्टावक्र कहते हैं:

न मुक्तिकारिकां धत्ते निःशंको युक्तमानसः।
पश्यन्शृण्वन्स्पृशनजिघ्रन्नश्नन्नास्ते यथासुखम्।।

देखो, सुनो, खाओ, पीयो, रहो संसार में—जागे हुए, सुखपूर्वक। भागो मत, भोगो मत। भोगो मत, त्यागो मत। जागो! उसी जागरण से परम सिद्धि फलित होती है।

भाग गए तो भी कल्पना पीछा करेगी। जाग गए तो फिर कल्पना बचती ही नहीं।

तुमको निहारता हूं सुबह से ऋतंभरा
अब शाम हो रही है मगर मन नहीं भरा
या धूप में अठखेलियां हर रोज करती है
एक छाया सीढ़ियां चढ़ती-उतरती है
मैं तुम्हें छूकर जरा-सा छेड़ देता हूं
और गीली पांखुरी से ओस झरती है
तुम कहीं पर झील हो, मैं एक नौका हूं
इस तरह की कल्पना मन में उभरती है

तुम दूर बैठ गए जाकर, कुछ फर्क न पड़ेगा। नई-नई कल्पनाएं मन में उभरेंगी।

तुमको निहारता हूं सुबह से ऋतंभरा

दूर बैठे पहाड़ पर भी तुम उसको ही निहारोगे जिसको छोड़ कर भाग गए। उसी को निहारोगे, और क्या करोगे? जिसे छोड़ कर भागे हो वही तुम्हारा पीछा करेगा।

तुमको निहारता हूं सुबह से ऋतंभरा
अब शाम हो रही है मगर मन नहीं भरा
या धूप में अठखेलियां हर रोज करती है
एक छाया सीढ़ियां चढ़ती-उतरती है

नहीं कोई वास्तविक रहा तो छायाएं सीढ़ियां चढ़ेंगी-उतरेंगी, सपने उठेंगे, कल्पनाएं जगेंगी।

मैं तुम्हें छूकर जरा सा छेड़ देता हूं

और तुम कल्पनाओं को छूने लगोगे। तुमने ऋषि-मुनियों की कथाएं पढ़ी हैं, अप्सराएं सताती हैं। अप्सराएं कहां से आएंगी? अप्सराएं होती नहीं। ये ऋषि-मुनि जिनको भाग गए हैं छोड़कर, उनकी ही कल्पनाएं हैं। छायाएं सीढ़ियां चढ़ती-उतरती हैं। कोई नहीं सता रहा। अप्सराओं को क्या पड़ी तुम्हारे विश्वामित्रों को सताने के लिए! अप्सराओं को फुरसत कहां? देवताओं से फुरसत मिले तब तो वे इन...और ऋषि-मुनियों को बेचारों को! नाहक सूख गए जिनके देह, हड्डी-मांस सब खो गया, अस्थि-पंजर रह गए जो, इन पर अप्सराओं को इतना क्या मोह आता होगा! अप्सराएं इन्हें देख कर डरें, यह तो समझ में आता—कि बाबा आ रहे हैं! मगर अप्सराएं इनको सताने आएं, नग्न होकर इनके आस-पास नाचें...।

मगर बात में रहस्य है। ये अप्सराएं इनके मन की ही छायाएं हैं। स्त्रियों को छोड़ कर भाग गए हैं, स्त्रियां मन में बसी रह गई हैं।

एक छाया सीढ़ियां चढ़ती-उतरती है
मैं तुम्हें छूकर जरा-सा छेड़ देता हूं
और गीली पांखुरी से ओस झरती है
तुम कहीं पर झील हो, मैं एक नौका हूं
इस तरह की कल्पना मन में उभरती है

और कल्पनाओं पर कल्पनाएं उभरती रहेंगी। जिससे तुम भागे हो उससे तुम कभी छूट न पाओगे। उससे तुम सदा के लिए बंधे रह जाओगे। भागने में ही बंधन हो गया। भागने में ही गांठ बंध गई। भागने में ही तुमने बता दिया कि जीत नहीं सके, हार गए। जिससे हार गए उससे हारे रहोगे; बार-बार हारना होगा।

अष्टावक्र उस पक्ष में नहीं हैं। वे कहते हैं, 'यथार्थ सत्य के श्रवण मात्र से शुद्ध-बुद्धि और स्वस्थ चित्त हुआ पुरुष न आचार को, न अनाचार को, न उदासीनता को देखता है।'

वस्तुश्रवणमात्रेण...।

मैं तुमसे रोज कहता रहा हूं, प्रज्ञा प्रखर हो तो सुनने मात्र से, श्रवणमात्रेण।

वस्तुश्रवणमात्रेण शुद्धबुद्धिर्निराकुलः।

जिसकी बुद्धि शुद्ध हो, निराकुल हो, तरंगें न उठ रही हों; वस्तुश्रवणमात्रेण—बस सुन लिया सत्य को कि हो गई बात, घट गई बात। कुछ करने को शेष नहीं रह जाता है।

नैवाचारमनाचारमौदास्यं वा प्रपश्यति।

और ऐसे व्यक्ति के जीवन में, जहां चित्त स्वस्थ है, शुद्ध है बुद्धि, सत्य के श्रवण मात्र से, सिर्फ सत्य के आघात मात्र से, सत्य के संवेदन मात्र से जो मुक्त हुआ है; किसी आग्रह, हठ, योग, नियम, व्रत इत्यादि से नहीं, बोध मात्र से जो मुक्त हुआ है; ऐसे व्यक्ति के जीवन में न तो आचार होता, न अनाचार होता। इतना ही नहीं, उदासीनता भी नहीं होती।

ये तीन बातें हैं साधारणतः। एक आदमी है अनाचार में भरा हुआ, जिसको हम कहते हैं भोगी। दूसरा व्यक्ति है आचार से भरा हुआ, उसको हम कहते हैं योगी। इन दोनों के ऊपर एक व्यक्ति है उदासीन जिसके जीवन में अब न आचार रहा, न अनाचार रहा; जो दोनों से हट कर एकदम उदासीन हो गया है। यह तीसरी अवस्था है। अष्टावक्र कहते हैं, एक चौथी अवस्था भी है: उदासीन भी नहीं। यह चौथी अवस्था बड़ी अपूर्व है।

समझें। अनाचार में जो पड़ा है, वह जो गलत है उसको भोग रहा है। आचार में जो पड़ा है, वह जो ठीक है उसको भोग रहा है। दोनों का चुनाव है। अनाचारी आधे को चुन लिया, आधे को छोड़ दिया। आचारी ने दूसरे आधे को चुन लिया, पहले आधे को

छोड़ दिया। लेकिन पूरा सत्य दोनों के हाथ में नहीं है। इस बात को देख कर उदासीन ने दोनों को छोड़ दिया; लेकिन उसके हाथ में भी पूरा सत्य नहीं है। उदासीन तो नकारात्मक अवस्था है। वह बैठ गया तटस्थ होकर। उसने धारा में बहना छोड़ दिया।

एक चौथी अवस्था है—न आचार, न अनाचार, न उदासीनता। जीवन में खड़ा है व्यक्ति। न तो तय करता है कि आचरण से रहूंगा, न तय करता है कि अनाचरण में ही अपने जीवन को डाल कर रहूंगा। तुमने खयाल किया, साधुओं के भी संकल्प होते हैं, असाधुओं के भी। साधु कहता है, जो शुभ है वही करूंगा। और असाधु कहता है, देखें कौन क्या बिगाड़ता है, अशुभ को करके रहेंगे।

अगर तुम कारागृह में जाओ तो तुम्हें पता चलेगा। कारागृह में बंद लोग अपने अपराधों को भी बढ़ा-चढ़ा कर बताते हैं। क्योंकि वहां तो अपराधी ही अपराधी हैं। वहां तो अहंकार को तृप्त करने का एक ही उपाय है। कोई कहता है, मैंने दो आदमी मारे। वह कहता, यह क्या रखा! अरे ऐसे बीसों मार चुका। कोई कहता है, लाख रुपये का डाका डाला। वह कहता है, यह भी कोई डाका है? अरे यह तो हमारे घर में बच्चे कर लेते हैं। ऐसे करोड़ का डाका डाला है!

मैंने सुना है, एक कारागृह में एक आदमी प्रविष्ट हुआ। एक कोठरी में उसे ले जाया गया। कोठरी में जो पहले से ही कारागृह में बंद आदमी था, उसने पूछा, कितने दिन की सजा हुई? इस आदमी ने कहा, दो साल की। उसने कहा, तू वहीं दरवाजे के पास अपना डेरा रख। जल्दी तेरे को निकल जाना है। इधर हमको तीस साल रहना है। उसकी अकड़! वहीं रख डेरा दरवाजे के पास। ऐसे ही कोई सिक्खड़ मालूम होता। नौसिखुआ! चले आए! करना-धरना नहीं आता कुछ। अभी वहीं रह। तेरे जाने का वक्त तो जल्दी आ जाएगा। दो साल ही हैं न कुल? इधर तीस साल रहना है। तो दादा गुरु...।

कारागृह में लोग अपने पाप का भी बखान करते हैं जोर से। बड़ा करके बढ़ा-चढ़ा कर अतिशयोक्ति करते। ठीक वैसा ही जैसा कि तुम रुपया दान दे आते तो हजार बताते हो।

एक सज्जन मेरे पास आए, पत्नी उनके साथ थी। पत्नी ने अपने पति की प्रशंसा में कहा कि बड़े दानी हैं। शायद आपने इनका नाम सुना हो, न हो, एक लाख रुपया दान कर चुके अब तक। पति ने ऐसा धक्का मारा हाथ से और कहा, एक लाख दस हजार। यह कोई बात है! वह दस हजार की चोट लग गई उनको कि दस हजार भूले जा रही है, क्या मामला है?

आदमी शुभ की भी घोषणा करके अहंकार को भर लेता है, अशुभ की घोषणा करके भी अहंकार को भर लेता है। शुभ के भी जिद्दी हैं और अशुभ के भी जिद्दी हैं। फिर इन दोनों को छोड़ कर भी बैठ गए उदासीन लोग हैं जिनके चेहरे पर मक्खियां

उड़ने लगती हैं। उदासी आ गई। वे कहते हैं कि अब कुछ रस नहीं है। अच्छे-बुरे में कुछ रस नहीं है। बैठ गए, तटस्थ हो गए।

लेकिन अष्टावक्र कहते हैं, इन तीनों के पार एक वास्तविक चित्तदशा है। उदासीनता तो अच्छी बात नहीं। अस्तित्व तो उत्सव है। इस उत्सव में उदासीनता तो प्रभु का अपमान है। यहां फूल खिले हैं, सूरज उगा है, पक्षी गीत गा रहे हैं, नाचो। यहां उदासीन होना तो प्रभु ने यह जो जगत दिया, उस प्रभु का अपमान है। इस अस्तित्व ने जो इतना अवसर दिया इसमें उदासीन न होकर बैठ गए? यह तो तौहीन है। यह बात ठीक नहीं। उत्सव चाहिए जीवन में, उदासीनता नहीं। और उत्सव ऐसा चाहिए कि जिसमें कोई आग्रह न हो।

क्षण-क्षण जीयो निराग्रह से। न तो तय करो कि शुभ करेंगे, न तय करो कि अशुभ करेंगे; जो परमात्मा करवा ले। जो उसकी मर्जी। उसकी मर्जी पर छोड़ दो। जो भी करेंगे, बोधपूर्वक करेंगे। और जो वह करवा लेगा उसमें राजी रहेंगे। ऐसी परम राजीपन की दशा चौथी दशा है।

'धीरपुरुष, जब जो कुछ शुभ अथवा अशुभ करने को आ पड़ता है उसे सहजता के साथ करता है...।'

खयाल रखना, शुभ या अशुभ। अष्टावक्र का मुकाबला नहीं। अष्टावक्र की क्रांति का कोई मुकाबला नहीं। अष्टावक्र अतुलनीय हैं।

'धीरपुरुष, जब जो कुछ शुभ अथवा अशुभ करने को आ पड़ता है उसे सहजता के साथ करता है, क्योंकि उसका व्यवहार बालवत है।'

शुभ आ जाए, शुभ करवा ले प्रभु तो शुभ; अशुभ करवा ले तो अशुभ। वह चुनाव नहीं करता।

यही तो कृष्ण अर्जुन से कह रहे हैं कि अगर प्रभु की मर्जी है कि युद्ध हो तो तू लड़। अब तू कौन है बीच में कहने वाला कि यह अशुभ है, हिंसा हो जाएगी, पाप हो जाएगा? तू कौन बीच में आने वाला? तू निमित्त मात्र है। अर्जुन से कृष्ण कहते हैं, ये जो सामने खड़े लोग हैं, मैं देखता हूं, ये मारे जा चुके हैं। तू तो निमित्त मात्र है। इनकी मौत तो घट चुकी। मैं जरा आगे की देख रहा हूं, इनकी मौत हो चुकी है। घड़ी-दो घड़ी की बात है। ये मारे जा चुके हैं। तू निमित्त मात्र है। तेरे कंधे पर रख कर गांडीव चला कि किसी और के कंधे पर रख कर चला, कुछ फर्क नहीं पड़ता। ये मारे जा चुके। तू यह मत सोच कि तू इन्हें मारने वाला है। तू कर्ता मत बन।

और तू कौन है बीच में सोचे कि क्या शुभ, क्या अशुभ? यह भी जरा समझने की बात है। क्योंकि तुम कभी शुभ करो और हो जाता है अशुभ। और तुम कभी अशुभ करो और हो जाता है शुभ।

चीन में ऐसा हुआ कि एक आदमी के सिर में दर्द था— कोई चार हजार साल पुरानी कथा है— बड़ा दर्द था और जीवन भर से दर्द था। और एक दुश्मन ने छिप कर उसे तीर मार दिया। उसके पैर में तीर लगा और दर्द चला गया। बड़ी हैरानी हुई। तीर तो निकल गया, वह आदमी बच भी गया, लेकिन दर्द चला गया। इसी आदमी के अनुभव से चीन में एक शास्त्र का जन्म हुआ : अकुपंक्चर। इससे यह पता चला कि दर्द तो उसके सिर में था लेकिन असली उलझन उसके पैर में थी। उसके पैर में विद्युत का प्रवाह अटक गया था, उसका परिणाम सिर में हो रहा था। सिर के इलाज करने से कुछ भी नहीं हो सकता था। उसके पैर में जो विद्युत का प्रवाह अटक गया था वह तीर के लगने से संयोगवशात खुल गया। तब से अकुपंक्चर पैदा हुआ।

अकुपंक्चर बड़ी अनूठी औषधि है। तुम्हारे बाएं हाथ में दर्द हो, वे दाएं हाथ का इलाज करें। तुम्हारे सिर में दर्द है, वे पैर के अंगूठे का इलाज करें और ठीक कर दें। और इलाज भी कुछ नहीं है सिर्फ थोड़ा सा एक सुई चुभा दी। उस सुई के चुभाने से जीवन की ऊर्जा का जो प्रवाह है, उसको बदल देते हैं।

अब इस आदमी ने तो तीर मारा था अशुभ के लिए, लेकिन हो गया शुभ। न केवल उस आदमी के जीवन में शुभ हो गया, उसका सिर-दर्द चला गया, चार हजार साल में करोड़ों लोगों ने लाभ लिया अकुपंक्चर से। वह सब लाभ उसी आदमी के ऊपर जाता है जिसने तीर मारा था। लेकिन उसकी आकांक्षा तो बुरी थी, वह तो अशुभ करने चला था।

कभी तुम शुभ करने जाते हो और अशुभ हो जाता है। तुम सब अच्छा कर रहे थे और सब गड़बड़ हो जाता है। अक्सर ऐसा होता है कि बाप बेटे को बहुत अच्छा बनाना चाहता है इसी कारण बेटा बुरा हो जाता है। तुम्हारी ज्यादा चेष्टा खतरनाक होती है।

गांधी जैसा अच्छा बाप पाना मुश्किल है। गांधी ने अपने पहले बेटे को बरबाद कर दिया, हरिदास को। गांधी ने ही बरबाद किया। उसको इतना अच्छा बनाने का...उनको तो महात्मा होने की धुन सवार थी, उसको भी महात्मा बनाना है। तुम्हें महात्मा बनना है, तुम बनो। कोई मना नहीं कर रहा है। लेकिन दूसरे पर तो मत थोपो। दूसरे का मौका आने दो। जब उसको मौका आएगा, आएगा।

वे हरिदास को जबरदस्ती महात्मा बनाने में लग गए। हरिदास को इस तरह महात्मा बनाया उन्होंने कि हरिदास के भीतर बगावत पैदा हो गई। उसने बुरी तरह बदला लिया। बदला लेने में अपने को भी नष्ट कर लिया। जो-जो गांधी कहते थे उससे उल्टा करने लगा। शराब पीने लगा, वेश्यागामी हो गया और आखिर में मुसलमान हो गया। क्योंकि गांधी कहते थे, हिंदू-मुस्लिम सब एक; तो उसने कहा, अब यह आखिरी चोट भी करके देख लें। वह मुसलमान हो गया। हरिदास गांधी से

अब्दुल्ला गांधी हो गया। और जब गांधी को खबर मिली कि हरिदास मुसलमान हो गया तो उनको बड़ा सदमा पहुंचा। जब यह खबर हरिदास को मिली तो वह हंसा, उसने कहा कि अरे, सदमा! हिंदू-मुस्लिम सब एक, अल्ला-ईश्वर तेरे नाम—इसमें सदमा क्या? तो बात सब बकवास थी, ऊपर-ऊपर थी! सदमे की क्या बात है? मैं मुसलमान हो गया तो कुछ बुरा हो गया? तो वह जो हिंदू-मुस्लिम एक है, सब राजनीति ही थी? वह कुछ गहरी बात नहीं थी।

गांधी ने अच्छा बनाने की कोशिश की। लेकिन कोई किसी के अच्छा बनाने से थोड़े ही अच्छा बनता है! अक्सर ऐसा होता है, अच्छे बाप के बेटे बिगड़ जाते हैं। अक्सर ऐसा होता है। क्योंकि चारों तरफ से उनकी गर्दन कसने की कोशिश की जाती है कि अच्छे बनो। जबरदस्ती दुनिया में कहीं अच्छाई होती है? अच्छाई तो स्वतंत्रता में फलती है।

तो तुम अच्छा करो, बुरा हो जाता है। बुरा करो, कभी अच्छा हो जाता है। तो तुम्हारे करने का क्या भरोसा? परमात्मा पर छोड़ दो।

फिर जो अभी अच्छा लगता है, क्षण भर बाद बुरा हो सकता है। क्योंकि जगत की कथा तो चलती चली जाती है। इसमें हर चीज बदलती रहती है। तुम एक कुएं के पास से निकलते थे, कोई गिर पड़ा, तुमने उसको निकाल कर बचा लिया। वह आदमी गया गांव में, किसी की हत्या कर दी। अब तुम जिम्मेवार हो या नहीं? न तुम बचाते, न यह हत्या होती। अब यह बड़ी मुश्किल हो गई। तुमने हत्या के लिए बचाया भी नहीं। तुम तो बड़ी दया कर रहे थे।

इसलिए तेरापंथी जैन कहते हैं, बचाना ही मत। वह जो कुएं में पड़ा है, पड़ा रहने दो, तुम अपने रास्ते जाओ। क्योंकि बचाया और कहीं उसने जाकर किसी की हत्या कर दी। फिर? कोई प्यासा मर रहा है और तुम्हारे पास पानी है तो तेरापंथी कहते हैं, पानी भी मत पिलाना। क्योंकि क्या पता? पानी पिला कर ठीक हो जाए, रात किसी के घर डाका डाल दे। फिर कौन जिम्मेवार? इसलिए तुम उदासीन रहना। तुम अपने चले जाना अपने रास्ते पर। वह अपना कर्म भोग रहा है, तुम अपना कर्म भोगो। बीच में बाधा डालो मत।

लेकिन यह तो बड़ी कठोरता हो जाएगी। और यह तो आदमियत से बड़ा नीचे गिरना हो जाएगा। तो फिर क्या उपाय है? अष्टावक्र का सुझाव ज्यादा कारगर है।

अष्टावक्र कहते हैं, जो जिस क्षण में प्रभु करवा ले वह कर लो। तुम कर्ता मत बनो। तुम कह दो, निमित्त मात्र हूं। योजना भी मत रखो कि मैं यही करूंगा और यह न करूंगा। यह ठीक, यह गलत, ऐसा हिसाब भी मत रखो। यह जगत इतना रहस्यपूर्ण है कि क्या गलत, क्या ठीक! और यह कथा इतनी लंबी है कि जो अभी गलत मालूम

होता है, क्षण भर बाद ठीक हो जा सकता है। और जो क्षण भर पहले ठीक मालूम होता था, क्षण भर बाद गलत हो सकता है। कुछ कहा नहीं जा सकता। इसलिए इस अनजान विराट लीला में तुम निमित्त मात्र रहो।

'धीरपुरुष जब जो कुछ शुभ अथवा अशुभ करने को आ पड़ता है उसे सहजता के साथ करता है...।'

वह उसमें अड़चन नहीं लेता। वह निमित्त बन जाता है। वह कहता है, ठीक।

'क्योंकि उसका व्यवहार बालवत है।'

यदा यत्कर्तुमायाति तदा तत्कुरुते ऋजुः।

सरलता से, ऋजुता से, सहजता से, बिना कोई बोझ लिए—कि शुभ कर रहा हूं, इसकी अकड़ लिए, कि अशुभ कर रहा हूं, इसकी अकड़ लिए, कि पुण्य किया कि पाप किया—किसी तरह का अहंकार बिना लिए और किसी तरह का पश्चात्ताप बिना लिए। प्रभु ने जो करवाया, किया। जो हुआ, हुआ। न पीछे लौट कर देखता है, न आगे की योजना करता है। क्षण में जो हो जाता है, हो जाता है।

यदा यत्कर्तुमायाति तदा तत्कुरुते ऋजुः।
शुभं वाप्यशुभं वापि तस्य चेष्टा हि बालवत्।।

और छोटे बच्चे की तरह सरल। छोटे बच्चे में देखा? क्षण-क्षण जीता है। वही उसका सौंदर्य है। क्षण में तुमसे नाराज हो गया और कहने लगा, अब तुम्हारा चेहरा भी कभी न देखेंगे। कट्टी हो गई। बात खतम हो गई। और क्षण भर बाद तुम्हारी गोदी में आ बैठा और हंस रहा है। और बात ही भूल गया।

ऐसा बालवत। शुभ-अशुभ में हिसाब नहीं है। क्रोध और प्रेम में भी हिसाब नहीं है। जो क्षण में होता है, पूरे भाव से कर लेता है। फिर क्षण के साथ ही विदा हो जाती है बात। ऐसा क्षण-क्षण रूपांतरित, क्षण-क्षण प्रवाहमान, क्षण-क्षण सरितवत, ऐसा जो व्यक्ति है उसको ही अष्टावक्र साधु कहते हैं। उसी को सरल। साधु यानी सरल, ऋजु।

'धीरपुरुष स्वतंत्रता से सुख को प्राप्त होता है, स्वतंत्रता से परम को प्राप्त होता है, स्वतंत्रता से नित्य सुख को प्राप्त होता है, और स्वतंत्रता से परमपद को प्राप्त होता है।'

स्वतंत्रता अष्टावक्र का सारसूत्र है; अष्टावक्र की कुंजी।

कृष्णमूर्ति की एक किताब है: 'द फर्स्ट एंड लास्ट फ्रीडम', पहली और अंतिम स्वतंत्रता। इस एक सूत्र की व्याख्या है पूरी किताब। या पूरी किताब को इस एक सूत्र में समाया जा सकता है। यह सूत्र अदभुत है।

स्वातंत्र्यात्सुखमाप्नोति स्वातंत्र्यात् लभते परम्।
स्वातंत्र्यान्निर्वृतिं गच्छेत् स्वातंत्र्यात् परमं पदम्।।

'धीरपुरुष स्वतंत्रता से सुख को प्राप्त होता है...।'

पराधीनता में तो सुख कहां? फिर पराधीनता दूसरे की हो या अपनी ही थोपी हुई, पराधीनता में तो सुख कहां? पराधीनता में तो दुख ही है। जंजीरें दूसरे ने पहनाई हों कि खुद पहन ली हों, इससे कुछ फर्क नहीं पड़ता। पंख किसी और ने काटे हों कि खुद कटवा दिए हों, इससे कुछ फर्क नहीं पड़ता। परतंत्रता में दुख है, क्योंकि परतंत्रता में सीमा बंध जाती है। असीम में सुख है।

इसलिए अष्टावक्र कहते हैं, स्वातंत्र्यात्सुखमाप्नोति। एक ही सुख है जगत में, वह है स्वतंत्र हो जाना। तो समस्त मर्यादाओं से, समस्त सीमाओं से, समस्त यम-नियम, समस्त जप-तप, साधना मात्र से स्वतंत्र हो जाना है।

यह तो आधा हुआ स्वतंत्रता का हिस्सा-नकारात्मक हिस्सा : किस-किस चीज से स्वतंत्र हो जाना है। और फिर किसमें स्वतंत्र हो जाना है—बोध में। बंधनों से स्वतंत्र हो जाना है, यह तो स्वतंत्रता का नकारात्मक हिस्सा है। फिर बोध में, जागृति में, साक्षीभाव में स्वतंत्र हो जाना, यह स्वतंत्रता का विधायक हिस्सा है।

नकारात्मक स्वतंत्रता ही अगर हो तो तुम स्वच्छंद हो जाओगे, उच्छृंखल के अर्थ में। जब तक विधायक स्वतंत्रता न हो तब तक तुम स्वच्छंद न हो पाओगे, अष्टावक्र के अर्थ में। तो स्वतंत्रता के दो पहलू खयाल रखना—जिससे स्वतंत्र होना है और जिसके लिए स्वतंत्र होना है। दोनों बातें अगर मिल जाएं तो तुम्हारे भीतर का स्वयं का छंद प्रकट होगा। स्वच्छंदता प्रकट होगी। तुम्हारे भीतर छिपा गीत फूटेगा। तुम्हारा झरना बहेगा। तुम्हारा कमल खिलेगा।

स्वातंत्र्यात्सुखमाप्नोति स्वातंत्र्यात् लभते परम्।

और इसी स्वतंत्रता में परम ज्ञान का जन्म होता है। उस परम का, अल्टिमेट का, आखिरी का, जिसके पार फिर कुछ जानने को नहीं रह जाता, उसका बोध होता है। वह ज्ञान कोई बाहर नहीं है, वह तुम्हारा आत्म-साक्षात्कार है। जहां कोई बंधन न रहे, जहां सब बंधन विसर्जित हुए और जहां तुम्हारे भीतर की ज्योति मुक्त हुई और तुम्हारी ज्योति प्रकट हुई, वहां तुम्हारे भीतर परम ज्ञान की घटना घटी। परम कैवल्य कहो, परम सत्य कहो, आत्मा कहो, परात्पर ब्रह्म कहो, जो नाम देना हो। लेकिन परम है उसका नाम। परम का अर्थ है, इसके पार अब कुछ भी नहीं। चरम आ गया। आखिरी आ गया। इसके पार न पाने को कुछ है, न जानने को कुछ है। और जब तक यह परम न जान लिया जाए तब तक जीवन की दौड़ नहीं मिटती।

स्वातंत्र्यान्निर्वृतिं गच्छेत्...।

और स्वतंत्रता में ही व्यक्ति निर्वाण में प्रवेश करता। स्वतंत्रता में ही स्वयं से मुक्ति हो जाती। स्वतंत्रता में ही अहंकार जलता और बुझ जाता। मोमबत्ती बुझ जाती, सूरज प्रकट हो जाता।

स्वातंत्र्यान्निर्वृतिं गच्छेत् स्वातंत्र्यात् परमं पदम्।

और स्वतंत्रता में ही व्यक्ति परमपद पर विराजमान हो जाता, परमात्मा हो जाता।

इसी घड़ी में अलहिल्लाज मंसूर ने घोषणा की थी : अनलहक। मैं सत्य हूं। इसी घड़ी में जीसस ने कहा : मैं और मेरा परमात्मा एक है। इसी घड़ी में उपनिषदों ने कहा, 'अहं ब्रह्मास्मि।' इसी घड़ी की ओर इशारा किया है उद्दालक ने, जब अपने बेटे श्वेतकेतु को कहा, 'तत्वमसि। वह तू ही है। तू ही वह है।'

यह परमपद है, जहां व्यक्ति अपने भीतर छिपे परमात्मा को प्रकाशमान हो जाने देता। जहां अपने भीतर जो छिपी संपदा थी जन्मों-जन्मों की, अनंत काल की, वह खजाना खुलता है। जहां भीतर का कोहिनूर प्रकट होता है। वहां तुम मनुष्य नहीं रह जाते, वहां तुम विभु हो जाते, प्रभु हो जाते।

इस स्वतंत्रता के अर्थ को ठीक से गृहीत कर लेना, क्योंकि लोग केवल स्वतंत्रता का अर्थ नकारात्मक मानते हैं। वे कहते हैं, मत मानो कुछ, स्वतंत्रता हो गई। इतने से नहीं होती। इतने से उच्छृंखलता होती। मत मानो कुछ, यह स्वतंत्रता का अनिवार्य चरण है, इतना काफी नहीं है। इतना जरूरी तो है, लेकिन इससे आगे जाओ। आगे का अर्थ है, भीतर प्रकाश को उपलब्ध होओ।

दूसरों ने जो प्रकाश दिए हैं उनको तो छोड़ दो; क्योंकि उनके कारण स्वयं के प्रकाश को पाने में बाधा पड़ रही है, लेकिन सिर्फ उनको बुझा कर मत बैठ जाना। नहीं तो कुछ थोड़ी-बहुत रोशनी थी, वह भी गई। अपनी तो जागी न, बाहर से जो मिलती थी वह भी गई।

खुद का बोध जब तक पैदा न हो जाए तब तक तुम बाहर से जो बोध मिल रहा है, मजबूरी में उसको मान कर चलना ही पड़ेगा; अन्यथा तुम और बुरी तरह भटक जाओगे। ये दोनों बातें साथ-साथ घटती हैं। ये एक ही सिक्के के दो पहलू हैं।

बाहर की मानो मत, भीतर की जानो। जिस दिन भीतर की जानने लगोगे, उस दिन बाहर की मानने की जरूरत ही न रह गई। और ऐसा नहीं है कि उस घड़ी में तुम अपराधी हो जाओगे। ऐसा भी नहीं है कि उस घड़ी में तुम समाज-विपरीत हो जाओगे। ऐसा भी नहीं कि उस घड़ी में तुम सारी मर्यादाएं तोड़ दोगे। लेकिन अब मर्यादाएं नये ढंग से पूरी होंगी। अब तुम्हारे अपने अनुभव से पूरी होंगी।

तुम अब भी वही अपने को करते हुए पाओगे जो वस्तुतः शुभ है। लेकिन अब समाज की धारणाओं के अनुसार नहीं, अब परमात्मा को अपने में बहने दोगे। कभी-कभी ऐसा होता है कि जो इस घड़ी में अशुभ मालूम होता है वह आगे की घड़ी में शुभ हो जाता है। अब तुम परमात्मा को अपने से बहने दोगे। तुम कहोगे, जो तेरी मर्जी। तू अंत को जानता, तू प्रथम को जानता। हमें न प्रथम का पता, न अंत का पता। हमें तो कहानी की बीच की थोड़ी सी झलक है। इस थोड़ी सी झलक के आधार पर हम पूरा निर्णय नहीं कर सकते। तू पूरा निर्णय जानता है। तू जानता है कहां से आना हो रहा है चैतन्य का, कहां जाना हो रहा है। तुझे पूरे का पता है। उस पूरे के संदर्भ में तू जो करवाए, शुभ है; फिर चाहे इस क्षण में अशुभ ही क्यों न मालूम पड़ता हो।

ऐसी प्रतीति जब गहन हो जाती और व्यक्ति समर्पित हो जाता समष्टि को, तब जीवन में परम क्रांति का क्षण आता। इस आमूल क्रांति को ही धर्म कहते हैं। धर्म शास्त्रों में नहीं है, स्वयं के संगीत के साथ बहने में है। धर्म का अर्थ ही स्वभाव है।

और इस स्वभाव को पाने की व्यवस्था स्वतंत्रता है।

अपने को बांधो मत, खोलो। पिंजरों के सींखचों से अपने को जकड़ो मत। उड़ो। खुला आकाश तुम्हारा है। तुम आकाश हो। इससे कम पर राजी मत हो जाना। जब तक पूरे आकाश पर तुम्हारे पंख न फैल जाएं तब तक बढ़ते ही जाना है, तब तक चलते ही जाना है।

बुद्ध ने कहा है अपने भिक्षुओं को: 'चरैवेति, चरैवेति।'

चलते जाओ, चलते जाओ, जब तक परमपद न आ जाए। जब तक आखिरी मंजिल न आ जाए तब तक कोई पड़ाव नहीं। रुक लेना, रात भर विश्राम कर लेना, लेकिन ध्यान रखना, सुबह चल पड़ना। और किसी पड़ाव से इतना मोह मत बना लेना कि उसी को मंजिल मानने लगो। ऐसे हर पड़ाव से स्वतंत्र होते, हर नियम से मुक्त होते, एक दिन परम मुक्ति फलित होती है। स्वतंत्रता प्रथम चीज है और स्वतंत्रता अंतिम।

स्वातंत्र्यात्सुखमाप्नोति स्वातंत्र्यात् लभते परम्।
स्वातंत्र्यान्निर्वृतिं गच्छेत् स्वातंत्र्यात् परमं पदम्।।

आज इतना ही।

* * *

प्रवचन : 70

दिल का देवालय साफ करो

20 जनवरी, 1977

पहला प्रश्नः आप अकर्ता होने को कहते हैं। लेकिन कोई भी निर्णय या चुनाव करते समय कर्ता फिर-फिर खड़ा हो जाता है। अकर्ता कैसे होवें? कैसे बनें उसकी बांसुरी? कैसे हटाएं 'मैं-भाव' को? कैसे पहचानें कि यह निर्णय उसका ही है?

पहली बात, तुम अकर्ता न बन सकोगे। तुम्हारे कुछ किए अकर्ता न सधेगा। तुम जो भी करोगे, कर्ता ही निर्मित होगा उससे। करोगे तो कर्ता निर्मित होगा। तुम मिटने की भी कोशिश करोगे, तो भी कर्ता ही निर्मित होगा। विनम्रता भी अहंकार का ही आभूषण बन जाती है। मैं नहीं हूं, ऐसी घोषणा भी मैं से ही उठ आएगी। ऐसे तो तुम धोखे में पड़ोगे। ऐसे तो बड़ा जाल उलझ जाएगा। सुलझा न सकोगे।

अकर्ता कोई बन नहीं सकता। अकर्ता बनने की बात नहीं है। क्योंकि जो भी बनेगा, वह तो कर्ता ही रहेगा। कृत्य मात्र कर्ता को ही निर्माण करता है। अब तुम जो भी प्रश्न पूछ रहे हो, वह मौलिक रूप से गलत है। प्रश्न की दिशा ही गलत है। मैं क्या करूं? मैं कैसे अकर्ता होऊं? कैसे बनूं उसकी बांसुरी? कैसे हटाऊं 'मैं-भाव' को? कैसे पहचानूं कि यह निर्णय उसका है? इस सब के पीछे तुम मौजूद हो। यह कौन है जो उसकी बांसुरी बनना चाहता है? यह कौन है जो कहता है, कैसे 'मैं-भाव' को छोडूं? यही तो कर्ता है।

फिर क्या करें? करने को तो कुछ बचता नहीं। फिर क्या करें? बस कर्ता कैसे निर्मित होता है इस बात को समझ लेने से, धीरे-धीरे कर्ता अपने आप तिरोहित हो जाता है। कुछ करना नहीं पड़ता। तुम पूछते हो, कैसे बनें उसकी बांसुरी? बांसुरी तुम हो। यह बनने का प्रश्न ही नहीं। यह तुमने मान रखा है कि तुम बांसुरी नहीं हो। बांसुरी तो तुम अभी भी हो। इस क्षण भी वही सुन रहा है तुम्हारे भीतर, वही बोल रहा है। एक क्षण को भी इससे अन्यथा होने का उपाय नहीं है। जब तुमने पाप भी किया है तो उसी ने किया है। और जब तुमने पुण्य भी किया है तो उसी ने किया है। जब तुम चोर थे तब भी वही था। और जब तुम साधु बने तब भी वही था। एक क्षण को भी अन्यथा होने का उपाय नहीं है। तुम उससे भिन्न हो कैसे सकोगे?

तुम पूछते हो, हम उसकी बांसुरी कैसे बनें? इसमें भ्रांति भीतर पड़ी ही है। भ्रांति यह पड़ी है कि हम उससे अलग हैं, अब हमें उसकी बांसुरी बनना है। बांसुरी तुम हो, इतना ही जानना है। तुम पूछते हो कैसे पहचानें कि यह निर्णय उसका है? सब निर्णय उसके हैं। पहचान की बात ही नासमझी की है। ऐसा कोई निर्णय ही नहीं है जो उसका न हो। ऐसा हो ही कैसे सकता है कि उसका निर्णय न हो और हो जाए! जो भी हुआ है, जो भी हो रहा है, जो भी होगा, उसी से है। तुम नाहक बीच में आ जाते हो। लहरों को देखो सागर में। अलग-अलग मालूम पड़ती हैं। अगर लहरों को भी थोड़ी बुद्धि आ जाए तुम्हारे जैसी, तो प्रत्येक लहर पूछने लगेगी कि मैं सागर के साथ एक कैसे हो जाऊं? लहर सागर के साथ एक है। लहर सागर से अलग कैसे हो सकती है, पहले यह तो पूछो! लहर सागर से अलग होकर जी कैसे सकेगी? कभी तुमने लहर को सागर से अलग करके देखा? बचेगी कैसे?

लहर को भी बुद्धि आ जाए और लहर भी सत्संग करने लगे और साधु-संतों के पास बैठने लगे, तो पूछेगी कि बात तो समझ में आ गई, अब इतना और बता दें कि सागर से एक कैसे हो जाऊं? तो क्या कहेंगे लहर को हम कि पागल, तू एक है ही! तेरी यह भ्रांति है कि तू अलग है। अलग तू कभी हुई नहीं। और जब कभी तू गंदी थी तो सागर ही गंदा था। और जब कभी तुझमें मिट्टी उठी थी, सागर से ही उठी थी। और जब कभी तुझमें सूखे पत्ते तैरे थे, तो सागर में ही तैरे थे। जब कभी तू बड़ी होकर उठी थी कि बड़े जहाजों को डुबो दे, तब भी सागर ही उठा था। और जब तू छोटी सी होकर उठी थी, तब भी सागर ही उठा था। छोटी हो कि बड़ी, गंदी हो कि उजली, सुंदर हो कि कुरूप, हर हाल, हर स्थिति में सागर ही तेरे भीतर बोला था, सागर ही तेरे भीतर प्रकट हुआ था; अन्यथा कोई उपाय नहीं है।

इस विराट चैतन्य के सागर में हम लहरें हैं। हमारा अलग होना नहीं है। इसलिए तुम यह तो पूछो ही मत कि कैसे हम एक हो जाएं, क्योंकि तुम अलग कभी हुए नहीं।

और यह तुम पूछो ही मत कि कौन से निर्णय हमारे हैं और कौन से उसके हैं। सभी निर्णय उसके हैं। इस अनुभव, इस प्रतीति, इस साक्षात्कार का नाम ही समर्पण है। बांसुरी बननी नहीं पड़ती, बांसुरी तुम हो। इतनी याद भर करनी है।

स्वामी अरविंद योगी ने कबीर का एक प्यारा पद भेजा है। इस प्रश्न के उत्तर में उसे याद रखना—

धोबिया जल बिच मरत पियासा
जल में ठाढ़ पीवे नहीं मूरख जल है अच्छा-खासा
अपने घर का मर्म न जाने करे धुबियन की आसा
छिन में धोबिया रोवे-धोवे छिन में रहत उदासा
आप पैर करम की रस्सी आपन धरहि फांसा
सच्चा साबुन ले नहीं मूरख है संतों के पासा
दाग पुराना छूटत नहीं धोवे बारह मासा
एक रत्ती को जोर लगावत छोड़ दियो भरि मासा
कहत कबीर सुनो भई साधो धोबिया जल बिच मरत पियासा

तुम पूछ रहे हो, प्यास कैसे बुझाएं? 'धोबिया जल बिच प्यासा।' और तुम जहां खड़े हो, चारों तरफ जल ही जल है। 'जल है अच्छा-खासा, धोबिया जल बिच प्यासा।'

प्रश्न गलत हो, तो सही उत्तर की कोई संभावना नहीं। तुम्हारा यह प्रश्न गलत है। और जो तुम्हें मार्ग दिलाने वाले, दिखाने वाले मिल जाएंगे, जरा सावधान रहना! क्योंकि ऐसे लोग हैं जो तुम्हें बताएंगे कि हां, यह रही तरकीब। इस भांति तुम प्रभु की बांसुरी बन सकते हो। ऐसे लोग हैं जो तैयार बैठे हैं कि तुम आओ, पूछो, और वे बता देंगे कि ये रहे विधि, उपाय, मार्ग; इस भांति प्रभु से मिलन हो सकता है। लेकिन मैं तुम्हारे किसी गलत प्रश्न का उत्तर देने में उत्सुक नहीं हूं। तुम्हारा प्रश्न गलत है, यह जरूर मैं तुमसे कहना चाहता हूं। और गलत प्रश्न को लेकर चलना मत, अन्यथा पूरी यात्रा गलत हो जाएगी।

इधर हम कुछ और ही बात कह रहे हैं। इतनी सी बात कह रहे हैं कि परमात्मा ही है और तुम नहीं हो। अब तुम पूछते हो कि हम नहीं कैसे हो जाएं? मैं कह रहा हूं कि तुम हो ही नहीं, तुम कभी थे ही नहीं; तुमने कुछ सपना देख लिया है, तुम किसी भ्रम में पड़ गए हो।

झेन फकीर बोकोजू एक रात सोया, उसने सपना देखा नहीं देखा, पता नहीं, कहानी यह है कि सुबह उठ कर उसने अपने एक शिष्य से कहा कि सुनो जी, रात मैंने एक सपना देखा है, व्याख्या करोगे? शिष्य ने कहा रुकें, मैं जल ले आऊं, आप जरा

हाथ-मुंह धो लें। वह एक बालटी भर कर पानी ले आया, गुरु का हाथ-मुंह धुलवा दिया खूब रगड़-रगड़ कर। गुरु ने कहा, मैं पूछता हूं सपने की व्याख्या, तू यह क्या कर रहा है? उसने कहा, यह सपने की व्याख्या है। सपना था ही नहीं, उसकी क्या खाक व्याख्या करनी है! जो नहीं था, नहीं था। नहीं की कहीं कोई व्याख्या होती है! गुरु बहुत प्रसन्न हुआ। उसने कहा, खुश हूं। अगर आज तूने व्याख्या की होती, तो कान पकड़ कर तुझे बाहर निकाल दिया होता।

तभी एक दूसरा शिष्य गुजर रहा था, उससे कहा कि सुनो जी, रात एक सपना देखा है, उसकी व्याख्या करोगे? उसने हाल-चाल देखे—पानी रखा है, धोया गया है; उसने कहा, रुकें, मैं जरा एक कप चाय ले आता हूं, आप चाय पी लें। वह एक कप चाय ले आया। गुरु चाय पीने लगा, उसने कहा, यह क्या व्याख्या हुई! शिष्य ने कहा, अब हाथ-मुंह धो लिया, अब चाय पी लें, जागें, सुबह हो गई, सपना समाप्त हुआ। रात की बातें सुबह कोई पूछता! पूछने में सार क्या है! आप भी जानते हैं, नहीं था; सपना खुद ही कह रहे हैं। सत्य की व्याख्या हो सकती है, सपने की क्या कोई व्याख्या होती है!

तुमने एक सपना देखा है कि तुम अलग हो, अब तुम पूछते हो, उससे एक कैसे हो जाएं? मैं कहूंगा, जागो, जरा हाथ-मुंह धोओ, चाय पी लो। तुम अलग कभी हुए नहीं, एक भ्रम पोसा है। और जब मैं तुमसे यह कहता हूं कि सभी निर्णय उसके हैं, तो समझना, यही क्रांति मैं तुम्हारे जीवन में प्रविष्ट कराना चाहता हूं। तुम्हारे पास साधु-संत हैं जो तुमसे कहते हैं, अच्छी-अच्छी बातें उसकी हैं, बुरी-बुरी तुम्हारी हैं। यह भी क्या कंजूसी! जब दिया तो पूरा ही दे दो। और तुम थोड़ा सोचो, जब बुरी-बुरी तुम्हारी हैं, तो अच्छी-अच्छी तुम कैसे दे पाओगे? साधु-संत कहते हैं, बुरी-बुरी तुम्हारी, अच्छी-अच्छी उसकी। तुम मन ही मन में उलटा सोचते हो। तुम सोचते हो, अच्छी-अच्छी अपनी, बुरी-बुरी उसकी। यह जो तुम्हारे भीतर चलता है हिसाब-किताब, यह हिसाब-किताब तोड़ो, एकतरफा तोड़ो, एक दफा तोड़ो। और एक ही चोट में तोड़ो। यह भी क्या हिसाब!

और जब तुम सोचते हो कि बुरी मेरी, तो भली उसकी कैसे हो सकती है? तुम सोचते हो चोरी तुम्हारी और दान उसका! असंभव! यह तो गणित की बात न रही फिर। जब चोरी तुम्हारी, तो दान भी तुम्हारा, यही तुम समझोगे। और तुम्हारा अहंकार तुम्हें यह समझाएगा कि चोरी तो मजबूरी में कर ली, भाग्य ने करा दी, परिस्थिति ने करा दी, दान मैंने किया है। तो चोरी तो तुम किसी पीछे के रास्ते से उसी पर छोड़ दोगे—परिस्थिति, भाग्य; पत्नी बीमार थी, दवा न थी घर में, इसलिए चोरी करनी पड़ी। चाहे सीधे तुम कहो न कि तूने करवा दी, तुम कहोगे परिस्थिति! पत्नी को

बीमार किसने किया? भूखे मरते थे, किसने मारा? ऐसी अड़चन में, ऐसी कठिनाई में अगर चोरी कर ली—भूखे भजन न होहिं गोपाला—हे गोपाल, जब भूखे भजन न होते थे तो कर ली, तेरे भजन के लिए भी जरूरी थी।

तो तुम किसी न किसी पीछे के दरवाजे से उसी पर छोड़ दोगे चोरी। और जब दान करोगे—चोरी करोगे लाख की, दान करोगे दो-चार-दस रुपये का—जब दान करोगे तो छाती फुला लोगे। देखा न, मुर्गे कैसे छाती फुला कर चलते हैं। ऐसे दानी चलने लगते हैं। दानवीर! यह उन्होंने किया है। तब तुम न कहोगे, तूने किया है। क्योंकि अहंकार यह तो कह ही नहीं सकता। जो शुभ-शुभ है उसको बचा लेता है, उससे अपना श्रृंगार बना लेता है। फूलों को तो सजा लेता है, कांटों को उस पर छोड़ देता है। लेकिन यह स्वाभाविक है। भूल तुम्हारी नहीं, तुम्हारे साधु-संतों की है जो तुमसे कहते हैं कि आधा तुम्हारा, आधा उसका। या तो सब उसका, या सब तुम्हारा।

दो तरह के ज्ञानी हुए हैं संसार में। एक कहते हैं, सब तुम्हारा। वे भी सच कहते हैं। और एक कहते हैं, सब उसका। वे भी सच कहते हैं। बाकी बीच में जो कहते हैं—कुछ तुम्हारा, कुछ उसका, ये अज्ञानी हैं। इन्हें कुछ भी पता नहीं है।

महावीर कहते हैं, सब तुम्हारा। यह भी सच है बात। अष्टावक्र कहते हैं, सब उसका। यह भी सच है बात। एक बात तो दोनों में सच है कि पूरा-पूरा रहता है, काट-काट कर हिसाब नहीं होता। कोई श्रम-विभाजन नहीं है कि तुम कुछ करो, कुछ मैं करूंगा।

महावीर कहते हैं, पूरा मनुष्य का। तो उसमें बुरा भी आ जाता है, अच्छा भी आ जाता है। अच्छे और बुरे एक-दूसरे को काट देते हैं। जैसे ऋण और धन एक-दूसरे को काट देते हैं। तुम शून्य रह जाते हो। वही शून्य होना ध्यान है। शून्य हो गए, नहीं हो गए, बांसुरी बन गए। महावीर की भाषा नहीं है बांसुरी बन जाना, क्योंकि महावीर की भाषा में परमात्मा शब्द का उपयोग नहीं है। शून्य हो गए, ध्यानी हो गए, कैवल्य को उपलब्ध हो गए। लेकिन बात वही है। अष्टावक्र की भाषा में तुमने दोनों परमात्मा पर छोड़ दिए, तुम शून्य हो गए। महावीर की तरकीब में तुम कहते हो, धन भी मेरा, ऋण भी मेरा। दोनों एक-दूसरे को काट देते हैं। तुम खाली रह जाते हो।

बुराई और भलाई को अगर तुम गौर से देखोगे तो तुम बड़े चकित हो जाओगे, बुराई और भलाई का अनुपात बिलकुल बराबर होता है। तुल जाते हैं तराजू पर। एक-दूसरे से कट जाते हैं। तुम उतनी ही बुराई करते हो जितनी भलाई करते हो। इधर तुम्हारी भलाई बढ़ेगी, उधर तुम्हारी बुराई भी बढ़ेगी। ऐसे, जैसे वृक्ष ऊपर उठता है, वैसे जड़ें नीचे जाती हैं। जितना वृक्ष ऊपर जाएगा उतनी जड़ें नीचे जाएंगी। ऐसा नहीं हो सकता कि वृक्ष तो सौ फीट ऊपर उठ जाए और जड़ें दो-चार फीट नीचे जाएं। गिर जाएगा। वृक्ष बच नहीं सकता।

नीत्शे का बहुत प्रसिद्ध वचन है और बहुत बहुमूल्य कि जिसे स्वर्ग जाना हो, उसे नर्क में पैर अड़ाने पड़ते हैं। ठीक कहता है नीत्शे, स्वर्ग जाना हो तो नरक में जड़ें फैलानी पड़ती हैं।

तुम जितना अच्छा करोगे उतना ही बुरा होगा। अनुपात बराबर रहेगा। तुम देखते नहीं बुराई को, तुम बुराई से आंख चुराते हो, इसलिए तो तुम्हें लगता है भलाई खूब की। लेकिन कुछ इस जगत में संतुलन टूटता ही नहीं। संतुलन बराबर बना है। संतुलन इस जगत का परम नियम है। सब चीजें एक गहरे 'बैलेंस', संतुलन में चल रही हैं।

तो महावीर कहते हैं, तुम बुरे और भले दोनों को स्वीकार कर लो, तुम्हारे हैं, क्योंकि और कोई परमात्मा नहीं है। कोई उपाय नहीं है किसी पर छोड़ने का, बस तुम्हीं हो। बुरे और भले संतुलित हो जाते हैं। अच्छा-बुरा मिल कर एक-दूसरे को काट देते हैं। उनके कट जाने पर जो हाथ—लाई हाथ आती है, शून्य। कुछ बचता नहीं। उस शून्य में कैवल्य है, निर्वाण है।

अष्टावक्र कहते हैं, दोनों उस पर छोड़ दो। यह ज्यादा सुगम तरकीब है। महावीर की तरकीब से ज्यादा कारगर। महावीर की तरकीब जरा चक्कर वाली है, लंबी है, अनावश्यक रूप से कठिन है। लेकिन किन्हीं को कठिन में चलने में रस आता है, वे चलें। अष्टावक्र की बात बड़ी सीधी-साफ है। अष्टावक्र कहते हैं दोनों उस पर छोड़ दो, कह दो सब निर्णय तेरे हैं। मैं भी तेरा हूं, तो मेरे निर्णय भी तेरे ही होंगे। जब मैं ही अपना नहीं हूं तो मेरे निर्णय मेरे कैसे हो सकते हैं! तूने दिया जन्म, तू देगा मौत, तो जीवन भी तेरा है; दोनों के बीच जो घटेगा, वह मेरा कैसे हो जाएगा!

तुमने जन्म तो अपने हाथ से लिया नहीं, तुम एकदम छलांग लगा कर तो नहीं जनम गए हो। तुमने अचानक पाया कि जन्म हो गया। एक दिन अचानक पाओगे कि मौत हो गई। दोनों के बीच में जीवन है। न शुरू का छोर तुम्हारे हाथ में है, न अंत का छोर तुम्हारे हाथ में है, तो मध्य भी तुम्हारे हाथ में हो नहीं सकता। अष्टावक्र कहते हैं, सभी उसके हाथ में है। ऐसा जान कर तुम शून्य हो गए। यह शून्य समर्पण हो गया। परम दशा घट गई। तब मिटता है कर्ता।

कर्ता तो मान्यता है। दो अवस्थाओं में मिटता है—या तो महावीर के ढंग से, या अष्टावक्र के ढंग से। लेकिन मिटाए नहीं मिटता। मिटाने का कोई उपाय ही नहीं है। जब बोध होता है इस भीतर की आत्यंतिक दशा का, तो तुम वहां कर्ता को नहीं पाते हो।

तो मुझसे मत पूछो कि कैसे पहचानें कि यह निर्णय उसका है? इसमें तो धोखाधड़ी हो जाएगी। पहचानने वाले तो तुम्हीं रहोगे न! तो पहचानने वाले की आड़ में छिप जाएगा कर्ता। अब वह वहां से काम शुरू करेगा। अब वह कहेगा, यह मेरा, यह उसका। लेकिन यह मेरा तो बच गया फिर! नया नाम हो गया, नये वेश, नये रूप-रंग, मगर बच गया फिर। इसे बचाओ ही मत। यह भ्रांति है तुम्हारी।

दूसरा प्रश्न : अस्तित्व को स्वीकार कर लिया तो शब्द क्यों? उपदेश क्यों? समर्पण है तो विरोध की व्याख्या क्यों? जीवन की खोज को अधूरा छोड़ कर संन्यास में प्रवेश क्या पलायन नहीं? क्या कायरता नहीं?

पहली बात, 'अस्तित्व को स्वीकार कर लिया तो शब्द क्यों?'

तुमसे कहा किसने कि शब्द अस्तित्व नहीं है? जितना शून्य अस्तित्व है, उतना ही शब्द भी अस्तित्व है। चुप रहने में जितना यथार्थ है, उतना ही बोलने में भी यथार्थ है। बीज में जितना सत्य छिपा है, उतना ही फूल के प्रकट हो जाने में भी छिपा है।

झेन कवि बासो ने कहा है, फूल बोलते नहीं। मुझे कभी झंझट नहीं होती किसी को गलत कहने में, लेकिन बासो को गलत कहने में मुझे भी पीड़ा होती है। बासो से मेरा लगाव है। लेकिन फिर भी मैं कहना चाहता हूं कि फूल भी बोलते हैं। बासो कहता है, फूल बोलते नहीं; मैं तुमसे कहना चाहता हूं, फूल भी बोलते हैं। बासो फूलों की भाषा नहीं समझता रहा होगा। पूछो मधुमाखी से, फूल बोलते हैं या नहीं? मीलों दूर तक खबर पहुंच जाती है। सुगंध, सुवास, मिठास हवा में तैर जाती है। तार खिंच जाते हैं। निमंत्रणों के जाल फैल जाते हैं। मीलों दूर के मधुछत्ते पर खबर पहुंच जाती है, फूल खिल गया है। भाग मच जाती है, दौड़ मच जाती है, मधुमक्खियां चलीं कतारबद्ध! तितलियों से पूछो, फूल बोलते हैं या नहीं? सूरज की किरणों से पूछो, फूल बोलते हैं या नहीं? अपने नासापुटों से पूछो, फूल बोलते हैं या नहीं? अपनी आंखों से पूछो, फूल के रंग, गंध से पूछो।

फूल भी बोलते हैं। उनकी भाषा मनुष्य की भाषा नहीं। हो भी क्यों? फूल की भाषा फूल की भाषा है। अगर फूल सोचते होंगे, तो वे सोचते, मनुष्य बोलते ही नहीं। क्योंकि उनकी भाषा में तो नहीं बोलते। फूल भी बोलते हैं। यह अस्तित्व बहुत मुखर है। सब कुछ बोल रहा है।

तुम पूछते हो, 'अस्तित्व को स्वीकार कर लिया तो शब्द क्यों?'

अस्तित्व को स्वीकार कर लिया तो शब्द से बचने का उपाय कहां? शून्य भी अपना, शब्द भी अपना। मौन भी अपना, मुखरता भी अपनी। अस्तित्व तो सारे विरोधों का सम्मिलन है। लेकिन आदमी हमेशा चुनाव में लगा रहता है। या तो शब्द, तो कभी शून्य को न चुनेगा। अब शून्य को चुन लिया, तो अब शब्द से घबड़ाएगा। कुछ हैं जो बोले ही चले जाते हैं और कुछ हैं जिन ने कसम खा ली है कि नहीं बोलेंगे। ये दोनों ही गलत हैं। दोनों ने ही हठ किया। दोनों ने आग्रह कर लिया है।

मेरा कोई आग्रह नहीं है। जब जैसी प्रभु की मर्जी! जब बोलना चाहे, बोले। जब चुप रहना चाहे, चुप रहे। तुम्हारा आग्रह, तो तुम ही मौजूद रह जाओगे।

अब तुम पूछते हो, 'उपदेश क्यों?'

उपदेश क्यों नहीं? समझना। तुम सोचते हो, उपदेश दिया जाता है, तो तुम गलती में हो। जो देते हैं, वे वस्तुतः उपदेष्टा नहीं। उपदेश होता है। जैन शास्त्रों में बड़ा ठीक वचन है। महावीर बोले, ऐसा जैन शास्त्र नहीं कहते। जैन शास्त्र कहते हैं: महावीर से वाणी झरी। यह बात ठीक है। यह बात पकड़ आती है। बोले, ऐसा नहीं; क्योंकि बोले में ऐसा लगता है जैसे कुछ किया। तो जैन शास्त्र ठीक अभिव्यक्ति देते हैं: महावीर से वाणी झरी। जैसे सूरज से रोशनी झरती है, जैसे फूल से गंध झरती है, ऐसी महावीर से वाणी झरी।

अब फूल कैसे रोके गंध को? और सूरज कैसे रोके प्रकाश को? जब भीतर का दीया जल गया, तो रोशनी झरेगी। कभी शून्य से झरेगी, कभी शब्द से झरेगी, लेकिन रोशनी झरेगी। कभी शब्द से बोलेगी, कभी शून्य से बोलेगी, लेकिन बोलेगी। बोल कर रहेगी।

तुम पूछते हो, 'उपदेश क्यों?'

तुम्हें अभी उपदेष्टा मिला नहीं। तुमने उपदेशक देखे होंगे, तुमने व्याख्यान करनेवाले देखे होंगे, तुमने उपदेष्टा नहीं जाना। तुम्हें उपदेश की गहराई का कुछ पता नहीं है।

फर्क क्या है उपदेश में और व्याख्यान में?

यही फर्क है। महावीर ने कहा है, मैं उपदेश देता हूं, आदेश नहीं। दो फर्क समझ लो। व्याख्यान और उपदेश में फर्क है। एक, व्याख्यान में तुम चेष्टारत हो, तुम आग्रहपूर्वक कुछ थोपने के उपाय कर रहे हो किसी के ऊपर। व्याख्यान में चेष्टा है, श्रम है, थकान है। दूसरा राजी हो जाए तो प्रसन्नता है। दूसरा राजी न हो तो अप्रसन्नता है। व्याख्यान में सफलता है, असफलता है; सुख-दुख है। उपदेश में न कोई सफलता है, न कोई विफलता है। जो बात भीतर उमगी थी, वह कही गई। जो बात भीतर उठी थी, वह झरी। जो झरना भीतर फूटा, बहा। किसी ने पी लिया ठीक; किसी ने न पीया, उसकी मर्जी। वह जाने! उसका भाग्य!

उपदेश बड़ी नैसर्गिक प्रक्रिया है। इसलिए महावीर एक और भेद करते हैं, वे कहते हैं, मैं उपदेश देता हूं, आदेश नहीं। आदेश का मतलब होता है, जो मैं कहता हूं, ऐसा करो। उपदेश का यह अर्थ नहीं होता है कि जो मैं कहता हूं, ऐसा करो। उपदेश का अर्थ होता है, जो मुझे हुआ है, वह बांट रहा हूं। जंच जाए, कर लेना; न जंचे, फेंक देना। काम आ जाए ठीक; काम न आए, भूल जाना। आदेश नहीं है कि करना ही। ऐसी आज्ञा नहीं है उपदेश में कि करना ही। पक्षी गीत गाते हैं; तुम्हें सुनना हो सुन लिया। फूल खिले, तुम्हें देखना है देख लिया। रात चांद उगा, आदेश नहीं है कि देखो, सारी दुनिया देखो, खड़े हो जाओ सावधान और मेरी तरफ देखो—नहीं, चांद

खिला, चांद चला, चांद अठखेलियां करने लगा, आकाश में उसका विलास चला! कोई देख ले, धन्यभागी; न देखे, उसकी मौज। कोई भी न देखे पृथ्वी पर, तो भी चांद को इससे फर्क नहीं पड़ता। उपदेश निर्झर है।

तुम पूछते हो, 'उपदेश क्यों?'

तुम्हें उपदेश का पता ही नहीं कि उपदेश का अर्थ क्या होता है। शब्द को भी समझने की कोशिश करो, क्योंकि संस्कृत, प्राकृत, पाली, इनके जो शब्द हैं, वे साधारण शब्द नहीं हैं। ये भाषाएं ज्ञानियों की निर्झरनी से इस तरह भरी हैं कि इनके एक-एक शब्द में बड़ा अर्थ है। उपदेश का अर्थ क्या होता है—शाब्दिक अर्थ? देश का अर्थ होता है, 'स्पेस'। देश का अर्थ होता है, विस्तार, आयाम। उपदेश का अर्थ होता है, उस विस्तार के निकट होना। जो उपनिषद का अर्थ होता है...। उपनिषद का अर्थ होता है, जिसको घट गया है, उसके पास बैठ जाना। गुरु के पास होना—उपनिषद। उपवास का अर्थ होता है, वह जो भीतर बसा है, उसके पास हो जाना। वह जो तुम्हारे भीतर आत्मा है, उसके निकट आ जाने का नाम उपवास।

अनशन को उपवास मत समझना। भूखे मरने का नाम उपवास नहीं है। हां, कभी-कभी ऐसा होता—आत्मा में इतना रस झरता है, तुम इतने भीतर ऐसे भरे-पूरे होते हो कि भोजन की याद नहीं आती; भोजन चूक जाता है। वह बात अलग है। उपवास हुआ। अनशन उपवास नहीं है, क्योंकि तुमने भोजन चेष्टा से न किया। तो भोजन की याद आती रही। यह कोई उपवास हुआ! इससे तो तुम भोजन कर लेते वही ज्यादा उपवास था। कम से कम दिन में दो बार कर लिया, निपट गए। अब दिन में हजार बार करना पड़ रहा है। याद आ रही है, फिर याद आ रही है, फिर याद आ रही है। उपवास का अर्थ है, शरीर भूल जाए, आत्मा के निकट हो गए। उपनिषद का अर्थ है, स्वयं को भूल जाओ, गुरु के निकट हो गए।

उपदेश का क्या अर्थ है? जिसके भीतर वह परम आकाश घटा है—कोई महावीर, कोई बुद्ध, कोई कृष्ण, कोई मोहम्मद, कोई अष्टावक्र, कोई क्राइस्ट—जिसके भीतर महाआकाश प्रकट हुआ है, उसके पास हो गए। उसके उस महाआकाश से झर रही हैं कुछ किरणें, उनको झरने दिया। उनको पीया, उनको आत्मसात किया। जैसे प्यासा जल पीता है, ऐसे पीया।

उपदेश सभी के लिए नहीं है। उन्हीं के लिए है, जो दीक्षित हैं। इधर मुझसे लोग पूछते हैं कि यहां इतनी बाधा क्यों डालते हैं लोगों के आने पर? यहां कोई व्याख्यान नहीं हो रहा है। यहां भीड़ की आकांक्षा नहीं है। यहां उन्हीं के लिए आने का उपाय है, जो सच में ही उस महाआकाश के निकट होना चाहते हैं जो मेरे भीतर घटा है। जो यहां मेरे आकाश के हिस्से बनना चाहते हैं, बस उनके लिए। यहां बाजार नहीं भर लेना है।

यहां कुतूहल से भरे लोगों को नहीं इकट्ठा कर लेना है। जो ऐसे ही चले आए कि चलो देखें क्या है? जैसे सिनेमा देखने चले जाते हैं, वैसे यहां आ गए। उनके लिए नहीं है जगह यहां। उन पर हजार तरह का नियंत्रण है। यहां तो सिर्फ प्यासों के लिए...।

उपदेश का अर्थ होता है, जो मेरे भीतर महादेश प्रकट हुआ है, उसमें तुम भी भागीदार हो जाओ। इसलिए बोलता हूं। और तुम खयाल रखो, अगर ज्ञानी न बोले होते तो उपनिषद न होते, गीता न होती, अष्टावक्र की महागीता न होती, बाइबिल न होती, कुरान न होता, धम्मपद न होता। जरा सोचो, अगर ज्ञानी न बोले होते, तुम कहां होते? तुम जंगलों में होते। तुम मनुष्य न होते। यह जो बोला गया है—यद्यपि तुमने सुना नहीं, सुन लेते तब तो तुम स्वर्ग में होते—यह जो बोला गया है, यह जो तुमने ऊपर-ऊपर से सुन लिया, वह भी तुम्हें बहुत दूर ले आया है। तुम्हारे अनजाने ले आया है। तुम्हें पता भी नहीं चला और ले आया है। काश, सुन लेते! उपदेश दिए तो गए हैं, तुमने लिए नहीं हैं। बिना तुम्हारे लिए भी तुम खिंच गए हो, बहुत दूर खिंच गए हो जंगलों से। पशुओं के बहुत पार आ गए हो। काश सुन लेते, तो तुम परमात्मा में प्रविष्ट हो जाते।

उपदेश देने तक मेरी क्षमता, लेना तो तुम्हारे हाथ में है। अब जो सज्जन पूछते हैं, उपदेश क्यों, असल में यह पूछ रहे हैं कि मैं लूं क्यों? क्योंकि मुझसे तुम्हारा क्या लेना-देना! मैं बोलूं, न बोलूं, इससे तुम्हारा क्या लेन-देन है! तुम हो कौन! मुझ पर किसी तरह का नियंत्रण और सीमा लगाने वाले तुम हो कौन? इतना ही तुम कर सकते हो, तुम न आओ। मैंने तुम्हें बुलाया भी नहीं। अपनी मर्जी से आ गए हो। तुम न होओगे और मुझे बोलना होगा, वृक्षों से बोल लूंगा, पहाड़ों से बोल लूंगा, पत्थरों से बोल लूंगा, सूने आकाश से बोल लूंगा। तुम मुझे बोलने से तो न रोक सकोगे।

लेकिन असल में तुम बात कुछ और कह रहे हो। तुम उपदेश लेना नहीं चाहते। तुम्हें उपदेश जहर जैसा मालूम पड़ रहा है। तुम्हें लग रहा है कि यह बात किसी से लेनी पड़े, यह तुम्हारे अहंकार को बड़ा कष्ट देती मालूम पड़ रही है। मत लो, तुम्हारी मर्जी।

देने में मेरी आतुरता नहीं है। कह दिया, मेरा कर्तव्य पूरा हो गया। परमात्मा मुझसे न कह सकेगा कि जो तुम्हें मिला था, वह तुमने कहा नहीं। वह जिम्मेवारी मैंने पूरी कर दी। तुमने नहीं लिया, वह तुम्हारे और तुम्हारे परमात्मा के बीच का निपटारा है। उससे मेरा कुछ लेना-देना नहीं। तुम्हें न लेना हो उपदेश, न लो। यह कोई आदेश नहीं है कि तुम्हें लेना ही पड़ेगा। लेकिन कृपा करके यह तो मत कहो कि मैं उपदेश क्यों दूं? तुम मुझे तो छोड़ो! मैं तुम्हें छोड़ रहा हूं—आदेश नहीं दे रहा—तुम इतनी दया मुझ पर भी करो।

तुम पूछते हो, 'समर्पण है तो विरोध की व्याख्या क्यों?'

बिना विरोध की व्याख्या समझे तुम समर्पण समझोगे कैसे? कोई तुमसे पूछे कि प्रकाश क्या है, तो तुम यही कहोगे न कि अंधेरा नहीं है! और क्या कहोगे? कोई तुमसे पूछे जीवन क्या है, तो तुम यही कहोगे न कि मृत्यु नहीं है! कोई तुमसे पूछे कि ध्यान क्या है, तो यही लिखा है न सारे शास्त्रों में कि विचार नहीं है! बिना विपरीत के व्याख्या नहीं होती। समर्पण की व्याख्या करनी हो तो विरोध की व्याख्या करनी पड़ती है। विरोध समझ में आ जाए, विरोध गिर जाए, समझ में आकर, तो जो शेष रह जाता है वही समर्पण है। इसलिए व्याख्या है। सत्य को जानने के लिए असत्य को भी समझना पड़ता है। ठीक को पहचानने के लिए गैर-ठीक को पहचानना पड़ता है। सही रास्ते पर जाने के लिए गलत-गलत रास्ते कौन से हैं, वे भी पहचान लेने पड़ते हैं। नहीं तो वहीं भटकते रहोगे।

एडीसन एक प्रयोग कर रहा था। सात सौ बार असफल हो गया प्रयोग करने में। तीन साल लग गए। उसके शिष्य, उसके अनुयायी, उसके साथी सब परेशान हो गए कि यह तो पागलपन हुआ जा रहा है। सात सौ बार असफल हो गया है, लेकिन यह थकता नहीं। और रोज़ सुबह वह ताजा चला आए—प्रसन्न, उत्साह से भरा हुआ, फिर प्रयोग शुरू।

आखिर उसके साथियों ने एक दिन उसे घेर लिया और कहा कि बहुत होता है, एक सीमा होती है, हर चीज की सीमा होती है, अब ठहरें। सात सौ बार हम हार चुके हैं, अब यह कब तक चलेगा? कुछ और नहीं करना है? जिंदगी भर यही करते रहना है? एडीसन ने कहा, पागलो, सात सौ बार हार चुके इसका मतलब है, सात सौ गलत रास्तों से हमारी पहचान हो गई, अब ठीक रास्ता करीब ही आता होगा। कितने होंगे गलत रास्ते? अगर हजार गलत रास्ते हैं, तो सात सौ तो हम पहचान चुके कि गलत हैं, अब तीन सौ ही बचे। दो सौ निन्यानबे और पहचान लेने हैं कि गलत हैं, फिर मिल जाएगा ठीक। हम ठीक के रोज करीब हो रहे हैं, तुम उदास क्यों हो! क्योंकि गलत को जाने बिना ठीक को जानोगे कैसे?

अपने घर आने के लिए बहुत दूसरों के घरों पर दस्तक देनी पड़ती है। सदगुरु को पाने के पहले न मालूम कितने असदगुरुओं के पास भटकना पड़ता है। स्वाभाविक है। इसमें कुछ अस्वाभाविक नहीं है। गलत भी कुछ नहीं है। ठीक नियम के अनुसार है। टटोलना है अंधेरे में।

तो मैं तुम्हें विरोध की भी व्याख्या देता हूं, क्या गलत है वह भी कहता हूं; क्योंकि तुमसे कहना चाहता हूं वह जो कि सही है। सच तो यह है कि सही को सीधा-सीधा कहने का कोई उपाय ही नहीं है। नेति-नेति उसका मार्ग है। यह नहीं है सत्य,

यह नहीं है सत्य, यह नहीं है सत्य, ऐसा एक-एक असत्य को बताते-बताते, बताते-बताते जब सब असत्य चुक जाते हैं, तो गुरु कहता है, अब जो शेष रहा, यही है सत्य। सीधा कोई उपाय नहीं है कि अंगुली रख दी जाए—यह है सत्य।

सत्य इतना बड़ा है कि अंगुली रखी नहीं जा सकती। असत्य छोटे-छोटे हैं, उन पर अंगुली रखी जा सकती है। तो असत्य पर अंगुली रखी जाती है—यह असत्य, यह असत्य, यह असत्य, चले; आखिर एक घड़ी तो आएगी जब असत्य चुक जाएंगे! सत्य तो असीम है, असत्य सीमित हैं। तो असत्य तो चुक जाएंगे। एक न एक दिन गलत की तो गणना हो जाएगी। फिर जो गणना के बाहर रह गया, फैला आकाश की तरह, वही शेष रह गया, वही सत्य है। नेति-नेति उपाय है। यह भी नहीं, यह भी नहीं। तब तुम किसी दिन जान लोगे, क्या है।

असार को पहचान लिया, तो सार का द्वार खुल जाता है। संसार को समझ लिया, तो मोक्ष का द्वार खुल गया। इसीलिए तो संसार है, नेति-नेति का उपाय करने को। धन के मोह में पड़े, फिर पाया कि नहीं मिलता सुख, कहा—नेति, नहीं। स्त्री के प्रेम में पड़े, पुरुष के प्रेम में पड़े, पाया कि कुछ पाया नहीं, कहा—नेति। पद पाया, प्रतिष्ठा पाई और पाया कि कुछ न मिला, हाथ में राख लगी, कहा—नेति। ऐसा कहते गए, नेति-नेति, एक दिन पूरा संसार जो-जो दे सकता था सब पहचान लिया, अचानक सब संसार व्यर्थ हो गया और गिर गया, तब जो शेष रह जाता है, वही निर्वाण है।

और फिर पूछते हो कि 'जीवन की खोज को अधूरा छोड़ कर संन्यास में प्रवेश क्या पलायन नहीं? क्या कायरता नहीं?'

यही तो मैं रोज कह रहा हूं कि जीवन की खोज को अधूरा छोड़ कर संन्यास में प्रवेश मत करना, वह पलायन होगा। इसीलिए तो मैं अपने संन्यासी को भी जीवन की खोज से तोड़ता नहीं। उससे कहता हूं, जीवन की खोज भी जारी रहने दो और संन्यास के संगीत को भी धीरे-धीरे आत्मसात करने लगो। क्योंकि तुम कैसे जानोगे कि अब जीवन की खोज पूरी हो गई, मुझे बताओ! तुम कैसे जानोगे कि अब आ गया वक्त संन्यास में प्रवेश का? धीरे-धीरे अभ्यास करते रहो संन्यास का—संसार को भी चलने दो, संन्यास का अभ्यास भी करते रहो। क्योंकि अगर अचानक एक दिन पता चला कि संसार तो व्यर्थ हो गया और तुम्हारे पास अगर संन्यास की कोई भी धारणा न रही, संन्यास का कोई सूत्र हाथ में न रहा, तो तुम आत्महत्या कर लोगे बजाय संन्यास में जाने के।

तुम्हें खयाल है, पश्चिम में आत्महत्याएं बड़ी मात्रा में घटती हैं, पूरब में नहीं घटती हैं। और कारण? कारण संन्यास है। पश्चिम में जब एक आदमी जीवन से

बिलकुल हार जाता है और पाता है कुछ सार नहीं, तो एक ही बात समझ में आती है—खतम करो अपने को, क्योंकि अब क्या करने को बचा! पूरब में आदमी आत्महत्या नहीं करता। जब जीवन व्यर्थ हो जाता है तो संन्यस्त हो जाता है। पूरब ने आत्महत्या का विकल्प खोजा है। पश्चिम के पास विकल्प नहीं है, इसलिए पश्चिम में आत्महत्या रोज बढ़ती जाती है। बढ़ती रहेगी, जब तक संन्यास न पहुंच जाएगा पश्चिम में। जब तक गैरिक रंग नहीं फैलता पश्चिम के आकाश पर, तब तक पश्चिम में आत्महत्या जारी रहेगी और बढ़ती जाएगी। रोज-रोज बढ़ती जाएगी। क्योंकि लोगों को समझ में आता जाता है कि जीवन व्यर्थ, जीवन व्यर्थ। फिर करना क्या? फिर उठना क्यों? फिर रोज सुबह जागना क्यों? फिर जाना क्यों दफ्तर? किसलिए? उसी दुख को फिर-फिर झेलने के लिए! वही उपद्रव जारी रखने के लिए! अपने ही जीवन के नरक को रोज-रोज पानी देने की जरूरत क्या है? खतम करो, समाप्त करो।

पश्चिम के बहुत बड़े-बड़े विचारकों ने भी आत्मघात किया है। यह सोचने जैसा है। पूरब के किसी महाविचारक ने कभी आत्मघात नहीं किया। बुद्ध, महावीर, कृष्ण, राम, नागार्जुन, शंकर, रामानुज, निंबार्क, वल्लभ, कबीर, नानक, दादू, हजारों महापुरुषों की धारा है, इनमें से एक ने भी आत्मघात नहीं किया। इनमें से एक भी पागल नहीं हुआ। पश्चिम में बड़ी उलटी बात है। पश्चिम में कोई बड़ा विचारक बिना पागल हुए बचता नहीं। हो ही जाता है पागल। अगर बच जाए तो इसका एक ही अर्थ है कि कोई बड़ा विचारक नहीं है वह। अभी दूर तक नहीं गया विचार में। अन्यथा विचार एक जगह लाकर खड़ा कर देता है, जिसके आगे कोई गति नहीं रहती। ध्यान का उपाय नहीं है। जहां विचार समाप्त हुआ, वहां अब क्या करना! आदमी विक्षिप्त होने लगता है। ध्यान का तो उपाय नहीं है। जहां संसार व्यर्थ हुआ, वहां आदमी आत्महत्या की सोचने लगता है। संन्यास का तो उपाय नहीं है, विकल्प नहीं है।

मैं जब तुमसे कहता हूं संसार में रहो, तो इसीलिए कहता हूं कि कहीं ऐसा न हो कि तुम कच्चे संसार के बाहर निकल आओ। लेकिन पता कैसे चलेगा कि कब तुम पक गए? और जिस दिन पक जाओगे, जिस दिन घर में आग लगेगी, उसी दिन कुआं खोदोगे? कुआं तो खोदना शुरू करो; जब आग लगेगी, लगेगी। कुआं तो तैयार रहे; जब आग लगेगी तो पानी कुएं का तैयार रहेगा, बुझा लेंगे। अब जिस दिन घर में आग लगेगी उसी दिन कुआं खोदने अगर बैठे, तो घर बचनेवाला नहीं है।

इसीलिए मैं कहता हूं, संसार को चलने दो और साथ ही साथ संन्यास के संगीत को भी जन्मने दो। और इन दोनों में कोई विरोध नहीं है। क्योंकि संन्यास भी परमात्मा का है और संसार भी परमात्मा का है। सब उसका है। संन्यास संसार का विपरीत नहीं है, इसलिए कहीं भागने की जरूरत नहीं है।

अब तुम मुझसे पूछते हो कि जीवन की खोज को अधूरा छोड़ कर संन्यास में प्रवेश क्या पलायन नहीं है? वही तो मैं कह रहा हूं। तुम किससे पूछ रहे हो? तुम पुरी के शंकराचार्य से पूछते तो बात ठीक थी। मुझसे तो मत पूछो। तुम जाकर आचार्य तुलसी से पूछो, बात ठीक है। मुनि देशभूषण महाराज से पूछो, बात सही है। मुझसे पूछ रहे हो! यही तो मेरी क्रांति है संन्यास में कि संसार के साथ चल सकता है। मंदिर और दूकान को करीब लाने की कोशिश चल रही है कि जिस दिन दूकान चल जाए, मंदिर इतना दूर न हो कि तुम पहुंच न पाओ। मंदिर करीब होना चाहिए; पास ही होना चाहिए। एक कदम रखा कि मंदिर में पहुंच गए। तो तुम आत्मघात से बच सकोगे।

फिर ध्यान रखना कि संन्यास एक तरह का आत्मघात है। बड़ा प्यारा आत्मघात है। अहंकार का विसर्जन है। तुम तो मरे! तुम तो गए। वस्तुतः संन्यास को ही ठीक-ठीक आत्मघात कहना चाहिए; क्योंकि और कोई आदमी जो आत्महत्या कर लेता है, उसका शरीर तो मिटा देता है लेकिन मन तो मिटता नहीं, अहंकार तो मिटता नहीं। इधर शरीर मिटा नहीं कि नया जन्म हुआ नहीं। फिर गर्भ, फिर दौड़ शुरू। वही फिर शुरू हो जाएगा जो चल रहा था। संन्यास ही वास्तविक आत्मघात है, क्योंकि जो ठीक-ठीक संन्यस्त हो जाए, अहंकार विसर्जित हो जाए, तो फिर दुबारा लौट कर आने की जरूरत नहीं। तुम अनागामिन हो गए। अब तुम दुबारा न आओगे। अब तुम प्रभु में समाहित हो गए।

लेकिन मैं जानता हूं, पूछने वाले का कारण कुछ और है। संन्यास लेने की हिम्मत नहीं, तो अपने को समझा रहे हैं कि यह संन्यास तो पलायन है। कहते हैं, क्या संन्यास कायरता नहीं? सच बात उलटी है—संन्यास लेने की हिम्मत नहीं। तुम जरा मेरा संन्यास लेकर देखो, तब तुम्हें पता चलेगा कि कायरता लेने में थी कि न लेने में थी। तुम जरा लेकर देखो। जरा गैरिक वस्त्र पहन कर, यह माला पहन कर बाजार जाकर देखो, घर जाकर देखो, परिवार—प्रियजन के पास जाकर देखो, तब तुम्हें पता चलेगा कायरता कहां थी। सारी दुनिया विरोध में खड़ी मालूम होगी। हां, अगर मैं तुमसे कहता पहाड़ पर भाग जाओ, तो कायरता थी। मैं तो तुमसे कहता हूं, भागना ही मत। तुम तो जम कर खड़े रहना संसार में।

एक मित्र आए। कहने लगे संन्यास तो लेता हूं, लेकिन एक झंझट है कि मैं शराब पीता हूं। मैंने कहा, मजे से पीयो। संन्यास तो लो, फिर देखेंगे। वे बहुत चौंके। उन्होंने कहा, क्या आप कहते हैं कि शराब भी पीऊं! मैंने कहा, वह तुम्हारी मर्जी। मुझे इन छोटी बातों में लेना-देना नहीं, क्या तुम पीते, क्या नहीं पीते! मैं कोई जैन-मुनि थोड़े ही हूं कि इन सबका हिसाब रखूं कि शराब छान कर पीते कि बिना छनी पीते। तुम पीयो; तुम पीते हो, तुम्हारी जिम्मेवारी। मैं तुम्हें ध्यान देता हूं, संन्यास देता हूं, फिर देखेंगे।

कोई पंद्रह दिन बाद वे आए और कहने लगे कि फांसी लगा दी! अब शराबघर की तरफ जाते डर लगता है। संन्यास लेने के दूसरे दिन गया, एक आदमी पैर पर गिर पड़ा और कहने लगा स्वामी जी, आप यहां कैसे! मैंने कहा, अब तुम्हारी मर्जी! हिम्मत हो तो जाओ। नहीं, वे कहने लगे, अब न हो सकेगा। उस आदमी ने इतने भाव से कहा कि स्वामी जी, आप यहां कैसे! शायद उसने सोचा कि कोई भूल-भटक गए हैं स्वामी जी। यह मधुशाला है, यह कोई मंदिर नहीं है, आप कहां आ गए!

तुम पूछते हो, संन्यास कायरता! तुम जरा लेकर देखो। नहीं, उस आदमी की शराब गई। संन्यास लेने के बाद तुम्हें पता चलना शुरू होगा।

एक युवक ने संन्यास लिया, कल्याण में रहते हैं। पंद्रह दिन बाद अपनी पत्नी को लेकर आ गए कि इसको भी संन्यास दे दें। मैंने कहा, बात क्या? कहने लगे, झंझट खड़ी होती है। ट्रेन में लोगों ने मुझे पकड़ लिया कि तुम किसकी पत्नी लेकर भागे जा रहे हो? संन्यासी होकर, यह स्त्री किसकी है? इसको भी संन्यास दे दें, नहीं तो यह तो किसी दिन झंझट होगी! पांच-सात दिन बाद अपने छोटे बेटे को लेकर आ गए, इसको भी संन्यास दे दें। मैंने कहा, हुआ क्या? बोले कि हम दोनों को लोगों ने रोक लिया ट्रेन में, कहा यह किसका बच्चा उठा लाए? अपना बच्चा! मगर अब यह संन्यासी का बच्चा कैसे!

संन्यास की एक धारणा थी पुरानी, उसमें भगोड़ापन था। मैं तुमसे कह रहा हूं, पति भी रहना, पत्नी भी रहना, मां भी रहना, पिता भी रहना। मैं तो तुम्हें एक संघर्ष दे रहा हूं, एक चुनौती दे रहा हूं। तुम्हारी चुनौतियां बढ़ जाएंगी, घटेंगी नहीं। तुम्हारा संघर्ष गहरा हो जाएगा। यह पलायन नहीं है।

लेकिन तुम बचना चाहते हो। बचना चाहते हो बचो, लेकिन झूठे शब्दों की आड़ मत लो। कायर तुम हो। और चाह रहे हो अपने आपको समझा लेना कि संन्यास कायरता है। सो अपने मन में तुम मान रखो कि तुम बड़े बहादुर हो। बहादुर हो तो डुबकी लो, डरो मत! संसारी रह कर तो देख लिया है, अब साथ ही संन्यासी रह कर संसार में रह कर देख लो, तब तुम्हें पता चलेगा कि संघर्ष किसका बड़ा है, चुनौती किसकी महान है!

और देखना, तुम कहते हो जब पक जाएंगे...। मैं तुम्हें कहे देता हूं कि पकने के पहले मौत आ जाएगी। क्योंकि मरते दम तक आदमी नहीं सोचता कि मैं पक गया। मरते दम तक वासनाएं पीछा करती हैं। मरते दम तक भी सपने जकड़े रहते हैं। मरते दम तक योजनाएं पीछे पड़ी रहती हैं। मरते दम तक खयाल रहता है कुछ करके दिखा दें, कुछ हो जाएं, अभी कुछ देर और बाकी है।

बिखर गए सब मोती मेरे!
क्रूर समय ने असमय तोड़ी
सांसों की वह रेशम डोरी
जिसमें रोज पिरोए मोती
आशाओं ने सांझ-सवेरे
बिखर गए सब मोती मेरे!

आई तेज हवा मतवाली
तोड़ गई वह कोमल डाली
जिस पर हर पंछी ने अपने
बना लिए थे रैन-बसेरे
बिखर गए सब मोती मेरे!

काली रात लगी गहराने
बुझने दीप लगा सिरहाने
घिर आए आंखों के आगे
चारों ओर अपार अंधेरे
बिखर गए सब मोती मेरे!

लेकिन तब समय न बचेगा—जब मोतियों की माला टूट कर बिखरेगी, जब सपनों की माला टूट कर बिखरेगी और जब चारों तरफ अंधेरा घिरने लगेगा!

एक महिला संन्यास लेना चाहती थी। कई बार आई, कई बार पूछा, कई बार समझा, फिर कहती है कि कल आऊंगी। एक दिन खबर आई—और उसके एक ही दिन पहले वह कह कर गई थी कि कल आऊंगी—कि वह कार में 'एक्सीडेंट' हो गया है। वह कोई छह घंटे सात घंटे बेहोश रही, फिर उसे होश आया। होश आया तो उसने पहली बात कही कि दौड़ो, अपने लड़के से कहा कि दौड़ो, मुझे संन्यास लेना है, और मैं कितने दिन से टाल रही—उसकी उम्र थी कोई सत्तर वर्ष—कितने दिन से टाल रही; और आज तो, कल मैं कह कर आई थी कि आज संन्यास ले लूंगी, आज मौत आ गई, अब भागो! लेकिन लड़का जब तक मेरे पास आया, उसकी सांस टूट चुकी थी।

मैंने लड़के को कहा, उसकी इतनी इच्छा थी, जिंदगी में तो न ले सकी, मर गई, कोई फिकर नहीं, यह माला उसको पहना देना। यह नाम उसकी छाती पर रख देना। गैरिक वस्त्रों में लपेट कर उसको जला देना। अब और क्या करोगे!

यही मैं तुमसे कहता हूं। जीते-जी ले लेना। क्योंकि मर कर गैरिक वस्त्रों में दफनाए गए कि और वस्त्रों में, कुछ भेद नहीं पड़ता है। संन्यास का मूल्य ही यही है कि तुमने परम जागरूकता में, होश में लिया, चुना, उतरे।

हाथ थे मिले कि जुल्फ चांद की संवार दूं
ओंठ थे खुले कि हर बहार को पुकार दूं
दर्द था दिया गया कि हर दुखी को प्यार दूं
और सांस यूं कि स्वर्ग भूमि पर उतार दूं
हो सका न कुछ मगर, शाम बन गई सहर
वो उठी लहर कि ढह गए किले बिखर-बिखर
और हम डरे-डरे नीर नैन में भरे
ओढ़ कर कफन पड़े मजार देखते रहे,
कारवां गुजर गया गुबार देखते रहे।

मांग भर चली थी एक जब नई-नई किरण
ढोलकें घुमुक उठीं ठुमुक उठे चरण-चरण
शोर मच गया कि लो चली दुल्हन, चली दुल्हन
गांव सब उमड़ पड़ा बहक उठे नयन-नयन,
पर तभी जहर भरी गाज एक वह गिरी
पुछ गया सिंदूर तार-तार हुई चुनरी
और हम अजान से दूर के मकान से
पालकी लिए हुए कहार देखते रहे,
कारवां गुजर गया गुबार देखते रहे।

इसके पहले कि कारवां गुजर जाए और सिर्फ गुबार छूट जाए तुम्हारी राह पर, और तुम्हारी आंखें अपनी ही मजार को देखती रहें और कहार को देखती रहें जो तुम्हारी अरथी को ले चले, कुछ कर लेना। ऐसी होशियारी की बातों में अपने को छिपाना मत। शब्द-जाल मत बुनना, सत्य को सीधा-सीधा देखना। न ले सको संन्यास, तो जानना कि मैं कायर हूं इसलिए नहीं ले रहा हूं। तो किसी दिन ले सकोगे। क्योंकि कौन कायर होना चाहता है! लेकिन तुमने अगर समझा कि कायर संन्यास ले रहे हैं, मैं बहादुर हूं इसलिए नहीं ले रहा हूं, तो फिर तुम कभी भी न ले सकोगे।

कारवां गुजर गया गुबार देखते रहे।

फिर तुम्हारी यही दशा होने को है।

तीसरा प्रश्न : प्यारे भगवान, क्या आपने अपनी जिंदगी में कभी कोई गलती की है?

जब तक मैं था, तब तक गलती ही गलती थी। जबसे मैं नहीं हूं, तबसे गलती का कोई उपाय न रहा। गलती एक ही है, 'मैं' का होना। फिर उस 'मैं' से हजार गलतियां पैदा होती हैं। जब तक मैं था, गलती ही गलती थी। ठीक हो कैसे सकता था! जो सही दिखाई पड़ता था, वह भी सही नहीं था। वह भी आभास था। वह भी प्रतीति थी। वह भी मान लेना था, समझा लेना था। तब तो सब गलती ही गलती थी। जबसे मैं न रहा, तबसे गलती करने वाला ही न रहा। करने वाला ही न रहा, तो गलती कैसे होगी? तबसे सब ठीक ही ठीक है। क्योंकि तबसे परमात्मा ही परमात्मा है।

तुम जब तक हो, तब तक गलती है। तुम मिटे कि गलती भी गई। और खयाल रखना, जब तक तुम हो, तब तक जो ठीक लगता है वह भी अंतिम निर्णय में गलत सिद्ध होता है। और यह भी खयाल रखना कि जब तुम न बचे, तब जो गलत भी मालूम पड़े वह भी अंतिम निर्णय में सही सिद्ध होता है। जो परमात्मा से होता है, वही ठीक। जो हम अपनी अकड़ में सोचते हैं हमने किया, वही गलत। बस हमारी अकड़ गलत है। और कुछ गलती नहीं। एक ही पाप है। फिर एक पाप के अनेक रूपांतरण हैं, अनेक रूप हैं। एक पाप—मेरा होना, 'मैं' का होना।

लुट गए तन के रतन सब
छुट गए मन के सपन सब
तुम मिलो तो जिंदगी फिर
आंख में काजल लगाए
गांव भर रूठा हुआ है
दुश्मनी पर है जमाना
तैश में है रात
हाथों का दिया करता बहाना
हर नजर में है अदावत
हर अधर पर है बगावत
सौंप दूं किस गोद को जा
आंसुओं का यह खजाना
पांव जर्जर, पथ अपरिचित
है चला जाता न किंचित
तुम चलो यदि साथ

तो हर एक छाला मुस्कुराए
तुम मिलो तो जिंदगी फिर
आंख में काजल लगाए
तुम तो हो जब तक, तब तक छाले ही छाले हैं। प्रभु मिल जाए...।
तुम चलो यदि साथ
तो हर एक छाला मुस्कुराए
तुम मिलो तो जिंदगी फिर
आंख में काजल लगाए

प्रभु के मिलन के साथ ही छाले भी फूल बन जाते हैं। शूल भी फूल बन जाते हैं। भूल भी फूल बन जाती है। और जब तक तुम हो, तुम्हारी अकड़ है, दंभ है, दर्प है, यह 'मैं' का जहर है, तब तक फूल भी फूल नहीं, कांटे ही हैं। तब तक भूलें तो भूलें हैं ही, जिनको तुम भूलें नहीं समझते वे भी भूलें हैं।

इसे खयाल में रखना, क्योंकि मेरे हिसाब में एक ही भूल है और एक ही सुधार है। मैंने तुम्हारी जिंदगी के गणित को सीधा-साफ और सरल कर दिया है। तुम्हारे गुरुओं ने तुमसे कहा है अब तक कि हजारों भूलें हैं, सब ठीक करनी हैं। एक-एक भूल को ठीक करने बैठोगे, कभी ठीक न कर पाओगे। क्रोध को ठीक करो, तो मोह बचा है। मोह को ठीक करो, तो लोभ बचा है। लोभ को ठीक करो, तो काम बचा है। और जब तक काम को ठीक करने पहुंचे, वर्षों गुजर गए, तब तक क्रोध जो दबा दिया था वह उभर आया। ऐसे चक्कर में घूमते रहोगे। भूलें बहुत हैं, तो फिर आदमी के छुटकारे का कोई उपाय नहीं। आदमी की सामर्थ्य, सीमा है, भूलें अनंत हैं।

नहीं, इस तरह काम न होगा। हमें कुछ गहरा विश्लेषण करना होगा। उस मूल भूल को पकड़ना होगा, जिसके आधार पर सारी भूलों का जाल फैलता है। जड़ को काटना होगा, पत्तों को नहीं। तुम पत्ते काटते रहो, तुम्हारे पत्ते काटने से वृक्ष नष्ट नहीं होता। तुम्हारे पत्ते काटने से तो हो सकता है वृक्ष और सघन हो जाए, क्योंकि वृक्ष के पत्ते काटो, कलम होती है। एक पत्ते की जगह तीन निकल आते हैं।

मैं तुमसे कहता हूं, जड़ काटो। और जड़ अहंकार है। काम, लोभ, मद, मोह, मत्सर, सब अहंकार की जड़ पर खड़े हैं। और मजा यह है कि जैसे जड़ें जमीन में छिपी होती हैं, ऐसा ही अहंकार जमीन में छिपा है, पत्ते सब बाहर हैं। भूलें दिखाई पड़ती हैं, अहंकार दिखाई नहीं पड़ता। जड़ें इसीलिए तो जमीन में छिपी रहती हैं ताकि दिखाई न पड़ें, कोई काट न दे। वृक्ष को काट डालो, कोई फिकर नहीं, फिर अंकुर आ जाएंगे। जीवन ऐसे नष्ट नहीं होता है। इसीलिए तो वृक्ष होशियारी से अपनी जड़ों को जमीन में छिपाए बैठे हैं।

तुमने बच्चों की कहानियां पढ़ीं, जिनमें यह बात आती है कि किसी राजा ने अपने प्राण तोते में रख दिए। फिर तुम राजा को कितना ही मारो, वह नहीं मरता। जब तक कि तोते की गर्दन न मरोड़ो। अब यह पता कैसे चले कि किसमें रख दिए हैं प्राण, तोते में रखे हैं, कि मैना में रखे हैं, कि कोयल में रखे हैं, कि कहां रखे हैं! तो तुम राजा को मारते रहो, मरता नहीं। क्योंकि उसके प्राण वहां हैं नहीं।

ऐसे ही तुम्हारी सारी बीमारियों ने अपने प्राण अहंकार में रख दिए हैं। जब तक तुम अहंकार की गर्दन न मरोड़ दो, कुछ भी न मरेगा।

तुम पूछते हो, भूलें? भूलें मैंने बहुत कीं। जब तक मैं था, भूलें ही भूलें थीं। तब मैंने एक भी ठीक बात नहीं की। कर ही न सकता था। मूल भूल मौजूद थी, उसी में पत्ते लगते थे। जबसे मैं न रहा, तबसे कोई भूल नहीं हुई। अब हो नहीं सकती। अब करना भी चाहूं तो नहीं हो सकती। पहले ठीक करना भी चाहा था तो गलत हुआ था। अब गलत भी करना चाहूं तो भी ठीक ही होता है। अब गलत होने का उपाय ही न रहा। मूल कट गया। जड़ कट गई।

जड़ पर ही ध्यान देना, जड़ को ही काटना है।

चौथा प्रश्न: बड़ा प्रसिद्ध पद है कबीर का, 'प्रेमगली अति सांकरी तामें दो न समाय।' लेकिन प्रेमगली क्या इतनी चौड़ी नहीं है कि 'तामें सर्व समाय'? कृपया समझाएं।

दोनों का एक ही अर्थ है। जहां दो न बचे, वहीं सर्व बचता है। एक और सर्व एक ही अर्थ रखते हैं। जैसे ही एक बचा, वैसे ही सर्व बचा।

तो कबीर का यह कहना कि 'प्रेमगली अति सांकरी तामें दो न समाय,' वही अर्थ रखता है। इसको ऐसा भी कह सकते हैं कि प्रेम की गली बहुत विशाल है, तामें सर्व समाय।

लेकिन कबीर ने वैसा कहा नहीं, कारण है। क्योंकि तुम्हारे लिए दूसरा वक्तव्य किसी मतलब का नहीं है। तुम्हारे लिए तो पहला वक्तव्य ही मतलब का है। तुम अभी दो में हो और एक को गिराना है। कबीर जैसे सत्पुरुष जो बोलते हैं, अकारण नहीं बोलते। जिनसे बोलते हैं, उनके लिए कुछ सूत्र है, कुछ इशारा है। कबीर ने जिनसे कहा है, वे दो में खड़े हैं। अभी उनसे सर्व की बात करनी फिजूल है। अभी तो एक ही नहीं हुआ तो सर्व का तो पता ही न चलेगा। अभी तो इतना ही कहना ठीक है कि तुम

अभी दो हो और प्रेम की गली बड़ी संकरी है, ये 'दो-भाव' छोड़ दो। एक को गिरा दो, एक ही बच रहे। जब एक ही बच रहेगा, तब तुम्हें स्वयं ही पता चलेगा कि यह तो सर्व हो गया। यह तो खोना न हुआ, पाना हो गया। जब बूंद सागर में गिरती है, तो पहले तो यही सोचती होगी कि मिटी, गई, खोई; गिर कर पाती है कि मैं तो सागर हो गई। पहले लगता था खोना, अब लगता है पाना।

तो दूसरा पद कबीर ने नहीं कहा, जान कर। और दोनों में विरोध नहीं है। दोनों एक ही की तरफ इशारा हैं।

पांचवां प्रश्न : 'रसो वै सः।' परमात्मा रसरूप है। यह कथन कृष्ण के मार्ग पर सही है। लेकिन अष्टावक्र के मार्ग पर यह कहां तक मौजूं है?

यह कथन मार्ग से संबंधित नहीं है।यह कथन परम सत्य का निवेदन है। यह कथन कबीर, कृष्ण, मुहम्मद या महावीर, अष्टावक्र या जरथुस्त्र, इनसे कुछ संबंध नहीं है इस वक्तव्य का। यह वक्तव्य साधनों से संबंधित नहीं है। यह तो साध्य का निर्वचन है—रसो वै सः। वह रसरूप है।

और ध्यान रखना, रसो वै सः, इसका अर्थ यह नहीं है कि परमात्मा रसरूप है, वह रसरूप है। क्योंकि परमात्मा तो सांप्रदायिक शब्द है। जैन राजी न होंगे, बौद्ध राजी न होंगे। फिर परमात्मा के तो अलग-अलग रूप-रंग होंगे। ईसाइयों का परमात्मा कुछ अलग रंग-ढंग का है, मुसलमानों का कुछ अलग रंग-ढंग का, हिंदुओं के तो फिर हजार रंग-ढंग हैं परमात्मा के। परमात्मा में फिर झगड़े खड़े होंगे। और मूल शब्द है—रसो वै सः। वह रसरूप है। वह शब्द ठीक है। वह निर्विकार शब्द है। 'दैट', वह, तत्। इसमें फिर किसी मार्ग का कोई संबंध नहीं। सिर्फ इंगित है। और इंगित है परम दशा का कि वह परम दशा रसरूप है।

अब तुम कहते हो, कृष्ण के मार्ग पर सही है, तो तुम गलत समझे। तुम फिर रस का अर्थ ही नहीं समझे। तुम समझे कि कृष्ण वे जो बांसुरी बजा कर गोपियों के साथ नाच रहे हैं, वे रस हैं। तो तुम समझे ही नहीं फिर। यह उस रस की चर्चा नहीं हो रही है। तो तुम्हारे मन में कहीं बांसुरी बजा कर गोपियों को नचाने का भाव होगा। तुम कहीं अपने को धोखा देने में पड़े हो। तो तुमने कहा कि कृष्ण के मार्ग पर सही है। अष्टावक्र के मार्ग पर सही नहीं है। अष्टावक्र तो वैसे ही किसी गोपी को न नचा सकेंगे, नाच भी नहीं सकते, आठ तरफ से अंग टेढ़े हैं—अष्टावक्र! बांसुरी बजेगी भी नहीं और गोपियां आनेवाली भी नहीं। गोपियां तो छोड़ो, गोप भी न आएंगे। तुम गलत समझे।

यह बांसुरी बजा कर जो नाच चलता, रासलीला होती, उस रस से इसका कोई संबंध नहीं है। स्वभावतः अगर तुम ऐसा समझोगे तो फिर बुद्ध के मार्ग पर क्या होगा? बुद्ध तो बैठे हैं वृक्ष के तले, आंख बंद किए, यहां कैसा रस होगा! महावीर तो खड़े हैं नग्न, न मोरमुकुट बांधे, न बांसुरी हाथ में, यहां कैसे रस होगा! और चलो इनको भी किसी तरह का होगा; ईसा तो सूली पर लटके, हाथों में खीले ठुके, प्राण जा रहे, यहां कैसे रस होगा! नहीं, तुम समझे नहीं रस का अर्थ।

रस का अगर तुम अर्थ समझो, तो जीसस जिसको कहते हैं 'किंग्डम ऑफ गॉड', वह रस की परिभाषा है। जिसको बुद्ध कहते हैं निर्वाण, जहां मैं बिलकुल नहीं बचा, वह रस की परिभाषा है। जिसको महावीर कहते हैं कैवल्यम्, मोक्ष, वह रस की परिभाषा है। परम मुक्ति।

जिसको कबीर कहते हैं आनंद की वर्षा, अमृत की वर्षा, अमि रस बरसे, वह रस की व्याख्या है। रस का अर्थ है, वह परम दशा नीरस नहीं है, वह परम दशा बड़ी रससिक्त है। वह परम दशा उदास नहीं है, उत्सवपूर्ण है, वह परम दशा नाचती हुई है।

लेकिन नाचने का मतलब यह मत समझना कि तुम्हारा शरीर नाचे तो ही। वह परम दशा गुनगुनाती हुई है। भीतर नाच ही नाच है। मीरा बाहर भी नाच रही है, बुद्ध भीतर ही नाच रहे हैं, पर नाच चल रहा है। कृष्ण बांसुरी बजा कर नाच रहे, महावीर बिना बांसुरी, बिना मोरपंख के नाच रहे। कृष्ण का नृत्य तुम्हारी चर्म आंखों से भी देखा जा सकता है, महावीर का नृत्य देखना हो तो भीतर की आंखें खोलनी जरूरी हैं। वहां तुम्हें महावीर नाचते हुए दिखाई पड़ेंगे।

वह परम दशा उत्सव की है, महोत्सव की है। परम प्रेम, परम अमृत, परम आनंद की है; सच्चिदानंद रूप है, इतना ही अर्थ है।

यह परम दशा का इंगित है। यह परम दशा की निर्वचना है। इसका मार्ग से कोई भी संबंध नहीं है। कोई किसी मार्ग से आए, कैसी ही विधियों का उपाय करके आए—पतंजलि से गुजर कर आए कि अष्टावक्र से गुजर कर आए, लेकिन पहुंच गया जो, सिद्ध जो हुआ, वह कहेगा : रसो वै सः, वह रसरूप है।

छठवां प्रश्न :
यही है जिंदगी मेरी
यही है बंदगी मेरी
कि तेरा नाम आया
और गर्दन झुक गई मेरी

ठीक है, शुभ है। जैसा कहा है इस पद में, वैसा ही प्रभु करे तुम्हारे भीतर भी हो। यह पद ही न रहे। पद लिखने की मौज में ही न लिख दिया हो। सुंदर है, सुंदर को कहने का मन होता है। लेकिन स्मरण रखना, सुंदर को कहना तो सुखद है ही, सुंदर हो जाना महासुखद है। रसो वै सः। ऐसा हो जाए—

'यही है जिंदगी मेरी
यही है बंदगी मेरी
कि तेरा नाम आया
और गर्दन झुक गई मेरी'

झुकना आ जाए, तो सब आ गया। झुकना सीख लिया तो कुछ और सीखने को न बचा।

राम, तुम्हारा नाम कंठ में रहे
हृदय जो कुछ भेजो वह सहे
दुख से त्राण नहीं मांगूं
मांगूं केवल शक्ति दुख सहने की
दुर्दिन को भी मान तुम्हारी दया
अकातर ध्यानमग्न रहने की
देख तुम्हारे मृत्युदूत को डरूं नहीं
न्योछावर होने में दुविधा करूं नहीं
तुम चाहो, दूं वही
कृपण हो प्राण नहीं मांगूं
राम, तुम्हारा नाम कंठ में रहे
हृदय जो कुछ भेजो वह सहे
दुख से त्राण नहीं मांगूं

ऐसा हो। इसका स्मरण रखना। क्योंकि अच्छे-अच्छे शब्दों में खो जाने का डर है। कविताएं मधुर होती हैं। कविताओं का अपना एक रस है, अपना मनोरंजन है।

लेकिन जब तक हृदय वैसा न हो जाए—काव्यसिक्त—तब तक रुकना मत।

तुमने कभी देखा, किसी की कविता पढ़ कर मन डांवाडोल हो जाता है। डोल-डोल उठता है। लेकिन उस कवि से मिलने जाओ और बड़ी बेचैनी होती है। वह कोई साधारण आदमी से भी गया-बीता आदमी मालूम होता है। तुम चकित होते हो, कैसे इस अभागे को ऐसी कविता का दान मिला! ऐसा अक्सर हो जाता है। क्योंकि कवि जो कह रहा है, उसकी झलकें भर आती हैं उसे, कभी-कभी छलांग लगती है आकाश में, फिर जमीन पर पड़ जाता है।

यही तो कवि और ऋषि का फर्क है। कवि छलांग लगाता है, एक क्षण आकाश में उठ जाता है, फिर जमीन का गुरुत्वाकर्षण खींच लेता है, फिर जमीन पर गिर जाता है। अक्सर ऐसा होता है कि ज्यादा ऊंची छलांग लगाई तो हाथ-पैर टूट जाते हैं जमीन पर गिरकर। ज्यादा उचके-कूदे, खाई-खड्ड में गिर जाते हैं। समतल जमीन तक खो जाती है। तो कवि अक्सर ऐसी दशा में होता है—लंगड़ा-लूला, हाथ-पांव तोड़े, अपंग। उसकी कविताओं में तो हो सकता है परमात्मा की बात हो और उसका मुंह सूंघो तो शराब की बास आए। उसके गीत तो ऐसे हो सकते हैं कि उपनिषदों को मात करें, और उसका जीवन ऐसा फीका हो सकता है जहां कभी कोई फूल खिले, इसका भरोसा ही न आए।

ऋषि और कवि का यही फर्क है। ऋषि जो कहता है, वही उसका जीवन है। सच तो यह है, कवि का जो जीवन नहीं है उससे ज्यादा वह कह देता है। और ऋषि का जो जीवन है, उससे वह हमेशा कम कह पाता है। उतना नहीं कह पाता। क्योंकि शब्द में उतना अटता नहीं। है उसके पास बहुत, शब्द छोटे पड़ जाते हैं। कवि तो अक्सर अपने जीवन से ज्यादा कह देता है और ऋषि अक्सर अपने जीवन से बहुत कम कह पाता है। जीवन तो सागर है; जो कह पाता है वह बूंद ही रह जाती है।

कविता में मत खोना। ऐसी तुम्हारी जीवन-दशा बने, इसका स्मरण रखना।

सातवां प्रश्न : भीतर कोई अंकुर जन्म ले चुका है, जो बीज के टूटने की प्रतीक्षा कर रहा है। कब वह बीज टूटेगा और धरती में मिलेगा? कब ये कान तुझे सुनने में समर्थ होंगे? भगवान, मुझ पर सदा आपकी विजय हो!

संत अगस्तीन ने अपनी एक प्रार्थना में कहा है कि प्रभु, मैं न जीतूं, इसका तू ध्यान रखना। तू ही जीते, इसका तू ध्यान रखना। और ऐसा भी नहीं है कि मैं जीतने की कोशिश न करूंगा। मैं तो कोशिश करूंगा, लेकिन भूल कर भी मुझे जीतने मत

देना। जीते तू ही। मेरी कोशिश अकारथ जाए। और फिर भी मैं तुझसे कहता हूं कि मेरी प्रार्थना तो ठीक, लेकिन मैं कोशिश करूंगा, मैं जीतने की कोशिश करूंगा; मैं तुझसे लडूंगा, मैं तुझे हराने के उपाय करूंगा, लेकिन तू दया मत करना।

ठीक बात कही है। ठीक बात आनंद ने भी कही है—भगवान, मुझ पर सदा आपकी विजय हो! स्वाभाविक है कि तुम जीतना चाहो। गुरु से भी शिष्य जीतना चाहता है। जीत की ऐसी प्रबल आकांक्षा है, अहंकार का ऐसा रस है। लेकिन जीत न पाओ, यही तुम्हारा सौभाग्य है। जीत गए तो हार गए। हार गए तो जीत गए।

काबा जाओ, काशी जाओ
गंगा में डुबकियां लगाओ
दिल का देवालय गंदा तो
फंदा सारा धरम-करम है
इस दिशा से उस दिशा तक
सब जगह है प्यार फैला
सब जगह है एक हलचल
सब जगह है एक मेला
है नहीं कोई न जिसके
शीश हो छाया किसी की
एक मैं ही जो यहां
बिलकुल अपरिचित औ' अकेला
सांस तक अपनी अजानी
लाश तक अपनी बिरानी
तुम गहो यदि बांह तो
सब स्वर्ग बांहों में समाए
तुम मिलो तो जिंदगी फिर
आंख में काजल लगाए

शिष्य होने का अर्थ है, दे दिया अपना हाथ गुरु के हाथ में। शिष्य होने का अर्थ है, दे दिया अपना हाथ गुरु के हाथ में इस भरोसे कि गुरु के हाथ में परमात्मा का हाथ छिपा है। शिष्य का अर्थ है कि परमात्मा तो दिखाई नहीं पड़ता, गुरु दिखाई पड़ता है, उसी के झरोखे से परमात्मा की थोड़ी झलक आती है, समर्पण किया। फिर भी अहंकार लड़ाई लड़ता है, आखिरी दम तक लड़ता है। आखिरी दम तक चेष्टा करता

है कि हारूं न। स्मरण रखना इसे। यह प्रार्थना तुम्हारे मन में गूंजती ही रहे।

तुम गहो यदि बांह तो
सब स्वर्ग बांहों में समाए
तुम मिलो तो जिंदगी फिर
आंख में काजल लगाए
काबा जाओ, काशी जाओ
गंगा में डुबकियां लगाओ
दिल का देवालय गंदा तो
फंदा सारा धरम-करम है

और दिल तब तक गंदा रहता है जब तक अहंकार बसा रहता है। हार का अर्थ है, अहंकार का मिट जाना। हार का अर्थ है, तुम्हारा न हो जाना, शून्य हो जाना। उसमें ही तुम्हारी विजय है।

पूछते हो, 'भीतर कोई अंकुर जन्म ले चुका है जो बीज के टूटने की प्रतीक्षा कर रहा है। कब वह टूटेगा और धरती में मिलेगा?'

प्रतीक्षा करो और धैर्य से प्रतीक्षा करो। जल्दी मत करना। जल्दी में अक्सर ऐसा हो जाता है कि आदमी कल्पना करने लगता है कि टूट गया बीज, वृक्ष लग गया, फूल भी खिलने लगे। कल्पना मत कर लेना। कल्पना कर ली कि चूक गए। आते-आते चूक गए। घर पहुंचते-पहुंचते चूक गए। कल्पना का जाल फैला लिया, तो फिर असली वृक्ष कभी पैदा न हो सकेगा। कल्पना मत कर लेना। और अधैर्य में आदमी कल्पना करने लगता है।

तुमने देखा? अगर तुम बहुत अधैर्य से किसी की प्रतीक्षा कर रहे हो और रास्ते पर सूखे पत्ते हवा में उड़ जाते, तुम दौड़ कर बाहर आ जाते—शायद आ गया! तुम किसी की प्रतीक्षा कर रहे हो, हवा का झोंका द्वार पर दस्तक देता, तुम भागे आ जाते कि शायद आ गया! तुम हजार बार कल्पना को आरोपित कर लेते हो। नहीं, अधैर्य मत करना। बड़ी धैर्यपूर्ण प्रतीक्षा!

अब यह बड़े समझने की बात है, अधैर्य ही होता है प्रतीक्षा में छिपा। या तो प्रतीक्षा नहीं होती, तो अधैर्य नहीं होता। प्रतीक्षा होती है तो अधैर्य होता है, यह झंझट है। और होना ऐसा चाहिए कि प्रतीक्षा हो और अधैर्य न हो। प्रतीक्षाधैर्य, यही प्रार्थना का अर्थ है। कहना, जब तुझे आना हो आना। जब तुझे आना हो, अनंत काल में आना हो तो आना; क्योंकि जो तू समय चुनेगा वही ठीक होगा। मैं कैसे चुनूं? मैं कौन हूं?

मैं कैसे जानूं कि कब ठीक क्षण आ गया? कब ठीक मौसम आ गया? कब ऋतु है खिलने की? तू जब आए, तब आना। मैं कितना ही पुकारूं, बेमौसम मत आना। बिना ऋतु के मत आना। जब तुझे आना हो तभी आना। तेरी मर्जी ही सदा पूरी हो। और मैं प्रतीक्षा करूंगा। थकूंगा नहीं, हारूंगा नहीं, उदास न होऊंगा, आशा-रहित न होऊंगा, निराश न होऊंगा, हताश न होऊंगा, प्रतीक्षा करूंगा। आज जैसी प्रतीक्षा है, वैसी ही कल, वैसी ही परसों, वैसी जन्मों-जन्मों तक होगी। मेरी प्रतीक्षा बासी न पड़ेगी। मैं रोज सुबह उसी उत्साह से उठूंगा और प्रतीक्षा करूंगा।

तो शायद आज ही आगमन हो जाए।

इतनी जहां गहन प्रतीक्षा है, वहां इतनी ही गहन प्रार्थना हो जाती है। उसी प्रार्थना में आगमन है। जहां प्रार्थना पूर्ण हो गई, वहां परमात्मा आ जाता है।

आखिरी प्रश्नः भगवान, अष्टावक्र-गीता पर आपको सुन कर अब तो सभी आधार धराशायी होते जा रहे हैं। बुद्धपुरुष और बुद्धपुरुषों के दिए सूत्र भी एक-एक करके छूटते जा रहे हैं। खोते जा रहे हैं। बड़ी आश्चर्य पूर्ण घड़ियां हैं। अहोभाव, प्रणाम!

नरेंद्र ने पूछा है। एक तो यह प्रश्न है नहीं, इसलिए जैसा प्रश्न वैसा उत्तर। यह रहा उत्तर—

हो आई देह-देहरी सुरभीली
ये स्यात कंत आने के लक्षण हैं
उभरी दर्पण पर रेखा सिंदूरी
नूपुर के स्वर बिखरे दालानों में
हो गई देह कस्तूरी कस्तूरी
हो आयीं जूड़े की अलकें ढीली
ये विरह अंत आने के लक्षण हैं
आंगन की धूप हो गई सोनीली
ये तो वसंत आने के लक्षण हैं!

अहोभाव आ गया, तो वसंत आ गया। अहोभाव आ गया, तो हो गई देह कस्तूरी-कस्तूरी। अहोभाव आ गया—

हो गई देह-देहरी सुरभीली
ये स्यात कंत आने के लक्षण हैं

तो प्यारा आता ही होगा। अहोभाव उस प्यारे के आने की पगध्वनि है।

उभरी दर्पण पर रेखा सिंदूरी
नूपुर के स्वर बिखरे दालानों में

अहोभाव—उसके नूपुर। अहोभाव—उसके आने की हवा का झोंका। अहोभाव—उसकी पहली किरणें।

हो गई देह कस्तूरी-कस्तूरी

अहोभाव—उसके आने की सुगंध। जैसे तुम आते हो कभी बगीचे के करीब और हवाएं ठंडी हो जाती हैं और हवाएं सुरभीली हो जाती हैं और हवाओं में सुवास आ जाती है। तुम्हें दिखाई भी नहीं पड़ता अभी बगीचा लेकिन फिर भी तुम जानते हो दिशा ठीक है। अहोभाव ठीक दिशा का लक्षण है।

हो आयीं जूड़े की अलकें ढीली
ये विरह अंत आने के लक्षण हैं

प्यारा बहुत करीब है और विरह का अंत करीब आ रहा है।

आंगन की धूप हो गई सोनीली
ये तो वसंत आने के लक्षण हैं

अहोभाव वसंत है अध्यात्म का।

आज इतना ही।

* * *

ओशो—एक परिचय

सत्य की व्यक्तिगत खोज से लेकर ज्वलंत सामाजिक व राजनैतिक प्रश्नों पर ओशो की दृष्टि उनको हर श्रेणी से अलग अपनी कोटि आप बना देती है। वे आंतरिक रूपांतरण के विज्ञान में क्रांतिकारी देशना के पर्याय हैं और ध्यान की ऐसी विधियों के प्रस्तोता हैं जो आज के गतिशील जीवन को ध्यान में रख कर बनाई गई हैं।

अनूठे ओशो सक्रिय ध्यान इस तरह बनाए गए हैं कि शरीर और मन में इकट्ठे तनावों का रेचन हो सके, जिससे सहज स्थिरता आए व ध्यान की विचार रहित दशा का अनुभव हो।

ओशो की देशना एक नये मनुष्य के जन्म के लिए है, जिसे उन्होंने 'ज़ोरबा दि बुद्धा' कहा है—जिसके पैर जमीन पर हों, मगर जिसके हाथ सितारों को छू सकें। ओशो के हर आयाम में एक धारा की तरह बहता हुआ वह जीवन-दर्शन है जो पूर्व की समयातीत प्रज्ञा और पश्चिम के विज्ञान और तकनीक की उच्चतम संभावनाओं को समाहित करता है। ओशो के दर्शन को यदि समझा जाए और अपने जीवन में उतारा जाए तो मनुष्य-जाति में एक क्रांति की संभावना है।

ओशो की पुस्तकें लिखी हुई नहीं हैं बल्कि पैंतीस साल से भी अधिक समय तक उनके द्वारा दिए गए तात्कालिक प्रवचनों की रिकार्डिंग से अभिलिखित हैं।

लंदन के 'संडे टाइम्स' ने ओशो को 'बीसवीं सदी के एक हजार निर्माताओं' में से एक बताया है और भारत के 'संडे मिड-डे' ने उन्हें गांधी, नेहरू और बुद्ध के साथ उन दस लोगों में रखा है, जिन्होंने भारत का भाग्य बदल दिया।

ओशो इंटरनेशनल मेडिटेशन रिजॉर्ट

ओशो मेडिटेशन रिजॉर्ट का निर्माण इसलिए किया गया ताकि लोग जीने की नई कला का सीधा अनुभव ले सकें—अधिक होशपूर्वक होकर, हास्य और आराम के साथ। यह भारत के मुंबई शहर से सौ मील दक्षिण पूर्व में पूना के कोरेगांव पार्क में वृक्षों से परिपूर्ण चालीस एकड़ आवासीय क्षेत्र में स्थित है। रिजॉर्ट सौ से अधिक देशों से हर साल आने वाले हजारों लोगों के लिए अलग-अलग तरह के कार्यक्रम प्रस्तुत करता है। नवनिर्मित ओशो गेस्ट हाउस परिसर में लोगों के लिए आवास की सुविधा उपलब्ध है।

मेडिटेशन रिजॉर्ट में मल्टीवर्सिटी कार्यक्रम प्रसिद्ध झेन उद्यान, ओशो तीर्थ से सटे पिरामिड परिसर में संचालित होते हैं। ये कार्यक्रम व्यक्तिगत रूपांतरण के लिए व लोगों को जीने की एक नई कला सिखाने के उद्देश्य से तैयार किए गए हैं—एक जाग्रत अवस्था जिसे वे दैनिक जीवन में उतार सकते हैं। आत्म-खोज सत्र, सैशन, कोर्स और अन्य ध्यान प्रक्रियाएं पूरे साल चलती हैं। शरीर को स्वस्थ रखने के लिए एक खूबसूरत व्यवस्था का प्रावधान है जिसमें झेन प्रक्रिया के साथ खेल और मनोरंजन का अनुभव लिया जा सकता है।

मुख्य ध्यान सभागार में सुबह छह बजे से रात ग्यारह बजे तक प्रतिदिन सक्रिय व अक्रिय ध्यान विधियां होती हैं, जिसमें रोज संध्या-सभा ध्यान भी शामिल है। रात को रिजॉर्ट का बहुसांस्कृतिक जीवन खिल उठता है-मित्रों के संग खुले आकाश के नीचे भोजन-स्थल और अक्सर संगीत व नृत्य के साथ। रिजॉर्ट की साफ व शुद्ध पीने

के पानी की अपनी व्यवस्था है और यहां परोसे गए भोजन में रिजॉर्ट के अपने फार्म हाउस में उगाई गई सब्जियों का प्रयोग होता है।

मेडिटेशन रिजॉर्ट का ऑन लाइन टूर, साथ ही यात्रा और कार्यक्रमों की जानकारी www.osho.com से प्राप्त की जा सकती है। यह अलग-अलग भाषाओं में विस्तार में दी गई वेबसाइट है, जिसमें हैं—ऑन लाइन ओशो टाइम्स पत्रिका, ऑडियो व वीडियो वेबकास्टिंग, ऑडियो बुक क्लब, ओशो प्रवचनों के संपूर्ण अंग्रेजी व हिंदी अभिलेख और ओशो के वीडियो, ऑडियो व पुस्तकों की संपूर्ण सूची। साथ ही हैं ओशो द्वारा विकसित किए गए सक्रिय ध्यानों की जानकारी जो ज्यादातर वीडियो प्रदर्शन के साथ हैं।

मेडिटेशन रिजॉर्ट में सहभागी होने व अधिक विस्तृत जानकारी के लिए संपर्क करें:

ओशो इंटरनेशनल मेडिटेशन रिजॉर्ट

17 कोरेगांव पार्क, पुणे-411001, महाराष्ट्र

फोन: 020-56019999 फैक्स: 020-56019990

e-mail - resortinfo@osho.net

Website - www.osho.com

ओशो का हिंदी साहित्य

उपनिषद
सर्वसार उपनिषद
कैवल्य उपनिषद
अध्यात्म उपनिषद
कठोपनिषद
ईशावास्य उपनिषद
निर्वाण उपनिषद
आत्म-पूजा उपनिषद
केनोपनिषद
मेरा स्वर्णिम भारत (विविध उपनिषद-सूत्र)

कृष्ण
गीता-दर्शन (आठ भागों में अठारह अध्याय)
कृष्ण-स्मृति

महावीर
महावीर-वाणी (दो भागों में)
जिन-सूत्र (दो भागों में)
महावीर या महाविनाश
महावीर : मेरी दृष्टि में
ज्यों की त्यों धरि दीन्हीं चदरिया

बुद्ध
एस धम्मो सनतनो (बारह भागों में)

अष्टावक्र
अष्टावक्र महागीता (नौ भागों में)

लाओत्से
ताओ उपनिषद (छह भागों में)

कबीर
सुनो भई साधो
कहै कबीर दीवाना
कहै कबीर मैं पूरा पाया
न कानों सुना न आंखों देखा
(कबीर व फरीद)

शांडिल्य
अथातो भक्ति जिज्ञासा (दो भागों में)

अन्य रहस्यदर्शी
नाम सुमिर मन बावरे (जगजीवन)
अरी, मैं तो नाम के रंग छकी (जगजीवन)
कानों सुनी सो झूठ सब (दरिया)
अमी झरत बिगसत कंवल (दरिया)
हरि बोलौ हरि बोल (सुंदरदास)
ज्योति से ज्योति जले (सुंदरदास)
अजहूं चेत गंवार (पलटू)
सपना यह संसार (पलटू)
काहे होत अधीर (पलटू)
जस पनिहार धरे सिर गागर (धरमदास)
का सोवै दिन रैन (धरमदास)
सबै सयाने एक मत (दादू)
पिव पिव लागी प्यास (दादू)
कन थोरे कांकर घने (मलूकदास)
रामदुवारे जो मरे (मलूकदास)
भक्ति-सूत्र (नारद)
शिव-सूत्र (शिव)
भजगोविन्दम् मूढ़मते (आदिशंकराचार्य)
एक ओंकार सतनाम (नानक)
जगत तरैया भोर की (दयाबाई)
बिन घन परत फुहार (सहजोबाई)
पद घुंघरू बांध (मीरा)
नहीं सांझ नहीं भोर (चरणदास)
संतो, मगन भया मन मेरा (रज्जब)
कहै वाजिद पुकार (वाजिद)
मरौ हे जोगी मरौ (गोरख)
सहज-योग (सरहपा-तिलोपा)
बिरहिनी मंदिर दियना बार (यारी)

प्रेम-रंग-रस ओढ़ चदरिया (दूलन)
दरिया कहै सब्द निरबाना
(दरियादास बिहारवाले)
हंसा तो मोती चुगैं (लाल)
गुरु-परताप साध की संगति (भीखा)
मन ही पूजा मन ही धूप (रैदास)
झरत दसहुं दिस मोती (गुलाल)
जरथुस्त्र : नाचता-गाता मसीहा (जरथुस्त्र)

प्रश्नोत्तर

नहिं राम बिन ठांव
प्रेम-पंथ ऐसो कठिन
उत्सव आमार जाति, आनंद आमार गोत्र
मृत्योर्मा अमृतं गमय
प्रीतम छवि नैनन बसी
रहिमन धागा प्रेम का
उड़ियो पंख पसार
सुमिरन मेरा हरि करैं
पिय को खोजन मैं चली
साहेब मिल साहेब भये
जो बोलैं तो हरिकथा
बहुरि न ऐसा दांव
ज्यूं था त्यूं ठहराया
ज्यूं मछली बिन नीर
दीपक बारा नाम का
अनहद में बिसराम
लगन महूरत झूठ सब
सहज आसिकी नाहिं
पीवत रामरस लगी खुमारी
रामनाम जान्यो नहीं
सांच सांच सो सांच
आपुई गई हिराय
बहुतेरे हैं घाट
कोंपलें फिर फूट आईं
फिर पत्तों की पांजेब बजी
फिर अमरित की बूंद पड़ी
क्या सोवै तू बावरी
चल हंसा उस देस
कहा कहूं उस देस की
पंथ प्रेम को अटपटो
माटी कहै कुम्हार सूं

मैं धार्मिकता सिखाता हूं, धर्म नहीं

झेन, सूफी और उपनिषद की कहानियां

बिन बाती बिन तेल
सहज समाधि भली
दीया तले अंधेरा

तंत्र

संभोग से समाधि की ओर
तंत्र-सूत्र (पांच भागों में)

योग

पतंजलिः योग-सूत्र (पांच भागों में)
योगः नये आयाम

विचार-पत्र

क्रांति-बीज
पथ के प्रदीप

पत्र-संकलन

अंतर्वीणा
प्रेम की झील में अनुग्रह के फूल
पाथेय

बोध-कथा

मिट्टी के दीये

ध्यान, साधना

ध्यानयोग : प्रथम और अंतिम मुक्ति
नेति-नेति
चेति सकै तो चेति
हसिबा, खेलिबा, धरिबा ध्यानम्
समाधि कमल
साक्षी की साधना
धर्म साधना के सूत्र
मैं कौन हूं
समाधि के द्वार पर
अपने माहिं टटोल
ध्यान दर्शन
तृषा गई एक बूंद से
ध्यान के कमल
जीवन संगीत
जो घर बारे आपना
प्रेम दर्शन

साधना-शिविर

साधना-पथ
मैं मृत्यु सिखाता हूं

समाधि के सप्त द्वार (ब्लावट्स्की)
साधना-सूत्र (मेबिल कॉलिन्स)
ध्यान-सूत्र
जीवन ही है प्रभु
रोम-रोम रस पीजिए

राष्ट्रीय और सामाजिक समस्याएं

देख कबीरा रोया
स्वर्ण पाखी था जो कभी और अब है भिखारी जगत का
शिक्षा में क्रांति
नये समाज की खोज
नये भारत की खोज
नारी और क्रांति
शिक्षा और धर्म
भारत का भविष्य

विविध

अमृत-कण
मैं कहता आंखन देखी
एक एक कदम
जीवन क्रांति के सूत्र
जीवन रहस्य
करुणा और क्रांति
विज्ञान, धर्म और कला
शून्य के पार
प्रभु मंदिर के द्वार पर
तमसो मा ज्योतिर्गमय
प्रेम है द्वार प्रभु का
अंतर की खोज
अमृत की दिशा
अमृत वर्षा
अमृत द्वार
चित चकमक लागे नाहिं
एक नया द्वार
प्रेम गंगा
समुंद समाना बूंद में
सत्य की प्यास
शून्य समाधि
व्यस्त जीवन में ईश्वर की खोज
अज्ञात की ओर
धर्म और आनंद
जीवन-दर्शन
जीवन की खोज
क्या ईश्वर मर गया है
नये मनुष्य का धर्म
धर्म की यात्रा
स्वयं की सत्ता
सुख और शांति
अनंत की पुकार

ओशो के ऑडियो-वीडियो, प्रवचन एवं साहित्य के संबंध में समस्त जानकारी हेतु संपर्क सूत्रः

साधना फाउंडेशन

17, कोरेगांव पार्क, पुणे-411001
फोन : 020-6136655, फैक्स : 020-6139955
E-mail: distrib@osho.net, Website: www.osho.com

डायमंड पॉकेट बुक्स में

ओशो का हिंदी साहित्य

गीता का मनोविज्ञान

युद्ध और शांति *(भाग-1)*

न जन्म न मृत्यु *(भाग-2)*

कर्मयोग *(भाग-3)*

सनातन सत्य *(भाग-4)*

अंतर अग्नि *(भाग-5)*

जल में कमल *(भाग-6)*

अष्टावक्र महागीता

मुक्ति की आकांक्षा

दुख का मूल

जो है सो है

सहजता में तृप्ति

न संसार न मुक्ति

सर्मपित स्वतंत्रता

सुख स्वभाव

सन्नाटे की साधना

अनुमान नहीं, अनुभव

डिमाई संस्करण

जनसंख्या विस्फोट

संभोग से समाधि की ओर
(सम्पूर्ण संस्करण)

मैं मृत्यु सिखाता हूं

एक ओंकार सतनाम

ओशो ध्यान योग

ध्यान क्या है

भारत एक सनातन यात्रा

कृष्ण वाणी

साक्षी कृष्ण और रासलीला

कृष्ण : जिज्ञासा, खोज, उपलब्धि

कृष्ण साधना रहित सिद्धि

कृष्ण और हंसता हुआ धर्म

कृष्ण गुरु भी सखा भी

शिव वाणी

शिव साधना

शिव दर्शन

कबीर वाणी

होनी होय सो होय

भगति-भजन हरिनाम

बूझे बिरला कोई

निरगुन का बिसराम

गुरु गोविन्द दोऊ खड़े

लिखा लिखी की है नहीं

मन लागो यार फकीरी में

शिक्षा और जागरण
शिक्षा : नये प्रयोग
ध्यान : एक शून्य गगन
भीतर का दीया
उपनिषद शून्य संवाद
परम प्रेम रूपा भक्ति
साधना के आयाम
भारत के जलते प्रश्न
स्वर्णिम भारत
धर्म और राजनीति
अस्वीकृति में उठा हाथ
नयी क्रान्ति की रूपरेखा
विचार क्रान्ति
गांधी पर पुनर्विचार
हरि ओऽम् तत्सत्
ओऽम् शांतिः शांतिः शांतिः
ओऽम् मणि पद्म हूं
एक महान चुनौतीः मनुष्य का स्वर्णिम भविष्य
ध्यान दर्शन
झुक आई बदरिया सावन की
पिया मिलन की आस
मेरा मुझमें कुछ नहीं
लाली मेरे लाल की
जीवित क्रांति
जीवन मन्दिर
सहज जीवन के स्वर
सहज जीवन के सूत्र
इक साधे सब सधे
क्रांति सूत्र-साक्षी भाव
सतगुरु मिलें त ऊबरे
हसिबा, खेलिबा, धरिबा, ध्यानम्
गहरे पानी पैठ
मैं कहता आंखन देखी
ध्यान सूत्र : अन्तिम यात्रा
ध्यान सूत्र : एक अपूर्व अभियान
चेति सकै तो चेति
दिया बले अगम का
नये भारत की खोज

डायमंड पॉकेट बुक्स (प्रा.) लि.

X-30, ओखला इंडस्ट्रियल एरिया, फेज-2, नई दिल्ली-20, फोनः 011-41611861
फैक्सः 011-41611866, E-mail : sales@diamondpublication.com,
Website : www.diamondpublication.com